Vocabulário de música pop

Roy Shuker

Vocabulário de música pop

tradução:
Carlos Szlak

1ª edição

hedra

São Paulo 1999

Título original:
Key Concepts in Popular Music

Capa:
Júlio Dui

Projeto Gráfico e Editoração (miolo):
Fabiana Pinheiro

Preparação de texto:
Iuri Pereira

Revisão:
Artesãs das Palavras
Fábio Furtado

Dados Internacionais de Catalogação na Publicação (CIP)
(Câmara Brasileira do Livro, SP, Brasil)

Shuker, Roy
Vocabulário de música pop / Roy Shuker ; tradução Carlos Szlak. -- 1. ed. -- São Paulo : Hedra, 1999.

Título original: Key concepts in popular music.
Bibliografia.
ISBN: 85-87328-02-6

1. Música popular - Glossários, vocabulários etc.
I. Título.

99-2906 CDD-781.6403

Índices para catálogo sistemático
1. Música popular ocidental : Vocabulários 781.6403
2. Vocabulários : Música popular ocidental 781.6403

EDITORA HEDRA LTDA
rua fradique coutinho, 1139 - 1º andar
05416-011 São Paulo - SP - Brasil
telefone/fax: (011) 867 8304
hedra@ibm.net
www.hedra.com.br

Foi feito o depósito legal.

Índice

Introdução	07
Agradecimentos	13
Conceitos-chave	14
Fontes adicionais	294
Bibliografia	295
Índice remissivo	315

Introdução

Em 1996, *The Score* (Sony), um álbum do grupo de hip-hop Fugees, vendeu mais de 8,5 milhões de cópias em todo o mundo, metade apenas nos Estados Unidos, onde o grupo surgiu. A regravação de "Killing Me Softly", sucesso de Roberta Flack em 1973, tornou-se a música mais tocada em doze países e vendeu 2,4 milhões de cópias do segundo single lançado depois do *The Score*. No mesmo ano, após propostas dos principais selos norte-americanos, a banda R.E.M. renovou seu contrato com a Warner Brothers, estimado em US$ 80 milhões, certamente o maior da história da indústria fonográfica. Enquanto isso, "Wannabe", do grupo inglês Spice Girls, tornou-se o single de estréia mais bem-sucedido de todos os tempos, ao vender, no mundo inteiro, 4,8 milhões de cópias. Simultaneamente, o faturamento da indústria fonográfica na Inglaterra atingiu um novo recorde de 1,1 bilhão de libras, enquanto nos Estados Unidos alcançou a cifra de 12,5 bilhões de dólares. Em fevereiro de 1997, *Eve*, o CD-ROM de Peter Gabriel, ganhou o principal prêmio na Milia, feira de produtos multimídia realizada no mesmo pavilhão do Festival de Cannes que atraiu 1 200 companhias de 36 países. Na Milia, em uma rara aparição, George Michael declarou que a Internet será o futuro da indústria fonográfica. Posteriormente, um novo prêmio para a música inglesa foi lançado pela *Music Week* em um website e a revista *Dotmusic* ganhou uma versão on-line.

Esses eventos e estatísticas revelam o significado comercial e cultural da música popular no mundo todo. Sua onipresença é evidente. Nós somos expostos às suas várias formas por meio do muzak tocado em shopping centers, ruas e parques, nos aparelhos sonoros portáteis e nos walkmans, por meio das trilhas sonoras dos filmes e seriados, dos videoclipes exibidos pela MTV, pelo rádio ligado em casa e no trabalho, por meio da imprensa especializada, e também pela sua presença "ao vivo" em diversos ambientes, dos grandes shows em estádios às casas noturnas.

Em termos culturais, a música popular exerce grande influência na vida cotidiana e é fundamental para a identidade social de muitas comunidades. Em termos econômicos, a indústria fonográfica ultrapassa qualquer outra indústria cultural, com o faturamento abrangendo, além das gravações, as receitas originárias dos direitos autorais, dos lucros das turnês e das vendas de publicações especializadas, de instrumentos musicais e de sistemas sonoros. Em 1992, por exemplo, o faturamento das vendas das gravações musicais da Sony (3,8 bilhões de dólares) e da Polygram/Philips (3,7 bilhões de dólares) ultrapassa o da Nintendo (5,5 bilhões de dólares), companhia líder da indústria de videogames (Sadler: 1994). A importância da música na economia inglesa foi revelada por um relatório de 1995 sobre exportações invisíveis — nesse caso, principalmente pagamentos de direitos autorais —, que acusa 2,5 bilhões de dólares gerados em receitas externas.

O que é "música pop"?

A expressão "música pop" desafia uma definição exata e direta. Culturalmente, toda música pop é uma mistura de tradições, estilos e influências musicais. É também um produto econômico com um significado ideológico atribuído por seu público. De certo modo, a música pop abrange todo estilo musical que possua seguidores e incluiria, portanto, muitos gêneros e estilos excluídos deste livro, particularmente as diversas vertentes da música erudita e do jazz. Naturalmente, há controvérsia quanto aos critérios para a classificação "popular", assim como sua aplicação a determinados estilos e gêneros musicais. A venda de discos, o público de shows, o número de turnês, as transmissões pelo rádio e pela televisão são indicadores da popularidade de um estilo ou gênero musical. A música erudita possui um público amplo de apreciadores, podendo ser portanto considerada popular, enquanto algumas formas de música popular têm um público restrito, como o trash metal. Além disso, o mercado musical contemporâneo é muito homogêneo, diluindo as fronteiras entre "alta" cultura e "baixa" cultura, ou entre erudita e popular. Basta considerar, por exemplo, o *marketing* de Os Três Tenores, que atingiu o topo da parada de sucessos pop com músicas consideradas eruditas.

Nesta obra, segui a prática acadêmica convencional, considerando "música popular" os principais gêneros musicais produzidos comercialmente e lançados no mercado, especialmente o ocidental. Estou consciente de que esse recorte poderá ignorar muitas formas significativas da música popular situadas em cenários não-ocidentais, mas foi necessário delimitar fronteiras para viabilizar este projeto. Além disso, a música popular ocidental domina o mercado mundial apropriando-se das produções locais ou sendo absorvida por elas. A ênfase, portanto, recai sobre as formas tradicionais de rock e pop, e seus diversos estilos e gêneros, e os gêneros mais novos, como reggae, rap, world music e as diversas vertentes da dance music. O jazz, o blues e o gospel são abordados como estilos que influenciaram a música popular contemporânea.

A situação dos estudos sobre música popular

Com o interesse crescente de pesquisadores, os estudos sobre música popular abrangem atualmente um campo tão extenso quanto ativo, com diretrizes inovadoras. A indústria fonográfica mudou, com o incentivo oficial à música popular e como indústria cultural. Hoje já não é totalmente controlada pelos Estados Unidos e Grã-Bretanha, e está menos interessada na produção e administração das mercadorias e mais na administração dos direitos. A distinção convencional entre grandes gravadoras e gravadoras independentes tornou-se sutil. A importância do caráter nacional e as questões sobre música popular e identidade cultural nacional tendem atualmente a ser incluídas em discussões mais amplas sobre a globalização das indústrias culturais e as tensões entre local e global. O aparecimento de novas tecnologias de gravação e de reprodução sonora, principalmente o sampling digital, modificaram toda a produção e o consumo da música popular, processos que envolvem também os direitos de propriedade intelectual, direitos autorais e o controle sonoro. O interesse deslocou-se da produção e das questões textuais para o consumo. A teoria subcultural — antes a abordagem dominante para o estudo do público — associou-se aos conceitos de cenário e de localidade. O rock, o pop e o soul como principais gêneros da música popular e as noções particulares de valor musical deram lugar a uma proliferação de estilos musicais, com a conseqüente fragmentação do público. Embora a tensão histórica entre as abordagens musicológica e sociológica perdure, há uma revisão da política de produção musical: "o que está em jogo não é a técnica analítica que atinge melhor o 'sentido' da música, mas como prestar contas das diferentes experiências envolvidas nos atos de fazer e de escutar música" (Frith, em Straw *et alii*: 1995; iii). Considerando as questões anteriores, existe o interesse contínuo na música popular como política cultural. Neste livro, procurei considerar essas novas ênfases e abordar a diversidade e complexidade dos estudos contemporâneos sobre música popular.

Por que este guia?

A importância cultural e econômica da música popular, além do discurso popular e acadêmico que a envolve, torna oportuna uma tentativa de produzir um guia da terminologia e dos conceitos mais usados nessa área. Existem diversos estudos desse tipo dirigidos ao público jovem, mas em geral as definições estão dispersas pela obra e exigem, portanto, uma leitura intensiva. E esses estudos raramente incorporam conceitos sociológicos e musicológicos além dos aspectos contextuais e textuais do tópico. Procuro oferecer com esta obra um guia abrangente dos principais termos e conceitos presentes nos estudos sobre música popular.

Evidentemente, é uma tarefa extremamente ambiciosa. A pesquisa sobre música popular abrange estética e musicologia, economia e sociologia, além de psicologia social. Incluí referências à indústria fonográfica, aos criadores musicais, às suas formas textuais, aos meios de difusão e à recepção e ao consumo — processos ativos que se articulam e interagem. As definições são apenas resumos de aspectos particulares, e não um compromisso crítico. Ao classificar e rotular o campo de estudos da música popular, existe o risco de se tratar os conceitos como definitivos, e não como um vocabulário dinâmico a ser adaptado aos diferentes contextos. Portanto, os verbetes devem ser considerados apenas introduções, que nos estimulem a um estudo mais aprofundado dos conceitos e termos; para isso, enfatizei uma grande variedade de conceitos relacionados, além de indicações de livros, discos e filmes.

Conceitos e termos

Este vocabulário é composto por conceitos e por termos. Os primeiros constituem noções amplas, por isso são explicados de forma geral. Por exemplo, "gênero" é um conceito exemplificado por rap, heavy metal e grunge, que constituem termos. Em geral estes são mais específicos e descrevem determinadas práticas musicais: a localidade é um conceito, o local específico de um cenário musical é um termo, como em "som de Seatle".

Embora o livro seja organizado em ordem alfabética, existem alguns conceitos relacionados que foram agrupados. Os grupos de verbetes são:

- os paradigmas teóricos e suas abordagens metodológicas. Nesse caso, incluí as principais teorias socioculturais (os diversos "ismos": marxismo, feminismo etc.), com as estéticas, os estudos culturais, a etnomusicologia e a musicologia. A explicação desses conceitos são muito breves, já que o meu interesse maior é sua aplicação nos estudos sobre música popular. Um interessante grupo de conceitos — que constituem uma ênfase relativamente recente nos estudos sobre música popular derivados da geografia cultural — são a localidade, os sons, os cenários e as identidades. As principais metodologias apresentadas no guia são: semiótica, análise textual e etnografia.
- os conceitos e os termos relacionados ao estudo sobre a indústria fonográfica. Nesse caso, verbetes destacados referem-se ao funcionamento dessa indústria e de seus "intermediários culturais" (por exemplo, departamento artístico), de seus ciclos mercadológicos, das grandes gravadoras e das gravadoras independentes. Tópicos como o desenvolvimento da tecnologia de gravação, a condição mutável dos formatos, sampleamentos e direitos autorais também estão incluídos nesse grupo.
- Os gêneros da música popular. Neste livro são identificados cerca de sessenta gêneros, mas somente os principais são abordados em verbetes específicos, como: rock, rock'n'roll, pop, reggae, rap, dance music e heavy metal. A diversidade indica a dificuldade em definir a música popular

de uma maneira aceitável, sucinta e ampla. Os gêneros desafiam a explicação estática, acadêmica, independente dos que fazem e escutam música. Assim, cada verbete apresenta referências ao desenvolvimento histórico e às características musicais do gênero, aos atributos estilísticos e a alguns dos seus principais intérpretes. São indicadas algumas gravações (geralmente, com as referências das gravações norte-americanas). Segui a tendência de situar os gêneros referindo-me aos modelos, de artistas e de gravações. Com cautela, porém, dadas as limitações desse esquema. Onde considerei apropriado, os principais subgêneros também são mencionados. Obviamente, os verbetes são apenas uma introdução aos gêneros. Excluí as formas mais tradicionais e antigas da música popular — como: o music hall, o black face minstrel e o vaudeville (ver Pearsall: 1975, 1976; Pickering & Green: 1987). No metagênero world music há diversos estilos que não podemos abordar em verbetes separados devido ao espaço disponível (por exemplo: rai, bossa nova, juju).

• os músicos e o processo de criação musical. Esse grupo compreende o conjunto de termos aplicados aos intérpretes — particularmente às estrelas e aos autores — e os conceitos que sustentam a crítica aos músicos e às suas músicas (autenticidade, por exemplo).

• os modos de distribuição das gravações e os lugares de fruição da música, como formatos, rádio, Internet, MTV e clubes.

• a terminologia associada ao consumo e ao público, como preferências culturais, fãs, subculturas (punk, por exemplo), capital cultural e identidade.

O que foi propositalmente omitido? Certos personagens específicos da indústria fonográfica, particularmente músicos, são mencionados apenas como exemplos de conceitos. Por exemplo, Madonna não é um verbete, mas é usada para ilustrar aspectos do estrelato. Os termos musicológicos mais especializados são excluídos — eles podem ser encontrados em estudos que adotam uma abordagem musicológica. Como já mencionamos, muitos estilos da world music foram excluídos e podem ser encontrados em *World Music: The Rough Guide* (Broughton *et alii*: 1994).

Há uma lista com todos os verbetes em ordem alfabética. Os termos e expressões em negrito indicam um verbete específico e os que não estão destacados remetem a verbetes relacionados.

Agradecimentos

Muitas pessoas me ajudaram nesta obra, com opiniões e sugestões na seleção dos verbetes, e ainda com empréstimos de livros e discos durante o projeto: Henry Barnard, Keith Beattie, Tom Gati, Bryan Gibson, Barry Grant, Colin McLeay, Anne Marie O'Neil, Michael Pickering, Jane Prochnow, Carol Shuker, Mary Jane Shuker, Jeff Sluka e Lucy Watson. Sou muito grato também aos meus alunos do curso sobre mídia e música popular, que foram muito receptivos a grande parte do material incluído nesta obra. Três leitores anônimos de um esboço preliminar também deram-me sugestões inestimáveis. E, finalmente, agradeço aos meus editores da Routledge, Rebecca Barden, Ruth Jeavons e Kieron Corless — sem os quais drum'n'bass permaneceria um mistério — e ao meu editor de texto, Tim Weiss.

a

a capela: Grupo ou coro que canta sem acompanhamento instrumental. Exemplos de formas antigas de canto a capela são as canções religiosas, o **blues** dos trabalhadores rurais negros e a **folk music**. É considerada por alguns pesquisadores mais "pura" e **autêntica**, pois não sofre a mediação da tecnologia, uma visão segundo a qual a voz humana é o instrumento por excelência. Caracterizam formas contemporâneas de a capela algumas canções populares e alguns gêneros (como o doo-wop) que incorporam divisões estritas de harmonia vocal, sem acompanhamento instrumental. Curiosamente, dada a sua relativa ausência em muitos gêneros, as mulheres predominam nos grupos a capela. O Sweet Honey on the Rock, por exemplo, grupo afro-americano em atividade desde meados dos anos de 1970, é constituído só por mulheres. Influenciado fortemente pelo gospel, o trabalho deste grupo é uma crítica à política e à sociedade contemporâneas.

• *Ver:* **doo-wop**; **voz**

• *Escutar:* Crosby, Stills & Nash, *Déjà-vu*, Atlantic, 1970. "All Around my Hat", em Steeleye Span, *Portfolio*, Chrysalis, 1988. Sweet Honey on the Rock, *Live at Carnegie Hall*, Flying Fish, 1988.

acid rock — ver **rock psicodélico**

acordes; extensões de acordes; acordes dominantes: Acordes são grupos de notas que soam em conjunto. As extensões dos acordes são notas que vão além das três (tríade) ou quatro (tétrade) notas de um acorde, e são dissonantes em relação ao acorde básico. Um **acorde dominante** é uma tríade construída sobre o quinto intervalo da escala. Por exemplo, na tonalidade de dó maior, o acorde dominante é o sol maior, formado pelas notas sol, si e ré.

aculturação: Conceito antropológico, termo abrangente para designar o complexo processo de assimilação ou de integração de novas formas e práticas culturais. O emprego deste conceito é relativamente novo nos estudos sobre mídia e música popular e foi usado para analisar: 1) a integração de uma prática social ou tecnológica; por exemplo, Thornton (1995) relaciona a aculturação musical com os clubes e danceterias que cada grupo freqüenta, e mais recentemente há pesquisas sobre a aculturação musical na esfera pública da dança; 2) o processo dinâmico de troca entre as várias formas de world music e a música popular ocidental.

• Ver: **apropriação; world music**
• Leitura adicional: Guilbault: 1993; Mitchell: 1996; Thornton: 1995.

adolescentes; teenyboppers; ídolos das adolescentes: Um adolescente é uma pessoa que tem entre 13 e 19 anos, e uma teenybopper é uma garota adolescente que segue a última moda em roupas, estilos de cabelo e música **pop**. Termo utilizado pela primeira vez no final dos anos de 1950, teenybopper logo adquiriu conotações fortemente depreciativas, sendo empregado para designar as **fãs** e seus artistas e estilos musicais preferidos: os ídolos das adolescentes e os "teen rock". Esses ídolos representaram uma versão suave e menos rebelde do **rock'n'roll**, e a música de Paul Anka, Bobby Vee, Bobby Vinton e Tommy Sands alcançou a parada do início dos anos de 1960. As cantoras bem-sucedidas seguiram "a mesma fórmula pálida" (Friedlander: 1996; p. 72), destacando-se Leslie Gore e Connie Francis. Esses ídolos projetaram uma mistura de apelo sexual e inocência juvenil para um mercado adolescente receptivo.

As análises acadêmicas concentraram-se sobre os adolescentes como grupo social definido, suas preferências musicais e sua importância (declinante) como mercado (ver **demografias; cultura jovem**). O perfil de **consumo** da música popular baseado nas preferências dos **gêneros** apresenta um padrão evidente de idade e gênero feminino/masculino. Os adolescentes são tradicionalmente o público e os consumidores principais da música popular, especialmente pop, **dance music**, **bubblegum** e **power pop**. Outros gêneros possuem freqüentemente variantes e artistas que visam o mercado adolescente, como o **rap** "leve" de Kriss Kross and Snow e o **heavy**

metal "suave" de Bon Jovi. Se as garotas gostam mais da música pop comercial do que os rapazes, isso reflete a natureza segmentada do mercado e acaba envolvendo alguns artistas cujo apelo para os jovens ouvintes, particularmente garotas, é evidente, como Kylie Minogue, Duran Duran, Bananarama e New Kids on the Block, nos anos de 1980, e Take That, Boyzone e as Spice Girls, nos anos de 1990. Uma grande quantidade de revistas são dirigidas ao mercado teenybopper/jovem (por exemplo, *Smash Hits*), e a maioria das garotas compram essas publicações por causa do pôster encartado; isso reflete a freqüente obsessão com determinadas estrelas, um fenômeno que recebeu o nome de "cultura do quarto da teenybopper".

- Ver: **música pop**
- Leitura adicional: Friedlander: 1996; Frith & McRobbie: 1990; McRobbie & Garber: 1976.
- Escutar: Connie Francis, *The Very Best of Connie Francis,* Polydor, 1963. New Kids on the Block, *Hamgin' Tough,* Columbia, 1988. Bobby Vee, *Bobby Vee,* Legendary Masters Series, EMI, 1990.

afeto: Um conceito desenvolvido por um teórico da cultura, o norte-americano Lawrence Grossberg, sugere que a característica principal da música popular é conduzir seu público a um espaço afetivo: "O afeto relaciona-se estreitamente ao que muitas vezes descrevemos como 'sentimento' da vida, um domínio de influências culturais construído socialmente. Uma experiência muda drasticamente quando o envolvimento ou o estado afetivo muda [...], os contextos afetivos determinam os diversos significados e prazeres. O afeto atua por meio de nossos sentidos e experiências, de todos os domínios de influências que constituem a vida cotidiana" (1992; pp. 79-80). O afeto não é puramente físico ou emocional, mas também age em sentido social, como uma forma de capital cultural que contribui para a formação dos gostos culturais. Nossa reação à música é um aspecto do afeto. Embora a distinção entre afeto e prazer seja fundamental para a tese de Grossberg, sua argumentação acaba por confundi-los.

- Leitura adicional: Grossberg: 1992; Longhurst: 1995.

aficionados: Aqueles que se consideram devotos "sérios" de artistas ou de estilos musicais. São **fãs** cujo envolvimento emocional e físico é diferente daquele dos "fãs" comuns, assim como as situações de consumo em que estão inseridos. O interesse principal dos aficionados é geralmente de nível intelectual e centraliza-se na música em si, não no artista. Descrevem-se como indivíduos que estão "por dentro" de artistas e **gêneros**, dos quais exibem geralmente um conhecimento impressionante. Caracterizam-se por um "envolvimento secundário": a procura por lançamentos raros, como **discos piratas**, a leitura de **fanzines** e de revistas sobre música, a ida regular a **concertos**, e um interesse tanto pelos selos e produtores quanto pelos artistas. Com freqüência, os aficionados tornam-se grandes colecionadores, sustentando toda uma infra-estrutura de lojas de discos usados e lojas especializadas. Às vezes, o ato de colecionar discos pode tornar-se uma fixação que beira o limite do hábito compulsivo. Os aficionados também podem estar envolvidos em subculturas musicais.

•Ver: **fãs**

•Leitura adicional: Aizlewood: 1994; Lewis: 1992; Shuker: 1994.

afro-americano — ver **black music**

álbum; álbum conceitual/ópera-rock; álbum de tributo; álbum em benefício de uma causa: Um álbum é em geral uma reunião de gravações lançadas originalmente em um disco de doze polegadas, de 33 rotações por minuto, e gravadas posteriormente em **fita cassete** e **CD**. Predominou como formato nos anos 1960, mas sua forma em vinil foi substituída vinte anos depois pelos CDs (ver **formatos de gravação**). Um de seus atrativos foi o desenvolvimento de **capas** como forma de arte e a inclusão de encartes (por exemplo, The Small Faces, *Ogden's Nut Gone Flake*, Sony, 1968; The Who, *Live at Leeds*, MCA, 1970). Pode-se identificar alguns tipos especiais de álbuns: conceitual (incluindo ópera-rock), de tributo e em benefício de uma causa.

Os **álbuns conceituais** e as **óperas-rock** são unificados por um tema, que pode ser instrumental, compositivo, narrativo ou lírico. Deixam de ser uma coleção de canções heterogêneas para tornarem-se obras narrativas, com uma seqüência de canções individuais em torno de um tema único. Esses álbuns conceituais surgiram na década de 1960, quando o **rock** buscava o *status* de arte, vindo daí a denominação de alguns álbuns como "óperas-rock". Pete Townshend, do The Who, é geralmente aceito como o pioneiro do conceito, com o álbum duplo *Tommy* (MCA, 1969), apesar de uma pequena influência do *P. F. Sorrow* (Edsel, 1968), de Pretty Things, lançado no ano anterior. Entre os exemplos posteriores, incluem-se *We're Only in It for the Money* (Verve, 1967), do Frank Zappa & The Mothers of Invention; *Arthur, or Decline of the British Empire* (Reprise, 1969), do The Kink's — planejado inicialmente como um musical de TV e um dos diversos álbuns conceituais composto por Ray Davies, o líder do grupo —; *Quadrophenia* (MCA, 1973), do The Who; e *Desperado* (Asylum, 1973), do Eagles, que comparou os artistas do rock'n'roll a bandidos do Velho Oeste. O álbum *Sgt. Pepper's Lonely Hearts Club Band* (Capitol, 1967), dos Beatles, é freqüentemente considerado conceitual, mais por sua coesão musical do que por uma unidade temática. Esses álbuns, assim como outras tentativas similares, desfrutaram graus desiguais de sucesso, e há discussões sobre a utilidade do formato álbum para projetos conceituais. Os **álbuns de tributo** são uma compilação de arranjos das canções de um artista, reunidos para homenagear a obra original. Essa forma tornou-se cada vez mais popular, embora haja uma certa desconfiança em relação aos fatores econômicos que motivaram seu lançamento. Entre os exemplos bem recebidos, estão os tributos a Neil Young, Carpenters, Gram Parsons e Van Morrison. Existem ainda os **álbuns em benefício de uma causa**, que reúnem canções interpretadas por diversos artistas que doam seus cachês e direitos autorais a uma causa política ou humanitária, como por exemplo o *Red Hot and Blue* (Chrysalis, 1989), em apoio à campanha e às pesquisas para a Aids.

• Ver: **capas de discos**

álbuns conceituais — ver **álbum**

alta cultura: A tradição relativa à alta cultura desenvolveu-se durante o século XIX, defendendo, de modo conservador, uma pretensa "cultura" de elite ou uma alta "cultura" muito restrita, ou seja, no sentido clássico de "o melhor do que foi pensado e dito" (Arnold: 1869). Tal contexto determinou uma concepção artística da cultura: a única cultura real e autêntica é a arte, e o resto é imitação. Segundo essa concepção, a cultura civilizada de uma elite estava sob constante ataque da maioria ou da cultura de massa, julgada ilegítima e negativa em relação a "uma vida virtuosa". A ênfase analítica da alta cultura recaía sobre a avaliação e a discriminação, buscando os verdadeiros valores da civilização, geralmente encontrados na arte da Renascença, nos grandes romances do século XIX e assim por diante. Entre os diversos estudiosos inseridos nessa tradição cultural, destacam-se os nomes e as obras de F. R. Leavis, T. S. Eliot, Abbs, Bloom e, mais recentemente, Roger Scruton. Certos elementos dessa concepção evidenciam-se nas críticas à cultura de massa de orientação marxista, como nos trabalhos desenvolvidos pela Escola de Frankfurt e por Raymond Williams ("culturalismo de esquerda").

A crítica da alta cultura à cultura popular freqüentemente envolveu ataques veementes à música popular. Embora essa visão possa remontar aos tempos de Platão, foi no século XIX que emergiu com maior vigor como resultado das grandes mudanças sociais. Em 1839, por exemplo, sir John Herschel afirmou: "As idéias de rebelião e libertinagem associaram-se tão intimamente à música e à dança entre as classes menos cultivadas que dificilmente podemos dizer que essas classes e sua causa possuem bom gosto; desse modo, antes que tais manifestações possam ser recomendadas como divertimentos inocentes e seguros, uma grande mudança de idéias deve acontecer" (*apud* Frith: 1983; p. 39). Diversos estudiosos consideraram grande parte da música popular como uma "ração" cinicamente produzida para alimentar jovens consumidores acéfalos. Bloom postulou que o **rock** apresenta a vida como "um comercial contínuo, pré-empacotando fantasias masturbatórias" (1987), tanto que Blomm acusa-o de responsável pela atrofia mental e física dos jovens.

Sustentando esses pontos de vista, há hipóteses sobre o caráter potencialmente destrutivo que envolve "o popular" e a necessidade de controle e regulamentação social dos desejos populares. Criticou-se a visão da alta cultura sobre a cultura popular por não reconhecer a natureza ativa do consumidor da cultura popular e por não lidar seriamente com as formas culturais em seus próprios termos. Além disso, foi considerada tendenciosa devido aos seus preconceitos estéticos, que raramente são explicados, e também por apoiar-se sobre noções antiquadas (baseadas em conceitos de classe) de alta e baixa cultura. As distinções tradicionalmente postuladas entre alta e baixa cultura tornaram-se obscuras. A arte superior foi transformada em mercadoria e comercializada, enquanto algumas formas de cultura popular tornaram-se mais "respeitáveis", recebendo recursos do Estado e aceitação crítica mais ampla.

A perspectiva da alta cultura ainda se evidencia no uso da estética para analisar a música popular e na tendência da **musicologia** de ignorar ou rejeitar **gêneros** da música popular. Sustenta também algumas posturas públicas relacionadas ao financiamento e à regulamentação das formas culturais. Cotidianamente, essa perspectiva está implícita no modo pelo qual os músicos, os fãs e os críticos fazem distinções de valor tanto entre gêneros específicos como dentro de determinado gênero.

• Ver: **público; cultura; Escola de Frankfurt**

• Leitura adicional: Abbs: 1975; Bloom: 1987; Hall, S. & Whannel: 1964; Swingewood: 1977.

ambient: Um amplo **metagênero** musical, o termo ambient e suas variantes (ambient dance; ambient house, ambient trance e hardtrance) são usados para referir-se à música **new age** e aos diversos subgêneros e estilos derivados do **tecno**. De modo geral, a ambient music é produzida para embalar a mente com ritmos mais suaves, com o acréscimo de **samples** no caso da ambient dance. Os principais representantes dessa tendência são Brian Eno, praticamente seu criador, com canções do início dos anos de 1970; Dr. Alex Patterson, que formou o The Orb; e Richard James, do Aphex Twin. O ambient trance, embora semelhante à ambient house e ao acid house, é mais suave, embora também motive a dança. Já o hardtrance tem um número mais alto de batidas por minuto (bpm).

• Ver: **new age; tecno**

• *Escutar:* Brian Eno, *Another Green World,* Editions EG Records, 1975. The Orb, *U.F.Orb*, Big Life, 1992: "séries hipnóticas de trance, induzindo ritmos e entrelaçando sintetizadores" (Erlewine: 1995; p. 577). Aphex Twin, *Selected Ambient Recordings 85-92,* R & S, 1993.

amplificação — ver **som; gravação sonora**

análise das letras de canções: A maior parte da análise textual da música popular concentrou-se nas letras das canções. Em "Why do Songs Have Words?"*, um importante ensaio histórico, Frith mostra como a sociologia da música popular foi dominada pela análise das letras das canções durante os anos de 1950 e 1960. Em grande parte, isso ocorreu porque essa abordagem se baseava em uma metodologia de pesquisa conhecida — a análise do conteúdo —, que supunha "ser possível, a partir das letras das canções, interpretar as forças sociais que as criavam" (Frith: 1988b; p. 106). Essa abordagem continuou sendo importante, embora sua aplicação tenha se reduzido.

*"Por que as canções possuem palavras?" (N.T.)

Há diversos exemplos de tentativas de analisar as letras das canções considerando-as índices das mudanças nas ideologias populares relativas ao sexo, ao romance e aos relacionamentos. Essas análises freqüentemente enfatizam as letras como reflexos das questões sociais, políticas e pessoais:

> As atitudes e os valores retratados nas canções modernas interpelam o exame reflexivo dos estudiosos, já que atingem o cerne das principais questões sociais e políticas do nosso tempo: ecologia, emancipação feminina, ceticismo político, militarismo, drogas e outros. Do mesmo modo, além do fato de as imagens literárias e as configurações lingüísticas nas letras causarem fascínio, servem ainda como veículos de comunicação, particularmente quando revelam importantes modelos de atitudes, valores e crenças. Em resumo, as canções contemporâneas são ferramentas inestimáveis para se alcançar o objetivo duplo da educação, isto é, o conhecimento de si próprio e a análise social (Cooper: 1981; p. 8. Ver também Cooper: 1992).

> Dado que os compositores são seres sociais, as palavras das canções expressam atitudes sociais e merecem ser analisadas. Porém, os estudiosos tratam as letras de maneira muito simples. Para esses analistas, as palavras de todas as canções possuem valor equivalente; seu significado é assumido como transparente; a apresentação real ou o ambiente musical não são levados em conta. De modo ainda mais problemático, esses analistas tendem a equiparar a populariade de uma canção com o consentimento público em relação à mensagem (Frith: 1988b; p. 107).

Apesar das canções provocarem uma identificação por meio de seu apelo emocional, isso não pressupõe necessariamente que as letras possam ser reduzidas a um simples *slogan* ou mensagem.

A análise das letras tende a valorizar formas específicas da música popular, particularmente o **blues**, o **soul** e a música **country**, além de algumas variantes do **rock** — principalmente os cantores-**compositores**, como Bob Dylan, Randy Newman etc. Esses exemplos são considerados "a autêntica expressão das experiências e necessidades populares", enquanto as letras do *mainstream* da música popular são basicamente vistas nos termos relacionados aos argumentos da cultura de massa e criticadas por sua banalidade e falta de profundidade (Adorno: 1941; Hoggart: 1957). Em uma versão mais esquerdista dessa crítica, Harker (1980) considera as letras do **Tin Pan Alley** uma manifestação direta da **hegemonia** burguesa, equiparando os principais temas da música pop, isto é, o amor romântico e o relacionamento amoroso, com a "ideologia sentimental" da sociedade capitalista. Inversamente, Harker considera letras **"autênticas"** a expressão dos relacionamentos "autênticos", com ambos refletindo a experiência direta, não mediada pela ideologia.

Parte do argumento da superioridade do rock e das formas mais antigas da música popular sobre o pop baseando-se no fato de que os principais compositores do rock eram também poetas. A obra de Richard Goldstein, *The Poetry of Rock* (New York, Bantam, 1969) e outras antologias similares ajudaram a popularizar esse ponto de vista. Frith (1988b; p. 117) assinala que essas obras enfatizam uma forma particular de letras de rock — aquelas decorrentes da poesia romântica com grande quantidade de alusões ocultas e obscuras. Essa abordagem procura validar o rock a partir das formas estabelecidas da "arte", destacando o papel do autor da letra e a sua capacidade de trabalhar em um modo cultural reconhecidamente elevado. Uma extensão desse posicionamento é o ato de relegar as letras pop/rock do *mainstream* comercial à banalidade e à falta de valor. Contudo, em certo sentido, tais letras tornam-se tema de conversa para seus ouvintes: a *Smash Hits* traz as letras das últimas canções das paradas e continua sendo a revista pop britânica de maior vendagem. Para Frith, a questão mais difícil é saber "de que maneira as palavras e as vozes funcionam de modo diferente para os vários tipos de música pop e para seu público" (*idem*; p. 121). Para responder a essa questão, torna-se necessário indicar de que modo as letras funcionam como linguagem usual.

• *Leitura adicional:* Cooper: 1992; Frith: 1988b; Garon: 1975; Harker: 1980; Negus: 1996.

análise do discurso: Popularmente, discurso refere-se a um corpo de significados associados a um assunto ou tema particular, independente de sua forma de transmissão, como, por exemplo, o discurso médico. É o domínio do uso da linguagem, especialmente dos meios comuns de falar e de pensar sobre temas sociais. A análise do discurso é um método de estudar esses modelos do uso da linguagem e sua função social. Conquanto seja geralmente expresso através da linguagem, o discurso está presente em práticas organizacionais e institucionais. Dessa forma, as práticas discursivas são reais ou materiais e estão também incorporadas na linguagem, funcionando como forma de ideologia. Ajudam a construir nossa identidade pessoal e individual, além de nossa subjetividade.

Nas ciências sociais a análise do discurso procura desmascarar os valores e crenças subjacentes e os significados ocultos em um discurso particular, através da análise de diversas formas de **texto**, como documentos (por exemplo, declarações políticas), romances e entrevistas. Na teoria social pós-estruturalista, o discurso refere-se a estruturas históricas, sociais e institucionais específicas de significados, ou seja, declarações, termos, categorias e conceitos da natureza dos indivíduos e do mundo que habitam. Embora haja discursos dominantes — aquilo que Foucault denominou "discursos geradores da verdade" —, os discursos são múltiplos. Oferecem meios concorrentes e, com freqüência, contraditórios para a atribuição de significados ao mundo e à nossa existência.

A música popular, como uma forma de discurso, apresenta sentidos que refletem e constituem sistemas sociais mais amplos e estruturas de significado. Há discursos em torno de muitos dos termos usados para descrever os campos e seus **gêneros** constituintes (ver discussão em **música popular**). A análise do discurso foi empregada para estudar a fala do DJ (ver Brand & Scannell: 1991, sobre o Tony Blackburn Show no Reino Unido; Gill: 1996; Montgomery: 1986) e os **videoclipes musicais** (Goodwin: 1993).

Podemos avaliar o valor desse método considerando a pesquisa de Gill, que buscou "uma abordagem integral e completa para analisar a *fala*" (1996; p. 210). Gill analisa a opinião de cinco DJs e programadores de rádio, do sexo masculino, de duas emissoras comerciais no Reino Unido, sobre a inexistência de DJs do sexo feminino — uma questão pertinente, dado o domínio dos DJs homens nas emissoras. Ela percebe que uma abordagem tradicional usaria estudo de comportamento, questionários ou entrevistas com os responsáveis pela contratação de funcionários, tentando apontar uma única resposta para o porquê de haver tão poucas mulheres DJs. "A análise do discurso, ao contrário, considera seriamente a variação como fator interessante por seu próprio mérito" (1996; p. 213). Isso é facilitado pelo uso de entrevistas informais e uma abordagem analítica que procurou revelar as práticas ideológicas que determinam e legitimam o emprego — ou não emprego — de DJs do sexo feminino. As pessoas entrevistadas deram diversas razões para justificar esse quadro, como a falta de dedicação das mulheres, a preferência dos ouvintes por apresentadores do sexo masculino, a falta de habilidade, a inadequação das vozes femininas. "É importante notar que essas declarações não eram eventuais, [...] cada uma foi dada por todos ou pela maioria dos locutores em momentos diferentes das entrevistas" (1996; p. 213). Com a análise do discurso, Gill procurou identificar as diferentes razões apresentadas de modo seletivo e "examinar como essas explicações eram construídas e tornadas convincentes" (*ibidem*). Sua análise mostra que os locutores elaboraram suas razões considerando que o problema estava nas próprias mulheres ou nos desejos específicos da audiência. Essas duas práticas discursivas — a maneira como as explicações foram organizadas — possibilitaram que os locutores se considerassem como não-sexistas: "O papel da emissora foi ignorado, e as discussões sobre práticas empregatícias e sexismo institucionalizado eram evidenciadas pela sua ausência" (1996; p. 217).

•*Leitura adicional:* Potter & Wetherell: 1987.

apropriação; sincretismo: Empréstimo e rearranjo de outras fontes. Em relação à música popular, o termo apropriação foi adotado para designar: 1) as adaptações criativas de estilos subculturais — **bricolagem**. Isso pode envolver a adoção de estilos musicais particulares, como a apropriação da black music pelos jovens brancos (ver Jones: 1988). Mas também envolve contradições notáveis, como a adoção, pelos **skinheads**, do **ska**, um **gênero** de música popular difundido entre os imigrantes das Antilhas, alvo dos discursos dos skins; 2) rearranjos e empréstimos musicais, por parte de artistas individuais, de sons, de acentuações e de estilos. Designam também um conjunto de gêneros e obras baseados em estilos antigos, como o uso das referências da década de 1960 pelas bandas de **britpop** dos anos de 1990 (por exemplo, o Oasis em relação aos Beatles, T. Rex etc.).

Sincretismo é um termo estritamente relacionado a esses processos, indicando a reconciliação com uma mistura ou fusão de elementos preexistentes. Na música popular, envolve a criação de um novo estilo a partir de formas mais antigas, mediante a combinação de ritmos, timbres, estilos vocais etc. O rock'n'roll dos anos de 1950, por exemplo, foi o resultado da mistura do **rhythm'n'blues** (que, por sua vez, derivou do **blues**, do **boogie-woogie** e do **gospel**), do country do Sul dos Estados Unidos e do bluegrass. De certa forma, toda a música popular contemporânea resulta do sincretismo, apresenta a coexistência de vários gêneros alimentando o surgimento de novos estilos, como a combinação de pop, **rock** e **rap** com diversos estilos da **world beat** e da **world music**, nos anos de 1990 (assim como o **bhangra**).

O conceito de apropriação é controvertido, devido à dificuldade de determinar o momento em que a homenagem musical e os empréstimos perceptíveis tornam-se "rapinagem" musical, como na discussão sobre o álbum *Graceland* (Warner Brothers, 1986), de Paul Simon, e em debates similares sobre a **world music**. Simon ganhou o Grammy de melhor álbum do ano, mas os críticos acusaram-no de explorar a música e os músicos sul-africanos que participaram da gravação de *Graceland* (sobre essa discussão, ver Keil & Feld: 1994; cap. 8). A apropriação é muitas vezes considerada exploração por parte das culturas dominantes de grupos musicais social e etnicamente mais fracos. Mas a apropriação inversa também ocorre, como a adoção da música country norte-americana pelos artistas nativos australianos.

• *Ver:* **bricolagem**; **world music**
• *Leitura adicional:* Chester: 1970; Hatch & Millward: 1987; Keil & Feld: 1994; Mitchell: 1996.
• *Escutar:* Paul Simon, *Graceland,* Warner Brothers, 1986. Oasis, *Definitely Maybe,* Epic, 1994.

art rock: Estilo ou **gênero** musical amplo, ligado ao **rock progressivo** (Moore:1993, funde os dois termos). Associou-se às tentativas de combinação da música clássica, do **jazz** e do **rock**, embora, ao mesmo tempo, importasse idéias de outras formas musicais. No início dos anos de 1970, apareceu com grupos como The Nice, Yes e ainda Emerson, Lake & Palmer; na década seguinte, com Brian Eno (inicialmente no Roxy Music), Pink Floyd e Genesis. O gênero destacou-se inicialmente no Reino Unido — onde tinha uma forte ligação com as escolas de arte — e na Europa (Kraftwerk, Can). Muitos dos artistas eram músicos de formação erudita. Nos Estados Unidos, bandas como Kansas, Styx e Boston seguiram o gênero. A canção "A Whiter Shade of Pale" (1967), de Procol Harum, cujo órgão baseou-se na "Suíte n. 3 em Ré Maior", de Bach, é muito citada como clássico da art rock.

Apesar das muitas diferenças entre as bandas que podem ser incluídas no eclético campo da art rock, "todas têm em comum o compromisso de apresentar transições abruptas e inesperadas de tons. Às vezes, o artifício estava entre os tempos, algumas vezes entre os níveis de volume, outras entre o conjunto de estilos musicais. O efeito, de qualquer maneira, era violento, dilacerador e tenso" (Rockwell: 1992; p. 494). A art rock caracteriza-se: 1) pelo uso de rubricas musicais obscuras e mutáveis; 2) por não ser orientada para a dança; e 3) por apresentar uma certa obscuridade, particularmente nas letras. Goertzel (1991) argumenta que "as palavras exatas, boas ou más, nunca eram realmente importantes [...], as canções místicas da *art rock* buscavam induzir o ouvinte a um estado similar àquele que inspirou a composição das canções. A *sensação* mística, a *expressão* cósmica, é que eram essenciais". A essas características pode-se acrescentar a ênfase ao solo de guitarra elétrica, ao uso de sintetizadores, à preferência por músicas longas (com mais de vinte minutos) e à importância das técnicas performáticas derivadas do teatro.

Alguns artistas da art rock usavam em seu trabalho a música erudita (por exemplo, Rick Wakeman, em *Journey to the Centre of the Earth*, A&M, 1974), mas os resultados são freqüentemente desdenhados pelos críticos: "um pastiche da música clássica [...] genuinamente estarrecedor" (Rockwell: 1992; p. 493); uma "superaniquilação brutalmente sintetizada" (DeCurtis: 1992; sobre Emerson, Lake & Palmer). Inversamente, alguns compositores de música erudita adaptaram a art rock (e outros estilos de música popular) para orquestras sinfônicas. Em 1995, Jazz Coleman arranjou *Us and Them: Symphonic Pink Floyd*, álbum gravado com a London Philarmonic Orchestra, que ficou 36 semanas no topo da parada de sucessos da revista *Billboard*, nos Estados Unidos, e vendeu quase 750 mil cópias.

- *Ver:* **rock progressivo**
- *Leitura adicional:* Frith & Horne: 1987; Goertzel: 1991; Moore: 1993, pp. 79-87; Rockwell: 1992 (inclui uma útil discografia); Walker: 1987.
- *Escutar:* Yes, *The Yes Album*, Atlantic, 1971. Procul Harum, "A Whiter Shade of Pale", em *The Best of Procul Harum*, A&M, 1972. Pink Floyd, *Dark Side of the Moon*, Harvest, 1973. Emerson, Lake & Palmer, *The Best of ELP*, Atlantic, 1980. Radiohead, *OK Computer*, Capitol, 1997.

articulação: Conexão de duas dimensões ou dois elementos; relaciona-se à idéia de comunicação como articulação e de veículos articulados. As análises de formas da cultura popular, incluindo a música popular, privilegiam freqüentemente ou a produção ou o consumo. O conceito de articulação foi desenvolvido para enfatizar o inter-relacionamento dinâmico entre contextos, criadores, textos e público.

> Ao adotarmos esse conceito, podemos examinar como os sentidos da música popular surgem, não só pela articulação dos artistas com o público, mas pelos vários elementos auditivos, visuais e verbais que são combinados e associados ao mesmo tempo (Negus: 1996; p.135).

• *Ver*: **mediação**
• *Leitura adicional:* Grossberg: 1992; Middleton: 1990; Negus: 1996.

audição: Processo físico situado em contextos sociais, mediado pela tecnologia. As considerações a respeito desses aspectos envolvidos na audição representaram uma parte pequena mas significativa dos estudos da música popular. O ato de ouvir música é uma atividade que acontece em graus de intensidade variáveis, com influência do contexto de consumo e pelo estilo do artista: "o ambiente 'dispersivo' dos clubes e a típica concentração silenciosa presente nos concertos dos cantores-compositores representam dois extremos" (Middleton: 1990; p. 95). Os estilos musicais mais melodiosos e "não-abrasivos" são a matéria-prima da programação das emissoras de **rádio** de "audição ligeira"* e dos gêneros da "música dos saguões de hotel"**, enquanto os gêneros mais barulhentos (por exemplo, **heavy metal**; **hard rock**) são considerados prejudiciais para a audição dos ouvintes. O desenvolvimento dos fones de ouvido e do walkman permitiu estilos diferentes de audição, reconfigurando os contextos e as situações em que a audição acontecia (ver Millard: 1995).

Negus aponta dois grupos de ouvintes identificados por Adorno e teóricos posteriores: os perdidos na multidão e que são facilmente manipulados na coletividade; e aqueles indivíduos obsessivos, alienados e não completamente integrados na vida social. Ambos fazem parte das preocupações dos guardiões da moral (Negus: 1996; cap. 1). Adorno considerava que os produtos da cultura de massa desenvolvidos pela indústria fonográfica exigiam pouco esforço da parte dos ouvintes. Afirmava que esses produtos sonoros levavam a uma "audição desconcentrada, em que os ouvintes rejeitavam qualquer coisa que fosse fora do comum, regredindo para um comportamento 'infantil'" (1991; pp. 44-5). Uma faceta disso foi o que Adorno denominou "audição de citação", em que, no ato de ouvir uma peça musical, o ouvinte regressivo, em vez de tentar compreendê-la como um todo, só dava importância aos aspectos mais óbvios da melodia. Nesse processo, os ouvintes adotavam uma "linguagem musical infantil" e respondiam a diferentes obras musicais "como se uma sinfonia fosse estruturalmente idêntica a uma balada" (conforme Negus: 1996; p. 9). Adorno refere-se de modo depreciativo à música de "audição ligeira", que considerava um exemplo do

* *easy listening*, no original (N.T.)
** *lounge music*, no original (N.T.)

modo como a indústria da música deliberadamente encorajava uma audição distraída, com ênfase nas harmonias, ritmos e melodias mais familiares, provocando um efeito "soporífero" sobre a consciência social. Adorno via esse processo como o preenchimento de uma função ideológica, capaz de pacificar a audiência dos ouvintes, tornando-os incapazes de refletir criticamente sobre seu mundo.

Essa visão foi desafiada especialmente pelo paradigma da **audiência** ativa, que se tornou predominante nos mais recentes estudos culturais e mediáticos.

•*Leitura adicional:* Middleton: 1990; Negus: 1996.

autenticidade: Detentora de um grande valor simbólico, é um conceito básico nos discursos sobre música popular. Para o senso comum, a autenticidade determina o produtor de textos musicais como "criador" de uma obra original e criativa, além de séria, singular e sincera. Embora a contribuição de outros profissionais seja reconhecida, o papel dos **músicos** é considerado principal. Um elemento importante para identificar e situar a autenticidade é o cenário musical, com a divisão da indústria fonográfica em selos **independentes** (mais autênticos e menos comerciais) e em **grandes gravadoras** (mais comerciais e menos autênticas). A autenticidade (ou não-autenticidade) também pode ser analisada na assimilação e legitimação de artistas e discos por **subculturas** ou comunidades específicas. A autenticidade associa-se tradicionalmente à atuação **ao vivo**, concepção abalada pelo surgimento da **disco** e da **cultura club**. Por isso, Thornton (1995) sugere a existência de dois tipos de autenticidade: um, relacionado à originalidade e aura; o outro, natural à comunidade e integrado à subcultura.

Podemos observar o uso da autenticidade como critério básico de avaliação nas discussões sobre os méritos e da natureza relativa de artistas e gêneros particulares. Por exemplo, a integridade comercial e artística é freqüentemente confrontada para avaliar determinados artistas, seja do **pop** ou do **rock**. Durante a década de 1960, os principais críticos norte-americanos — Landau, Marsh e Christgau — elaboraram uma visão do rock relacionando-o a autenticidade, criatividade e a um momento político específico: os movimentos de protesto daquele período e a **contracultura**. Associada a essa concepção de autenticidade do rock, surge a revista *Rolling Stone*, em 1967. Essa autenticidade era sustentada por uma série de oposições: mainstream e independência, pop *e* rock, comercialismo e criatividade, arte e comércio. Inerente a essa polarização, existe a teoria cíclica da inovação musical como forma de criatividade popular, em oposição ao domínio do comércio e do mercado e à cooptação do rock ao *mainstream*. Tudo isso supõe uma diluição comercial, frustra e anula os aspectos artísticos da música. Essa incômoda aliança entre arte e comércio é freqüente na **história** da música popular e amplamente aludida por músicos, fãs e críticos. Em oposição, há a concepção da **cultura popular** como reflexo da relação entre interesses empresariais, intenções dos criadores musicais, percepções do **público** e uso dos textos musicais, e não simplesmente como uma cultura imposta (ver **articulação**; **mediação**).

A autenticidade exerce função ideológica ao ajudar na identificação de formas particulares de **capital cultural** musical. É muito importante também para os debates sobre os músicos de estúdio (ver **bubblegum**), o **sampling** e outras técnicas inovadoras de gravação (ver rap), e sobre a sincronização labial, como no duo Milli Vanilli (ver Martin: 1993).

• *Ver:* **sampling**
• *Leitura adicional:* Friedman: 1993; Jones: 1995a.; Negus: 1996; Pickering: 1986; Thornton: 1995.

autor; autoria: A teoria da criação autoral atribui significados em um **texto** cultural às intenções de uma fonte criativa individual. O conceito de autoria está relacionado historicamente aos estudos literários, que o aplicou às obras "significativas", obras canônicas consideradas parte da **cultura erudita.** Trata-se de uma elaboração ideológica, sustentada pela idéia de criatividade e de valor **estético**. O conceito de autoria foi importante especialmente no cinema, fundamental nos estudos críticos inovadores da década de 1950, em que o diretor era geralmente considerado autor da obra (ver Hayward: 1996). O conceito foi aplicado a outras formas de **cultura popular**, numa tentativa de legitimar seu estudo ao compará-las à literatura e à arte.

O emprego desse conceito à música popular procura distingui-la da cultura de **massa** ou da cultura popular — em especial seu público massificado e o entretenimento alienante —, conferindo-lhe, portanto, noções de sensibilidade e enriquecimento individual, particulares das obras autorais. Essa idéia sustenta a análise crítica da música popular que salienta as intenções do criador (geralmente músicos) e procura fornecer significados autorizados aos textos, mas é reservado aos artistas de talento criativo destacado. O conceito é básico para o trabalho dos **musicólogos**, que identificam os compositores da música popular como produtores de "arte" que ampliam a forma cultural e, durante o processo, desafiam os seus ouvintes. Inicialmente, atribuiu-se a autoria somente aos artistas individuais, particularmente os **cantores-compositores**, mas o conceito também foi aplicado depois a **produtores**, diretores de **videoclipes musicais**, **compositores** e **DJs**.

No final da década de 1960, os críticos do rock começaram a analisar músicos sob o aspecto autoral. John Cawelti, por exemplo, sustentou que "pode-se perceber as diferenças entre os grupos pop que simplesmente produzem sem a marca pessoal que indica a criação autoral e os grupos realmente criativos, como os Beatles, que realizam uma complexa obra de arte" (Cawelti: 1971; p. 267). O crítico norte-americano Jon Landau argumenta que o "critério artístico no rock é dado pela capacidade do músico de criar um universo pessoal, quase particular, e expressá-lo integralmente" (em Frith: 1983; p. 53). No início dos anos de 1970

> a consciência determinava o *status* das gravações. A sinceridade, a espirituosidade musical, o uso da ironia e da paródia eram os emblemas artísticos dos músicos — essa autocrítica revelava o autor inserido na máquina. O ouvinte sagaz era o único que podia reconhecer o artista oculto pelos ornamentos comerciais (*idem*; p. 53).

O senso comum aceita a aplicação do conceito de autoria à música popular, pois apesar de trabalhar dentro de um sistema industrial, o artista é, ao menos inicialmente, responsável por seu produto. Existem "artistas" — o termo em si é culturalmente significativo — que, embora trabalhem dentro dos meios de comunicação comerciais e das instituições de música popular, são capazes de utilizar os meios para expressar suas visões individuais. Essas pessoas podem ser consideradas autores e também são, em geral, **estrelas**. O conceito de autor situa-se no ápice do panteão artístico, hierarquia usada por fãs, críticos e músicos para organizar sua visão do desenvolvimento histórico da música popular e para determinar o *status* de seus artistas. Os autores são admirados por sua **performance** profissional, especialmente por sua capacidade de transcender as formas estéticas tradicionais em que trabalham.

Entre os músicos populares que desfrutam do *status* de autores, estão os Beatles, The Rolling Stones, Bob Dylan, Aretha Franklin, James Brown, Jimi Hendrix, David Bowie, Prince, Michael Jackson e Bruce Springsteen, que conquistaram, além de sucesso comercial, o reconhecimento da crítica (note-se o predomínio masculino nessa lista; ver **gênero feminino/masculino**). Embora o *status* de vários desses músicos tenha diminuído especialmente com os trabalhos mais recentes, considerados inferiores às produções mais antigas (caso de Bob Dylan e The Rolling Stones), eles mantêm seu *status* de autor devido à contribuição histórica. Alguns músicos com carreiras de curta duração, como Buddy Holly, Jimi Hendrix e Janis Joplin, também são considerados autores. Há também artistas que, apesar do limitado impacto comercial, detêm um estilo e uma obra inconfundíveis, que conduziram a música popular a novas direções, como Frank Zappa, Brian Eno ou Captain Beefheart. Nos anos de 1980 e 1990, Sting, Elvis Costello, Tracy Chapman e Tori Amos são cantores-compositores considerados autores. O *status* de autor a algumas estrelas foi motivo de controvérsia, especialmente no caso de Madonna.

Como todos os textos musicais são produtos sociais, os artistas dos gêneros populares estão sob pressão constante para proporcionar ao seu público obras similares às que o atraíram inicialmente. Isso explica por que mudanças na carreira de um músico podem prejudicar sua popularidade, embora também possam atrair novos públicos. Essa observação mostra a contradição da condição de "artista": por um lado tem que responder às pressões do mercado, e, por outro, reivindicar o título de autor, mesmo sabendo-se inserido no esquema lucrativo da indústria cultural (como aconteceu com a produção cinematográfica da indústria de Hollywood, nos anos de 1950). Prejudica-se, assim, o critério de qualidade de uma obra, pois todos os textos musicais "chegam à vitrola como produto dos mesmos processos comerciais" (Frith: 1983; p. 54). Além disso, como em qualquer área de criação, há um constante processo de reelaboração do "lugar comum" ou das tradições populares, em que a continuidade é propositalmente combinada com a mudança (ver **apropriação**).

Como ocorre com os estudos literários, na música popular o conceito de autoria está sujeito a críticas: poucos músicos alcançam esse *status* e a condição de autoria é concedida somente a alguns **gêneros** musicais. Além disso, da mesma forma que na produção cinematográfica contemporânea, o processo criativo é um "trabalho de equipe", ainda que um artista particular seja responsável pela visão global (ver **intermediários culturais**). O conceito de autoria representa uma forma de **hegemonia** cultural, baseada em uma concepção romântica da arte, empregada para ratificar alguns artistas e estilos.

- *Ver*: **estrelas**
- *Leitura adicional:* Cawelti: 1971; Frith:1983; O'Sullivan *et alii*: 1994; Shuker: 1994. Alguns estudos sobre músicos particulares empregam o conceito de autoria, mesmo que implicitamente. Ver as seguintes biografias: Marsh: 1983, sobre o The Who; Murray: 1989, sobre Hendrix; e Norman: 1981, sobre os Beatles.

b

baby boomers — ver **demografia**

bandas cover — ver **músicos**

bandas de garagem; garage rock: No final da década de 1960, as bandas de garagem (assim chamadas porque seus integrantes tocavam em garagens ou porões) eram particularmente proeminentes nos Estados Unidos. Essas bandas responderam à invasão britânica do mercado norte-americano. Tocando um rock básico, com grande entusiasmo, muitos desses grupos produziram em sua carreira apenas um sucesso, com alguns deles transformados em clássicos. Entre as bandas de maior longevidade estão The Standells, The Electric Prunes e The Count Five. Entre as canções regravadas destacam-se "Gloria" (originalmente, integrava o lado B de um single do grupo britânico Them, gravado em 1966), "Hei Joe" (The Leaves) e "Louie, Louie" (Kingsmen). No Reino Unido, o estilo garage foi melhor representado pelo Troggs ("Wild Thing", 1966), um grupo protopunk comercialmente bem-sucedido.

Em 1972, uma compilação das gravações de bandas de garagem (*Nuggets)* reunidas por Lenny Kaye renovou o interesse por esse tipo de obra, produzindo uma grande quantidade de relançamentos (*Nuggets*, vols. 1-12, Rhino; e *Pebbles*, vols. 1-10, AIP). No texto de Kaye, o **gênero** recebeu a denominação de "punk rock", um reconhecimento prévio da influência posterior do estilo garagem sobre o **punk rock** pós-1977. No final da década de 1970 e início da de 1980, o advento do punk provocou um renascimento do interesse pelas bandas de garagem, cujo som não é significativamente diferente. Recentemente, o termo "garage dance" aplicou-se a uma forma de dance music de New Jersey (o clube Paradise Garage) e Nova Iorque, que também se desenvolveu no Reino Unido.

Entre as características da música garage rock estão "o desvio capaz de chocar, o excesso de gritos estridentes e zombarias e as guitarras ruidosas, quase sempre dotadas de um timbre encrespado" (Erlewine *et alii*: 1995). O gênero era constituído em grande parte pelos moradores brancos e adolescentes dos subúrbios. Surgiu pela primeira vez por volta de 1965, sobretudo em pequenas gravadoras locais e ligadas a fortes cenários regionais (especialmente Texas e Califórnia), cada um com um estilo distinto. Em 1967 e 1968, o gênero sofreu um declínio, já que os membros das bandas sofriam as conseqüências do recrutamento para a Guerra do Vietnã, da necessidade de freqüentar a faculdade e também da falta de sucesso comercial. As bandas de garagem sobreviventes tenderam para um som mais **progressivo** e **psicodélico** (por exemplo, The Electric Prunes, The Blues Magoos e The Chocolate Watch band).

O gênero e os seus grupos são estranhamente negligenciados em diversas histórias do **rock** norte-americano (Friedlander: 1996; Garofalo: 1997), ainda assim possuindo uma legião de adeptos, com **fanzines** e sites na **Internet**.

• *Leitura adicional:* Bangs: 1992d (inclui discografia); Erlewine *et alii*: 1995; Heylin: 1992.
• *Escutar:* The Chocolate Watch band, *The Best of The Chocolate Watch Band,* Rhino, 1983. *Nuggets Volume One: The Hits,* Rhino, 1984. The Troggs, *The Best of the Troggs,* Polygram, 1988.

bandas de tributo — ver **músicos**

batida (beat); backbeat; ritmo; riff: O ritmo é o padrão de batida presente na maioria das formas de comunicação; são as pulsações e suas variações de tempo. Freqüentemente, os ritmos são recorrentes ou repetitivos — como o batimento cardíaco — e seguem um padrão constante. Na música, os padrões rítmicos geralmente determinam a carga emocional das canções, motivo pelo qual a música lenta, por exemplo, é classificada como mais sentimental. A seção rítmica é o conjunto de instrumentos musicais, composto por bateria, baixo, guitarra e teclados, que mantém a batida e a harmonia de um trecho da música. O tempo é o andamento da batida. Na música popular percussiva, identificamos melhor o ritmo escutando a bateria e contando a batida em voz alta. O backbeat são as batidas binária e quaternária de um padrão de quatro tempos; trata-se da modulação rítmica em que se cria o ritmo básico do rock. O padrão rítmico é habitualmente muito simples e facilmente identificável no rock'n'roll antigo. O riff é um padrão rítmico ou melódico curto repetido muitas vezes, enquanto as mudanças acontecem junto com a música.

• *Ver:* **musicologia**
• *Leitura adicional:* Brown: 1992; Charlton: 1994.

beat britânico — ver **beat music**

beat music; beat britânico: Estilo musical e gênero vago, caracterizado por uma batida simples e forte. O termo beat music foi empregado para a música dos Beatles e de outros grupos ingleses do início dos anos de 1960: Gerry and the Pacemakers, The Dave Clark Five, The Searchers e The Hollies. Por isso, é chamado algumas vezes **beat britânico**. O repertório desses grupos inspirara-se no **rock'n'roll** e no **rhythm'n'blues**. Inicialmente encorajados pela simplicidade do **skiffle**, a formação característica dos grupos beat era: bateria, guitarra líder, baixo, guitarra rítmica e um vocalista líder (às vezes, como no caso dos Beatles, este também era um dos instrumentistas). Existiam fortes versões regionais e Liverpool (**Merseybeat**) era o eixo. As bandas beat revelaram-se fundamentais para a **invasão britânica** da parada de sucessos norte-americana, no início da década de 1960.

• *Ver:* **invasão britânica**; **som de Liverpool**
• *Leitura adicional:* Clayson: 1995; Houghton: 1980; McAller: 1994.
• *Escutar:* Beatles, *Live at the BBC (1962-1965)*, Apple/Capitol, 1994. The Searchers, *The Most of the Searchers*, EMI, 1994.

beatniks — ver **contracultura**

bebop — ver **jazz**

behaviorismo — ver **efeitos**

bhangra: Gênero musical anglo-indiano baseado na música de uma dança tradicional do Punjab, tocado com instrumentos de percussão. O bhangra desenvolveu-se em três versões na Grã-Bretanha: como pop dance, executada com sintetizadores, guitarras e conjunto de tambores, nas comunidades de imigrantes indianos, no final dos anos de 1970; incorporando a **house**, a **dance music** e baterias eletrônicas, nos anos de 1980; e em combinação com o **rap**, o **sampling** e os ritmos do ragga ou dance-hall jamaicano, no início da década de 1990, tornando-se "bhangramuffin" (Mitchell: 1996). Essa última versão alcançou sucesso comercial em toda a Ásia e no Reino Unido por meio de artistas como Sheila Chandra e Apache Indian. Para os jovens de ascendência asiática, o bhangra é uma forma de afirmar uma **identidade** cultural própria.

- *Leitura adicional:* Lipsitz: 1994; Mitchell: 1996; O'Brien, K.: 1995 (sobre Sheila Chandra); Oliver: 1990.
- *Escutar: East 2 West: Bhangra for the Masses,* Music Collection International, 1993. Sheila Chandra, *The Struggle,* Caroline Records/Indipop, 1995. Apache Indian, *Make Way for the Indian,* Island, 1995.

black music; música afro-americana: O conceito de black music é algumas vezes comparado com o de música afro-americana, ou os dois termos são usados indistintamente. Ambos se relacionam a argumentos afetivos sobre essencialismo, autenticidade e a histórica inclusão e marginalização da música dos artistas negros. A existência da black music baseia-se na idéia de coerência musical e de identificação de um público. De acordo com George, "a black music é aquela identificada e aceita como tal por seus criadores, artistas e ouvintes [...], engloba a produção dos que se consideram negros e daqueles cuja música possui características que justificam seu reconhecimento como um gênero específico" (1989; p. XII). Segundo essa concepção, certos **gêneros** particulares são considerados "black", particularmente o **blues**, o **soul** e o **rap**. Isso suscitou questões e debates sobre como identificar essa característica "black", como definir ou reconhecer os artistas "black" e como classificar uma canção de um compositor branco interpretada por um artista negro.

A interação entre os estilos, os gêneros e os artistas brancos e negros foi decisiva para o desenvolvimento da música popular. As primeiras músicas afro-americanas possuíam três características, depois incorporadas ao ragtime, ao blues e ao rhythm'n'blues: uma linha melódica, uma modulação rítmica forte e canções que apresentam linhas improvisadas, gritos e lamentações, com coros repetidos (Gammond: 1991; p. 61). Apesar desses elementos gerais, argumenta-se que é difícil caracterizar a black music, rejeitando-se assim a idéia de uma "essência" (Gilroy: 1993; Tagg: 1989).

Entretanto, alguns autores consideram o termo black music útil e importante. Brackett usa "a presença ou a ausência de elementos identificados com estilos afro-americanos, derivados, em particular, da música gospel e dos sermões afro-americanos" (1995; p. 24) para refletir sobre o sucesso de diversas canções que alcançaram a parada de sucessos da *Billboard*, em 1965, tanto entre os maiores sucessos de *rhythm'n'blues* como no "Hot 100" (ver também Hatch & Millward: 1987).

O conceito de diáspora, referindo-se à dispersão de um povo e relacionado historicamente aos judeus, aplicou-se à noção de black music para indicar uma comunidade cuja expressão musical transcende o nacionalismo, mas que se mantém a distância do essencialismo musical — ver, por exemplo, as idéias de Gilroy sobre o "black atlântico".

• *Ver:* **intersecção; história**
• *Leitura adicional:* Gilroy: 1993; Manuel: 1995; Mitchell: 1996.

bluegrass*: Estilo de música country do Kentucky que surgiu em meados dos anos de 1940, embora com antecedentes na música dos camponeses do Sul e no estilo dos minstrels, grupos de cantores negros que apresentavam canções de origem negra. O estilo tornou-se reconhecido e muito popular por meio da obra de Bill Monroe e seu original Bluegrass Boys (que deu seu nome à música), entre 1945 e 1948. As principais características são: o dedilhar melódico do banjo (em estilo três dedos), o uso do bandolim como instrumento-líder, muitas vezes solando em contraste com um fundo rítmico, e um canto rigorosamente harmônico. O bluegrass influenciou o **rockabilly**, como se constata na versão de Elvis Presley, em sua estréia na Sun, da canção "Blue Moon of Kentucky", de Monroe.

• *Leitura adicional:* Clarke: 1990; Gammond: 1991; Gillet: 1983; Hardy & Laing: 1990 (consultar os verbetes sobre Bill Monroe, Flatt & Scruggs e Osborne Brothers); Larkin: 1993.
• *Escutar:* Bill Monroe, *Best of Bill Monroe,* MCA, 1975.

* N. do E.: *Bluegrass* é um capim-do-campo característico do estado norte-americano de Kentucky.

blue notes: Notas rebaixadas em intervalos de um semitom ou menos. Os músicos de **blues** mais antigos rebaixavam o intervalo da escala da terça e da sétima, enquanto os de **bebop** abaixavam o intervalo também na escala da quinta.

•*Leitura adicional:* Charlton: 1994.

blues: country blues; blues clássico; jump blues; Chicago blues/blues elétrico britânico/rhythm'n'blues: **Gênero** musical maior, o blues exerceu grande influência na música popular. Inicialmente parte fundamental da música negra tradicional, que surgiu no início do século XX, abrange diversos subgêneros, que podem ser localizados histórica e geograficamente. Esses subgêneros são abordados aqui de forma breve, essencialmente para indicar sua influência em outros gêneros da música popular.

1. **Country blues:** dois compassos e três linhas, tocado em violão acústico ou em piano. Surgiu nos estados rurais do sul dos Estados Unidos no início do século XX e fez sucesso nos anos de 1920. Existiam fortes variantes regionais, principalmente a do Texas e a do delta do Mississippi (Delta blues). Seus representantes eram: Skip James, Robert Johnson, Leroy Carr, Blind Lemon Jefferson e Bukka White. O country blues caracterizou-se por seu vigoroso realismo social, com canções belas, melancólicas e angustiantes. Os músicos do country blues desenvolveram a técnica do slide, ajustando o som do violão à outra "voz" (um tubo de vidro ou de metal é adaptado sobre o dedo anular ou mínimo do violonista, aparando as cordas do violão quando o braço do instrumentista desliza para cima ou para baixo. O termo surgiu a partir do uso do gargalo de uma garrafa, quebrado e lixado para essa finalidade).

O country blues alimentou-se de outras formas de blues e, mais tarde, influenciou bastante o **rhythm'n'blues**, o **rockabilly**, o **rock'n'roll** e o **rock** (por exemplo, a versão do The Rolling Stones da canção "Love in Vain", de Johnson, em *Let it Bleed*, ABKCO, 1989).

No início da década de 1960, o blues foi descoberto pelos jovens brancos de classe média. Nos Estados Unidos e na Inglaterra — depois, internacionalmente —, as lendas do Delta Blues, como Mississippi John Hurt e Skip James, foram realçadas por alguns pequenos selos dedicados ao folk, como o Vanguard, o Prestige e o Piedmont. Esses artistas foram então "engolidos" pela música folk, desfrutando de um período de grande popularidade e apresentando-se no Newport Folk Festival, em Rhode Island, e em outros **festivais**. O interesse pelo country blues continuou: uma **coleção** das gravações completas de Robert Johnson obteve um inesperado sucesso comercial, em 1990, e outras reedições foram também bem-sucedidas com o advento do **CD**.

• *Leitura adicional:* Barlow: 1989; Guralnick: 1989; Ward: 1992a.
• *Escutar:* Blind Lemon Jefferson, *Blind Lemon Jefferson,* Milestone, 1974.
Robert Johnson, *The Complete Recordings,* Columbia, 1990.
Skip James, *Skip James Today!,* Vanguard, 1991.

2. **Blues clássico**: desenvolvido nos anos de 1920, em geral interpretado por uma vocalista acompanhada por um grupo de jazz ou por um pianista, às vezes como parte integrante de um minstrel show (apresentação de cantores e comediantes negros, que apresentavam canções de origem negra). Exemplos: Bessie Smith e Ma Rainey, que batizaram a sua música de blues.

• *Leitura adicional:* Barlow: 1989; Shaw: 1986.
• *Escutar:* Bessie Smith, *The Complete Recordings,* vols. 1 e 2, Columbia/Legacy, 1991 (inclui seu primeiro sucesso, "Downhearted Blues", de 1923).

3. **Jump blues**: um blues duro, com um *swing* transicional, que antecipou tanto o **rhythm'n'blues** como o **rock'n'roll**. Um exemplo é Louis Jordan e o Tympany Five, que desfrutaram um sucesso **interseccional**, figurando, no final dos anos de 1940, na parada de sucesso de black music e na de música pop, com números musicais inovadores e destinados à dança.

• Ver: **rhythm'n'blues**
• Es*cutar:* Louis Jordan, *The Best of Louis Jordan,* MCA, 1975; 1989 (CD).

4. **Chicago blues/blues elétrico**: desenvolvido quando os negros do sul dos Estados Unidos mudaram para centros urbanos, como Chicago, Memphis e Nova Orleans, em busca de trabalho e de melhores oportunidades. Platéias maiores exigiam uma amplificação melhor, ocasionando a popularização da guitarra elétrica e da bateria. Entre os principais representantes, incluem-se Muddy Waters, B.B. King, John Lee Hooker e Willie Dixon, que também foi um prolífico e bem-sucedido **compositor**.

• *Leitura adicional*: Dixon: 1989; Herzhaft:1992; Santelli: 1993.
• *Escutar:* B.B. King, *Live at the Regal,* MCA, 1971. John Lee Hooker, *The Healer,* Chameleon, 1989.

5. **rhythm'n'blues britânico/blues rock:** os músicos ingleses popularizaram o blues elétrico no início dos anos de 1960, produzindo uma variante às vezes denominada **rhythm'n'blues** britânico, que, no final da mesma década, evoluiu para o blues rock. Alexis Korner's Blues Incorporated, The Rolling Stones, The Yardbirds, John Mayall's Bluesbreakers, Cream, o Led Zeppelin e Pretty Things exploraram o blues como inspiração e material, e levaram o estilo ao público do **rock** e às paradas de sucesso inglesa e norte-americana, nos anos de 1960 e no início da década seguinte.

• *Leitura adicional:* Santelli: 1993.
• *Escutar:* The Yardbirds, *Five Live Yardbirds,* 1964; Rhino, 1988 (inclui "Smokestack Lighting", de Howlin' Wolf). John Mayall com Eric Clapton, *Bluesbreakers,* London, 1965 (inclui "Hideaway", de Freddie King e "Ramblin on my Mind", de Robert Johnson). Cream, *Fresh Cream,* Polydor, 1966 (inclui "I'm So Glad", de Skip James).
• *Assistir: Dancing in the Street,* Episódio 5: "Crossroads".

6. **blues contemporâneo**: os principais "bluesmen" negros continuam atuando, como John Lee Hooker, B.B. King e Buddy Guy, embora haja uma nova geração de músicos, como Robert Cray. Entre os principais selos de gravação de blues, inclui-se o Alligator. Apesar das discussões sobre a **autenticidade** do "blues branco", nos anos de 1980 e 1990 há grandes artistas brancos, como Stevie Ray Vaughan, Eric Clapton, John Hammond e ZZ Top.

• *Ver:* **black music; rhythm'n'blues; rock'n'roll**
• *Leitura adicional:* Santelli, 1993; *Living Blues: The Magazine of the Afro-American Blues Tradition.*
• *Escutar:* ZZ Top, *Deguello,* WB, 1979. Robert Cray, *Strong Persuader,* Mercury, 1986. *The Blues,* vols. 1–6, MCA, 1986-9 (lançado originalmente pelo selo Chess em meados dos anos de 1960, como amostra do extenso catálogo de blues da gravadora). Buddy Guy, *Damn Right I Got the Blues,* Silverstone, 1991. Eric Clapton, *From the Cradle,* Reprise, 1994.

boogie-woogie: Estilo percussivo e rítmico dos pianistas negros. Surgiu entre meados e final dos anos de 1920 e floresceu na década seguinte. Às vezes é chamado de "a mão esquerda de Deus", pois a mão esquerda do pianista toca repetidos padrões de notas baixas, enquanto a direita toca acordes melódicos curtos (**riffs**). O estilo baseia-se na progressão do **blues**, mas com improvisos. Boogie deriva de bogey, significando espírito, enquanto woogie é o nome das peças de madeira que prendem os trilhos das ferrovias. Muitos dos pianistas negros associados ao estilo viajavam de trem de uma cidade a outra cidade, tocando em festas nas quais os convidados contribuíam com comidas e bebidas e ajudavam a pagar a despesa. O boogie-woogie influenciou muito o desenvolvimento do **rockabilly** e o **rock'n'roll** inicial, nos anos de 1950.

• *Ver:* **rock'n'roll**

• *Escutar:* Little Richard, *His Biggest Hits,* 1959; Speciality, 1991. *Blues Piano Orgy,* Delmark, 1972. Jerry Lee Lewis, "Whole Lotta Shakin' Goin' On" (1957), em *18 Original Sun Greatest Hits,* Rhino, 1984. Fats Domino, *My Blue Heaven: Best of Fats Domino,* EMI, 1990.

bootlegs: Gravações produzidas e distribuídas ilegalmente, que desfrutam de *status* ambivalente. Freqüentemente associadas a um marco simbólico ou cultural por fãs ou colecionadores, as gravações piratas são uma fonte de irritação para as gravadoras e uma maldição para muitos artistas. Podem ser: 1) **reedições** não autorizadas, geralmente de material raro ou esgotado; 2) falsificações que simplesmente reproduzem lançamentos oficiais e autorizados (ver **pirataria**) e 3) apresentações ao vivo inéditas. Às vezes, esse último caso é tido como menos problemático: a revista *ICE*, por exemplo, sustenta que "a gravação ao vivo pertence a uma área cinzenta". Embora publique uma seção regular dedicada às gravações piratas, a revista ressalta que, apesar da comercialização aberta na Europa, "não pode tratá-las do mesmo modo nos Estados Unidos devido às questões legais".

Algumas gravações piratas tornam-se lendárias, eventualmente induzindo as gravadoras a lançarem uma gravação oficial, como o *Black Album* (Warner Brothers, 1995), de Prince, gravado originalmente em 1987 mas sem lançamento comercial; *The Basement Tapes* (Columbia, 1995), de Bob Dylan; e *Live 1975-1985* (Columbia, 1986), de Bruce Springsteen. Os dois últimos foram uma reação contra a inundação de *piratas* de shows ao vivo dos respectivos artistas. Em alguns casos, os músicos ignoram as gravações de shows ao vivo — particularmente, o Grateful Dead (ver **deadheads**). As gravações piratas são numerosas e têm papel importante na história da música pop (ver Heylin: 1995).

- *Ver:* **direito autoral; pirataria**
- *Leitura adicional:* Erlewine *et alii*: 1995; Heylin: 1995; *ICE: The CD News Authority: "Going Underground"*.

bricolagem: Conceito desenvolvido inicialmente pelo antropólogo Lévi-Strauss, segundo o qual os hábitos mágicos primitivos — superstição, feitiçaria, mito —, embora confusos na superfície, podem ser considerados implicitamente coerentes, por relacionar elementos que oferecem àqueles grupos um sentido e uma explicação satisfatória do seu mundo. O conceito de bricolagem foi empregado nos estudos sobre música popular principalmente na análise da importância cultural e natural de um estilo específico — em especial as **subculturas** jovens — e em relação às **apropriações** musicais.

Segundo os **estudos culturais**, realizados pelos pesquisadores do Centre for Contemporary Cultural Studies da Universidade de Birmingham, particularmente Hebdige e os colaboradores de Hall, S. & Jefferson (1976), improvisações estruturadas de bricolagem foram aplicadas e desenvolvidas para explicar o surgimento das impressionantes subculturas jovens no Reino Unido dos anos de 1950 e 1960. Essas subculturas apropriaram-se de bens da cultura dominante conferindo-lhes novos sentidos. Os objetos simbólicos — música, linguagem, vestuário, aparência — formaram um sistema de significados em que os materiais tomados por empréstimo refletiam e expressavam os aspectos de um grupo subcultural (ver ensaios em Hall, S. & Jefferson: 1976). O **punk** caracterizou exemplarmente tal bricolagem estilística.

Um jovem "normal" também pode agir como um criador de bricolagens. Clarke, ao analisar jovens do sexo masculino da classe trabalhadora no Reino Unido, revela que a moda "normal" é vestir roupas das lojas governamentais de excedentes militares, agasalhos esportivos, roupas compradas em brechós (em Hall, S. & Jefferson: 1976). McRobbie (1988; 1991) acrescenta que esse processo não se restringe aos rapazes — as garotas, tão preocupadas com a **moda**, também inovam seu conjunto de vestuário. O próprio mercado da moda resgata elementos de épocas anteriores, recontextualizando-os, como é o caso das jaquetas de esqui, dos trajes esportivos e dos macacões de trabalho.

Diversos estudos empregaram o conceito de bricolagem em um sentido mais amplo para investigar o papel social dos estilos musicais. Grossberg argumenta que o **rock'n'roll** é uma forma capitalista e pós-moderna de bricolagem: "o rock'n'roll atua em um jogo constante de inclusão e de exclusão (sempre simultâneos); uma prática cultural contraditória" (em Gelder & Thornton: 1997; p. 481), em que os jovens celebram as condições reais de seu ócio — tédio, ausência de sentido e desumanização — por meio da tecnologia, do barulho, do fetichismo da mercadoria, da repetição, da fragmentação e da superficialidade. Atribui-se assim a vários estilos musicais o ato de trazer um senso de jogo às artes da bricolagem, utilizando diferentes sons, convenções e instrumentações musicais. Por exemplo, os músicos de rock'n'roll chicanos de Los Angeles:

> [...] em vez de produzirem literatura, peças teatrais e poemas, que são criações de uma outra tradição cultural, desenvolvem gírias, carros especiais, estilos de roupas e murais para expressar suas idéias e inspirações. Seu trabalho é intertextual, em diálogo constante com outras formas de expressão cultural, e mais rico quando contextualizado (Lipsitz, *apud* Gelder & Thornton: 1997; p. 358).

Tudo isso nos permite observar um processo de guerrilha semiótica em curso no interior e por meio da música popular, atuando em lugares como o lar, a escola e o local de trabalho.

• *Leitura adicional:* Gelder & Thornton: 1997; Hebdige: 1979.

britpop: Rótulo genérico, inicialmente aplicado pela imprensa musical do Reino Unido às bandas britânicas de **pop/rock** dos anos de 1990, baseadas no som da guitarra. É um movimento vago e indefinido, que recorre ao pop/rock britânico dos anos de 1960, dos Beatles, do The Who e do The Kinks; ao rock britânico pós-punk dos anos de 1980 (The Smiths, The Jam); elementos do **glam rock** (o T. Rex foi uma influência reconhecida); e ao "new pop" britânico dos anos de 1980 (*ver* **new romantics**). Os norte-americanos descrevem o britpop, apropriadamente, como um "movimento antigrunge desafiadoramente nacionalista". Enquanto o **grunge** idealizou uma abordagem antiestrelato, o britpop foi considerado um movimento "sustentado por uma arrogância esnobe e aspirações ao estrelato" ("The Empire Gobs Back". *Rolling Stone, Yearbook 1995,* pp. 32-4). As principais bandas de britpop são Blur, Suede, Pulp e Oasis, mas o rótulo é também aplicado ao Ash, Echobelly, Supergrass e Kula Shaker, entre outros. Ao lado da **dance music**, o britpop dominou a parada de sucessos inglesa ao longo dos anos de 1990, com o álbum *(What's the Story) Morning Glory?* (Epic, 1995), do Oasis, atingindo uma das maiores vendagens da indústria fonográfica inglesa. Amparado por uma grande turnê, o Oasis também foi bem-sucedido no mercado norte-americano, com uma venda de 3,26 milhões de cópias do *Morning Glory* entre 1995 e 1996, apesar do impacto limitado do britpop nos Estados Unidos. Recentemente, discutiu-se a "morte do britpop", com o movimento afastando-se de sua pretensão original e de seu estilo londrino, além de vários de seus artistas, antes classificados como **independentes**, desfrutarem de sucesso comercial, como o Oasis.

• *Escutar:* Suede, *Suede,* Columbia, 1993. Blur, *Parklife,* Capitol, 1994. Pulp, *Different Class,* Island, 1995 (inclui "Common People", considerada uma das canções mais características do britpop). Kula Shaker, *K,* Columbia/Sony, 1996.

bubblegum: Rótulo depreciativo, inicialmente aplicado a um **gênero** de música **pop** extremamente comercial surgido no final da década de 1960, produzido para o público pré-adolescente e refletindo seu emergente poder aquisitivo. O termo deriva dos jingles das propagandas de chicletes influenciados pelo rock. Foi um fenômeno basicamente norte-americano, associado ao selo Buddah e a grupos como The Lemon Pipers, The Archies (cujo single "Sugar Sugar" foi o campeão de vendas de 1969) e Ohio Express ("Yummy Yummy Yummy"). As gravações bubblegum usavam muitos **músicos de estúdio**. Apesar das ferozes críticas, o bubblegum foi um núcleo de grupos e artistas muito bem-sucedidos comercialmente, como The Monkees, Tommy Roe e Tommy James and the Shondells: "lixo pop caído do céu" (Bangs: 1992b; p. 360). Posteriormente, bubblegum passou a ser um termo genérico para a música popular considerada comercial e destinada à parada de sucessos. Musicalmente, associa-se a melodias e ritmos fortes: insidiosa, com refrões cativantes que "ficam martelando na cabeça e não saem".

• *Ver:* **power pop**
• *Leitura adicional:* Bangs: 1992b (inclui discografia); Garofalo: 1997.
• *Escutar:* Ohio Express, *The Very Best of the Ohio Express,* Buddah, 1970. Tommy James and the Shondells, *Anthology,* Rhino, 1980.

C

cantores-compositores — ver **compositores**

capas de discos: Trata-se de um importante aspecto de *marketing*: "na indústria fonográfica, com a proliferação dos produtos, as capas atraentes aos olhos tornaram-se um espaço evidente para se elaborar a postura do artista em relação às várias instituições sociais e culturais" (Ryan: 1992; p. 203). Freqüentemente, a prática de apresentar as letras impressas nas capas indica um artista "sério", enquanto a iconografia das capas muitas vezes conota características do **gênero** da gravação, por exemplo, a ênfase nos temas satânicos e apocalípticos nas capas dos discos de **heavy metal** clássico e trash. A capa acabou adquirindo valor artístico (cf. pôsteres), com publicações que reúnem esses trabalhos, como os de Roger Dean.

• *Ver:* **semiótica**

capital cultural: O termo capital cultural veio da obra do cientista social francês Pierre Bourdieu e descreve "a distribuição desigual de práticas, de valores e de habilidades culturais das sociedades capitalistas" entre classes definidas não apenas pelo seu capital econômico, mas pelo acesso diferenciado ao capital cultural e ao poder simbólico (O'Sullivan *et alii*: 1994; p. 73). Em relação ao **consumo** no âmbito dos meios de comunicação, significa a preferência dos indivíduos e grupos sociais por **textos** particulares — como filmes europeus ou filmes hollywoodianos —, e o papel desses gostos como forma de auto-identificação e como indicadores sociais.

A designação "música popular" é mais sociológica que musical — idéia reforçada pelas diversas formas de recepção dos textos musicais. Bourdieu

(1984) revela como o "gosto" é definido e mantido pelos grupos sociais para se diferenciarem e distanciarem de outros grupos, conferindo um certo *status* social. A música tem sido tradicionalmente uma dimensão decisiva desse processo. Os gostos e estilos musicais dos distintos grupos de consumidores são afetados por diversos fatores sociais, como **classe**, **gênero**, **etnia** e idade. O consumo não é simplesmente uma questão de preferência pessoal, é também construção social. Relaciona-se a esse processo a atuação dos gostos musicais como uma forma de capital simbólico ou cultural.

Um indivíduo, ao preferir certos artistas e definir seu gosto musical, descobre uma história mais ampla da música popular e assimila uma tradição seletiva. Pode, então, discutir sobre artistas, discos, estilos, tendências, gravadoras, literatura especializada etc. Esse processo ocorre com a música que é popular em um grupo constituído por indivíduos com gostos semelhantes ou em uma subcultura. Em ambos os casos, exerce a função de distanciar dos outros estilos os adeptos de um determinado estilo musical. Em caso de fidelidade a **gêneros** ou artistas que não integram o *mainstream*, o capital cultural sustenta uma postura de oposição, como nas **subculturas jovens**, que tomam e inovam estilos e formas musicais como uma base (capital subcultural) para sua identidade.

Há uma tendência de dividir o capital cultural na música popular mediante a distinção entre ouvintes orientados para um *mainstream* comercial e uma minoria marginalizada que prefere a **música independente** ou **alternativa**. Em 1950, Reisman expôs a diferença entre dois públicos adolescentes de música popular nos Estados Unidos. O primeiro, majoritário, era dotado de "um gosto indistinto da música popular, raramente expressando preferências articuladas" e para quem a música exercia uma função predominantemente social. Consumia a música comercial, isto é, a música do *mainstream*, deixando-se influenciar pelas **estrelas** e pelas paradas de sucessos. O segundo grupo, minoritário, era composto por "ouvintes mais ativos", que tinham uma atitude mais rebelde em relação à música popular, revelada "pela insistência em padrões rigorosos de julgamento e de gosto; pela preferência não-comercial, pequenas bandas desconhecidas em vez de artistas de sucesso; pelo desenvolvimento de uma linguagem particular [...] [e pela] profunda indignação em relação à comercialização do rádio e dos músicos" (Reisman: 1950, p. 412; ver também Frith & Goodwin: 1990).

Mais recentemente, Trondman (1990) dividiu o **rock** sueco contemporâneo em dois gêneros principais: um rock "artístico" maduro e um rock comercial baseado em um "ídolo". O primeiro foi identificado com o que

Bourdieu denomina cultura legítima, enquanto o outro expressa uma distância dessa cultura legítima. Os ouvintes do rock artístico são principalmente estudantes universitários e graduados, ou seja, pessoas que possuem perspectivas de se integrar à cultura legítima. Para esse público a música significa "intelectualidade", "atração estética" e "tradição". Os ouvintes que se interessam pelo tipo "certo" de rock podem desenvolver seu gosto dentro de um "discurso erudito" ou de um "jargão acadêmico", paralelamente à cultura legítima. Para alguns, essa forma de apropriação pode ser a porta de entrada para a cultura legítima e uma aprendizagem preparatória para a tradição da assimilação.

•*Ver:* **classe; subculturas jovens**
•*Leitura adicional:* Reisman: 1950; Trondman: 1990; Willis *et alii*: 1990.

catálogo; reedições; coleções: Os catálogos das gravadoras apresentam as gravações disponíveis para reedição, cujos **direitos autorais** detêm. Muitas vezes possuem valor comercial, devido à introdução dos novos formatos, principalmente o **CD**, e à possibilidade de remasterização das gravações originais através de novas tecnologias, com um baixo investimento de capital.

As **grandes gravadoras** perceberam o potencial de venda dos seus catálogos, especialmente para a geração pós-Segunda Guerra Mundial — os —, que desejava substituir seus vinis pelos CDs, os quais podiam ainda incluir faixas raras, extras ou alternativas às gravações originais, devido ao espaço de gravação. Um exemplo é a reedição, em 1996-7, dos álbuns do The Byrds, lançados originalmente na década de 1960. Em alguns casos, as grandes gravadoras venderam os direitos de reedição ou criaram selos para esse propósito. Nos anos de 1970, surgiram as primeiras companhias dedicadas às reedições, como a Sire nos Estados Unidos (que também grava artistas contemporâneos) e a Charlie no Reino Unido, que lançavam "compilações cuidadosas e inteligentes dos clássicos do rock'n'roll" (Erlewine *et alii*: 1995). Na década seguinte surgiram a Ace, a Demon/Edsel e a norte-americana Rhino, esta atualmente líder em reedições, com um catálogo extenso. O nicho de mercado explorado por tais empresas é justamente aquele ignorado pelas grandes gravadoras, que se recusam a lançar material clássico e desconhecido para um público pequeno e especializado.

> Em sua forma mais exagerada, a exploração do catálogo caracteriza-se pelo lançamento de coleções: um vasto conjunto da obra de um determi-

nado artista, apresentando um panorama de sua carreira. Algumas coleções que obtiveram sucesso comercial e de crítica foram: Eric Clapton, *Crossroads* (Polydor, 1988); The Byrds, *The Byrds* (Columbia, 1994); e The Who, *Thirty Years of Maximum Rhytm'n'blues* (MCA, 1994). Embora ocasionalmente criticada por explorar os consumidores, tais lançamentos também preservam a **história** da música popular, tornando-a mais acessível especialmente aos jovens, como o fenomenal sucesso de lançamento da obra de Robert Johnson, *The Complete Recordings* (Columbia, 1990), que aproximou essa lenda do **blues** de um novo público. Outros tipos de coleções envolvem o lançamento de vários álbuns de um artista (por exemplo, George Harrison, *All Things Must Pass*, Capitol, 1970), de shows (*Woodstock*, Cotillion, 1970) e de coleções de singles, uma tendência recente (The Smashing Pumpkins; Alanis Morissette).

•*Leitura adicional:* Erlewine *et alii*: 1995; pp. 950-1; revista ICE.

CD (compact disc): Disco de plástico, de 4,5 polegadas, com aparência de alumínio, semelhante ao disco usado em informática. Durante os anos de 1980, tornou-se o principal meio de gravação e de comercialização da música popular (ver **formatos de gravação**). Apresenta diversas vantagens — embora freqüentemente contestadas —, como a reprodução de um som mais claro e nítido, além de maior durabilidade que o vinil. O uso preponderante dos CDs foi o principal fator para a exploração e viabilização dos **catálogos** das grandes gravadoras.

CD-ROMs; multimídia; revistas multimídia: Os CD-ROMs são discos de plástico, de 4,5 polegadas, com aparência de alumínio — semelhantes ao CD musical. Podem armazenar 700 megabytes de dados, em formato multimídia, o que equivale a aproximadamente 1.300 páginas de um livro. Embora não tenha recebido grande atenção da literatura crítica sobre música popular, o **CD-ROM** musical representa um novo nicho de mercado e um novo meio de propaganda para a indústria fonográfica.

Os CD-ROMs são parte da explosão da multimídia, nos anos de 1990. Embora o termo seja freqüentemente usado de forma imprecisa, multimídia refere-se geralmente à comunicação de informações através do uso simultâneo de textos, gráficos, animação, áudio e video. No seu sentido atual, incorpora outro conceito básico das novas tecnologias: a interatividade. A multimídia surgiu para produzir mais do que uma convergência de voz, música e texto alfanumérico, pressupondo algum grau de controle interativo do usuário sobre esses recursos que ultrapassa as possibilidades de um mero espectador, como o de **televisão**.

Em uma perspectiva mais ampla, a multimídia é um sinônimo para convergência: as principais empresas de mídia trabalhando em conjunto, freqüentemente subordinadas a corporações. Desse modo, qualquer produto ou tecnologia que apresente componentes de mais de um setor da indústria midiática — sejam editoras e computadores, sejam TVs e computadores — pode ser classificado como multimídia. Os CD-ROMs musicais são um dos frutos da convergência das indústrias eletrônica e fonográfica, iniciada nos anos de 1980. Há um esforço conjunto em controlar tanto os produtos de hardware como os de software existentes no mercado, junto a uma fertilização cruzada e a uma maximização dos textos (um texto, muitas formas). De acordo com a empresa de pesquisa de mercado Volpe, Welty & Co., de São Francisco, o mercado norte-americano dos softwares que unem educação e entretenimento poderia atingir a cifra de um bilhão de dólares, em 1997. E revela que, em 1993, esse mercado cresceu 47%, enquanto o crescimento de toda a indústria de software não ultrapassou 14%. Essa expansão refletiu o acelerado aumento de títulos e os custos cada vez menores dos hardwares de multimídia. O desenvolvimento do mercado é, em parte, resultado da educação, modificada pela mídia eletrônica contemporânea, voltada para o cenário doméstico.

No início dos anos de 1990, as gravadoras EMI e Warner Music Group, entre outras, constituíram divisões de multimídia que começaram a explorar as possibilidades das novas tecnologias, inclusive os CD-ROMs musicais. Em 1994, Don Harder, vice-presidente de tecnologia da informação da EMI, anunciou o CD-ROM da banda de **heavy metal** Queensryche, que seria lançado junto do novo álbum da banda: "estamos procurando criar o máximo de integração entre o CD e o CD-ROM. Como ambos são oferecidos muitas vezes nos mesmos pontos de venda, queremos fazer um *marketing* cruzado" (*Billboard*:30 abril 1994; pp. 1 e 98). Além dos CD-ROMs, existem atualmente protetores de tela de computador para divulgar músicos, além de jogos de video e computador com efeitos sonoros.

Hoje, os CD-ROMs são fundamentais na indústria fonográfica, com um crescimento nos títulos de música popular. Esses lançamentos são freqüentemente específicos de um artista, mas também existem CD-ROMs que permitem ao usuário compor, tocar guitarra e editar video musicais, além de CD-ROMs com enciclopédias de música (como o *Music Central*

96, Microsoft, 1996). Entre os títulos mais vendidos, destacam-se: *XPLORA 1 Peter Grabriel's Secret World* (Interplay, 1993) e lançamentos do The Artist Formerly Known As Prince, Heart and The Cranberries. Alguns lançamentos em CD incluem faixas multimídia, que podem ser acessadas em um computador (por exemplo, The Rolling Stones, *Stripped*, Virgin, 1996).

Outro meio de *marketing* para a música popular é a exposição dos artistas e de seus discos em revistas multimídia, que são publicadas em CD-ROM. A primeira foi a *NautilusCD*, periódico mensal, lançado em 1990, dedicado ao comércio de produtos de multimídia. Essas revistas em CD-ROM, ou revistas multimídia, são uma mistura de textos, gráficos, efeitos sonoros, videos e músicas, seguindo, de certa forma, a organização dos seus equivalentes em papel, com seções e "artigos" — estes últimos, muitas vezes, como forma de propaganda. Os artigos ocupam mais de dez páginas (telas), com textos e imagens. Quando clicados, os ícones dessas páginas revelam textos adicionais, filmes, a "explosão" de uma imagem, sons ou arquivos de áudio de CDs. Essas revistas são um produto editorial muito atraente. Por exemplo, a edição de maio de 1994 da *NautilusCD* incluiu uma faixa do novo CD do grupo de rock The Subdudes, de Nova Orleans. Além de ouvir a música — a qualidade do som é tão boa quanto a de um CD comum reproduzido em um sistema estéreo —, podia-se assistir a uma versão do videoclipe da canção em uma tela reduzida. Com a conquista de um mercado, os CD-ROMs voltados a "estilo de vida/entretenimento" dedicam uma considerável atenção à música popular (por exemplo, *Blender*).

Existem algumas dúvidas sobre esse novo produto. Qual é o público dos CD-ROMs musicais? São populares? Parece que seu mercado é constituído principalmente por consumidores mais velhos. Será que o CD-ROM modifica a recepção musical? De que maneira? A música sempre teve uma relação próxima com o público, apesar da distância imposta pela reprodução. Indiscutivelmente, o CD-ROM amplia as possibilidades de interação com o artista e com a música. No início, devido ao alto custo de produção, o formato privilegiava os artistas consagrados ou comercialmente bem-sucedidos, mas atualmente, com a popularização da tecnologia, o CD-ROM já é utilizado por mais artistas.

• *Leitura adicional:* Hayward & Orrock: 1995.

cenários — ver **cenários de música alternativa; localidade**

cenários da música alternativa: A **música alternativa** associa-se freqüentemente a um local onde ocorre uma manifestação musical, ou seja, um cenário musical específico. Esse fenômeno ocorre em dois casos: em cidades nas quais há concentração de universidades e em grandes cidades, geralmente próximas de centros urbanos ainda maiores, nas quais existem, de algum modo, grupos "alternativos". As cidades norte-americanas mais importantes com concentrações universitárias constituíam um cenário musical particular, concebido autoconscientemente como tal nos anos de 1980. As mais destacadas foram Athens, na Georgia (berço do B-52s, Love Tractor, Pylon e R.E.M.); Minneapolis (berço do Replacements, Hüsker Dü, Soul Asylum e Prince), considerada uma grande cidade "alternativa", uma opção a Chicago no sul dos Estados Unidos; e Seattle. Muitas vezes grandes cidades, como Minneapolis, são também centros universitários; outras vezes, pequenos centros universitários, por estarem próximos a grandes cidades, acabam por se destacar como parte do cenário, a exemplo de Boston e Amherst, em Massachussets (origens do Dinosaur Jr., Pixies, Throwing Muses e The Lemonheads). Os cenários alternativos mundiais parecem confirmar essa dicotomia, como Dunedin, um centro universitário na Nova Zelândia, origem do **som de Dunedin**, e Bristol, na Grã-Bretanha, significativo cenário da **dance music**.

Embora a música alternativa seja freqüentemente associada a localidades particulares, a questão é: por que? Geralmente tais cenários foram determinados por uma combinação de fatores: estações locais de rádio universitárias, acesso fácil aos shows, publicidade e resenhas em **fanzines** locais e jornais independentes, e, especialmente, a existência de gravadoras locais **independentes**. Bertsch (1993) argumenta que há vínculos fundamentais entre os cenários da música alternativa e as áreas de alta tecnologia, pois ambos compartilham uma abordagem descentralizada e autônoma, do tipo "faça você mesmo", e porque o isolamento **independente** não difere muito do espírito empreendedor capitalista, em que "cada um revela-se por si". A produção musical, o projeto do equipamento e a programação são incumbências individuais ou de um pequeno grupo e não exigem um grande capital inicial. Jonathan Poneman, sócio da Sub-Pop, desenvolve essa hipótese e imagina que "eventualmente, surgirão pop stars em todos os cantos [...]. A tecnologia de gravação está cada vez mais barata, e a rede de comunicações está se tornando tão sofisticada que em breve teremos um Nirvana em cada bairro" (Kaufman: 1997).

O relacionamento do regional com o global é fundamental na dinâmica dos cenários da música local, seja alternativa ou não. Para muitos integrantes dos cenários alternativos, as dualidades entre independentes e **grandes gravadoras** são essenciais para o seu compromisso com o regional. Nesse caso, "o louvor ao local torna-se um fetichismo, que disfarça a existência do capital não-local, o gerenciamento global e as relações de produção transnacionais que a possibilitaram" (Fenster: 1995). Entretanto, o "local" associa-se cada vez mais a outras localidades, tanto por razões econômicas como por razões **afetivas**. Fenster registra "o grau em que as músicas 'independentes' — alternativas, baseadas em espaços, apresentações e experiências locais — são progressivamente dominadas por redes sociais, publicações, grupos comerciais e instituições regionais e nacionais em [...] arranjos geograficamente dispersos" (*idem*; p. 83). Essa internacionalização do local é um processo economicamente estimulado e adotado pelas principais gravadoras, que inserem produtos regionais em estruturas mais amplas, buscando um mercado mais vasto, como no *marketing* do som de Seattle. Do mesmo modo, os cenários e produtos musicais locais e os seus seguidores estão ideologicamente unidos por **fanzines** e **publicações especializadas** distribuídos internacionalmente e também pela **Internet**.

• *Ver:* **localidade; som de Dunedin; som de Seattle**

• *Leituras adicionais:* Fenster: 1995; Bertsch: 1993; Jipson: 1994 (sobre Athens, Georgia); Straw: 1992.

censura; New Right; Parents' Music Resource Center: A censura ocorre quando palavras, imagens, sons e idéias são suprimidos ou silenciados, geralmente por uma legislação nacional ou local, mas também pela auto-regulamentação e pelo código de ética da indústria de comunicação. Em seu estudo sobre a censura na música popular da Grã-Bretanha, Cloonan inicialmente define-a como "uma tentativa de interferir antes ou depois da gravação, na expressão artística da música popular, com a intenção de sufocar ou de modificar significativamente essa expressão. O que ressalta o caráter deliberativo do ato de censura" (1995; p. 75).

A censura funciona em diversos níveis na música popular. Há diversas **gravadoras** que se recusam a distribuir gravações ou videos potencialmente polêmicos, gravações sujeitas a não execução pelas emissoras de **rádio** e gravações sujeitas a ações penais. A discussão é acirrada entre os defensores do direito fundamental à liberdade de expressão e os partidários de uma regulamentação, de um controle do que consideram obsceno. Uma outra dimensão, mais dissimulada, envolve o mercado como censor. Isso abrange a decisão de uma gravadora de não contratar um artista, ou de negligenciar certos lançamentos, devido à sua perceptível falta de potencial comercial; a determinação dos grandes **revendedores** de não aceitarem discos de artistas ou de gêneros menos comerciais ou polêmicos; e a decisão das estações de rádio de ignorarem as gravações que não se ajustam ao seu padrão. Essas escolhas são determinadas por critérios comerciais, e não morais, por isso seu efeito pode ser considerado censório. A licença e a regulamentação de lugares públicos para shows **ao vivo** também é uma forma de censura das autoridades locais.

Na Grã-Bretanha e nos Estados Unidos, as recentes manifestações favoráveis a uma censura rigorosa dos meios de comunicação da cultura popular aliaram-se ao ativismo político e à influência da organização **New Right**, uma vaga miscelânea de grupos religiosos e conservadores (ver Grossberg: 1992). Cloonan (1996) expõe de modo detalhado diversos elementos que envolvem a censura da música popular no Reino Unido: o vai-e-vem da censura em relação a eventos recentes, freqüentemente atrelando crimes de alta visibilidade a textos violentos divulgados pela mídia (como o caso Jamie Bulger, em 1993); a tendência dos agentes da censura de caracterizar o público de música popular como ouvintes ingênuos e passivos, e divulgar uma crítica estética do pop; uma preocupação pelo bem-estar das crianças e dos adolescentes; e a xenofobia já constatada nos primeiros ataques britânicos contra o **rock'n'roll**, enfatizando suas raízes norte-americanas. Algumas variantes dessas observações estão presentes internacionalmente, em particular no **Parents' Music Resource Center** (PMRC), nos Estados Unidos.

Organização importante nos debates sobre música popular e censura desde meados dos anos de 1980, o PMRC surgiu em 1985, liderado por um grupo de "esposas de Washington" — a maioria era casada com senadores ou membros do Congresso e também pertenciam à seita Renascidos em Cristo. O PMRC é considerado "o adversário mais poderoso que o rock'n'roll já enfrentou" (Gilmore: 1990; p. 14). O grupo dedicou-se à "limpeza moral" do **rock**, por considerá-lo potencialmente nocivo à juventude, taxando-o de "um tipo de abuso infantil". O PMRC publicou o *Rock Music Report*, em que condena os cinco principais temas do rock, segundo seu julgamento,: rebelião, uso de drogas, promiscuidade e perversão sexual, violência e niilismo, e a apologia do sombrio. O PMRC propôs então a implantação de uma sistema classificatório, semelhante ao do cinema, determinando um "X" para as músicas dedicadas à blasfêmia, ao suicídio e aos temas sexualmente explícitos; "V" para aquelas dedicadas à violência; "D/A" para as letras que louvam o uso das drogas e do álcool; e "O" para as que se referem ao sombrio, que o PMRC considera como uma conduta absolutamente anti-cristã. Em resposta, algumas gravadoras colocaram selos de advertência nos discos "condenados". O PMRC também enviou aos diretores de programação das estações de TV e de rádio cópias das letras de canções que consideravam perigosas, taxando-as de "material ofensivo", e pressionaram as gravadoras a repensar os contratos dos artistas que retratavam a violência, o uso abusivo de drogas ou a sexualidade explícita em seus discos ou apresentações.

Com todas essas medidas, o PMRC pretendia que a **indústria fonográfica** implantasse a autocensura, e as estratégias do grupo alcançaram considerável sucesso. A campanha atingiu seu ponto alto quando o comitê de comércio do Senado norte-americano decidiu realizar uma série de audiências sobre a pornografia no rock, em 1985 (Denselow: 1990; cap. 10). Nenhuma legislação foi criada a partir dessas audiências, mas a Record Industry Association of America reagiu voluntariamente e introduziu um selo nos álbuns que julgavam provocadores — "Alerta aos pais — letras explícitas" (diversos autores dedicaram-se ao episódio e à política cultural que o sustentava; ver, em particular, Denselow: 1990; Pratt: 1990; Zappa: 1990). O PMRC permanece em atividade. Durante os anos de 1990, o **rap** tornou-se o alvo principal dos grupos internacionais pró-censura. O novo **gênero** foi atacado por grupos políticos de esquerda, que condenavam o seu sexismo e homofobia, e por grupos de direita, pela blasfêmia e a obscenidade. Um juiz da Flórida considerou obsceno o álbum *As Nasty as They Wanna Be* (Luke, 1989), do grupo de rap The 2 Live Crew, constituindo a primeira decisão judicial desse tipo nos Estados Unidos. Os valores e as posturas políticas anti-autoridade em algumas músicas do rap também atraíram uma crítica considerável. A música "Fuck the Police" do grupo de NWA (Niggers With Attitude), de Los Angeles — em seu álbum de estréia, *Straight Outta Compton* (Priority, 1989), atacado pelos críticos por sua descrição da vida de um gueto negro —, e a música "Cop Killer", de Ice-T, causaram polêmica e pedidos de proibição das apresentações e das gravações dos artistas. A canção de Ice-T é uma narrativa fantasiosa sobre a impossibilidade de sair pelas ruas e "exterminar alguns policiais". Um adesivo sobre a versão cassete do álbum *Body Count* (Warner Brothers, 1992), que incluía a faixa

"Cop Killer", apresentava a seguinte advertência: "Atenção! Essa fita contém material que pode ser ofensivo para alguém!". Não foi o suficiente para acalmar os críticos, segundo os quais a canção glorificava o assassinato de policiais. Na época o presidente Bush e o vice-presidente Dan Quayle tomaram partido dos grupos favoráveis ao endurecimento da lei, os mesmos que protestavam contra o lançamento do disco pela Time Warner. Diversas cadeias de lojas de discos norte-americanas suspenderam a venda de *Body Count* e, em julho de 1992, a Time Warner retirou a canção a pedido de Ice-T, depois que grupos de policiais cercaram o encontro dos acionistas do conglomerado, em Beverley Hills. Em setembro, os executivos da Warner Music Group reuniram-se com diversos rappers contratados pelo selo, inclusive Ice-T, e os pressionaram a mudar as letras de algumas canções ou encontrar outro selo.

As gravações e os artistas de rap também foram alvo de censura no Reino Unido, na Austrália e na Nova Zelândia. Em julho de 1992, o departamento de polícia da Nova Zelândia tentou, em vão, impedir um concerto de Ice-T, em Auckland, argumentando que "não será bem-vindo a esse país qualquer um que incite termos obscenos [...] e o assassinato de policiais" (relatório da associação de imprensa). Diversos proprietários de lojas de discos recusaram-se a comercializar o álbum contendo a canção polêmica. A indústria fonográfica local, as estações de rádio estudantis e muitos dos principais jornalistas de rock, porém, defenderam a canção como parte de uma "encenação", vinculando-a com a performance de Ice-T no filme *New Jack City* (Mario Van Peebles: 1991), além de defenderem o direito à liberdade de expressão. Não intimidada, a polícia denunciou o álbum *Body Count*, a Warner, os editores da canção e os distribuidores ao Indecent Publication Tribunal, tentando obter a proibição do trabalho de acordo com o *New Zealand's Indecent Publications Act* (1963). Depois de examinar as diversas considerações e de escutar atentamente o álbum, o tribunal concluiu que "o efeito dominante do álbum é complexo" e, embora "suas letras sejam repugnantes para a maioria dos neozelandeses [...], é precipitado associá-las a um comportamento anti-social". O tribunal decidiu que "Cop Killer" "não era exortatória", observou que o álbum manifestava um "propósito honesto" e não considerou a canção indecente (relatório da associação de imprensa).

No Reino Unido, em outubro de 1990, os gangsta rappers do NWA lançaram um single intitulado "100 Miles and Running". A canção do lado B do disco de 12 polegadas, "She Swallowed It", tratava de sexo oral, e muitas das principais cadeias de lojas de departamento negaram-se a vender o disco. A rede Music Junction, do interior do país, temendo a instauração de processos judiciais, também recusou-se a comercializar o single, ciente da falta de clareza na legislação referente à obscenidade (o Obscene Publications Act, de 1959). Em junho de 1991, o NWA lançou, no Reino Unido, seu segundo álbum, *Efil4zaggin* (Niggaz 4 life, de trás para frente) (Priority, 1991), depois de ter atingido o topo da parada de sucessos da revista norte-americana *Billboard* e vendido aproximadamente um milhão de cópias na primeira semana após o lançamento. O álbum continha diversas faixas descrevendo a degradação sexual e a violência contra as mulheres, e uma dose considerável de blasfêmias. A polícia invadiu o edifício da Polygram — a distribuidora do disco no Reino Unido — e apreendeu cerca de doze mil cópias do álbum, e as lojas suspenderam a venda dos que ainda tinham em estoque. Seguiu-se a instauração de um processo, baseado na definição de "artigo obsceno" presente no *Obscene Publications Act*: aquele que "tende a depravar e corromper". A polêmica dividiu-se em argumentos favoráveis à liberdade de expressão e em alegações de obscenidade, particularmente no retrato das mulheres. Mas os magistrados julgaram que o álbum não era obsceno em relação aos termos do Obscene Publications Act. Assim, o estoque apreendido foi devolvido e o álbum voltou a ser vendido (ver Cloonan: 1995, para uma análise detalhada do episódio).

• *Ver:* **Estado**

• *Leitura adicional:* Cloonan: 1995; Denselow: 1990; Garofalo: 1992b; Kennedy: 1990; Pratt: 1990.

chamado e resposta: Prática de canto em que um vocalista solo, aquele que chama, recebe a resposta de um grupo de cantores. Também é usada com instrumentos, mas sua origem é vocal. O chamado e resposta era fundamental no **country blues** antigo.

• *Leitura adicional:* Hatch & Millward: 1987.

ciclos mercadológicos: Uma tentativa importante, desenvolvida inicialmente por Peterson & Berger (1975), para explicar tanto o surgimento do rock'n'roll nos anos de 1950 quanto as posteriores mudanças na música popular. A tese dos ciclos mercadológicos sugere que as idéias e os estilos musicais originais, gerados mais ou menos espontaneamente, são adotados pela indústria fonográfica, que os popularizam e os pasteurizam. Enquanto isso, surgem novas tendências criativas, que devem abrir caminho na ortodoxia existente.

Com isso, desenvolve-se um ciclo de inovação e consolidação que se reflete no padrão de mudanças da concentração econômica e do controle de mercado pelas **indústrias fonográficas**. Os conglomerados monopolistas são formados durante períodos de estabilidade do mercado, inibindo o crescimento dos independentes, usualmente a fonte das novas idéias. Mesmo sob condições oligopolistas, existe também uma demanda crescente e insaciável daqueles que não se satisfazem com os produtos disponíveis. A erupção da inovação musical — o rock'n'roll, o som de **San Francisco**, o **punk** — é freqüentemente associada a **subculturas jovens**, que ajudam a chamar a atenção para essas inovações. As pequenas gravadoras surgem como pioneiras na divulgação do novo som e estilo, seguindo-se a reconcentração e estagnação do mercado logo que as **grandes gravadoras** recuperam o controle da situação. As principais evidências apontadas por Peterson & Berger são a participação relativa de gravadoras concorrentes na parada do "Top 20" e a apresentação dos artistas estabelecidos e dos novos artistas em outro tipo de parada de sucessos. Uma pesquisa posterior utilizou uma abordagem semelhante, mas chegou a conclusões diferentes (ver **concentração**).

A tese dos ciclos mercadológicos foi muito criticada, embora permita uma análise racional para as desconcertantes mudanças históricas dos gostos na música popular. Atribuem-se dificuldades metodológicas decorrentes de sua dependência (inicial) aos singles comercialmente bem-sucedidos, envolvendo a hipótese de que a diversidade do rock é encontrada na parada de sucessos. Essa dependência não considera a predominância das vendas dos álbuns sobre os singles desde o início dos anos de 1970, e a tendência geralmente aceita de conferir mais peso estético ao formato de maior extensão. Além disso, leva em conta a diversidade de mercado como consequência da quantidade de gravações de sucesso de cada ano. Para ratificar esse argumento seria necessário uma análise estilística crítica a respeito das gravações que fizeram sucesso, baseada em suas características musicais e não nas gravadoras que as lançaram. Pode-se também argumentar que os produtos dos independentes não se caracterizam sempre pela inovação. Realmente, muitas vezes os independentes copiam estilos já popularizados pelos seus principais concorrentes. Finalmente, como Peterson & Berger reconhecem, a distinção entre grandes gravadoras e independentes não apresentava um contorno nítido em 1970, embora os dois tipos de indústria estejam historicamente ligados pelos importantes mecanismos da distribuição.

• *Ver:* **concentração; independentes; grandes gravadoras**
• *Leitura adicional:* Christenson: 1995; Lopes: 1992; Peterson & Berger: 1975; Rothenbuhler & Dimmick: 1982.

cinema: musicais de Hollywood; musicais populares/de rock; filmes para jovens; documentários de rock; trilhas sonoras: O cinema tem uma relação importante com a música popular. Os antigos filmes mudos possuíam acompanhamento musical ao vivo (habitualmente, piano) e, nos anos de 1930, com o advento do cinema falado, os musicais tornaram-se um **gênero** importante até 1960. Os compositores e músicos, principalmente as estrelas, forneceram o material para esses filmes, como acontece nos **musicais** da Broadway. Os diversos gêneros da música popular, seus **fãs** e seus artistas representaram uma importante fonte de histórias pitorescas e trágicas para o cinema. O "musical de rock", uma nova forma de musical, desempenhou um importante papel na consolidação do **rock'n'roll** em meados dos anos de 1950. Associados a esses musicais, encontramos os filmes para jovens, com uma série de subgêneros, e os documentários de rock. Durante os últimos trinta anos, aproximadamente, foi criada uma considerável sinergia entre a indústria fonográfica e a cinematográfica, com as trilhas sonoras representando uma fonte alternativa de receita para as gravadoras, incluindo o *back* catálogo, e ajudando a promover os lançamentos contemporâneos.

Aqui a discussão trata dos vários aspectos que envolvem o cinema e a música popular, resumindo, em cada caso, o desenvolvimento histórico de uma forma ou um gênero e as tentativas de estabelecer seus temas e convenções principais, além de como isso faz sentido para os espectadores e ouvintes. Dada a amplitude do assunto, apresentamos somente um exame inicial.

1) **O musical clássico de Hollywood** (para uma excelente abordagem geral, ver Hayaward: 1996):

Gênero de filme híbrido, descendente da opereta européia, do vaudeville norte-americano e do teatro de variedades. Embora *The Jazz Singer* (O Cantor de Jazz) (Alan Crosland, 1927) seja o primeiro filme sonoro, o primeiro musical "totalmente falado, totalmente cantado, totalmente dançado" foi *The Broadway Melody* (Harry Beaumont, 1929), que também foi importante por estabelecer a tradição do musical que aborda os bastidores da produção artística. Rapidamente, o musical foi considerado um gênero fundamentalmente norte-americano ou hollywoodiano, associado principalmente aos estúdios Warner, MGM e RKO, esse último representado pelo par Fred Astaire e Ginger Rogers. A maioria dos musicais de Hollywood eram os produzidos na Broadway, em Nova Iorque (ver **musicais**).

Os primeiros musicais "clássicos" possuíam um enredo simples, até mesmo ingênuo, promovendo "um evangelho de felicidade" (Hayward: 1996; p. 235), e eram vistos essencialmente como veículos para canções e **danças**. A crescente complexidade da produção desse gênero acabaria nos filmes altamente estilizados de Busby Berkeley. *The Wizard of Oz* (O Mágico de Oz) (Victor Fleming, 1939) introduziu a fórmula de um novo tipo de musical, combinando juventude e música, com crianças encenando o espetáculo. Outras formas de musicais surgiram na década de 1940, como as biografias de compositores e das estrelas do "showbiz". A vitalidade e o apelo popular do gênero prosseguiu durante os anos de 1950, com os musicais urbanos contemporâneos como *An American in Paris* (Um americano em Paris) (Vincent Minelli, 1951), que retratou a força vital do **cenário** musical de Paris, incluindo o **jazz**, com as duplas Fred Astaire e Gene Kelly, Frank Sinatra e Bing Crosby no elenco.

"O período entre 1930 e 1960, apesar de algumas quedas abruptas, marcou a grande era do musical de Hollywood" (Hayward: 1996; p. 239). Nos anos de 1960, apesar dos vários musicais de grande sucesso, como *The Sound of Music* (Robert Wise: 1965), o apogeu dos musicais clássicos havia passado, com uma quantidade menor de sucessos da Broadway sendo levados à tela. Nos anos de 1960, ainda os musicais seguiram uma linha mais realista, exemplificada por *West Side Story* (Robert Wise/Jerome Robbins, 1961), uma versão atualizada de *Romeu e Julieta*. No final dos anos de 1960 e durante os de 1970, os filmes de Barbra Streisand mantiveram vivo o legado do musical clássico (por exemplo, *Funny Girl*, William Wyler, 1968). Os subgêneros dedicados à biografia de artistas também foram realizados (por exemplo, *Lady Sings the Blues*, Sidney Furie, 1972), junto dos musicais sobre os bastidores artísticos (por exemplo, *Fame*, Alan Parker, 1980). O lugar do musical clássico foi ocupado por um grande número de novas formas, associadas aos gêneros da música popular criados a partir do surgimento do rock'n'roll.

Os musicais clássicos eram um gênero narcisista e exibicionista, extremamente auto referente: "a estratégia geral do gênero é proporcionar ao espectador uma utopia por meio de uma forma de entretenimento. O entretenimento é a utopia" (Hayward: 1996; p. 241), que é integrada e caracterizada por energia, fartura, intensidade, comunhão e transparência. O prazer, principalmente o prazer visual proporcionado pela dança, derivou tanto das formas femininas como masculinas. Ideologicamente, o gênero vendia a idéia do casamento romântico, da rigidez dos papéis sexuais, da estabilidade comunal e dos méritos do capitalismo. Os musicais clássicos giravam em torno de uma série de oposições binárias, particularmente a dualidade entre homens e mulheres (que é resolvida no final) e entre trabalho e entretenimento. Esses códigos e convenções foram examinados pelos musicais dos anos de 1950 e posteriores.

2**) Musicais populares/de rock:** Os filmes que, de algum modo, abordam a música popular ou valem-se dela para sua trilha sonora são freqüentemente tratados como um grupo genérico. Às vezes, recebem a denominação de "musicais populares", embora esse termo aplique-se igualmente aos seus antecessores históricos. Outras vezes, recebem o rótulo mais apropriado de "filmes de rock". Atualmente, há um grupo significativo desse tipo de filme, incluindo diversos subgêneros identificáveis, com uma considerável literatura a respeito (ver a extensa bibliografia em Cooper: 1992) e a discussão é altamente seletiva.

Durante os anos de 1950, o declínio do sistema de estúdios de Hollywood e a diminuição do número de espectadores fez surgir a necessidade de se buscar mais sistematicamente públicos específicos. Desse modo, Hollywood associou-se à indústria fonográfica a fim de conquistar os jovens, inundando o mercado com musicais para adolescentes. Diversos desses filmes eram estrelados por Elvis Presley e seduziam o público com suas canções e passos de dança, como em *Jailhouse Rock* (Richard Thorpe, 1957). O musical *The Blackboard Jungle* (Richard Brooks, 1954) usou o rock'n'roll (na ocasião, uma novidade) para simbolizar a rebelião adolescente contra a autoridade escolar. Entre os musicais populares mais antigos sobre a carreira de jovens roqueiros, destacam-se: *Rock Around the Clock* (Fred Sears, 1955), *Don't Knock the Rock* (Fred Sears, 1956) e *The Girl Can't Help It* (Frank Tashlin, 1957). Freqüentemente, esses filmes combinavam-se com outras formas existentes. Vários filmes serviam simplesmente como meio para impulsionar a carreira das estrelas. A maioria dos filmes de Elvis Presley, de *Love Me Tender* (Robert Webb, 1956) em diante, eram desse tipo; entre os exemplos britânicos, incluem-se Cliff Richard, em *The Young Ones* (Sidney Furie, 1961), e Tommy Steele, em *The Tommy Steele Story* (Gerard Bryant, 1957).

Se esses filmes conservam o interesse, isso se deve às atrações musicais e não ao talento dramático dos artistas envolvidos, embora tenham funcionado como instrumentos de estrelato para personagens como Elvis Presley. Ao ajudarem a estabelecer uma identidade para o rock'n'roll, os musicais adolescentes colocaram os jovens em oposição à autoridade adulta. Para os conservadores, confirmou a imagem de "demônios" associada aos fãs do novo gênero, vinculando-os à delinqüência juvenil, uma grande preocupação internacional durante os anos de 1950. Tematicamente, porém, os musicais populares na realidade enfatizavam a reconciliação entre gerações e classes, a qual era apresentada no desfecho da narrativa. Esses musicais também ajudaram a criar um público e um mercado para a nova forma musical, particularmente em países distantes daqueles onde foram produzidos inicialmente. Os papéis citados continuaram a estar em evidência nos desenvolvimentos posteriores do musical popular/de rock.

No início da década de 1960, o **beat britânico** e a **invasão britânica** serviram de tema para diversos filmes. O grupo Gerry and the Pacemakers retratou bem a época em seu filme *Ferry Across the Mersey* (J. Summers, 1964). Esse tipo de filme acabou seguindo uma fórmula padrão — depois de um revés inicial, uma banda jovem se esforça e é bem-sucedida — que mudou somente quando os Beatles contrataram o diretor Richard Lester para dirigir o inovador e pseudobiográfico filme *A Hard Day's Night* (1964). Com *Help*! (1965), também dirigido por Lester, o domínio do mercado pelo grupo se consolidou e expandiu o gênero do filme de rock em direção a formas anárquicas novas e mais atraentes. Entre meados e o final dos anos de 1960, com o surgimento da **contracultura**, a música popular serviu como pano de fundo inevitável e marca característica de autenticidade cultural para filmes como *Easy Rider* (Dennis Hopper, 1969) e *The Graduate* (Mike Nichols, 1967). Ambos fundiram uma trilha sonora baseada no **rock** com uma temática sobre as preocupações cotidianas: a busca de uma **identidade** pessoal e cultural na América contemporânea.

Durante os anos de 1970 e de 1980, houve uma profusão de musicais populares: o filme realista jamaicano *The Harder They Come* (Perry Henzel, 1972); o power flower e a fantasia religiosa em *Godspell* (David Greene, 1973), *Jesus Christ Superstar* (Norman Jewison, 1973) e *Hair* (Milos

Forman, 1979); os musicais de disco-dance como *Saturday Night Fever* (John Badham, 1977), *Grease* (Randal Kleiser, 1978) e *Staying Alive* (Sylvester Stallone, 1983); e as fantasias ligadas ao mundo da dança em *Flashdance* (Adrian Lyne, 1983) e *Dirty Dancing* (Emile Ardolino, 1987). O "estilo de vida associado ao rock" foi abordado em *That'll Be The Day* (Claude Watham, 1973) e na versão de *Tommy* (1975), realizada por Ken Russell. A nostalgia era o tema central de *American Graffiti* (George Lucas, 1973), *The Blues Brothers* (John Landis, 1978), *Quadrophenia* (Franc Roddam, 1979) e *The Buddy Holly Story* (Steve Rash, 1978). Grossberg (1993) postula que o sucesso desses musicais populares preparou o terreno para o sucesso da **MTV**, surgida em 1981, redefinindo a política econômica do rock ao enfatizar mais a imagem do que o som.

Desde os anos de 1980, os filmes musicais populares continuaram a explorar temas como as subculturas jovens (por exemplo, *Rivers Edge*, Tim Hunter, 1987); a sexualidade dos jovens e as relações entre os sexos (por exemplo, *Singles*, Cameron Crowe, 1992); os conflitos de classe e de gerações; a nostalgia, o estrelato e o estilo de vida associado ao rock (por exemplo, *The Doors,* Oliver Stone, 1990; *Sid and Nancy,* Alex Cox, 1986; *Pink Floyd: The Wall,* Alan Parker, 1982; e *Purple Rain,* Albert Magnoli, 1984); e as fantasias ligadas ao mundo da dança, em *Strictly Ballroom* (Baz Luhrman, 1992). A atração pelas narrativas sobre o mundo da dança reside nas "fantasias que proporcionam aos espectadores" (McRobbie: 1988; p. 201). Tomando como exemplo tais narrativas, Grant afirma que, geralmente, como temática, "os musicais estavam interessados em articular um sentido de comunhão e em definir os parâmetros do desejo sexual; naturalmente, os dois temas aparecem intimamente relacionados" (Grant: 1986; p. 196). Em *The Commitments* (Alan Parker, 1991), uma produção de muito sucesso e bastante realista, o personagem principal, Jimmy Rabitte, tenta trazer a música soul para a Irlanda formando uma banda de *rhythm'n'blues* em Dublin. Essa banda, The Commitments, é formada por integrantes caricatos que discutem constantemente, com problemas para manter a banda na estrada, e que, depois de uma grande apresentação em um pub, se desmancha.

A linha narrativa desses musicais utilizam a música popular de diferentes maneiras, podendo tanto fazê-la ocupar um lugar central no enredo como estar em uma trilha sonora contextualizada. Tais filmes refletem as esperanças, sonhos e fantasias que a música popular traz para os jovens de todos os lugares. Nos filmes em que um artista famoso se apresenta, ou é representado, o processo de mitificação se desenvolve, como com Elvis Presley, ou o personagem de Janis Joplin em *The Rose* (Mark Rydell, 1979). Os temas predominantes incluem a adolescência como um rito de passagem, freqüentemente caracterizado pelas aflições e pela tensão, usando o conflito entre participar da subcultura ou do *mainstream* para explorar esse processo; a reconciliação entre gerações, subculturas opostas e sexos, freqüentemente expressada pela formação de pares românticos; e a busca da independência e de um senso de identidade estabelecido. Esses temas são identificados na literatura acadêmica sobre o desenvolvimento humano como "tarefas" e preocupações básicas dos adolescentes e agradam completamente ao público jovem e aos produtores que procuram o sucesso de público.

O filme *The Rocky Horror Picture Show* (Jim Sharman, 1975) criou um novo subgênero: o musical cult. Desde sua estréia no horário da meia-noite, em Nova Iorque, em 1976, e nos seis anos seguintes, o filme foi visto por mais de 5.000 pessoas por semana, sempre à meia-noite, em mais de 200 cinemas norte-americanos. Ironicamente, o filme só passou a ser exibido no horário da meia-noite depois de sua fraca estréia e após ter sido retirado de cartaz no final de 1975. Porém, desde sua estréia nesse horário tardio, em Nova Iorque, a quantidade de público foi crescendo gradualmente. As pessoas passaram a se vestir com o figurino do filme, bem como a cantar e reproduzir os diálogos de costas para a tela. Essa foi uma nova forma de freqüentar uma sessão de cinema, com a completa identificação do público com o filme, ressaltando a fantasia e a catarse. O filme destacou-se entre os "filmes das sessões malditas", filmes cult exibidos à meia-noite, semana após semana, habitualmente nas noites de sexta-feira e sábado (ver Samuels: 1983).

3) **Documentários de rock***: Mostram festivais, concertos, turnês e cenas. Esses filmes consolidaram o *status* mítico de eventos como Woodstock, cujo filme de 1970 foi um grande sucesso de bilheteria. Diversos outros filmes dedicados a **concertos** e turnês obtiveram o mesmo impacto, embora mais limitado, tanto comercial como ideologicamente. Entre outros, podemos considerar *The Last Waltz* (Martin Scorsese, 1978), a respeito do último concerto do The Band; *Hail! Hail! Rock'n'Roll* (Taylor Hackford, 1987), apresentando Chuck Berry e outros artistas das origens do rock'n'roll; *Stop Making Sense* (Jonathan Demme, 1984), apresentando o Talking Heads; e *Sign O' The Times*, com Prince (Prince, 1987). Esses

* *rockumentaries*, no original (N.T.)

documentários capturam momentos particulares da "história do rock", atestando certos artistas e estilos musicais.

Em 1984, *Stop Making Sense* ganhou o prêmio de melhor documentário da US National Society of Film Critics. O filme utilizou material coletado em três shows realizados pela banda **new wave** Talking Heads, em Hollywood, em dezembro de 1983. Com um estilo quase clássico, distanciado, sem envolvimento, com uma câmara discreta, subserviente às apresentações, Demme usou uma encenação, uma iluminação e uma descrição minimalistas em vez da cenografia histriônica e do excesso de iluminação dos shows. O filme ajudou a divulgar uma banda "cult" para um público mais amplo. Os produtores envolvidos nesse tipo de projeto tiveram que desafiar um estilo em que não há muita coisa nova a ser feita; além disso, muitas das convenções em que esses produtores se baseiam tornaram-se clichês; por exemplo, o filme *Rattle and Hum* (Phil Joanou, 1988), baseado na turnê *Joshua Tree*, realizada pelo U2, em 1987.

Os documentários também foram importantes para expor cenas e sons específicos para um público mais amplo. Entre os exemplos notórios, incluem-se: *The Decline of Western Civilization, Part One* (Penelope Spheeris, 1981), sobre a cena **punk/hardcore** de Los Angeles, em 1981, aproximadamente, apresentando Black Flag, Circle Jerks, X e Germs; sua "seqüência", *The Decline of Western Civilization, Part Two: The Metal Years* (Spheeris, 1988), apresentando Aerosmith, Alice Cooper, Ozzy Osbourne, Kiss, Metallica e Motörhead; e *Hype* (Doug Pray, 1996), sobre a cena **grunge** de Seattle. Outros filmes imortalizaram grupos importantes, como The Who, em *The Kids Are Alright* (Jeff Stein, 1978). Como em qualquer gênero, a honra máxima é a paródia, representada por *This is Spinal Tap* (Rob Reiner, 1984).

Esses filmes prestaram-se a diversas funções econômicas e ideológicas. Embora tenham celebrado o público jovem e o *status* mítico das estrelas, para os críticos da música popular são a confirmação de que os músicos e os seus fãs são os "demônios" contemporâneos. Esses documentários confirmam estilos musicais específicos e momentos da **história** da música popular como algo digno de atenção.

4) **Trilhas sonoras:** Grande parte das narrativas cinematográficas utilizaram dois tipos de trilhas sonoras para complementar o roteiro: a) a música tema, composta especificamente para o filme (por exemplo, *Star Wars*, George Lucas, 1977; *Jaws*, Steven Spielberg, 1975); b) uma trilha sonora baseada em uma seleção de canções da música popular, usualmente con-

temporânea do cenário temporal e físico do filme ou representativa do período evocado — por exemplo, *The Big Chill* (Lawrence Kasdan, 1983), *Singles*, *American Graffiti*. Eventualmente, podem ser lançadas duas trilhas sonoras e, às vezes, os dois tipos de trilhas sonoras são combinados (como *Dead Man Walking*, Tim Robbins, 1996). No nosso caso, a ênfase recai sobre o segundo tipo de trilha sonora.

O filme *Rock Around the Clock* (Fred Sears, 1956) e muitos dos filmes estrelados por Elvis Presley apontaram o apelo mercadológico das trilhas, como, de fato, demonstraram anteriormente as trilhas sonoras de muitos musicais de Hollywood. A maioria das narrativas cinematográficas valeu-se cada vez mais das trilhas baseadas na música popular para obter mais impacto, garantindo sucesso comercial tanto para o filme como para a gravação. A trilha sonora do filme *The Commitments*, que apresentava alguns covers comoventes de clássicos da música soul, aliados à voz poderosa de Andrew Strong (que interpretava o vocalista principal Deco), alcançou sucesso internacional, atingindo o topo da parada em vários países e gerando um álbum adicional de covers saídos do filme.

Essas trilhas, incluindo covers, ou são compostas especificamente para o filme, ou aproveitam canções previamente gravadas e relacionadas ao filme por causa do tema ou da ocasião; podemos citar: *The Big Chill* e *Boyz N The Hood* (John Singleton, 1991). Isso alavanca o *marketing* das duas mídias, garantindo bilheteria e boa vendagem. A trilha sonora composta por Prince para o filme *Batman* (Tim Burton, 1989) fez parte de uma campanha de divulgação cuidadosamente planejada, que despertou interesse tanto pelo filme quanto por Prince, exposto maciçamente na MTV em um videoclipe promocional.

• *Leitura adicional*: Grant: 1986; Romanowski & Denisoff: 1987; Romney & Wootton: 1995; Shuker: 1994; Taylor: 1985.

classe: É uma das categorias fundamentais da classificação social. A principal tradição teórica da sociologia deriva do trabalho de Karl Marx e Weber, no qual a definição de classe se estabelece em termos econômicos. Os debates teóricos posteriores centraram-se na primazia das determinações econômicas das classes em detrimento dos indicadores culturais. As classificações mais recentes residem sobre as categorias de emprego, com a formação e a identidade de classe relacionadas de modo variável ao preparo educacional, às oportunidades de vida e aos padrões de consumo cultural. É esta aconcepção que está presente nos estudos sobre música popular.

O sociólogo Pierre Bourdieu considera que "nada ratifica mais claramente uma classe do que os seus gostos musicais" (1984; p. 18). A natureza das preferências musicais de uma classe é universalmente evidente, com uma aparente regularidade na associação entre gostos culturais e classes. Atualmente, percebe-se que os padrões de consumo musical, particularmente as preferências de **gênero**, seguem tendências reconhecíveis em função de sexo, idade, etnia e, em particular, classe. Em um estudo pioneiro, Murdoch & Phelps estabeleceram que as preferências musicais dos adolescentes ingleses variavam muito de acordo com a classe social:

> O gosto da maioria dos estudantes pertencentes à classe operária era limitado à música pop da parada de sucessos e aos principais estilos da black music (Motown e reggae jamaicano), enquanto muitos estudantes da classe média rejeitavam esse pop comercial e preferiam os estilos alternativos, geralmente definidos pela expressão "rock underground-progressivo". (Murdoch & Phelps: 1973; p. 8).

A natureza universal das preferências musicais de uma classe foram documentadas em diversos estudos durante os anos de 1990, constatando-se a regularidade na determinação do gosto cultural de uma classe. Por exemplo, Tanner (1981) verificou que os estudantes canadenses da escola secundária pertencentes à classe operária preferiam as músicas da parada de sucessos, ao contrário dos estudantes da escola secundária pertencentes à classe média, que apreciavam o **rock progressivo** (o rock progressivo é uma categoria bastante ampla, incluindo grupos que fundem a música clássica e o rock, como Procul Harum; inovações eletrônicas, como Pink Floyd; e cantores-compositores "intelectuais", como Bob Dylan). Levantamentos semelhantes realizados na Nova Zelândia dez anos depois verificaram que a juventude pertencente à classe operária e à classe média baixa ouviam o **heavy metal**, **punk** e **reggae**, enquanto os estudantes detentores de um *status* sócio-econômico mais elevado preferiam o **jazz**, o **folk** e o **blues** (Shuker: 1994). No Reino Unido, no final dos anos de 1990, o problema da classe musical é representando na polêmica entre os grupos Oasis e Blur, o primeiro defendendo sua origem proletária e taxando o segundo grupo como um bando de estudantes burgueses, que zombam da classe operária em canções como "Parklife".

O gênero, a etnia, a idade e o local como elementos que determinam gostos musicais também foram reconhecidos.

• *Ver:* **consumo; capital cultural; gostos culturais**
• *Leitura adicional*: Hakanen & Wells: 1993; Roe: 1983; Shepherd: 1986; Willis *et alii*: 1990.

clubes; cultura club; cenário club: Os clubes surgiram como locais onde as pessoas com interesses comuns encontravam-se regularmente, em geral pagando uma taxa de manutenção. Durante os primeiros anos da década de 1990, tornaram-se o cenário principal de apresentações musicais ao vivo, muitas vezes associados a **gêneros** particulares, como o **jazz** ou o **blues**. Serviram como campo de prova para artistas amadores locais, além de proporcionar o "pão de cada dia" a artistas profissionais, já que muitos clubes apresentam um circuito organizado de apresentações.

A relação entre apresentações ao vivo, **autenticidade** musical e o "pagamento de suas dívidas" como artista constitui uma ideologia muito celebrada por fãs, músicos e executivos das gravadoras. Os clubes assumiram uma importância mítica ao divulgar novos comportamentos, como, em 1965, com o The Who, no Marquee, em Londres.Também podem estabelecer e popularizar tendências, como o **punk** inglês, no London's 100 Club e no Roxy, no final dos anos de 1970. Uma rede comunitária de clubes ou de pubs pode criar um **cenário club** local, ocasionalmente orientado por um som particular. Por exemplo, o **som de Liverpool/Merseybeat** associado aos Beatles, Gerry and the Pacemakers e The Searcherrs, no início da década de 1960; e o **som de Manchester** (Happy Mondays, James e The Stone Roses), no início dos anos de 1990. A unidade musical entre as bandas locais em geral é exagerada pelo *marketing* das gravadoras, que insiste na fixação de uma "marca registrada" que identifique as músicas de determinadas regiões.

A despeito de o **videoclipe** ser uma das principais ferramentas de divulgação, os clubes continuam importantes, pois estabelecem novas tendências e lançam novos grupos, como ocorreu com as várias formas do **tecno**. A imprensa musical do Reino Unido registrou o ressurgimento contemporâneo da cena club e disco, concomitante ao crescimento do acid house e da cultura rave, a partir do final dos anos de 1980. O culto ao **DJ** é parte essencial do cenário club. É uma estrela que consegue captar o estado de ânimo da pista de dança, refletindo-o e moldando-o, ao combinar, durante toda a noite, faixas musicais ininterruptamente.

As danceterias têm um papel importante no desenvolvimento da juventude na Grã-Bretanha, onde os jovens tradicionalmente possuem menos liberdade que os jovens norte-americanos. A **cultura club** é:

> A expressão coloquial dada a culturas jovens, para quem as danceterias e seus offshoots e raves dos anos de 1980 são o eixo simbólico e centro da atividade social. A concepção de espaço proporcionada por esses eventos é tal que seus freqüentadores assumiram o nome dos locais, tornando-se "clubbers" ou "ravers" (Thornton: 1995; p. 3).

As culturas club associam-se a locais específicos que, continuamente, apresentam e modificam sons e estilos,

> constituindo regularmente testemunho dos apogeus e excessos das subculturas da juventude. As culturas club são **gostos culturais**. Geralmente, os freqüentadores de um clube compartilham o mesmo gosto musical, uma mídia comum e — o mais importante — amizades com gostos similares aos seus. Decisivamente, as culturas club adotam um julgamento próprio sobre o que é autêntico e legítimo na cultura popular (*ibidem*, negrito do autor).

• *Ver:* **DJ**; **dance music**
• *Leitura adicional:* revista *MUZIK*; Thornton: 1995.

cock rock — ver **hard rock**

comercialização: Conceito sociológico que se refere ao processo pelo qual um produto (inclusive a força de trabalho, mas, de modo mais freqüente, alguma forma de bem material) é transformado em mercadoria consumível para o mercado. Aplicado à **indústria cultural** pelos teóricos da **Escola de Frankfurt**, que enfatizaram a mercantilização da cultura popular sob as condições da produção capitalista e da sua busca constante por lucro. O conceito relaciona-se à clássica visão marxista acerca de uma estrutura econômica que determina a natureza dos produtos culturais.

O conceito foi utilizado nos estudos da música popular para analisar criticamente o relacionamento entre a indústria fonográfica, o mercado e os criadores musicais. O termo é usado em sentido negativo nas críticas a respeito da incorporação dos gêneros que eram inicialmente rebeldes, incluindo **rock'n'roll**, **rock**, **reggae** e **punk**, ao *mainstream* comercial da indústria fonográfica:

> À luz do lucrativo envolvimento da indústria fonográfica em todas as facetas do *mainstream* comercial, a história do rock and roll deveria ser usada pela Harvard School of Business como um dos seus casos de estudo. Longe da ameaça que os críticos sociais e políticos enxergavam no rock and roll, este tornou-se a espinha empresarial do entretenimento norte-americano (Eliot: 1989; p. 201).

O aspecto ideológico dessa visão é que os **gêneros** inicialmente baseados na linguagem da rebelião transformaram-se em linguagem de caixa registradora. A comercialização pode ser observada nas tendências agressivas e calculadas do *marketing* da música popular, como o caso dos artistas do "New Pop" britânico do início dos anos de 1980, associados ao surgimento do **video musical** e da **MTV**.

Outras análises procuram contrabalançar a comercialização opondo-a à **soberania do consumidor**:

> Meu ponto de partida é de que aquilo que é admissível para nós como consumidores — o que está a nosso alcance, o que podemos fazer como consumidores — é o resultado das decisões tomadas dentro de um processo produtivo, feitas por músicos, executivos e burocratas empresariais, realizadas de acordo com regulamentos governamentais e legais, em resposta a oportunidades tecnológicas. A chave para o 'consumo criativo' encontra-se no entendimento dessas decisões, ou seja, os limites sob os quais essas decisões são tomadas, além das ideologias que essas decisões devem levar em conta (Frith: 1988; pp. 6-7).

• *Leitura adicional:* Eliot: 1989; Frith: 1988b; Harron: 1988; Hill, D.: 1986; Negus: 1996; Rimmer: 1985.

compacto duplo — ver **singles**

compositores; **composição**; **Brill Building**; **cantores-compositores:** Em comparação aos estudos sobre outros papéis profissionais existentes na indústria fonográfica e a natureza do processo criativo na música popular, o papel do compositor não recebeu muita atenção sociológica ou **musicológica**.

O número limitado de estudos publicados se concentraram sobre o processo de composição das canções e as contribuições dos principais compositores, especialmente aqueles associados ao Brill Building, em Nova Iorque. Alguns compositores estão de acordo com o status de **autores**, especialmente quando gravaram posteriormente com sucesso seu próprio material (por exemplo, Carole King), ou se apresentam como cantores-compositores.

Existem vários exemplos de compositores que exerceram considerável influência sobre artistas e estilos. Nos anos de 1950, Lieber and Stoller assinaram um contrato sem precedentes com a gravadora Atlantic para escrever e produzir suas próprias canções; suas colaborações com artistas e grupos como Drifters e Ben E. King resultaram em uma música **soul** açucarada, um casamento bastante autoconsciente entre rhythm'n'blues e instrumentos da música clássica, particularmente o violino. Nos anos de 1960, Holland, Dozier, Holland colaborou no crescimento da **Motown**. Em 1970, Chinn e Chapman compuseram mais de cinqüenta canções que alcançaram o topo da parada britânica (a "Top 10"), associados a **produtores** como Mickie Most e Phil Wainman, "utilizando competentes bandas de bar (Mud, Sweet), nas quais incluíram um estilo e uma imagem" (Hatch & Millward: 1987; p. 141), para produzir **power pop**, **glitter rock** e **dance music** altamente comercial.

No final da década de 1950 e início da de 1960, um modelo fabril de composição, combinado com um forte senso **estético**, evidenciou-se no trabalho de um grupo de compositores (e editores musicais) agrupados no **Brill Building**, em Nova Iorque: "o melhor das melodias e das letras do **Tin Pan Alley** foi incorporado ao rhythm'n'blues para elevar a música a novos níveis de sofisticação" (Erlewine *et alii*: 1995; p. 883). Entre esses importantes compositores, destacaram-se Goffin e King (de orientação mais pop), Mann and Weil, Barry e Greenwich, Pomus and Sherman (de orientação rhythm'n'blues) e Leiber e Stoller. Alguns também produziam, particularmente Phil Spector, Bert Nerns e Leiber e Stoller, que escreveram e produziram a maioria dos hits do The Coasters. O grupo distinguia-se pela juventude — a maioria estava no final da adolescência ou tinha vinte e poucos anos, incluindo diversos casais que trabalhavam juntos. Desse modo, os compositores do Brill Building foram capazes de relatar e interpretar os sonhos e as inquietações dos **adolescentes**, especialmente sua busca de **identidade** e amor. Isso serviu de matéria-prima para muitas das canções, particularmente aquelas interpretadas pelos **ídolos dos adolescentes** e pelos **grupos vocais femininos** da época. Pomus and Sherman e Leiber e Stoller compuseram algumas das melhores canções interpretadas por Elvis Presley. Todos os compositores do Brill Building foram responsáveis por um grande número de canções de sucesso e mantiveram sua influência até hoje. O papel desses compositores, porém, ficou limitado com a **invasão britânica** e o surgimento da tradição dos grupos ou artistas que escreviam suas próprias canções (particularmente, os Beatles).

O termo **cantor-compositor** designa os artistas que compõem e interpretam seu material, e são capazes de fazer apresentações solo, com violão acústico ou piano. As letras recebem atenção especial no trabalho desses artistas — e, de acordo com o *status* do autor, muitas vezes são considerados poetas —, tornando-se objeto de um processo de intensa **análise**. Nos anos de 1960, o renascimento da música folk contribuiu para o surgimento de diversos cantores-compositores importantes: Joan Baez, Phil Ochs e, especialmente, Bob Dylan. Na década de 1970, os cantores-compositores constituíram um "movimento" particularmente forte, incluindo Neil Young, James Taylor, Joni Mitchell, Jackson Browne e Joan Armatrading, todos ainda atuando e gravando no final dos anos de 1990. Em 1980, entre aqueles que mereceram o título de cantor-compositor, destacaram-se Bruce Springsteen, Prince e Elvis Costello; em 1990, Tori Amos, Suzanne Vega, Tracy Chapman, Toni Childs, PJ Harvey e Björk. Essa recente predominância de cantoras-compositoras levou alguns analistas a equiparar a "forma cantor-compositor" a mulheres intérpretes devido à ênfase nas letras e na interpretação em vez das indulgências associadas aos estilos do **rock** dominados pelos homens. A expressão empregada para intérpretes solo é problemática, já que a maioria atua com bandas e consideram-se às vezes parte integrante delas. Entretanto, o conceito de cantor-compositor continua a ser usado para designar **autenticidade** e **autoria** "verdadeira".

- *Ver:* **autor**
- *Leitura adicional:* Groce: 1991; Shaw: 1992 (inclui discografia); Sicoli: 1994.
- *Escutar:* Carole King, *Tapestry,* Ode, 1971. Neil Young, *Harvest Moon,* Warner Brothers, 1992. Tracy Chapman, *Matters of the Heart,* Elektra, 1992. Alanis Morissette, *Jagges Little Pill,* WEA, 1996.
- *Assistir: Dancing in the Street,* episódio 2, "Be My Baby" (apresentando Leiber e Stoller).

comunicação: Consiste: 1) na transmissão de informação de A para B, com eficácia (o clássico modelo de fluxo proposto por Lasswell), e 2) na negociação e troca de significados (sobre esse assunto, ver O'Sullivan *et alii*: 1994). A música é uma forma fundamental de **comunicação** humana — assim como outros animais, os seres humanos usam sons articulados para se comunicar. Estamos musicalmente "antenados" desde o nascimento; recém-nascidos reagem à entonação e bebês perto dos seis meses de vida são capazes de reconhecer estruturas musicais e identificar notas erradas. Há diversas pesquisas sobre como o cérebro lida com esses processos.

"A música é uma seqüência extraordinária de pensamentos e de emoções, que expressa significados de modo único, sem paralelo na vida humana" (Lull: 1992; p. 1). É evidente e inquestionável que a música produz "sentidos" e transmite significados. O que devemos considerar são "os atributos do processo que determina o significado *musical*" (Middleton: 1990, p. 172) e sua ação em contextos específicos. Para isso devemos analisar: 1) o papel comunicativo desempenhado pelos músicos, que se comunicam — "falam" — diretamente aos ouvintes individuais e a um grupo de um público específico, muitas vezes por meio de **gêneros** particulares; 2) o papel comunicativo da música, na transmissão implícita de ideologias; 3) o papel comunicativo desempenhado pelos meios de transmissão e a influência desses "veículos de comunicação" (Negus: 1996, p. 169), que está longe de ser neutra (ver **tecnologia**); e 4) a recepção da música: como é escutada, interpretada e usada pelos ouvintes em contextos diversos.

Esse último item foi objeto de discussão. As pessoas e os grupos interagem com a música popular fisicamente (cantando em conjunto, batendo palmas, dançando, tocando guitarra no ar; emocionalmente (sonhando, deixando a música "lavar a alma", ficando "tomado pela música"); e cognitivamente (estimulando o pensamento, concebendo percepções, processando informações). Embora diferentes formas de recepção possam ocorrer na esfera privada, mediante audições particulares para relaxar, esquecer os compromissos, isolar-se de outras pessoas, é a experiência social da música mais comum. A música provê o fundo musical para as atividades cotidianas, como estudar, realizar tarefas domésticas ou fazer compras (ver **muzak**), e é um estímulo para atividades físicas, particularmente a **dança**, mas também para praticar aeróbica, dirigir ou fazer sexo. É também uma companheira que ajuda a "desanuviar" dos problemas e relaxar. Pode ser usada em diversos contextos — em filmes, como **trilha sonora**, em casamentos e em eventos esportivos.

Como som articulado, a música é tradicionalmente definida em função do ritmo (**beat**), da **harmonia** e da **melodia**, e, na música popular, em função das **letras** das canções. Algumas músicas populares moldam o público através da repetição de versos (**refrões**), da extensiva exposição no **rádio** e da divulgação em massa de **videoclipes.**

• *Ver:* **musicologia**
• *Leitura adicional:* Middleton: 1990, cap. 6; Lull: 1992.

concentração: Refere-se à "dispersão, cada vez menor, de propriedades nas economias capitalistas avançadas, nas quais os meios de produção de certos setores do mercado pertencem progressivamente a um número menor de grupos econômicos, porém maiores" (O'Sullivan *et alii*: 1994; p. 54). Essa concentração da **indústria cultural** como um todo é cada vez mais evidente, e a indústria fonográfica foi integrada a esse processo. Diversas companhias multinacionais expandiram suas atividades em uma infinidade de mídias, o que resultou na formação de conglomerados de empresas multimídias, como a Time Warner [Barnet & Cavanagh denominam-nas "corporações imperiais" (1994; p.14) e apresentam diversos estudos de caso].

Iniciou-se conseqüentemente uma discussão sobre o controle dos meios de comunicação: a que interesses os meios servem? Deve-se considerar também o relacionamento entre a diversidade e a inovação do mercado. Os economistas partidários do livre mercado argumentam que a inovação ocorrerá sob as condições de oligopólios (concentração aumentada), já que grandes empresas estão mais capacitadas a financiar inovações e repassar os custos e benefícios aos consumidores. Entretanto, outros analistas argumentam que as condições oligopolistas desestimulam a inovação, pois as empresas se apegam ao conhecido e ao testado, o que resulta em produtos homogêneos. Os pesquisadores que aplicaram essa discussão à indústria cultural, incluindo a **indústria fonográfica,** empregam o índice de concentração, que indica a proporção de um setor do mercado controlado pelas cinco principais empresas; ou o similar "índice C4", que é a soma da participação de mercado das quatro maiores empresas.

A indústria fonográfica é constituída por um pequeno grupo de multinacionais e por diversas pequenas empresas **independentes**. Muitas dessas pequenas empresas dependem das **grandes gravadoras** para a distribuição de seus produtos e atuam também como uma espécie de "escola" — encontram e desenvolvem novos talentos. Todas as grandes gravadoras integram um conglomerado de comunicação ou de eletrônica. A principal preocupação dos pesquisadores é como esses oligopólios afetam o mercado para os músicos e para os outros profissionais envolvidos na produção da música popular, e a natureza e a oferta dos produtos oferecidos aos consumidores. Qual é o significado cultural desses conglomerados? Que papel desempenham na criação de significados na música popular?

As análises iniciais sobre concentração, inovação e diversidade na indústria fonográfica sugeriram um relacionamento negativo entre concentração e diversidade, associando-o a um padrão de **ciclos mercadológicos** (Peterson & Berger: 1975). A base desse estudo foi a proporção das gravações de maior sucesso (segundo a **parada de sucessos** da revista *Billboard*) vendidas pelas grandes gravadoras. Durante os períodos de maior concentração de mercado, havia gravações de sucesso. E durante os períodos de maior competição entre as grandes gravadoras e as mais novas e menores (independentes) havia um número maior de lançamentos nas paradas de sucessos. Rothenbuhler & Dimmick (1982) mostraram que essa situação permaneceu entre 1974 e 1980, confirmando a tese de Peterson & Berger.

Porém, essa idéia foi contestada por Burnett (1996) e por Lopes (1992), ambos afirmando que um alto nível de concentração das empresas era acompanhado por uma grande diversidade musical. Lopes analisou o período de 1969 a 1990, usando as listas dos álbuns e dos singles, além de examinar a lista das cem gravações, não se restringindo à parada de sucessos de dez canções. Ele concluiu que a inovação e a diversidade na música popular em um período de alta concentração de mercado depende do sistema de desenvolvimento e de produção das gravadoras. As grandes gravadoras estabeleceram um sistema aberto de desenvolvimento de produto e produção, baseado em uma "forma corporativa, associada a diversos produtores independentes" (Lopes: 1992; p. 70). Esse procedimento agrega inovação e diversidade como estratégias efetivas para manter a viabilidade e o controle do mercado: "as grandes gravadoras julgam vantajoso incorporar novos artistas, produtores e estilos de música para revigorar constantemente o mercado da música popular e para toda e qualquer eventual demanda dos consumidores" (*ibidem*).

Atualmente, a atenção tem se voltado mais para outro elemento, a **filtragem**, processo que antecede o sucesso de uma música. Baseando-se no trabalho de Lopes, Christenson assinala a importância das decisões tomadas dentro de uma empresa como uma variável para explicar a diversidade e a inovação geradas por uma grande gravadora. Em uma sofisticada análise da indústria fonográfica holandesa, ele argumenta que a relação entre inovação e diversidade é mais complexa do que os pesquisadores tinham sugerido anteriormente.

> [...] percebemos um movimento cíclico quando testemunhamos um acirramento da competição e um aumento da diversidade e da inovação. Há poucos anos, as gravadoras independentes contribuíram muito para a diversidade e a inovação. Simultaneamente, as grandes gravadoras, enquanto se concentravam na exploração do seu catálogo e de suas superestrelas, ignoraram o investimento em talentos do futuro. Como conseqüência, as gravadoras independentes conquistaram nichos de mercado às expensas das maiores. Atualmente as grandes gravadoras tentam restabelecer sua posição por meio de altos investimentos em novos talentos (Christenson: 1995; p. 91).

- *Ver:* **parada de sucessos; indústria cultural; independentes; grandes gravadoras; ciclos mercadológicos; indústria fonográfica**
- *Leitura adicional:* Barnett & Cavanagh: 1994; Burnett: 1996; Christenson: 1995; Lopes: 1992; O'Sullivan *et alii*: 1994; Peterson & Berger: 1975; Rothenbuhler & Dimmick, 1982.

concertos; megaevento: Os concertos de música popular são fenômenos culturais complexos, constituídos por uma mistura de música e negócios, de ritual e prazer, para os artistas e para o público. Envolvem prazer, afirmação e celebração dos valores musicais, aprovação dos artistas e solidariedade de uma comunidade. Há uma contradição quando os consideramos apenas exemplos de senso comunitário, já que conhecemos sua importância econômica e promocional:

> O bastidor é o mundo da mídia, dominado pela funcionalidade, por interesses financeiros e pela instrumentalização da música. A platéia é o reino do público, orientada pelo sentido de comunhão, pela adesão aos códigos de uma subcultura e por uma experiência expressiva e emocional. O palco em si é o local de mediação desses dois mundos, por meio do artista que vincula o bastidor e a platéia através da música (Weinstein: 1991b; pp. 199-200).

O bastidor é uma área muito complexa, composta por diversos funcionários especializados. A quantidade de trabalhadores reflete o tamanho da turnê e a "importância" econômica dos artistas. São técnicos encarregados dos instrumentos e equipamentos (amplificadores, por exemplo), auxiliares de palco (que muitas vezes desdobram-se como roadies), técnicos de som e de luz, seguranças e o produtor da turnê. O êxito exige a integração de todo esse pessoal em um cronograma rígido de trabalho, em que cada pessoa realiza sua tarefa como e quando requerido.

Os concertos são um ritual tanto para os artistas quanto para o público. Os concertos das orquestras sinfônicas celebram "o poder da classe dominante em nossa sociedade" (Small: 1987; p. 7). Os de música popular em geral celebram a juventude, não como grupo, mas a *idéia* de juventude. O comportamento do público dos concertos de música popular depende do(s) artista(s) e de seu estilo musical. O público dos concertos de **rock** e **heavy metal** é notadamente mais expansivo e efusivo, coerente com a tendência da música.

Parte do ritual de ir a concertos envolve um estado de extrema excitação, processo que pode incluir uma espera de horas em filas para comprar ingressos (que muitas vezes se esgotam em poucas horas), escutar novamente os álbuns do artista ou da banda, conversar com amigos sobre o próximo evento (especialmente quando as expectativas foram criadas por concertos anteriores do mesmo artista ou da mesma banda), viajar ao local do evento (freqüentemente longas distâncias), provavelmente usar drogas antes do concerto e vestir-se a caráter. Tudo isso torna-se parte da experiência de celebração.

Os próprios artistas ajustam-se ao ritual de comportamento em suas apresentações, adotando imagens e estilos associados a **gêneros** específicos. Por exemplo, a banda de rock, ao menos na imagem, constitui um modelo anti-hierárquico: "no palco, os integrantes aproximam-se, encostam-se e circulam para interagir com os outros membros da banda" (Weinstein: 1991b; p. 99). Essa imagem pública freqüentemente esconde alguma animosidade pessoal entre os membros, muitas vezes dissimulada ou negligenciada em nome do grupo. A apresentação típica de rock é extremamente teatral e vigorosa, especialmente pela atração do vocalista e do guitarrista líder.

O termo **megaevento** foi usado por Garofalo e por outros autores para designar os grandes concertos e festivais ao ar livre que ganharam destaque na década de 1980. Alguns concertos, particularmente o Live Aid (1985), foram realizados para angariar recursos e divulgar campanhas. Esses concertos e festivais foram também denominados "rock consciente" (Shuker: 1994; p. 274). A maioria dos megaeventos são empreendimentos totalmente comerciais, como o Rock in Rio (1985, 1991) ou os festivais Knebworth, no Reino Unido.

• *Ver:* **turnê**

•*Leitura adicional:* Eliot: 1989; Fink: 1989; Garofalo: 1992a; Walser: 1993; Weinstein: 1991b, cap. 6.

consumo: Os estudos sobre consumo de bens materiais e culturais ressaltou os padrões desse consumo e seu processo. Adquirir discos, assistir a apresentações ao vivo, ver **videoclipes**, escutar **rádio** e fazer compilações (**gravações domésticas**) são algumas formas de consumir música popular. Essa discussão abrange padrões e processos evidentes no consumo da música popular (para uma discussão geral sobre o conceito de **consumidores** e sobre seu relacionamento com o estudo do público, ver **público**).

1) **Padrões de consumo:** Os principais consumidores de música popular contemporânea (pós-1950), particularmente de **rock**, são pessoas jovens, entre 12 e 25 anos. Porém, para definir a **parada de sucessos**, o gosto dos adultos é significativo principalmente com o envelhecimento do público original do rock (ver **demografia**).

Como grupo social genérico, a juventude possui uma característica universal: o interesse pela música popular. Levantamentos culturais realizados na América do Norte, no Reino Unido e na Nova Zelândia indicam um grande consumo de música popular pela juventude. Os perfis desse consumo mostram um padrão evidente de idade e **gênero feminino/masculino** — baseado em preferências de **gênero** musical. Os adolescentes mais novos, particularmente do sexo feminino, preferem o **pop** comercial; os mais velhos têm maior interesse em formas e artistas **progressivos.** Os estudantes do colegial preferem gêneros **alternativos** ou **independentes** a expressões mais comerciais da música popular. Conforme os consumidores envelhecem, buscam novos gêneros e formas menos comerciais. Essa tendência é particularmente evidente entre os estudantes universitários, refletindo as formas dominantes de **capital cultural** musical nesses grupos. Há alguma evidência de uma relação entre empenho escolar, atitudes e comportamentos "anti-sociais" e preferências musicais (ver **educação**: **empenho escolar**). Em estudos sobre consumo musical realizados em populações etnicamente heterogêneas, os adolescentes negros preferem claramente (mais que os outros adolescentes) a black music, particularmente **soul**, **rhythm'n'blues**, **blues**, **reggae** e **rap.** Os ouvintes identificam-se com a ideologia desses gêneros musicais. O rap emergiu como o gênero preferido pela juventude negra, internacionalmente.

Geralmente, as preferências musicais dos adultos ou permanecem fixas ou esse público deixa de apresentar um interesse mais direto pela música popular (aquisição de discos, ida aos **concertos** etc.). Porém, há um substancial público mais velho para a música popular, especialmente para gêneros e estilos como **country**, **jazz** e **blues**.

2) **Modos de consumo**: Os estudos sobre processos e natureza do consumo musical usaram metodologias qualitativas para analisar os compradores de discos, os freqüentadores de concertos, os ouvintes de rádio e os espectadores de videoclipes. A exposição ao rádio, aos videoclipes, à MTV e às apresentações influenciam a construção do consumo individual da música popular. Mesmo os consumidores adolescentes mais novos, muitas vezes considerados passivos e manipuláveis pelas forças de mercado (ver **teenyboppers**), sabem que suas preferências são produto de um conjunto mais complexo de influências, como as opiniões de seus amigos mais velhos. As atividades musicais das pessoas jovens, qualquer que seja seu conhecimento cultural ou posição social, apóia-se sobre amplos conhecimentos sobre música popular. A maioria dos jovens conhece os diferentes gêneros e é capaz de escutar e localizar histórias, influências e fontes musicais. Os músicos jovens e o público jovem não hesitam em fazer e embasar juízos sobre significados e valores (ver Willis *et alii*: 1990). Os padrões de consumo são complexos e envolvem atividades como comprar discos, assistir a videoclipes, escutar rádio e gravar fitas domésticas, além dos diversos níveis de contato secundário: a **imprensa musical**, a **dança**, o **clube** e o concerto. Adquirir gravações é fundamental, constituindo

> [...] uma importante esfera de atividade, que pode variar em intensidade, desde passar displicentemente por uma loja de discos até procurar meticulosamente gravações específicas. É um processo que implica um evidente trabalho simbólico: um complexo e cuidadoso exercício de escolha do ponto de vista da formação musical inicial, da procura, do manejo e do exame das gravações. [...] Hoje em dia, um grande número de jovens faz sua própria arqueologia da história da música popular (Willis *et alii*: 1990; p. 61).

Isso inclui a coleta de informações de colegas, dos irmãos mais velhos e das retrospectivas da imprensa musical; a procura sistemática por obras fora de **catálogo**. Essa procura é feita inicialmente em lojas de discos usados, que geralmente prosperam em virtude do limitado poder aquisitivo dos jovens desempregados e dos altos preços dos **CDs** e **álbuns** novos. A busca também se dá em liquidações de discos.

O rádio permanece como principal forma de contato com a música popular. Pesquisas comprovam que os jovens, em particular, escutam rádio com freqüência (e assistem menos à televisão). Embora seja em geral distraída — como companhia ou como fundo para outras atividades — às vezes o ato de escutar o rádio é deliberado e objetiva a audição e gravação de uma música nova. Isso ocorre com rádios especializadas ou programas de **DJs**. A preferência por determinadas estações de rádio é determinada por fatores como idade e etnia.

• *Leitura adicional:* Hakanen & Wells: 1993; Negus: 1996; Roe: 1983; Weinstein: 1991a, Willis *et alii*: 1990.

contracultura/underground; **beats**; **hippies**: Indicando um movimento social amplo e expressivo, o termo contracultura designou inicialmente determinados grupos, como os beats nos anos de 1950, e, posteriormente, as **subculturas** da classe média de meados ao fim da década de 1960. Nos Estados Unidos, a contracultura dos anos de 1960 caracterizou-se por estilos de vida comunais e não-conformistas, tornando-se rapidamente um fenômeno internacional. No Reino Unido era denominada underground e sua presença foi marcante. O termo contracultura continua a ser usado para designar diversos grupos e subculturas que não se integram ou que se opõe ao *mainstream* social e econômico.

A origem da contracultura está nos **beats** (ou beatniks) da década de 1950. O beat prosperou na Paris do pós-guerra, no meio estudantil, influenciado pelos artistas boêmios franceses. Centrada em valores existencialistas, da inutilidade da ação e do niilismo em relação à mudança social, os beats também adotaram o misticismo oriental, o **jazz**, a poesia, as drogas (principalmente a maconha) e a literatura. Popularizada por escritores como Kerouac e Ginsberg, o movimento difundiu-se pelos Estados Unidos no começo dos anos de 1960, inicialmente concentrando-se no Greenwich Village, em Nova Iorque. Tinham uma visão romântica e anárquica — o individualismo era o princípio do movimento — e eram fortemente contrários ao estilo de vida da classe média. Exerceram influência na contracultura posterior e na **geração X**, e chamaram a atenção para o jazz, particularmente suas formas mais modernas, como o **bebop**.

Nos anos de 1960, o termo contracultura foi usado por teóricos — Roszak e Marcuse, entre outros — como um rótulo genérico para os diversos grupos e ideologias presentes no movimento norte-americano. A contracultura foi considerada um movimento de união da geração jovem em que a "cultura jovem" desafiava conceitos tradicionais como carreira profissional, educação e moralidade em busca de **identidade** fora de um papel profissional ou da família. A contracultura e o underground dos anos de 1960 abrangeram vários grupos e estilos de vida, que partilhavam valores comuns sobre uso de drogas, liberdade e uma postura anti-classe média. Nos Estados Unidos, certos integrantes foram simpáticos às políticas da Nova Esquerda (Students for a Democratic Society) e abraçaram causas políticas como o ativismo comunitário em relação a saúde, educação e meio ambiente. Embora essas atitudes contribuam para uma imagem de um grupo politicamente progressista, na realidade o movimento representou uma forma de política cultural e simbólica (exemplificada pelos hippies). A contracultura reuniu diversas contradições: desenvolveu-se, por exemplo, em uma época de relativa prosperidade econômica, permitindo que um número substancial de pessoas voluntariamente desempregadas — contrárias à economia e à sociedade dominantes — fossem sustentadas pelo Estado.

Uma parte significativa da contracultura era integrada pelos **hippies**. Localizados inicialmente na região de Haight Ashbury, em São Francisco, tornaram-se o centro das atenções no mundo todo, entre 1966 e 1967. As drogas "leves" (maconha e LSD), os cabelos longos, as comunidades, a paz, o amor romântico, o amor livre, as flores, o **rock psicodélico** e o **acid rock** foram os aspectos divulgados pela imprensa. Os hippies representaram um estilo de política cultural que rejeitava ostensivamente os valores e a sociedade dominantes, mas com evidentes contradições internas. Geralmente, eram originários de uma base familiar estável de classe média, mas o desenvolvimento material das economias ocidentais durante os anos de 1960 tornou possível a sua opção de se pôr à parte; recriminavam a tecnologia, mas muitos deles possuíam magníficos aparelhos de som; e a "liberdade" defendida, às vezes, convivia com o sexismo e com os estereótipos de **gênero**.

Musicalmente, a contracultura identificou-se com os **gêneros** do rock **progressivo** e do rock psicodélico. A preferência dos hippies pelo rock psicodélico era coerente com os outros valores da subcultura, particularmente o desejo de "voltar ao passado" e o uso de drogas (ver Pichaske: 1989; Willis: 1978). Nos Estados Unidos, a juventude "radical" da contracultura — principalmente estudantes — integrou a campanha pelos direitos civis, que utilizou as canções folk de caráter político e os spirituals; no Reino Unido, apoiou a campanha de desarmamento nuclear, que recorreu a fontes musicais similares, junto com o **jazz** tradicional, durante os protestos do final dos anos de 1950. Todas essas músicas submeteram-se rapidamente à mercantilização, com seus valores tornando-se altamente comerciais em meados dos anos de 1960.

A contracultura persistiu na década de 1980, e até depois, mas com seus valores adaptados à vida privada da geração **baby boomer**.

• *Ver:* **jazz**; **rock progressivo**; **rock psicodélico**

• *Leitura adicional:* Brake: 1985; Garofalo: 1997, cap. 6; Nuttal: 1968; Reich: 1972.

cotas — ver **Estado**

country; **country & western**; **country rock**: A música country é um gênero norte-americano dos mais populares internacionalmente. Era conhecido como música folk, música dos velhos tempos, música caipira e country & western. Segundo Bill Malone, "o gênero resiste a uma definição exata, e nenhum termo (nem mesmo 'country') conseguiu captar sua essência com êxito" (1985; p. 1). Como gênero, o country & western remonta ao mundo rural do Sul dos Estados Unidos dos anos de 1920; a Okey editou o primeiro catálogo de música country em 1924. Evoluiu, fundamentalmente, como gênero típico norte-americano, em duas linhas gerais: o country tradicional e o country pop, mais comercial. Nessas duas linhas existem diversos subgêneros e estilos derivados: country progressivo, country **rock, bluegrass**, **rockabilly**, Western Swing, new country, Tex Mex, Cajun, Zydeco e Conjunto. Os principais artistas do country tradicional são: Johnny Cash, Carter Family, Hank Williams, Willie Nelson e Dolly Parton.

Nos Estados Unidos, o country emergiu como mercado poderoso nos anos de 1990, e os estereótipos clássicos associados ao gênero (particularmente seu sentimentalismo) foram derrubados. A revista *Billboard* classificou o trabalho de Garth Brooks como o melhor álbum country e como o melhor álbum pop em 1990, 1991 e 1993. Em 1993, seis de seus álbuns foram incluídos entre os cem mais populares do ano, e dois deles — *No Fences* e *Ropin' the Wind* (Capitol, 1991) — venderam cerca de dez milhões de cópias cada um. Em seus shows, Brooks adotou a estética do **rock**, apresentando-se em estádios, com gelo seco, fogos de artifício e equipamentos sofisticados de iluminação (Garofalo: 1997; p. 457). Seus sucessos **interseccionais** abriram caminho na **parada de sucessos** pop para outros artistas country. Billy Ray Cyrus, Dwight Yoakum, Mary Chapin Carpenter e Reba McIntyre impuseram-se como artistas de maior vendagem do início a meados da década de 1990. Ao lado de Brooks e de outros, esses artistas são classificados como "new country". Nos Estados Unidos, as emissoras de **rádio** dedicadas à música country detêm o segundo lugar entre as emissoras segmentadas mais ouvidas pelo público adulto.

•*Leitura adicional:* Endress: 1993; Ennis: 1992; Lewis: 1993; Malone: 1985.
•*Escutar:* Hank Williams, *Hank Williams,* Polydor, 1986 (coletânea com os lançamentos de 1946 a 1952). Garth Brooks, *No Fences,* Capitol/EMI, 1989. Rosanna Cash, *Retrospective 1979-1989,* CBS, 1989.

Representando uma fusão dos estilos country e rock, o termo country **rock** foi usado pela primeira vez em meados dos anos de 1960 para designar os músicos de rock norte-americanos que buscaram inspiração na música country, como The Byrds, The Flying Burrito Brothers e Gram Parsons (uma curta mas influente carreira). Na década seguinte, o country rock foi representado pelo Eagles, Poco, Ozark Mountain Daredevils e Amazing Rhythm Aces, que mesclaram o country com outros gêneros do rock e desfrutaram de sucesso comercial. Nas décadas de 1980 e 1990, o country foi desenvolvido por diversos artistas como uma fusão de estilos musicais, como Jason and the Scorchers ou The Blasters. Embora seja um gênero fundamentalmente masculino, algumas artistas femininas alcançaram sucesso comercial e de crítica com o country rock suave, como Emmylou Harris. Nos anos de 1990, o country rock confundiu-se com o country contemporâneo. O público do country rock é pouco pesquisado, mas parece ser constituído pelos apreciadores do country e do rock, ou de ambos.

•*Leitura adicional:* Garofalo: 1997; Fong-Torres: 1991; Scoppa: 1992.
•*Escutar:* Bob Dylan, *Nashville Skyline,* Columbia, 1969. Emmylou Harris, *Luxury Liner,* Warner Brothers, 1977. Gram Parsons, *GP/Grievous Angel,* Reprise, 1990 (relançados em CD). The Byrds, *Sweetheart of the Rodeo,* Edsel, 1997.

crítica do rock — ver **imprensa musical**

cultura/sociedade de massa — **ver cultura**

cultura; cultura/sociedade de massa; cultura popular: Discute-se o significado e o uso da "cultura", e das palavras empregadas para qualificá-la, "popular" e "de massa". As dificuldades que cercam esses conceitos são evidentes em sua aplicação nos estudos sobre música popular.

1) **Cultura** é uma das palavras da língua inglesa que mais provocam dificuldades, pois é usada em diversos discursos, como **moda**, artes, nacionalismo e **estudos culturais**, cada contexto discursivo indicando um uso particular. As pesquisas sobre cultura e mídia que embasam este livro conservam um sentido sociológico, e não **estético**, da cultura; nosso interesse é mais a cultura popular que os valores artísticos associados à cultura de massa ou à cultura de elite. Nessa abordagem, evidente em todos os estudos sobre música popular, a cultura é a esfera em que as desigualdades sociais são reproduzidas, é um terreno de conflitos mais do que de significados. Um aspecto desse processo é a ênfase na tradição da música clássica na **educação**, praticamente ignorando-se a música popular.

2) As expressões cultura de massa e sociedade de massa referem-se à produção da cultura como mercadoria, produção em massa para consumidores indiscriminados, objetivando o lucro. A noção de cultura e de sociedade de massa está intimamente associada a duas tradições sociológicas: a tradição da **alta cultura,** de uma cultura de elite, ao alcance de poucos, e a **Escola de Frankfurt**. Ambas criticam a música popular por sua mercantilização e pela influência social negativa (ver os respectivos verbetes).

3) O termo **cultura popular** foi empregado durante o século XIX à cultura específica das classes populares dos centros urbanos e industriais (ver Storey: 1993). Possuía duas fontes principais: uma cultura orientada para o comércio e uma cultura do povo e para o povo (freqüentemente, associada à agitação política). Embora o termo seja às vezes empregado nesse segundo caso, acabou sendo vinculado aos meios de comunicação de massa: a comunicação impressa, sonora e visual de larga escala, incluindo imprensa, publicidade, **rádio** e **televisão**, **filmes** e videos, telecomunicações e a indústria fonográfica.

Usada como adjetivo de "cultura", "popular" indica que alguma coisa — pessoa, produto, prática ou convicção — era amplamente apreciada ou aprovada pelo público com sua popularidade comprovada por pesquisas, índice de vendas e assim por diante. Até certo ponto, essa definição de popularidade reifica os textos da cultura popular, reduzindo-os a objetos a serem comprados e vendidos no mercado — a natureza social de seu consumo deve estar sempre presente. Nos estudos sobre música popular como forma de cultura popular, destacaram-se **textos** e **público**, e o relacionamento entre ambos e como os indivíduos e os grupos sociais usam a música popular.

• *Leitura adicional:* O'Sullivan *et alii*: 1994; Swingewood: 1977; Williams: 1983.

cultura folk; música folk; folk rock: O termo cultura folk aplica-se a formas de cultura fortemente associadas a grupos sociais específicos particulares e não sujeitas à distribuição massificada, mesmo se produzida por meios eletrônicos (Longhurts: 1995; p. 145). O conceito é algumas vezes confundido com a noção de **raízes** musicais. Geralmente encontrada em grupos fechados, específicos, algumas formas antigas de muitos **gêneros** de música popular podem ser considerados cultura folk, por exemplo, as formas de pré-**ska** do **reggae** jamaicano e os estilos de hillbilly que contribuíram para o **country & western** e o **rockabilly**. Em particular, utilizou-se a cultura folk para a análise das características musicais e das dinâmicas sociais da música folk.

Embora, em certo sentido, seja possível argumentar que toda música popular é uma forma de música folk, o termo, específica e historicamente, denota a música que é transmitida de pessoa a pessoa ou de geração a geração sem ser registrada. "Em geral, a música folk é simples, direta, de base acústica, descrevendo as experiências, referências e tradições das pessoas comuns" (*Music Central 96*).

A música folk abrange a música étnica, como a música cerimonial de algumas etnias africanas ou de alguns povos indígenas norte-americanos; os spirituals dos negros e os **blues**; as canções de trabalho (por exemplo, a cantiga dos marujos para o trabalho); as canções políticas e de protesto ("bradsides"); e as canções de amor. Suas formas e variantes existem em todos os países e possuem freqüentemente uma base regional (por exemplo, os apalachianos). Evidencia-se uma mistura e combinação considerável de diferentes tradições, estruturas de canções e instrumentações. Em relação à música folk, existem importantes arquivos, revistas especializadas e gravadoras (por exemplo, a Folkways). Os **festivais** foram fundamentais para a manutenção da música folk no Reino Unido e nos Estados Unidos, preservando o gênero, como o festival de Newport, nos Estados Unidos, e o festival de Cambridge, na Inglaterra.

A música folk seguiu diferentes caminhos nesses dois países e em outros contextos nacionais: "folk é um significante mutável, que continuamente muda de significado" (Smith: 1997; p. 130). A história desse tipo de música é um dos pontos do debate em torno da **autenticidade** do folk e do seu papel na **aculturação** desse gênero. No final dos anos de 1950 e início dos anos de 1960, houve um vigoroso renascimento nos dois países. Nos Estados Unidos, entre os principais artistas, estão Bob Dylan, Joan Baez e Phil Ochs, que se basearam nas tradições populares desenvolvidas pelos militantes radicais dos anos de 1930, Woody Guthrie e Pete Seeger. Entre os cenários locais, destacam-se o Greenwich Village, famosa região boêmia de Nova Iorque, e Cambridge, cidade localizada em Massachussetts. A cena folk britânica dos anos de 1960 girou em torno de um circuito de clubes voltados à música folk e dos festivais regulares. Entre os principais artistas, incluem-se John Renbourne, Davy Graham e Bert Jansch. Alguns desses intérpretes continuaram a ser influentes no desenvolvimento dos estilos do folk rock britânico.

Ainda é um gênero ativo em si, embora muitos músicos do *mainstream* tenham se afastado do folk, particularmente os **cantores-compositores**. Por muito tempo, considerou-se o estudo acadêmico da música folk como uma forma mais válida ou "respeitável" de estudo sobre música popular, refletindo, entre outras características, suas *evidentes* raízes na experiência comum das pessoas, a falta de distribuição em massa e suas conotações associadas de autenticidade.

- *Leitura adicional:* Ennis: 1992; Gammond: 1991; Hardy & Laing: 1990 (especialmente os verbetes sobre Woodie Guthrie e Pete Seeger); Laing, D. "Folk e Blues", em Collis: 1980. Sobre a música folk recente, ver Smith: 1997.
- *Escutar:* Joan Baez, *Joan Baez,* Vanguard, 1960. Bob Dylan, *Bob Dylan,* Columbia, 1962. Woodie Guthrie, *The Legendary Performer,* RCA, 1977. Tanita Tikaram, *Ancient Heart,* Reprise, 1988.

A música folk serviu de base para o folk rock surgido por volta de 1960: um gênero construído em torno das estruturas da canção folk e dos temas atuais, adaptando instrumentos e técnicas associadas aos estilos folk, embora empregasse instrumentos com amplificação elétrica e algumas práticas do **rock**. O folk rock também sofreu influências do **country rock** e o **rock psicodélico** (o Grateful Dead dos primeiros tempos, Jefferson Airplane e Country Joe and the Fish). Indiscutivelmente, o novo gênero recebeu mais atenção devido à famosa apresentação de Bob Dylan — metade acústica, metade eletrificada, no Newport Festival, em 1965, e sua posterior turnê "elétrica". Essas inovações não foram bem recebidas pelos puristas do folk, como demostrou a apresentação de Dylan. Entre os principais expoentes do folk rock, incluem-se The Byrds, The Flying Burrito Brothers e The Loving Spoonful, nos Estados Unidos; e Lindisfarne, Steeleye Span, Pentangle, Donovan e Fairport Convention, no Reino Unido. Considera-se a gravação de "Mr. Tambourine Man" (1966) pelo The Byrds como a gravação arquetípica do folk rock. Na década de 1980, o folk sobreviveu com a guitarra de grande parte da música rock do *mainstream*, muitas vezes combinado com o **country rock** (por exemplo, Long Ryders), e em bandas **alternativas**, como o REM.

- *Leitura adicional:* Garofalo: 1997; Nelson: 1992; Scoppa: 1992; Vassal: 1976.
- *Assistir: Dancing in the Street,* episódio 3, "So You Wanna Be A Rock'n'Roll Star?".
- *Escutar:* Bob Dylan, "Like A Rolling Stone", em *Highway 61 Revisited,* Columbia, 1965. The Loving Spoonful, "Do You Believe in Magic?", em *Do You Believe in Magic?,* Kama Sutra, 1965. The Byrds, "Turn! Turn! Turn!", 1965, em *Turn! Turn! Turn!,* CBS, 1966. R.E.M., *Murmur,* IRS, 1983. Steeleye Span, *Portfolio — Steeleye Span,* Chrysalis, 1988.

cultura popular — ver **cultura**

currículo — ver **educação**

d

dança: Como prática social, possui uma longa história, estritamente associada à música, ao ritual, ao galanteio e ao prazer cotidiano. O ato de dançar data, no mínimo, do século XVI, dos bailes particulares da aristocracia, com a popularização dos salões de baile no início do século XIX, principalmente por meio da valsa. "Em vez de se oporem aos preceitos do ragtime e do jazz, as exigências dos dançarinos definiram seu curso [...] e essa condição perdurou durante a era do rock" (Gammond: 1991; p. 144). A dança é associada aos prazeres físicos, e não aos prazeres intelectuais. A inquietação provocada pela exibição sensual, íntima e envolvente da dança levou a tentativas de controle — por exemplo, quem pode dançar com quem.

Algumas formas de dança são desaprovadas socialmente, como charleston, jitterbug e **rock'n'roll** (nos anos de 1950), twist (nos anos de 1960) e **disco** (nos anos de 1970). Adorno considerava o jitterbug — uma forma de dança popular e extravagante da década de 1940 — uma dança "estilizada", cujos participantes apresentam "os aspectos convulsivos que lembram a doença denominada dança de São Vito ou os atos reflexos de animais mutilados" (1991; p. 46). Como Negus (1996) observa, tais reações refletem a aversão pelas expressões públicas de sexualidade, um medo de que o comportamento "civilizado" seja dominado por "ritmos primitivos" e a preocupação com a manipulação dos jovens por formas de psicologia de massa (ver **efeitos**).

A dança é essencial para a experiência e o lazer dos jovens e de muitos adultos, em escolas de dança, festas, discotecas, cursos e **raves**. Os dançarinos liberam seus corpos em uma combinação de "prazeres socializados e desejos individualizados", e a dança age "como metáfora para uma realidade externa que não é reprimida pelos limites e pelas expectativas da identidade sexual, e que transporta, com êxito e de modo relativamente indolor, os dançarinos de uma posição passiva para um estado psíquico mais ativo" (McRobbie: 1991; pp. 192, 194, 201). A dança também está presente na rotina diária, caracterizando as noites de sábado, por exemplo. Essas várias facetas da dança são bem representadas no cinema, em *Flashdance* (Adrian Lyne, 1983), *Dirty Dancing* (Emile Ardolino, 1987) e *Strictly Ballroom* (Baz Luhrman, 1995), e o encanto desses filmes reside "nas fantasias de conquista que proporcionam aos espectadores" (McRobbie: 1991; p. 201). Atualmente, as indústrias cinematográfica e fonográfica trabalham em conjunto para maximizar o potencial de ambos os meios, como na cuidadosa seleção musical para a trilha sonora de um **filme**.

Alguns **gêneros** de música popular, principalmente disco, **rap** e **rock'n'roll**, têm uma forte relação com a dança. Chambers (1985) analisou os clubes e salões de baile da cultura jovem urbana na Inglaterra do pós-guerra, referindo-se à "rica tensão da dança" em suas várias formas, incluindo o shake, o jerk, a dança acrobática ou atlética do estilo **northern soul**, e o break e o body-popping dos jovens negros. Há formas de dança específicas de gêneros e **subculturas**, como o "line-dancing" no **country**, o "slam-dancing" e o "pogo" no **punk**, o break em algumas formas de rap, e o "headbanging" e o "moshing" em shows de **heavy metal**, **grunge** e **alternativos**.

Todas elas representam novas formas de dança, formalmente mais inovadoras que as tradicionais. Por exemplo, nos concertos de heavy metal, embora o público não dance, já que a subcultura enfatiza a união masculina e não a homem–mulher, está "no entanto, envolvido em uma contínua atividade cinestésica" (Weinstein: 1991a; p. 216), movimentando o corpo em compasso com o ritmo. Isso inclui o headbanging — em que o público acompanha o ritmo da música com movimentos de cabeça para cima e para baixo — e o moshing — uma forma de dança em círculo, "pulando energicamente, mais ou menos no compasso da música, numa disposição circular, girando no sentido anti-horário. Os cotovelos ficam muitas vezes estendidos e são usados como pára-choques, junto com os ombros" (Weinstein: 1990a; p. 228). O círculo moshing — uma espécie de "arena" — fica próximo do centro do palco, visível para os artistas e para o restante do público.

A estreita relação entre dança e música popular contemporânea é indicada pelo título de uma importante série de documentários recentes sobre música popular, *Dancing in the Street,* que apresenta as mudanças dos estilos de dança e dos respectivos gêneros musicais.

• *Leitura adicional:* Chambers: 1985; Gammond: 1991; McRobbie: 1991; Mungham: 1976; Thomas: 1995.
• *Assistir: Dancing in the Street,* 1995.

dance music: jungle; house; trip-hop; drum'n'bass: As expressões dance band e dance music tornaram-se comuns por volta de 1910, com o **rádio** desempenhando um importante papel na popularização da música para dançar. As dance bands, particularmente as big bands, foram a atração principal de muitos hotéis e clubes do período de entre-guerras e no início dos anos de 1950. A dance music tornou-se uma expressão ampla, que abrange todos os **gêneros** de música tocados para dançar. Portanto, pode ser considerada um **metagênero**, que inclui diversos estilos e gêneros, principalmente **disco**, **funk**, **soul**, **Motown**, **ska**, **hard rock** e **tecno**. Alguns estilos de dança e certos locais são associados com estilos particulares da dance music, como o **northern soul**.

Na década de 1990, especificamente, a dance music associou-se ao cenário club. Alcançou grande destaque no cenário musical do Reino Unido, com sucesso comercial e instituição de sua própria **parada de sucessos**. Isso também é evidente internacionalmente: nos Estados Unidos, a música eletrônica é a dance music da moda, como se constata no sucesso do Prodigy e do Chemical Brothers. Na Europa, integrou-se ao *mainstream* da música popular e foi adotada pela indústria fonográfica como um possível antídoto para o declínio das vendas no mercado extremamente fragmentado do rock/pop. Embora o mercado musical contemporâneo seja volátil e incerto, nos Estados Unidos a dance music está indiscutivelmente superando o **grunge** como principal força comercial. Além disso, está se tornando muito popular na Ásia e faz incursões pela Austrália e Nova Zelândia.

Nos anos de 1980, a música tecno, que se tornou praticamente sinônimo da dance music contemporânea, transformou-se numa série de diferentes estilos musicais (e respectivos **cenários** e **subculturas** indefinidas), particularmente jungle, house, trip-hop e drum'n'bass. Esses estilos caracterizaram-se, geralmente, pela tecnologia de ponta, muitos samples, ecletismo musical e relações com os cenários dance ou club. Como indicam as resenhas e os artigos da imprensa musical e o *marketing* promocional, há uma considerável sobreposição entre as várias formas, com fronteiras móveis e pouco nítidas, e a fragmentação dos **subgêneros** em:

1) **jungle**: frenético, acelerado, com breaks **hip-hop**, letras do tipo "bad boy" e um baixo extremamente pesado.

- *Escutar:* **Goldie**, *Timeless*, FFR, 1995.

2) **house**: descende diretamente da música disco e foi um importante elemento do cenário das danceterias, em meados dos anos de 1980. A música house deve seu nome às festas realizadas tarde da noite em galpões, inicialmente em Nova Iorque, mas, em seguida e mais notadamente, em Chicago, onde "os **DJs** criaram um tipo de música formada por longos e elaborados conjuntos, em que trechos de diversas outras canções eram colados uns aos outros. A música house foi impulsionada pelos ritmos pulsantes da música disco, mas enfatizava menos as letras e mais a atmosfera e o ritmo" (*Music Central*). O house fundiu sintetizadores, remixes, samples, faixas computadorizadas e baterias eletrônicas para produzir uma dance music repetitiva e hipnótica. Diversas variantes do house: a) Chicago house, com os DJs misturando a música do Kraftwerk (os pioneiros alemães da música tecno) com soul e baterias eletrônicas; b) acid house, em que os músicos usavam o equipamento Roland 303, baterias eletrônicas e sintetizadores similares, e c) deep house, "uma combinação de gospel e ritmos de antigas Chicago house, divas lamuriosas, órgãos fantasmagóricos e progressões de acordes" (*ibidem*). O acid house alcançou o *status* de música *cult* na Grã-Bretanha no final dos anos de 1980 (ver **raves**).

3) **trip-hop**: o termo começou a circular na imprensa musical britânica em 1995, referindo-se ao "movimento" conduzido pelos artistas estabelecidos em Bristol, como Massive Attack, Portishead e Tricky. É uma dance music que apresenta "uma combinação sombria e sedutora de ritmos hip-hop, guitarras e samples que criam uma atmosfera reverberante e carregada, 'refrões' de música soul, 'levadas' de baixo profundo e melodias etéreas" (Erlewine *et allii*: 1995; p. 506). O estilo mostrou-se presente por muitos anos em diversas vertentes mutantes mais lentas do **hip-hop.**

- *Leitura adicional:* Steve Daly. "Tricky". *Rolling Stone*. Fev, 1997, pp. 47-8.
- *Escutar:* Massive Attack, *Blue Lines,* Virgin, 1991. Portishead, *Dummy,* Polygram, 1994. Tricky, *Maxinquaye,* 4th & Broadway, 1995.

4) **drum'n'bass:** é a última variante de dance music, que alcançou grande repercussão na imprensa musical do Reino Unido. Estilo eclético, cujos representantes, como Goldie e Roni Size, recorrem, de modo variado, ao funk, tecno, jazz fusion, house e hip-hop. Entre os selos associados ao estilo, incluem-se Moving Shadow, Prototype e Metalheadz (particularmente este último).

• *Escutar: Breakbeat Science*, vol. 1, Volume/Vital, 1996.
• *Ver:* **tecno**
• *Leitura adicional:* Mitchell: 1996, cap. 4; Thornton: 1995; Weisband: 1995; e a imprensa musical britânica contemporânea (seção "Vibes" da *NME* ou a seção "Orbit" da *Melody Maker*).
• *Escutar: Ragga Groove: 20 Ragga, Jungle & Dance Hits,* Cookie Jar, 1994. Nathan Haines, *Soundkilla Sessions,* Volume 1, Huh!/Polygram, 1996.

dance pop: Gênero musical amplamente constituído, a dance pop é freqüentemente denegrida, em parte por sua perceptível orientação comercial e também por seu público majoritário ser formado por garotas adolescentes (**teenyboppers**). Entre os representantes mais bem-sucedidos comercialmente, temos Kylie Minogue (no final dos anos de 1980), Paula Abdul, Bananarama, Milli Vanilli e Spice Girls. O sucesso desses artistas foi muitas vezes atribuído à influência dos **produtores** tanto quanto, ou mais, do que ao próprio talento (por exemplo, Stock, Aitken e Waterman para Kylie Minogue, no final dos anos de 1980), sem falar da exposição nos programas da **MTV** de vibrantes **videoclipes** (por exemplo, Paula Abdul). Em 1989, quando Milli Vanilli ganhou o Grammy de melhor grupo estreante, houve uma polêmica discussão: desconfiava-se de que na realidade não era o duo quem cantava na gravação (ver Martin: 1993). Entretanto, a dance pop é um dos principais produtos da música popular contemporânea, e sua resistência à avaliação crítica é um tema dos **estudos culturais** orientados para a análise do público.

• *Ver:* **autenticidade**; **dança**; **produtores**
• *Escutar:* Paula Abdul, *Forever Young Girl,* Virgin, 1988. Bananarama, *Greatest Hits Collection,* London, 1988. Milli Vanilli, *Girl You Know It's True,* Arista, 1989.

deadheads: Gíria usada para designar os **fãs** da banda norte-americana Grateful Dead. Personagens principais da cena psicodélica de São Francisco desde o início da década de 1960, o Grateful Dead continuou a excursionar e gravar amplamente até a morte de seu líder, Jerry Garcia, em 1996. Além de terem assistido a inúmeros **concertos** da banda, os deadheads fizeram extensas compilações de shows em fitas e adquiriram os **discos piratas** desses shows, com a aprovação extra-oficial da banda a tais práticas. Os concertos do Grateful Dead funcionavam como rituais para os seguidores fanáticos da banda, que também se identificavam com seus valores e estilos francamente associados à **contracultura**. Esse último ponto levou algumas prefeituras a banir os concertos do Grateful Dead, sob o pretexto da possível presença de "elementos indesejáveis" na platéia.

• *Ver:* **concertos**; **contracultura**; **rock psicodélico**
• *Leitura adicional:* Sardiello: 1994.

demografia; baby boomers; geração X: Demografia é o estudo das populações humanas, fundamentalmente em relação ao seu tamanho, à sua estrutura e ao seu desenvolvimento. Isso abrange aspectos da estrutura etária e de sua relação com a estrutura social, econômica e cultural. Nos estudos sobre música popular, as pesquisas baseadas em demografia interessaram-se principalmente pela análise da relação entre estrutura etária e consumo, para explicar o advento histórico de **gêneros** e de formatos de programação das emissoras de **rádio** e as respectivas mudanças no que se refere às suas participações no mercado e à sua popularidade.

A explicação para o surgimento do **rock'n'roll** em meados dos anos de 1950 como resultado da relação entre um grupo demográfico de uma mesma faixa etária e a criatividade musical individual é um dos melhores exemplos dessa abordagem. O baby boom do pós-guerra foi "decisivo para a rearticulação das estruturas da cultura popular depois da Segunda Guerra Mundial e da Guerra da Coréia"; entre 1946 e 1964, nasceram 77 milhões de crianças e, em 1964, 40% da população dos Estados Unidos tinha menos de vinte anos (Grossberg: 1992; p. 172). O baby boom e o nascimento de um mercado jovem transformaram a juventude no público-alvo da indústria cultural: "os adolescentes norte-americanos do pós-guerra desfrutaram uma abundância sem precedentes. O gosto cinematográfico, musical, literário e de entretenimento foi impulsionado pelo seu enorme poder aquisitivo, que as gravadoras e os produtores cinematográficos satisfaziam rapidamente" (Welsh: 1990; p. 3). Um aspecto desse processo foi o desenvolvimento de um público branco e jovem para o **rhythm'n'blues**.

Os subúrbios, onde os concentravam-se, não representavam nem alimentavam os desejos da juventude norte-americana. Como Grossberg (1992; p. 179) expressa, "o rock surgiu como um modo de mapear as estruturas da alienação afetiva da juventude em suas geografias da vida cotidiana". A partir disso, Grossberg afirma que a categoria social da juventude "é uma identidade afetiva alinhavada sobre uma história geracional" (*idem*; p. 183). Nos anos de 1950, as configurações específicas das circunstâncias forjaram uma aliança entre a "juventude" (grupo demográfico constituído por uma maioria de pessoas jovens) e o **rock**, transformando-os em sinônimos. Para Grossberg, "a posição especial do rock (pelo jovem e para o jovem) era possível devido à sua articulação com uma ideologia da autenticidade", isto é, uma ideologia que oferecia aos jovens espaços culturais "onde eles podiam encontrar algum sentido de identificação e de posses, onde podiam investir e capacitar a si mesmos de modo específico" (Grossberg: 1992; pp. 204-5). A **autenticidade**, no sentido de Grossberg, é, nesse caso, equiparada com a habilidade do rock de repercutir as experiências, as emoções e os desejos dos jovens em uma linguagem pública.

O baby boom deu aos jovens uma nova visibilidade social, política e econômica, e, obviamente, o aparecimento e a vitalidade de qualquer forma cultural são dependentes da existência de um **público**. Porém, não devemos privilegiar excessivamente essa "explanação sobre audiência" para justificar o surgimento do rock nos anos de 1950. O público seleciona seus **textos** culturais e de lazer entre o que lhes está disponível, e a natureza do mercado não é determinada somente pelas qualidades constitutivas de seu público potencial (ver **história**).

Recentemente, as análises demográficas revelaram as mudanças no público da música popular. Como Goodwin constatou, no final dos anos de 1980: "as músicas 'mais velhas' tornaram-se contemporâneas para públicos de *todas* as idades" (Frith & Goodwin: 1990; p. 259). Entre 1994 e 1995, o "rock nostalgia" continuou a ter destaque na música popular, com o lançamento de um "novo" material dos Beatles (*Live at the BBC, Anthology 1-3*, o video-documentário *Anthology*); com o lançamento da revista *MOJO*, que tinha a história do rock como tema e 35% dos leitores com mais de trinta e cinco anos; e com as bem-sucedidas **turnês** do The Rolling Stones, do Pink Floyd e do novo Eagles, entre outros grupos com uma longa carreira. Os jornalistas britânicos denominaram algumas bandas "retro" do **britpop**, como a Ocean Colour Scene, de "rock-papai", enquanto muitas estrelas dos anos de 1980, como Paul Weller (ex-The Jam) desfrutavam um renovado sucesso. Esse interesse contínuo pela música popular do passado é evidente entre consumidores maduros e entre os mais jovens. Esse último grupo foi construído pela mídia popular e acadêmica e pela indústria da propaganda, recebendo a denominação de **geração X**: um grupo de jovens críticos em relação à mídia e originalmente associados com o estilo **grunge**.

Esse realinhamento e *marketing* das memórias musicais coletivas não é um fato novo, mas o processo agora é diferente e levanta questões sobre a vitalidade da música popular nos anos de 1990. Como grupo de faixa etária determinada — compreendida geralmente entre 13 e 24 anos —, os jovens foram sempre os principais consumidores da música popular e continuam a representar um público bastante considerável, de modo a não serem ignorados pela indústria do lazer. A associação direta entre música popular e juventude, porém, precisa ser qualificada atualmente. No Reino Unido e na Europa, durante os anos de 1980, a quantidade absoluta de jovens que entraram no mercado de trabalho declinou pela primeira vez e continuará caindo até o final do século. No final da década de 1980, Frith percebeu que "em termos materiais, o consumidor tradicional do rock — o adolescente 'rebelde' — não é mais o personagem central do mercado" (Frith: 1988c; p. 127). Algumas tendências demográficas semelhantes foram percebidas na maioria dos países ocidentais. O mercado da música popular ampliou-se, abrangendo aqueles que cresceram ouvindo a música dos anos de 1950 e 1960, e que continuaram fiéis ao seu gosto musical. Esse envelhecimento do mercado favoreceu a sobrevivência dos artistas dos anos de 1960 — tais ouvintes mais velhos sustentam o predomínio das emissoras de rádio dedicadas aos "velhos sucessos"* e têm uma participação cada vez maior no mercado como consumidores de discos, particularmente os relançamentos dos catálogos das gravadoras. Essas tendências ilustram como a demografia continua a desempenhar um papel significativo para o mercado cultural.

• *Ver:* **público**
• *Leitura adicional:* Dychtwald: 1989; Grossberg: 1992; Welsh: 1990.

departamento artístico: É responsável pelo aproveitamento das obras já contratadas e pela descoberta de novos talentos. Procura constantemente

* N. do T.: No original, *golden oldies.*

material novo para contratar, tentando desenvolver um elenco de artistas para a empresa. Os funcionários desse departamento estão freqüentemente envolvidos em todos os aspectos do relacionamento entre artista e gravadora, incluindo as negociações iniciais e a assinatura do contrato, os ensaios, os arranjos e a gravação das canções, além da ligação com as divisões de *marketing*, produção de videoclipes e divulgação da gravadora. É uma esfera de domínio masculino, com uma hierarquia definida pela experiência — e os funcionários mais bem-sucedidos desse departamento estão entre os mais bem pagos da indústria fonográfica. Segundo Negus, os critérios empregados pelo pessoal do departamento artístico para avaliar artistas potenciais são: "a apresentação ao vivo, a originalidade e qualidade das canções ou do material, a atuação em gravações, a voz, a aparência e a imagem, as realizações e o grau de profissionalismo, entusiasmo e motivação pessoal" (1992; p. 53). A contratação e a promoção dos artistas baseia-se também nas informações sobre o cenário musical: os estilos da moda e os artistas "quentes" do momento. Essas informações são obtidas em uma ampla rede de contatos e avaliadas, muitas vezes, por meio da intuição e do *feeling*.

• *Ver:* **indústria fonográfica; grandes gravadoras**

• *Leitura adicional:* Barrow & Newby: 1996, cap. 7; Cusic: 1996; Negus: 1992, cap. 3.

direito autoral: É fundamental para a **indústria fonográfica**. O princípio básico da lei de direito autoral é o direito exclusivo de copiar e publicar a obra de alguém. Isto é, só o proprietário do direito autoral pode fazer cópias ou autorizar a cópia e a distribuição de sua propriedade. A natureza legal completa do direito autoral está além do âmbito dessa obra (ver Fink: 1989; pp. 36-47); seu sentido reside em sua importância cultural. As novas tecnologias de **gravação** e de reprodução sonora provocaram novas discussões sobre o direito de propriedade intelectual, o direito autoral e o controle dos sons. Para a indústria fonográfica, o "bicho-papão" dos anos de 1990 é representado pelas ameaças ao direito autoral.

Além da renda oriunda das vendas das gravações, as gravadoras, os artistas, os compositores e os editores musicais obtêm rendimentos com a venda dos direitos. O direito de propriedade é determinado pelo direito autoral da fita-matriz, ou seja, a fita original que reúne as canções a partir das quais as gravações são reproduzidas. Atualmente, a indústria fonográfica internacional está menos preocupada com a produção e a administração dos bens materiais e mais interessada na administração dos direitos, que constituem uma parte cada vez mais significativa de sua receita bruta.

Entre as receitas originadas dos direitos, estão: 1) receita de origem mecânica, paga pela gravadora (ao proprietário do direito autoral) pela permissão de reproduzir as canções. Trata-se de uma porcentagem fixa sobre o preço de venda no varejo; 2) receita por execução, isto é, a taxa de licença paga pelos estabelecimentos, emissoras de televisão e estações de **rádio** pelo direito de tocar ou de executar as canções; e 3) receita variada, constituída pelo pagamento do uso das canções em filmes, propagandas e em qualquer outro meio.

Nos Estados Unidos, a primeira lei de direito autoral foi decretada em 1909 e protegia os proprietários das composições musicais contra a reprodução não autorizada (**pirataria**). Desse modo, as canções tornaram-se produto de consumo, que podia ser comprado e vendido no mercado. Com a proteção do direito autoral, os editores das partituras musicais podiam lucrar promovendo uma nova canção, já que os outros editores não podiam piratear sua valiosa propriedade. Essa atividade favoreceu a inovação musical, particularmente do **ragtime** e do **jazz** (Peterson: 1990; p. 99). Em 1911, uma legislação semelhante foi decretada na Grã-Bretanha. Com o desenvolvimento da indústria fonográfica, surgiram controvérsias em relação aos direitos dos editores musicais, que reivindicavam os mesmos direitos dos editores literários. As legislações britânica e norte-americana diferem sobre essa questão, com a primeira sendo mais restritiva.

As leis não fornecem os mecanismos necessários para a cobrança dos direitos autorais gerados pela execução pública da música. Assim, em 1914, nasceu a American Society of Composers, Authors and Publishers (Ascap), com o objetivo de emitir licenças e de coletar todos os direitos autorais: na comercialização das gravações, com os artistas recebendo o rendimento baseado na receita bruta obtida pela venda dessas gravações; na venda da música original para os editores e no recebimento posterior dos direitos pela gravação; e no acordo com os editores por sua participação em vendas e execuções, com divisão do dinheiro entre compositores e editores. Em 1917, o papel da Ascap foi ratificado por uma decisão da Suprema Corte, confirmando o direito da organização de emitir licenças para os seus associados e de coletar as taxas relativas à execução das obras. Porém, as estações de rádio resistiram às tentativas da Ascap de cobrar pelas músicas executadas no rádio, criando sua própria organização, a Broadcast Music

Inc. (BMI), fundada em 1939, para pôr fim ao que alegavam ser táticas monopolistas da Ascap.

Frith (1993) observou que o advento das novas tecnologias de gravação e de reprodução sonora coincidiram com a globalização da cultura e com os conglomerados de mídia e de entretenimento, buscando maximizar seus rendimentos relativos a "direitos" e manter as rendas a partir da venda efetiva das gravações. O que se considera como "música" está mudando de algo estabelecido e autoral, que existia como propriedade, para uma categoria mais difícil de se identificar.

A Convenção de Roma e a Convenção de Berna são os principais acordos internacionais sobre direito autoral. A IFPI (International Federation of the Phonographic Industries) regula internacionalmente a aplicação e o cumprimento do direito autoral (nem sempre com êxito — ver **pirataria**). As rendas dos direitos são coletadas por diversas agências locais e regionais, tais como The Australasian Mechanical Copyright Owners Society (Amcos), ou a Australasian Performing Rights Association (Apra).

As tentativas de garantir leis internacionais de direito autoral tiveram sucesso apenas parcial — mesmo na Comunidade Européia, as convenções e práticas variam consideravelmente entre os países. As atitudes concernentes a direitos autorais divergem, dependendo dos interesses envolvidos. Há uma hostilidade despontando contra o direito autoral por parte de muitos consumidores e até mesmo de alguns músicos, devido ao seu uso regulador pelas empresas internacionais, que buscam a proteção de seus interesses. Mas as próprias companhias estão procurando harmonizar os acordos e coibir a pirataria, e as associações das gravadoras (particularmente a IFPI), que estão preocupadas quase exclusivamente com questões de direito autoral, dão grande apoio à posição da indústria fonográfica. Basicamente, é o controle do mercado que está em jogo. Há uma tensão básica entre a proteção dos direitos e das rendas dos artistas, e a restrição à produção musical.

Canadá, Estados Unidos, Austrália, Japão e Gana reagiram de maneira diferente ao desenvolvimento do direito autoral, conforme a natureza das sociedades, os interesses nacionais sobre o potencial de exploração da música local, o fluxo de recursos para os proprietários estrangeiros dos direitos autorais e a capacidade dos artistas locais de usar material internacional. (Os seguintes estudos são encontrados em Frith: 1993.) Por meio de uma exposição detalhada das estruturas e redes reguladoras da indústria fonográfica australiana e do inquérito público realizado, em 1990, a respeito do direito autoral, Breen (1993) revela como a lei australiana de direito autoral ajudou a proteger os interesses das grandes gravadoras. Théberge traça a situação canadense, que "mantém apenas os níveis mais básicos de proteção do direito autoral" (1993; p. 52). A polêmica e a batalha legal envolvendo o compositor John Oswald e seu trabalho denominado "Plunderphonics" (o termo que usou para suas técnicas de sampling) proporcionaram um exemplo para a necessidade de o sistema de leis "redefinir o conceito legal em relação à obra musical, ao seu valor e ao seus usos sociais à luz da técnica atual e das realidades criativas" (*idem*, p. 62). Jones mostra como as controvérsias nos Estados Unidos "devem ser consideradas parte do desejo da indústria fonográfica de explorar todos os meios de renda possíveis" (1993; p. 82). Tanto Théberge como Jones destacam a questão extremamente problemática do **sampling**. Gaines (1993) fornece um extenso exemplo do caso Bette Midler e de "plágio de identidade" nos Estados Unidos, salientando o perigo de legitimar a cultura como uma propriedade privada e não como uma experiência coletiva.

O estudo de Mitsui sobre o Japão é particularmente interessante, ao revelar como as leis de direito autoral foram originalmente importadas do Ocidente para uma situação em que as condições sociais e morais eram basicamente diferentes: "o povo japonês não aceitou bem a idéia de direito autoral, ou, mais propriamente, a idéia de direito individual" (1993; p. 141). Em sua história, o Japão evitou o pagamento dos direitos de tradução — além do interesse em impedir o afluxo de idéias e informações do Ocidente —, enquanto o cumprimento da lei nacional de direito autoral também era dúbio. O caso de Gana também ilustra os problemas originados pela tentativa de impor um conceito eurocêntrico em países do Terceiro Mundo, onde existe "uma tradição folk convivendo lado a lado com a criatividade individual" (*idem*; p. 146). Collins (1993) identifica as dificuldades de empregar a ideologia musical européia ao campo da música africana. Por exemplo, no Ocidente os direitos de uma composição musical são igualmente divididos, 50% para a letra e 50% para a música ou melodia. Ele propõe que, na música africana, em que o ritmo é muito importante, esses direitos sejam decompostos em três componentes — letra, melodia e ritmo —, com cada um recebendo um terço da renda.

Em relação aos argumentos legais e morais sobre os samplings usados nas gravações de The JAMS, M/A/R/R/S, De La Soul e outros artistas, os estudos revelam problemas extremamente complexos. Essas dificuldades concentram-se em algumas questões: o que é realmente suscetível de registro como direito autoral?; quem possui o direito de controlar o uso de uma canção, uma gravação ou um som?; qual é a natureza daquilo que é de domínio público? Como Théberge conclui:

> A introdução da tecnologia digital na produção musical durante a década passada resultou no desenvolvimento de novos tipos de atividade criativa que, por um lado, exacerbaram problemas já existentes na conceitualização da música como forma de expressão artística e, por outro lado, demandaram ainda mais distinções na legislação de direito autoral (*apud* Frith: 1993; p. 53).

- *Ver:* **gravação doméstica**; **pirataria**; **sampling**
- *Leitura adicional:* Beadle: 1993; Fink: 1989; Frith: 1993; Harley: 1993; Jones: 1992; Negus: 1992.

disco: Termo derivado da palavra francesa *discothèque* — coleção de discos — que se refere ao clube (ou boate) onde as pessoas vão para dançar. Nos Estados Unidos, inicialmente, o **gênero** foi associado aos bares gay, e essa idéia persistiu até o imenso sucesso do filme *Os embalos de sábado à noite* e de sua trilha sonora (RSO, 1977). Internacionalmente, a música disco foi um gênero difundido e muito bem-sucedido comercialmente, entre o final dos anos de 1970 e o início dos anos de 1980.

Como forma musical, a música disco é freqüentemente denegrida. Clarke define-a como a "coqueluche dos anos de 1970, com profundas e desastrosas influências sobre a música popular, [...] porque seu principal elemento era o ritmo *thump-thump*, enquanto outros valores podiam ser ignorados [...] os produtores usaram baterias eletrônicas, sintetizadores e outros truques à custa dos valores musicais" (1990; p. 344). Outros críticos, porém, louvaram a vitalidade formal e a ênfase na dança: "Superficial, liberadora, inovadora, retrógrada, sensual, a música disco emerge a partir de uma subcultura, no início dos anos de 1970, dominando a música pop por alguns anos, e depois recua. Durante seu breve domínio, porém, restaurou o hábito da dança como imperativo pop" (Smucker: 1992; p. 562).

Embora a maioria dos criadores dos sucessos da música disco sejam anônimos, com destaque para os **produtores** (por exemplo, Giorgio Moroder), existiram algumas estrelas: Labelle, Hot Chocolate, Donna Summer, KC and the Sunshine Band e Bee Gees. Apesar de ter praticamente desaparecido em meados dos anos de 1980, o gênero desfrutou um certo renascimento no início dos anos de 1990, ajudado por um interesse renovado pelo Abba, cuja música integrou diversas trilhas sonoras de filmes de sucesso, como *Muriel's Wedding* (P. J. Hogan, 1994). No Reino Unido, o renascimento do Abba também foi impulsionado por vários covers e tributos, como a versão do Erasure de "Take a Chance on Me" (em *Pop!: The First 20 Hits,* Sire/Reprise, 1992) e o sucesso dos covers da banda Björn Again. A disco foi também um dos elementos na combinação eclética dos **metagêneros** híbridos da **dance music** contemporânea.

• *Ver:* **dance music**

• *Leitura adicional:* Charlton: 1994; Dyer: 1990; Smucker: 1992.

• *Escutar:* KC and the Sunshine Band, *Greatest Hits,* Rhino, 1990. Abba, *Abba Gold: Greatest Hits,* Polydor, 1992. Donna Summer, *Endless Summer: Donna Summer's Greatest Hits,* Polygram, 1994.

DJ: O disc jockey (DJ) é o responsável pela apresentação e execução de músicas em **clubes** e **discos**, e também em emissoras de **rádio** e TV dedicadas à exibição de **videoclipes**. Os estudos sobre música popular concentraram-se: 1) no papel dos DJs na história do rádio, particularmente no surgimento das rádio-personalidades e na elevação dos DJs à condição de **estrelas**, nos anos de 1950; e 2) no papel dos DJs como figuras essenciais à **cultura club** contemporânea. Em ambos os casos, as noções de **filtragem** e de **intermediário cultural** foram empregadas para examinar a influência dos Djs.

1) **Os DJs e a história do rádio***:* Inicialmente, os locutores musicais eram responsáveis pela apresentação das gravações sugeridas e pelo fluxo contínuo da transmissão, com pequena influência para determinar a programação musical. Nos anos de 1950, a reestruturação das emissoras de rádio foi uma influência decisiva para o advento do **rock'n'roll**, enquanto a execução radiofônica tornou-se fundamental para o sucesso comercial dos artistas. Como nota Barnes, o hit radiofônico foi "umas das maiores invenções culturais norte-americanas", revitalizando um meio ameaçado pela **televisão** (Barnes:1988; p. 9). Os DJs emergiram como estrelas a partir de personagens como Bob "Wolfman Jack" Smith, Dick Clark e Alan Freed. O programa de rádio de Freed, *Morning Show,* transmitido pela WJW, de Cleveland, no início dos anos de 1950, e seus posteriores programas de rádio apresentados em Nova Iorque, além de seus shows ao vivo, popularizaram o próprio

termo rock'n'roll e ajudaram a introduzir o **rhythm'n'blues** dos negros para o público branco. A grande influência exercida pelos DJs na programação musical das emissoras de rádio e o hábito de receber dinheiro para tocar determinadas músicas levaram a investigações oficiais sobre a prática do **jabaculê***. A rádio-personalidade e o culto ao DJ também contribuíram para a popularidade das **rádio piratas**, nos anos de 1960. Atualmente, o papel e o *status* dos DJs de rádio dependem muito do tipo e do segmento de atuação da emissora.

2) **DJs e a cultura club**: Quando os DJs começaram a misturar e combinar gravações, entraram para o mundo dos instrumentistas musicais. Por exemplo, nos anos de 1970, nos Estados Unidos e, depois, na Grã-Bretanha, os DJs foram os responsáveis pelo surgimento do disco single de doze polegadas como padrão da indústria fonográfica. Para poder tocar nos clubes uma versão prolongada de uma gravação, os DJs norte-americanos mixavam inicialmente os discos de sete polegadas de uma mesma gravação, registrando então essas suas mixagens primeiro em fita e depois em vinil. A prática difundiu-se consideravelmente e tornou-se lucrativo para as gravadoras atender a esse novo mercado. Produzido inicialmente só para apresentações públicas, os discos de doze polegadas integraram-se ao varejo a partir de 1978 e, no início dos anos de 1990, representavam aproximadamente 45% dos discos vendidos (Thornton: 1995). Nesse processo de mixagem, os DJs criaram novas músicas, tornando-se "músicos de prato de toca-discos".

O papel do DJ é vital para a cultura do dance club. A atmosfera, o estado de espírito e a "vibração" do clube é criada na interação entre o DJ, a multidão e o espaço físico que todos partilham. As escolhas musicais do DJ e a seqüência das gravações, numa relação dialética com o espírito clubber, é fundamental para essa interação.

• *Ver:* **jabaculê, rádio**

• *Leitura adicional:* Barnes: 1988; Brand & Scannell: 1991; Brennan: 1996; Thornton: 1995.

documentários de rock — ver **cinema**

doo-wop: Deriva de duas das diversas sílabas cantadas por backing vocals. Como **gênero**, o doo-wop aproxima-se da música negra de harmonia vocal dos anos de 1950, embora suas origens se situem no final dos anos de 1930

* N. do T. No original, *payola*.

e no estilo das baladas do Ink Spots. Evoluiu a partir da tradição **gospel** e caracterizava-se por harmonias fechadas (balada a quatro vozes). Como um estilo basicamente **a capela**, o doo-wop foi desenvolvido por grupos que muitas vezes cantavam nas esquinas das ruas de Nova Iorque entre 1945 e 1955. As canções eram relativamente simples e seguiam sempre uma mesma fórmula, com temas sentimentais. Os grupos pioneiros foram The Ravens e The Orieles. O *Single Crying in the Chapel* (The Bear Family, 1953), do Orieles, foi o primeiro lançamento de doo-wop popular entre os ouvintes brancos. O gênero difundiu-se para outras cidades norte-americanas, alcançando seu apogeu no final dos anos de 1950, com The Platters, The Clovers, The Coasters, Dion and the Belmonts.

Gribin & Schiff (1992) argumentam que o doo-wop merece maior reconhecimento por sua contribuição ao desenvolvimento do **rock** durante os anos de 1950. Certos grupos, como The Drifters e The Coasters, adicionaram uma batida mais forte e alguns elementos do gospel mais pronunciados, proporcionando uma ponte para aquilo que se tornou conhecido como música **soul**. O gênero não sobreviveu à **invasão britânica** do início dos anos de 1960, apesar de continuar presente no trabalho de grupos como The Four Seasons, que desfrutou considerável sucesso entre 1962 e 1967. Na década seguinte, apresentou um renascimento breve e nostálgico graças à popularidade alcançada por grupos como Manhattan Transfer e Sha-Na-Na, cujo nome é tirado da harmonia de acompanhamento de "Get a Job" (Ember, 1958), um dos antigos clássicos do doo-wop, interpretado pelo The Silhouettes. Nos anos de 1990, a influência do doo-wop pode ser notada no trabalho de artistas como Boys II Men, algumas vezes, chamado de "hip-hop doo-wop".

- *Leitura adicional:* Gillet: 1983; Gribin & Schiff: 1992; Hansen: 1992a (com uma útil discografia).
- *Escutar:* The Four Seasons, *Anthology,* Rhino, 1988. *The Best of Doo Wop Tempo,* Rhino, 1989. Boys II Men, *Cooleyhighharmony,* 1991.

drum'n'bass — ver **dance music**

dub — ver **reggae**

e

educação: **currículo**; **pedagogia**; **desempenho escolar**: Houve muito debate sobre a inserção da música popular no currículo escolar.

A música popular pode ser ensinada como uma matéria exclusiva, mas em geral integra outros cursos. Por exemplo, nos sistemas educacionais do Canadá, do Reino Unido, dos Estados Unidos e da Austrália, pode-se estudar a música popular nos cursos de música, de estudos sociais e de estudos de mídia. Na universidade, o curso de música popular faz parte, habitualmente, dos departamentos de música, de estudos de mídia e comunicação e de estudos culturais. Nessas áreas de pesquisa, enfatiza-se geralmente a música pop/rock anglo-americana e seus respectivos **gêneros**, constituindo uma forma de **hegemonia** musical. Existem duas áreas principais de discussão e debate sobre o *status* da música popular: primeiro, no sentido de sua inclusão ou não no currículo escolar; segundo, a pedagogia, isto é, como a música popular deve ser ensinada. Outro tópico de interesse trata das conseqüências decorrentes dos diferentes gostos dos alunos e das escolas em relação à música popular.

1) **O currículo** *e sua relação com os estudos de música popular:* Em todos os graus de ensino, a música popular enfrentou resistência para ser aceita como disciplina educacional legítima. Em seus escritos de 1982, Vulliamy & Lee argumentaram que a maioria dos jovens defrontou-se com uma clara oposição às suas preferências musicais (muitas vezes, música popular) por parte das escolas, que baseiam o estudo da música inteiramente na tradição da música erudita. Conseqüentemente, o gosto pela música popular era menosprezado e mesmo ignorado. Essa situação exacerbou o conflito entre os valores culturais transmitidos pelas escolas e os valores culturais dos

jovens. Vulliamy & Lee afirmaram que a análise musical através de notas musicais não era apropriada para o estudo da música popular e que se podia legitimar formas de análise da música popular, na escola, pelo estabelecimento de critérios de avaliação diferentes dos da **musicologia** tradicional. Isto está de acordo com a visão de que toda música insere-se a estilos e tradições particulares e se manifesta em um determinado contexto sociocultural (por exemplo, Sheperd *et alii*: 1977). Essas idéias continuam a ser debatidas, atualmente (ver, por exemplo, o jornal *Music Education*, publicado pela Cambridge University Press).

Na universidade, a música popular recebeu maior reconhecimento recentemente dentro dos estudos culturais e de mídia. "Os estudantes de música popular reduzem o brilho dos jornalistas de rock (e dos músicos e fãs), que se ressentem com suas intromissões verbais e que os criticam pela teorização e dissecação do rock — uma manifestação musical supostamente espontânea" (John Street: *The Times*, 31 jul. 1993). Porém, a obtenção de um certo nível de respeito acadêmico torna-se evidente pela concessão de títulos acadêmicos — particularmente no caso de Peter Wicke, o primeiro professor no mundo da cadeira de estudos de música popular (pela Universidade Humboldt, de Berlim); pela criação e desenvolvimento de arquivos e institutos de pesquisa especializados (por exemplo, o Institute of Popular Music, da Universidade de Liverpool; o John Logie Baird Centre, em Glasgow); pela proliferação dos cursos universitários, orientados para as atividades da indústria e para os **estudos culturais** e de mídia; pela existência de diversos jornais acadêmicos sobre música popular, de um considerável jornalismo cultural na **imprensa musical** comercial e nos **fanzines**, e por uma explosão de literatura crítica; e pela existência, desde 1981, da International Association for the Study of Popular Music, com mais de seiscentos membros em 36 países.

2) **A pedagogia**: O ensino da música popular envolve diversas dificuldades, teóricas e práticas. Há uma tendência tanto de teorizar em demasia quanto de não teorizar. "As abstrações teóricas e as memorizações mecânicas tendem a distanciar os estudantes da música, e as transcrições musicais e as análises técnicas tampouco são mais efetivos. Ou seja, começar a educar a partir dessa perspectiva não torna o ensino da música muito estimulante" (Gass: 1991; p. 731). Portanto, muitos pesquisadores consideram necessário começar o ensino a partir das preferências musicais do próprio estudante, do contexto desse público e do significado da música para os estudantes.

Entretanto, ao negligenciar os assuntos teóricos e a terminologia, corre-se o risco de transformar os estudos sobre música popular em uma forma nostálgica de populismo, voltada para os produtos da indústria fonográfica e considerando a **história** como mudança em relação à popularidade dos gêneros e ao *status* relativo dos músicos. Embora seja necessário considerar a teoria, procurando constantemente demonstrar sua relação com a vida e com as experiências dos estudantes, isso causa problemas. Em primeiro lugar, existe a dificuldade de se discutir o popular e de se abrir a discussão crítica sobre música popular. Isso é particularmente difícil no contexto escolar, já que, para muitos estudantes, a música popular está associada com sua vida extra-escolar, e a inclusão no currículo representa uma forma de incorporação: "não apenas o discurso crítico é diferente do dos estudantes, mas fere seu narcisismo, já que postula ser superior e implica, portanto, privar os estudantes de suas considerações prévias sobre a música (Shumway: 1989; p. 229). Além disso, em qualquer contexto educacional, o ensino da música popular pode colocar o professor em uma situação embaraçosa, como Grossberg constata: "Se me posiciono como um estudioso e crítico cultural, perco minha credibilidade como 'fã', e os alunos de minha classe tornam-se desconfiados e céticos. Mas se falo como um fã, abandono minha posição como crítico e professor" (Grossberg: 1986; pp. 178-9).

Sugeriu-se que tais problemas poderiam ser evitados mediante o reconhecimento da máxima de Barthes, de que antes de ser um crítico, a pessoa deve ser um **fã**. Além disso, deve haver a intenção do professor de tornar compreensível sua própria leitura dos textos para a análise do estudante. Isso é suficiente para abrir a complexa discussão sobre a natureza polissêmica e ilimitada das narrativas da música popular, além da natureza dos prazeres que provoca.

Alguns "livros escolares" oferecem diversas abordagens para o estudo da música popular, enfatizando: a **musicologia**, em geral de forma modificada (Brown: 1992; Charlton: 1994); os estudos culturais e a sociologia (Longhurst: 1995; Negus: 1996; Shuker: 1994); e a abordagem histórico-sociológica (Ennis: 1992; Friedlander: 1996; Garofalo: 1997).

• Leitura adicional: Gass: 1991; Grossberg: 1986; Richards: 1995; Shumway: 1989; Tagg: 1990; Vulliamy & Lee: 1982.

3) **O desempenho escolar** *e as preferências musicais:* Durante os anos de 1980, diversos estudos estabeleceram uma associação entre o desempe-

nho escolar e as preferências musicais. Tanner (1981) constatou que os estudantes com baixo desempenho (uma escala comportamental de seis itens foi usada para essa avaliação) preferiam mais o rock "pesado" do que os estudantes com melhor desempenho. Apresentavam, também, um menor envolvimento com a parada de sucessos do rock ("Top 40") e pertenciam, como grupo, predominantemente à classe operária; Além disso, esses jovens muitas vezes estavam relacionados à delinqüência. Esse relacionamento entre atos de delinqüência, classe social e desempenho escolar, por um lado, e a preferência pelo rock pesado, por outro, foi a associação mais evidente descoberta pelo estudo de Tanner. Ele sugeriu, plausivelmente, que o **heavy metal** proporciona "uma rejeição simbólica dos valores e das suposições do processo escolar" e indicou "uma correspondência entre o 'heavy metal' e uma solução **subcultural**, radicada em ação física e solidariedade coletiva" (Tanner: 1981; p. 10. Para um estudo mais recente, ver Arneett: 1996). Em sua pesquisa sobre os adolescentes escandinavos, Roe afirma que a música age para expressar simbolicamente "a alienação a partir da escola" e que o baixo desempenho escolar e a grande preferência por "música socialmente rejeitada" (1983; p. 196 e ss.) estavam estritamente relacionados. Weinstein confirmou as descobertas desses estudos iniciais, mencionando descrições similares sobre os seguidores da subcultura heavy metal em idade escolar, sustentando sua visão de que esses jovens são "distintos e marginalizados do *mainstream*" (Weinstein: 1991a; p. 139).

• *Leitura adicional:* Arnett: 1996; Roe: 1983 e 1990.

efeitos; "**suicídios associados ao rock**": Uma importante tradição de pesquisa norte-americana sobre mídia procura identificar os efeitos dos meios de comunicação sobre o comportamento, as atitudes e os valores. Essa abordagem é mais evidente nos estudos sobre **televisão**, mas também está presente em muitos dos postulados sobre a influência negativa da música popular. Certos grupos, como o Parents' Music Resource Center, nos Estados Unidos (ver **censura**), usaram os "efeitos" descobertos em pesquisas para sustentar seus argumentos.

A tradição da identificação dos efeitos baseia-se no behaviorismo. Importante escola de psicologia, baseada na teoria do estímulo-resposta e no trabalho de B. F. Skinner, o behaviorismo desenvolveu-se nos anos de 1920, nos Estados Unidos. Embora continue influente, foi severamente criticado por ignorar o contexto social complexo do consumo dos meios de comunicação, por não apresentar uma teoria da personalidade satisfatória e por omitir a personalidade particular do consumidor individual. A abordagem behaviorista reduz a interação entre o meio e o receptor a um modelo simples de fluxo de comunicação e, conseqüentemente, falha em oferecer uma explicação satisfatória para a atividade da mídia popular (ver O'Sullivan *et allii*: 1994).

Baseado nos efeitos identificados por pesquisas e nas hipóteses que lhes sustentam, discute-se a relação entre música popular e suicídio de adolescentes. Durante os anos de 1980, em vários processos judiciais nos Estados Unidos, houve tentativas malsucedidas de responsabilizar a música popular pelo suicídio de adolescentes — defendia-se a idéia de "suicídios associados ao rock". Recentemente, argumentos semelhantes voltaram à tona, com os diversos suicídios de adolescentes em Nova Iorque e Nova Jersey e com os fãs que imitaram o suicídio de Kurt Cobain, em 1994. Esses acontecimentos ganharam destaque na imprensa popular, que ignorou as razões objetivas para tais tragédias em favor de um relato sensacionalista. O **heavy metal** e o **gothic rock** foram os principais gêneros responsabilizados. As alegações e os argumentos acerca de uma possível conexão entre o suicídio de adolescentes e esses gêneros também ocorreram em outros países, embora processos judiciais nunca tenham chegado aos tribunais.

A relação entre a música popular, o comportamento e a reação do público e da imprensa foram objeto de diversos estudos acadêmicos (em relação aos Estados Unidos, ver Gaines: 1991; Walser: 1993; Weinstein: 1991a; Shuker (1994) fez uma análise da experiência neozelandesa). Essas pesquisas revelam como a imprensa tratou os suicídios associados ao rock como uma forma de **pânico moral**, e examinam criticamente as acusações de causalidade, de mensagens subliminares na música e de **leituras preferenciais** das canções envolvidas nesses casos, como "Suicide Solution" (1981), de Ozzy Osbourne. Esses estudos concluem, assim como os artigos jornalísticos menos sensacionalistas, que a música popular dificilmente pode ser responsabilizada — pelo menos, exclusivamente — por esses suicídios, pois os adolescentes tentam o suicídio por razões complexas e freqüentemente inter-relacionadas: desemprego, colapso familiar, falta de comunicação nas famílias, pressões excessivas, conflitos sexuais e baixa auto-estima. Nos suicídios abordados pela imprensa, é possível que a música tenha atuado como um catalisador final, contribuindo para a depressão. Entretanto, é bastante provável que os jovens suicidas já fossem indivíduos inseguros ou sujeitos à depressão.

• *Ver:* **público**; **gothic rock**; **heavy metal**
• *Escutar:* Judas Priest, *Stained Glass,* Columbia, 1978. Ozzy Osbourne, "Suicide Solution", em *Blizzard of Ozz,* Jet, 1981.

empresários: Na **indústria cultural**, aqueles que trabalham em funções gerenciais atuam como importantes intermediários culturais. Embora não estejam diretamente integrados na indústria fonográfica, os empresários desempenham um papel ativo na carreira dos artistas e na criação dos estilos musicais. De fato, esses empresários muitas vezes têm a reputação de serem "fabricantes de estrelas", manipulando a obra musical e a imagem dos artistas contratados. Nos anos de 1950 e de 1960, diversos empresários britânicos (por exemplo, Larry Parnes) controlavam seus artistas como se fossem seus pais, mas atuam mais usualmente como agentes e conselheiros, gerenciando todos os detalhes das decisões comerciais do dia-a-dia, desde o planejamento das entrevistas e das aparições promocionais, o trato da correspondência, a manutenção das relações com a gravadora, até a organização das **turnês** e dos **concertos**. Os empresários contribuem para o planejamento das estratégias da carreira, resolvem conflitos, controlam com perspicácia a alocação de recursos, protegem os artistas das críticas e servem de conselheiros. Podem, ainda, influenciar na determinação do ambiente da indústria fonográfica em que atuam.

• *Ver:* **intermediários culturais**
• *Leitura adicional*: Cusic: 1996; Negus: 1992; Rogan: 1988.

Escola de Frankfurt: Constituída por um grupo de intelectuais alemães, a Escola de Frankfurt desenvolveu uma variante filosófica revolucionária do **marxismo** ocidental, conhecida como "teoria crítica". Estabelecida inicialmente no Instituto de Pesquisas Sociais, em Frankfurt, a Escola transferiu-se para os Estados Unidos na década de 1930. Entre seus principais integrantes, destacam-se Adorno, Marcuse, Horkheimer, Fromm e Benjamin.

Os teóricos da Escola de Frankfurt criticaram a cultura de massa, afirmando que, sob o sistema capitalista de produção, a cultura tornou-se simplesmente um objeto como outro qualquer — a "indústria da cultura" — destituída de pensamento crítico e de qualquer possibilidade de oposição política. Esse ponto de vista genérico foi aplicado por Adorno especificamente à música popular, particularmente em suas críticas ao **Tin Pan Alley** e ao **jazz**. Em 1941, quando Adorno publicou sua crítica "Sobre Música Popular", a música das big bands era tocada pelas emissoras de rádio e ocupava a **parada de sucessos**, produzidas dentro do sistema Tin Pan Alley de composição musical, dominante desde os anos de 1900, com a maioria das canções escritas no formato de 32 compassos "AABA".

Os escritos de Adorno sobre música popular eram uma pequena tentativa de desenvolver uma **estética** geral da música (ver Paddison: 1993, para um sistemático esboço e discussão desse projeto intelectual). Adorno não se opunha à música popular como tal, mas à sua inescrupulosa exploração pela **indústria cultural/fonográfica**. Sua investigação sobre o desenvolvimento da música utilizou o conceito de diacronia — a análise dos processos de mudanças — e o conceito de sincronia — a análise das situações estáticas. O ponto central de sua crítica foi a padronização produzida pelo sistema capitalista de produção de mercadorias:

> Um julgamento claro a respeito da relação de seriedade da música popular só pode ser alcançado pela atenção estrita à característica fundamental da música popular: padronização. A estrutura total da música popular é padronizada, mesmo quando são feitas tentativas de se evitar a padronização (Adorno: 1941; p. 17).

Nesse ensaio e em seus escritos posteriores sobre música popular, Adorno continuou a equiparar a forma com o Tin Pan Alley e as suas variações de orientação jazzística, desconsiderando a ascensão do **rock'n'roll**, no início dos anos de 1950. Isso enfraqueceu sua crítica, tornando seus pontos de vista, de modo geral, bastante rejeitados por analistas mais atuais do **rock** (ver, por exemplo, Frith: 1983; pp. 43-8). Gendron resume "as deficiências" da teoria de Adorno, particularmente seus exageros a respeito da padronização industrial na música popular, mas também sugere que "a análise de Adorno da música popular não é totalmente implausível" e merece reconsideração (Gendron: 1986; p. 25). Para sustentar esse argumento, Gendron investiga a padronização em grupos vocais de estilo **doo-wop**, enraizados na tradição dos quartetos de música **gospel**, que causaram grande impacto na parada de sucessos entre 1955 e 1959.

As idéias de Adorno sobre música popular continuam a ser amplamente utilizadas e debatidas. Paddison por exemplo afirma que a defesa da vanguarda musical feita por Adorno pode ser aplicada ao trabalho de alguns artistas da música popular, como Frank Zappa e Henry Cow.

• *Ver:* **indústria cultural**

• *Leitura adicional:* Adorno: 1941, 1991; Gendron: 1986; Paddison: 1993.

Estado; política cultural estatal; regulamentação/ desregulamentação da radiodifusão; cotas: Podemos definir o Estado como o governo e seus agentes institucionais, especialmente o serviço público, mas também a polícia e o exército. Na teoria social e política existem duas tendências principais e opostas sobre a natureza do Estado e do seu funcionamento: 1) a liberal, de visão pluralista, que considera o Estado como um agente neutro do "interesse público"; e 2) a visão de orientação marxista, que considera o Estado como defensor dos interesses dos grupos reinantes ou dominantes da sociedade. Dentre esses dois pólos, há uma grande quantidade de pontos de vista (ver O'Sullivan *et alii*: 1994, para um quadro sucinto). O Estado foi muitas vezes ignorado nas análises da música popular, embora haja uma tradição de trabalho sobre as políticas culturais praticadas tanto no nível do poder central quanto local. Diversos analistas sugeriram que os pesquisadores da música popular devem dar maior atenção ao Estado (ver Bennett *et alii*: 1993; Negus: 1996).

As políticas culturais do Estado basearam-se amplamente na tradição idealista da **cultura**, ou seja, a cultura como um domínio à parte e em oposição muitas vezes a tudo o que envolve a produção material e a atividade econômica. Isso significa que as várias formas de intervenção governamental — subsídio, concessões, protecionismo por cotas e assim por diante — justificam-se pelos argumentos elaborados por Garnham:

> 1) a cultura é dotada de valores inerentes de engrandecimento da vida, que estão fundamentalmente em oposição às forças comerciais e sofrem a ameaça dessas mesmas forças; 2) a necessidade de tais valores é universal, não contaminada por questões de classe, gênero feminino/masculino e origem étnica; e 3) essa necessidade não pode ser satisfeita pelo mercado (1987; p. 24).

Um elemento-chave desse ponto de vista é o conceito de artista criativo individual, que inclui o problema da sua própria política cultural, isto é, o "de encontrar o público para seu trabalho em vez do contrário" (*ibidem*). As elites utilizaram essa ideologia nas instituições governamentais, administrativas e intelectuais e na **radiodifusão** para justificar e representar interesses setoriais como se fossem gerais, funcionando, desse modo, como uma forma de **hegemonia** cultural. Considerando a música clássica, o balé e o teatro como expressões da **alta cultura** ou como a "verdadeira arte", legitimaram o consumo pela classe média e o recebimento dos subsídios estatais. Assim, a **cultura popular** é construída em oposição a isso, ou seja, é tratada como comercial, não autêntica e não merecedora de apoio governamental significativo. Essa cisão entre alta e baixa cultura é insustentável, ainda que continue sendo uma ideologia bastante apoiada e poderosa.

As posturas e políticas do Estado em relação à cultura popular são um fator importante para determinar a construção do significado na música popular. Quanto às atitudes, as políticas culturais do Estado são indicadoras dos diversos pontos de vista sobre o verdadeiro conceito de **cultura**, discutido sobre a intervenção econômica governamental no mercado versus funcionamento do "livre mercado", e sobre a ação do **imperialismo cultural** e o papel do Estado no favorecimento da **identidade** cultural nacional. Houve algumas tentativas notáveis por parte do Estado de adotar formas específicas ou **gêneros** da música popular para patrocinar uma ideologia particular e promover a unidade nacional, ao mesmo tempo que marginalizava ou perseguia ativamente outros gêneros (por exemplo, a Alemanha nazista dos anos de 1930 — ver Negus: 1996; para outros exemplos, ver Garofalo: 1992b). O uso de hinos nacionais é uma parte pequena mas significativa dessas tentativas.

No caso da música popular, as posturas governamentais em geral, mas não exclusivamente, refletiram uma visão tradicional e conservadora da "cultura" (ver a tradição da alta cultura), que foi utilizada para justificar a não-intervenção na esfera "comercial". Porém, há uma relação entre essa não-intervenção e as freqüentes preocupações do governo com a regulamentação de um meio de expressão que, às vezes, foi considerado uma ameaça à ordem social: os **pânicos morais** causados pelas **subculturas jovens**, a **sexualidade** e o sexismo do rock e a obscenidade. Existiram diversos casos em que o Estado desempenhou um papel significativo em relação à música popular pelas regulamentações e intervenções econômica e culturalmente motivadas. Isso aconteceu usualmente para defender a produção cultural nacional contra o fluxo de produtos midiáticos estrangeiros, com as taxações alfandegárias, incentivos às indústrias locais e outras medidas, e privilegiou atividades que contemplam a cultura popular em vez da alta cultura (ver **imperialismo cultural**).

O Estado e os governos reconhecem o potencial econômico e social da música popular. Sua intervenção "tornou-se cada vez mais explícita, cada vez mais programática e institucional [...] o papel do governo tornou-se um fator crucial na organização estrutural do rock em um nível local, nacional e, por fim, global" (Bennett *et alii*: 1993; p. 9). A política governamental em relação à música foi evidente na antiga Alemanha Oriental, Holanda, Canadá, Austrália, Nova Zelândia e Estados Unidos. As questões suscitadas incluíam a defesa da **identidade** nacional, a **indústria fonográfica** como geradora de empregos para os jovens e a proteção dos mercados locais (ver os artigos de Bennett *et alii*: 1993; também Berland: 1991; Breen: 1992, 1996). A política de Estado britânica a respeito da música é ainda um fenômeno local, estimulando a proliferação de projetos musicais regionais e urbanos; diversos autores estudaram as implicações culturais dessas iniciativas (especialmente Cohen: 1991; Street: 1993).

A **regulamentação/desregulamentação** estatal da radiodifusão acontece com a regulamentação das freqüências de acordo com 1) a limitação das freqüências de **rádio** e dos canais de **televisão** pelas políticas de concessão; 2) os códigos de ética, que devem servir para restringir a exposição de material "ofensivo" (ver **censura**); e 3) as **cotas**, isto é, uma legislação governamental que fixa uma produção mínima local no rádio (e, algumas vezes, na televisão). Essas cotas protegem as indústrias culturais locais da perceptível influência negativa da cultura popular importada, basicamente norte-americana. Entre os exemplos de aplicação, ou de tentativa de aplicação, de cotas de veiculação musical, estão Nova Zelândia, Austrália, Canadá e França.

• *Ver:* **rádio**; **censura**; **imperialismo cultural**
• *Leitura adicional:* Garnham: 1987; Negus: 1996; Shuker: 1994.

estética: Em sentido geral, é o estudo filosófico da arte, que enfatiza, particularmente, os critérios de avaliação aplicados a estilos e textos particulares, a fim de distingui-los quanto a suas características de valor. Em sua forma tradicional, a estética concentrava-se sobre o estudo da obra de arte em si e por si mesma (cf. uma ênfase no contexto da produção artística), a partir da filosofia idealista. Segundo essa abordagem, havia critérios universais e atemporais para determinar a beleza, o "bom gosto" e o valor (estético) das obras de arte: "valores transcendentes". Isso foi contestado por trabalhos mais recentes, incluindo as estéticas **marxista**, **feminista** e "**pós-moderna**" (para uma visão geral, ver O'Sullivan *et alii*: 1994).

Observa-se uma abordagem estética em vários aspectos dos estudos da música popular. Uma, de modo negativo, sustenta as críticas freqüentes às diversas formas de cultura popular — incluindo a música popular —, que as consideram formas adulteradas, comerciais, desvalorizadas e carentes de valor artístico. Por exemplo, a análise da **cultura de massa** e da **cultura erudita**, originalmente associada à **Escola de Frankfurt**. Em outra abordagem — de modo mais significativo, embora em sentido mais geral —, os critérios estéticos aplicam-se rotineiramente a formas diferentes de música popular. Isso acontece no discurso diário sobre uma questão musical, entre fãs e músicos, e nos julgamentos dos críticos. Geralmente, os critérios de avaliação não são apresentados, mas são freqüentemente sustentados por noções de **autenticidade** e pela idéia de que o valor dos **gêneros** musicais está associado ao sexo (masculino ou feminino) e a grupos étnicos (por exemplo, a **dance pop** e seu público feminino são denegridos, em contraponto à valorização dos vários estilos da **black music**). Alguns modos estéticos distintos podem coexistir em um mesmo gênero, por exemplo, o **rap** e o **bhangra** (ver Manuel: 1995). Em uma terceira abordagem, há uma análise estética da música popular baseada na **musicologia**. Esse procedimento é variável, dependendo de como essa análise adota os conceitos e ferramentas da musicologia tradicional (que são geralmente orientados para a música erudita) ou adapta-os à música popular. Na realidade, a discussão central é: a música popular merece uma análise "séria"?

A partir do que foi exposto, Frith (1987; p. 134) propôs as seguintes questões básicas: "Como fazemos julgamentos sobre o valor musical? Como esses julgamentos de valor articulam as experiências de audição?". A segunda questão suscita a importância das diferentes competências de **audição**. Respondendo a suas próprias questões, Frith sugere fundir "a abordagem sociológica à música popular" — incluindo uma dimensão funcional da **etnomusicologia** —, e a estética, através da musicologia.

• *Ver:* **audição; musicologia**

• *Leitura adicional*: Chester: 1970; Frith: 1987 e 1996; Gracyk: 1996; Manuel: 1995; Meyer: 1995; Moore: 1993; Tarr: 1982.

estilo — ver **moda musical; gênero; subculturas jovens**

estilo de vida — ver **gosto cultural**

estrelas; **estrelato**: Por causa de suas apresentações públicas ou aparições nos meios de comunicação de massa, as pessoas acabam bastante conhecidas e adquirem um *status* simbólico. As estrelas são consideradas detentoras de um talento único e distintivo dentro das formas culturais em que trabalham. Inicialmente associado à produção de estrelas de Hollywood, o estrelato é atualmente um fenômeno nos esportes, na televisão e na música popular. Embora haja uma grande quantidade de estudos sobre o estrelato no mundo do cinema (ver Hayward: 1996, para um quadro útil), na música popular não há uma literatura ampla, somente casos biográficos específicos.

A questão fundamental não é saber "o que é uma estrela", mas saber qual a função das estrelas na **indústria fonográfica**, nas narrativas textuais e, em particular, no nível da fantasia e do desejo individual. O que precisa ser explicado é a natureza do investimento emocional em imagens prazerosas. "As estrelas são populares porque despertam algum tipo de estima e são investidas de valor cultural. Acabam influenciando determinadas culturas e estilos de vida" (O'Sullivan *et alii*: 1994; p. 207), e representam uma forma de escapismo do cotidiano mundano.

O estrelato na música popular, assim como em outras formas de cultura popular, envolve tanto a ilusão e o apelo às fantasias do público quanto o talento e a criatividade do artista. As estrelas atuam como construções míticas, desempenhando um papel-chave na construção de significados fora da rotina de seus fãs. Também devem ser vistas como entidades econômicas, utilizadas para conquistar o público e promover os produtos da indústria fonográfica. Representam uma forma de mercadoria ímpar, que é um processo de trabalho e, ao mesmo tempo, um produto. A identificação do público com determinadas estrelas é uma importante estratégia de *marketing*. Por exemplo, Madona deve ser considerada como uma entidade econômica e um fenômeno cultural, já que suas gravações geraram vendas internacionais de mais de US$ 500 milhões para a Time Warner. Madona é uma imagem valorizada, construída cuidadosa e continuamente em uma era de globalização da mídia. Diversas estrelas da música popular continuaram a gerar imensas receitas mesmo depois de mortas. Eventualmente, a morte pode diminuir o apelo, mas mesmo dessa forma pode impulsionar o *marketing* por gravações do **catálogo**, freqüentemente material ainda não lançado (por exemplo, Elvis Presley, Jimi Hendrix, Bob Marley e Kurt Cobain do Nirvana).

O enorme fascínio pela vida pessoal das estrelas sugere um fenômeno que não pode ser explicado simplesmente em termos de **política econômica**.

Os fãs idolatram as estrelas, transcendendo suas próprias vidas nesse processo (ver **fãs**). As estrelas atraem porque personificam e refinam os valores investidos em tipos sociais específicos. É o caso, por exemplo, de Kylie Minogue, que, nos anos de 1980, ficou conhecida como a "garota da porta ao lado" (ver Rex, 1992), e de Bruce Springsteen, cuja imagem baseou-se na idéia da **autenticidade**. As estrelas "estabelecidas" freqüentemente sofrem para exercer o controle sobre suas vidas artísticas, talvez porque isso tenha sido uma conquista difícil. Todas possuem a capacidade de conservar seu público ao longo do tempo, tanto por meio da reinvenção do seu personagem e da sua imagem como também pela exploração de novos caminhos musicais. Diversas estrelas produziram uma grande quantidade de material, na forma de **multimídia**, muitas vezes, enquanto procuraram reinterpretar ou reafirmar estilos e tradições da música popular. Em relação a isso, são freqüentemente consideradas **autores**.

As duas estrelas da música popular mais evidentes são Elvis Presley e os Beatles (ver a espantosa quantidade de verbetes que ambos geraram no guia bibliográfico escrito por Leyser (1994); Marcus (1991a) oferece um balanço fascinante das preocupações culturais em relação ao "the King", desde sua morte, em 1977). Nesse caso, porém, desejo fazer uma breve ilustração dos discursos sobre o estrelato na música popular com duas estrelas mais recentes: Bruce Springsteen e Madona.

Inicialmente uma figura de culto, Bruce Springsteen, durante a década de 1980, tornou-se o músico branco de rock mais bem-sucedido desde Elvis Presley. "Uma atenção meticulosa com a gravação e a apresentação, generosos cenários nas apresentações ao vivo; além disso, a lealdade evidente e a identificação com o público provocou uma fidelidade fanática: ele deve ser a última estrela verdadeira do rock" (Clarke: 1990; p. 1108). O desafio proposto pelo estilo operário de Springsteen com sua franqueza humanitária deu a impressão de tocar um acorde universal. Seu sucesso estava associado a sua visão e aos seus ideais, e parecia às vezes obsessivamente dedicado ao seu público e à sua música: "Você sabe o que é rock'n'roll?", perguntou Springsteen, em 1978: "Sou eu e minha banda tocando para o público hoje à noite e amadurecendo com esse público" (Sinclair: 1992; p. 333). Springsteen evitou o estilo de vida de uma estrela do **rock**, investiu em uma imagem de autenticidade e de comportamento comum. Suas canções estavam relacionadas com a vida das pessoas comuns: as tensões do mundo do trabalho, as atribulações financeiras e as dificuldades emocionais. Springsteen continuou a enfatizar a alienação e a distância crítica da sociedade americana expressa por Bob Dylan, mas fez isso invertendo algumas das críticas explícitas feitas pela contracultura nos anos de 1960:

> Atuando *dentro* de hipóteses de cultura dominada e definida pelos homens — trabalho duro, patriotismo, carros, garotas, casamento e a esperança do sonho americano — seu criticismo alcançou maior profundidade e seguiu um caminho mais básico. Springsteen não propôs nenhuma guerra nem defendeu o uso das drogas para alterar a consciência — apenas expôs a vida das pessoas comuns nos Estados Unidos (Pratt: 1990, p. 188).

A construção da imagem de uma estrela da música popular muda ao longo do tempo, em uma tentativa calculada de redefinir o perfil do público e o apelo do artista. O contínuo sucesso de Madona é um exemplo. No final dos anos de 1980, Madona era uma superestrela, indiscutivelmente uma das mulheres mais conhecidas no mundo e, certamente, umas das figuras mais debatidas e analisadas da cultura popular. O contrato multimídia assinado com a Time Warner, em 1992, da ordem de US$ 60 milhões, indica seu potencial econômico. Madona é uma estrela que muitos críticos e fãs amam odiar, que "usou uma imagem licenciosa e a voz de uma garotinha para manter-se no topo da música pop em boa parte dos anos de 1980" (Shapiro: 1991; p. 156). Muito do seu sucesso baseia-se na astúcia e na manipulação da mídia, mas como Considine assinala, "o que seus críticos esquecem, porém, é que uma sensação fabricada possui usualmente uma vida curta, e a arte planejada é quase sempre conservadora, enquanto a carreira de Madona nunca foi" (1992; p. 662).

Diversos analistas notaram como Madona foi capaz de reinventar seu personagem constantemente e conservar um controle criativo alto sobre seu trabalho. Seu apelo público e sucesso comercial residem principalmente em sua apresentação ao vivo e nos videos. A habilidade que possui de manter-se à vista do público e a criação e manutenção de sua imagem são fundamentais para seu sucesso. Até o fim dos anos de 1980, o estrelato de Madona foi sustentado por sua personalidade carismática e presença cênica cativante, com sua **sexualidade** explícita atraindo os jovens que se identificaram com seu jeito decidido e autêntico, controlando sua sexualidade e sua carreira (ver seu livro *Sex*. New York, Warner Books, 1992). Ao mesmo tempo, "as transgressões carnavalescas de Madona em relação ao gênero feminino/masculino e à sexualidade, isto é, a fonte de muito prazer para seus fãs, são extremamente perturbadoras para aqueles que a odeiam, e muitas vezes esse ódio é focalizado sobre o corpo e expressado em um discurso a respeito do corpo" (Schulze *et alii*: 1993; p. 24). Madona está constantemente reinventado-se, um processo necessário para assegurar seu duradouro *status* de estrela (cf. David Bowie). Sua imagem pública mudou da virgem à mulher fatal das telas, de um figurino de brechó à personagem glamourosa de Marilyn Monroe, o que é exemplificado por seu papel principal no musical *Evita* (Alan Parker, 1996). Indiscutivelmente, seu público amadureceu com ela nesse processo.

Springsteen e Madona são as estrelas da música popular dos últimos quinze anos que geraram a maior quantidade de análises e debates acadêmicos (e populares). Em resumo, o discurso sobre eles expõe como o estrelato tornou-se uma produção com muitas dimensões: econômica, cultural e **estética** ou criativa — o relacionamento entre o estrelato e a **autoria**.

• *Ver:* **fãs**

• *Leitura adicional:* sobre o estrelato de modo geral e em relação às estrelas de cinema, ver Hayward *et alii*: 1994; sobre Madona, ver Schwichtenberg: 1993; sobre Springsteen, ver Marsh: 1987; para uma orientação bibliográfica sobre "estrelas do rock/pop stars", ver Leyser: 1994.

estruturalismo; semiótica; pós-estruturalismo: Iniciativa intelectual caracterizada pela atenção dada a sistemas, relações e formas — as estruturas — que tornam possível o significado em qualquer atividade ou produto cultural. O estruturalismo é uma iniciativa analítica ou *teórica*, dedicada à elaboração sistemática de regras e restrições que atuam — como as regras de uma linguagem — para tornar possível a geração de significados (O'Sullivan *et alii*: 1994; p. 302).

As tentativas estruturalistas de estabelecer tais "regras de significado" conduziram a diversas abordagens distintas durante os anos de 1970: semiótica, desconstrutivismo (predominantemente uma forma de análise literária, derivada do trabalho de Derrida) e pós-estruturalismo.

O ponto de vista "estruturalista" sobre a cultura popular e as formas de mídia concentra-se sobre o modo como a "estrutura" do texto (visual, verbal ou auditiva) produz significados ideológicos específicos. Fundamentalmente, esse estudo dá-se pela semiótica (o estudo dos signos), muito empregada no estudo das comunicações, proporcionando um método de análise de mensagens verbais e não-verbais. A semiótica faz uma distinção entre o significante, o significado e o signo. O significante pode ser uma palavra, uma imagem ou um objeto físico; o significado é o conceito mental associado ao significante; o signo é a associação do significante e do significado. Os signos devem estar organizados dentro de códigos conexos, como a moda. A convenção social deve influenciar a natureza e a força exata do relacionamento entre o significante e o significado. Barthes afirmou que os signos podem criar mitos, ou seja, um signo pode representar um conjunto completo de valores culturais. Além disso, associando-se uma imagem ou um objeto a um conceito (denotação), os signos também carregam conotações, gerando emoções.

Nos estudos sobre música popular, a semiologia foi usada na **análise de letras**, **videos musicais**, **capas de discos**, **subculturas jovens** e fotografias (sobre esse último elemento, ver a instrutiva decodificação feita por Longhurst a partir de uma fotografia de jornal de Courtney Love e Sinéad O'Connor na MTV Award de 1993, para mostrar como essas imagens/textos contêm níveis diferentes de significado; Longhurst: 1995; pp. 163-4). A abordagem **musicológica** pode ser vagamente considerada como uma forma estruturalista de análise cultural, já que privilegia o texto, enfatizando suas propriedades formais. Os musicólogos lidam com a música popular usando ferramentas convencionais de estudo das formas mais tradicionais ou clássicas: **harmonia**, **melodia**, compasso, **ritmo** e letra. Porém, essa preocupação com o texto foi criticada por sua falta de consideração com a música como fenômeno social. Na musicologia tradicional, a música tornou-se uma presença desencarnada, privada de qualquer referente social. O conceito de códigos musicais é uma abordagem estruturalista para investigar como o significado é transportado nos textos musicais, e também foi usado para permear os debates sobre a competência e as capacidades distintas dos ouvintes para decodificar ou interpretar os textos musicais (ver Middleton: 1990).

O pós-estruturalismo

> não se distingue facilmente do estruturalismo. Está mais atento às teorias psicanalíticas e ao papel do prazer na produção e regulamentação de significados do que o antigo estruturalismo, altamente racionalista. O pós-estruturalismo também está mais preocupado com as estruturas externas (processo social, classe, gênero feminino/masculino e divisões étnicas, mudanças históricas) que tornam o significado possível (O'Sullivan *et alii*: 1994; p. 304).

Isso deslocou o foco do texto para o leitor/espectador/ouvinte. Nos estudos sobre música popular, as idéias pós-estruturalistas permearam os debates sobre a natureza e o significado de **classe**, **gênero feminino/masculino** e **etnia** no que concerne a mudanças na produção e no consumo da música.

Vale a pena notar que alguns debates sobre a música popular não empregam esses conceitos (do estruturalismo etc.) explicitamente, talvez refletindo seu distanciamento da terminologia algumas vezes enigmática associada a essas análises (por exemplo, Negus: 1996; Shuker: 1994). Ao mesmo tempo, porém, esses autores se valem de muitas das idéias associadas ao discurso estruturalista/pós-estruturalista.

•*Leitura adicional:* Longhurst: 1995; Middleton: 1990.

estudos culturais: O termo tornou-se corrente entre o final da década de 1960 e início da década de 1970 e foi inicialmente associado à sua base institucional, a Universidade de Birmingham e seu Centre for Contemporary Cultural Studies (BCCCS), na Inglaterra. Os estudos culturais podem ser considerados uma reação às tradições da **cultura erudita** e a seu ponto de vista extremamente negativo sobre a cultura popular. Inicialmente, Stuart Hall delimitou seu campo baseando-se numa distinção entre os paradigmas do culturalismo e do **estruturalismo**, numa síntese neogramsciana da "teoria da hegemonia" e em diversas variantes pós-estruturais. Os estudos culturais expandiram-se, tornaram-se mais diversificados, despertaram o interesse internacional, especialmente nos Estados Unidos, e conquistaram outras bases institucionais. Em nenhum sentido há uma ortodoxia nos estudos culturais, apesar do reconhecimento de que privilegiam as relações entre a existência social e os significados culturais. Esse processo envolve a análise de instituições, textos, discursos, leituras e audiências, com todos esses elementos observados em seus contextos social, econômico e político (para uma visão geral do desenvolvimento e âmbito dos estudos culturais, ver Brantlinger: 1990; Grossberg *et alii*: 1992 e Turner: 1994; para um resumo, ver O'Sullivan *et alii*: 1994).

Na Grã-Bretanha, diversos pesquisadores dedicados aos estudos culturais interessaram-se principalmente pela maneira como a mídia se encarrega da produção do "consentimento" na estrutura social, econômica e política, favorecendo a manutenção dos interesses dominantes. Sua abordagem foi influenciada, de modo marcante, pelo conceito gramsciano de **hegemonia** ideológica ou cultural. Essa vertente de estudos culturais exerceu grande influência nos estudos sobre música popular — principalmente por meio dos trabalhos sobre música e **subculturas jovens** realizados pelo BCCCS, nos anos de 1970 (Hall, S. & Jefferson: 1976; Hebdige: 1979; Willis: 1978) — e nas críticas que procuraram situar a música popular, particularmente o **rock**, no centro das ideologias de oposição (Chambers: 1985; Grossberg: 1992; Middleton: 1990). Esses autores enfatizaram o indivíduo na determinação do significado cultural; o tema de Chambers, por exemplo, é a constante interação entre os fatores comerciais e a experiência vivida:

> Depois que o poder comercial das gravadoras foi reconhecido, depois que o persuasivo canto da sereia do rádio foi apreciado, depois que as indicações da imprensa musical foram anotadas, é a pessoa, enfim, a que compra as gravações, a que dança conforme a música e a que vive segundo a cadência, que demonstra ter — não obstante as condições específicas de sua produção — o maior potencial do pop (1985; p. XII).

De modo semelhante, Middleton situa a música popular no espaço da contradição e contestação entre o "imposto" e o "autêntico", e também enfatiza a autonomia relativa das práticas culturais.

• *Ver:* **subculturas jovens**
• *Leitura adicional:* Agger: 1992; Chambers: 1985; Grossberg: 1992; Middleton: 1990.

etnia; raça: Embora o termo raça ainda seja muito usado no discurso popular e em trabalhos acadêmicos, foi substituído por um mais adequado: etnia. Raça é um conceito biológico, por meio do qual os seres humanos podem ser classificados de acordo com diversos critérios físicos. A etnia define-se a partir das características culturais compartilhadas por um grupo de pessoas, baseada, em parte, em uma identificação cultural, mas, muitas vezes, incluindo também características raciais. (Há discussões sobre ambos os conceitos: ver O'Sullivan *et alii*: 1994, "raça".)

A etnia foi um importante atributo em praticamente todos os aspectos dos estudos sobre música popular, particularmente a **black music**, nos Estados Unidos, mas também a música das minorias étnicas e a **world music**. (Com exceção do tópico envolvendo etnia e consumo, os seguintes são tratados mais detalhadamente em outros verbetes e só uma referência sumária é apresentada aqui — ver os verbetes relacionados, em cada caso).

1) A quase inexistência de proprietários de gravadoras negros (com poucas exceções, particularmente, Berry Gordy e a **Motown**), ou de representantes negros na direção da indústria fonográfica, foi criticada e debatida, assim como o **marketing** da black music e o uso de práticas racistas, tais como o emprego do termo "música racial" para descrever o **rhythm'n'blues** (ver Garofalo: 1994; George: 1989).

2) A **apropriação** da black music é um assunto controverso, assim como o status de **intersecção**.

3) A utilização do termo black music e a noção associada de "voz black", identificada nos timbres vocais, é alvo de discussões.

4) A etnia é um fator que determina os padrões de consumo. O estudo do **consumo** de música popular em populações etnicamente heterogêneas revela que os negros favorecem (o que não ocorre tanto com os gêneros característicos dos brancos ou asiáticos) os **gêneros** da black music, especialmente o **soul**, o **rhythm'n'blues**, o **blues**, o **reggae** e o **rap**. Esses gêneros tornaram-se sinônimos de "black music" e cultura black, particularmente entre os adolescentes e os jovens adultos negros, embora seus seguidores não estejam só entre a população negra.

Podemos analisar o reggae, já que a juventude negra internacional identifica-se com o gênero e com o ídolo Bob Marley, que desfruta um status divino. Por exemplo, na Nova Zelândia, uma sociedade multicultural — cerca de 15% da população composta por descendentes dos nativos maori ou dos polinésios e com a maioria representada por imigrantes britânicos ou europeus ("pakeha") —, os jovens maori e polinésios preferem o reggae por reforçar a auto-estima maori. O reggae não só descreve uma experiência, mas lhe dá um caráter político, mediante a criação de símbolos que podem ser identificados pelos ouvintes. Muitos jovens maori e polinésios conhecem o rasta e estão familiarizados com algumas metáforas utilizadas na música ("Babilônia", "Jah" etc.). O reggae é considerado importante para a localização estrutural dos maori-polinésios como integrantes principais da classe operária neozelandesa socialmente desfavorecida. Essas percepções também são válidas para os jovens negros na Inglaterra e na América do Norte (Brake: 1985; Jones: 1988). Recentemente, o rap emergiu internacionalmente como gênero de maior preferência entre a juventude negra (Spencer: 1991).

etnografia; **observação participante**: Método de pesquisa inicialmente desenvolvido na antropologia social, a etnografia foi utilizada em diversas disciplinas. No sentido antropológico, refere-se à descrição e à análise de um modo de vida ou de uma cultura, baseadas na observação direta do comportamento em ambientes sociais específicos. No uso contemporâneo a etnografia tornou-se um termo amplo, associado a uma série de métodos, que compreendem o estudo de casos, a observação participante, o histórico de vida e a interação simbólica. Há uma polêmica sobre o status da etnografia como forma de conhecimento e sobre os diversos tipos de "pesquisa de campo". No sentido tradicional — antropológico —, a etnografia implica o envolvimento extensivo e íntimo com a comunidade em estudo, mas a maior parte da etnografia contemporânea utiliza apenas formas de observação participantes (por exemplo, Willis: 1978).

Cohen (1993) argumentou que os estudos sobre música popular (pelo menos nos contextos ocidentais) carecem de dados etnográficos e detalhes microssociológicos, especialmente em relação aos processos de base da indústria — "os inúmeros e ainda desconhecidos esforços empreendidos por uma banda para alcançar o sucesso em um nível local" (1993; p. 6) — e em relação ao processo real do fazer musical. As pesquisas recentes que seguem essa linha recorreram a diversas formas de etnografia, incluindo os estudos das comunidades (por exemplo, o trabalho de Cohen em Liverpool: 1991; a investigação de Finnegan sobre o fazer musical em Milton Keynes: 1989), estudos da popularização geográfica de **gêneros** específicos e cenários de música local (por exemplo, o trabalho de Guilbault sobre o *zouk*: 1993; o trabalho de Kruse sobre o cenário alternativo norte-americano: 1993; o trabalho de Bjornberg e Stockfelt sobre o **pub rock** dinamarquês: 1996), estudos sobre música popular, culturas jovens e **subculturas** (por exemplo, o trabalho de Fornas *et alii*, sobre o rock e a juventude sueca: 1994), e estudos do processo do fazer musical e de tornar-se um músico (por exemplo, o trabalho de Becker sobre os músicos de **jazz**: 1997; o trabalho de Bennett sobre músicos do rock: 1990).

Cohen argumenta que

> Uma abordagem etnográfica para o estudo da música popular, envolvendo a observação direta das pessoas, as suas redes sociais, as interações e os discursos, a participação em suas atividades cotidianas, os rituais, os ensaios e as apresentações, encorajariam os pesquisadores a experi-

mentar relacionamentos, pontos de vista, valores e estéticas diferentes, ou a observar contextos familiares a partir de uma perspectiva alternativa (1993; p. 135).

Seu estudo sobre o cenário musical em Liverpool, em meados dos anos de 1980, ilustra o valor dessa abordagem, examinando o processo do fazer musical e a complexidade dos relacionamentos sociais envolvidos e analisando como a música reflete e afeta o meio social e realça as concepções da música que determinam a terminologia musical, as categorias usadas e a avaliação da música, dos músicos, do conhecimento musical e das habilidades (1991; p. 7).

Os relatos sobre o fazer musical em ambientes não-ocidentais são mais numerosos, e há uma rica tradição de etnografia dentro da **etnomusicologia**. O interesse recente pelas abordagens etnográficas refletem uma mudança do global para o **local** dentro dos estudos culturais e da mídia, e uma ênfase no estudo do **consumo** e do **público**.

• *Ver:* **etnomusicologia**; **subculturas jovens**

• *Leitura adicional:* Bennett: 1990; Bjornberg & Stockfelt: 1996; Cohen: 1991 e 1993; Finnegan: 1989; Fornas *et alii*: 1994; Guilbault: 1993; Keil & Feld: 1994; Kruse: 1993.

etnomusicologia: Divisão da **musicologia** que enfatiza o estudo da música em seu contexto cultural — a antropologia da música. O termo tornou-se de uso geral em meados dos anos de 1950, substituindo a expressão "musicologia comparativa".

A etnomusicologia abrange o estudo da música **folk**, da música artística oriental e da música contemporânea, tanto na tradição oral quanto em aspectos conceituais, como: origens da música, mudanças musicais, música como símbolo, universos musicais, função social da música, comparação dos sistemas musicais e bases biológicas da música e dança (Myers: 1992).

À parte esses amplos limites, as principais áreas de estudo da etnomusicologia foram a música na tradição oral e os sistemas musicais existentes, usualmente de ambientes não-ocidentais ou dos povos indígenas nas sociedades ocidentais (por exemplo, os índios norte-americanos, os aborígines australianos, os maori neozelandeses), com uma referência particular ao contexto cultural e ao estilo musical. O trabalho científico de campo foi o principal método de pesquisa, com o uso de diversas formas de

etnografia e de gravações e notações escritas. Embora historicamente a etnomusicologia seja dividida em musicologia e antropologia, os dois campos fundiram-se nos anos de 1980, quando o "interesse transferiu-se das peças musicais para os processos de criação musical e de apresentação — composição e improvisação —, e o foco deslocou-se da coleção de repertório para o exame desses processos" (Myers: 1992; p. 8). Um exemplo fascinante é a coleção publicada por Neuenfeldt (1997), que traça a mudança de lugar do *didgeridu* na cultura aborígine australiana, a partir de diversos pontos de vista: musical, cultural e sociológico.

• *Ver:* **etnografia**
• *Leitura adicional:* Myers: 1992; Neuenfeldt: 1997.

experimental — *ver* **vanguarda**

f

família de canções — ver **versões cover**

fanzines: São um tipo de publicação de natureza não comercial, e por isso não são considerados parte do conjunto da **imprensa musical**. Com produção caseira, por uma pessoa ou um grupo de amigos, os fanzines trazem informações sobre um artista ou um grupo particular, e caracterizam-se por um fervor quase religioso: "Os fanzines acumulam fatos e fofocas a respeito do rock, não para um público leitor de massa, mas para um pequeno círculo social sectário; além disso, são defensores de sua preferência musical" (Frith: 1983; p. 77). Essa postura pode ser regressiva, preservando a memória de um determinado artista ou estilo, mas, geralmente, é progressiva. Como Savage (1991) aponta, os fanzines estão historicamente associados à tradição radical inglesa da panfletagem. Muitos dos fanzines **punks** caracterizavam-se por uma posição político-cultural de esquerda, desafiando seus leitores a discordar das visões apresentadas pelas classes dominantes e reafirmando o potencial revolucionário do rock. Fanzines como *Crawdaddy*, nos anos de 1960, e *Sniffin' Glue*, nos anos de 1970, possuíam uma energia espantosa, refletindo a vitalidade das apresentações ao vivo e dos **cenários** emergentes.

Inicialmente, o **punk rock** recebeu o apoio de vários fanzines de defensores entusiastas do novo estilo. Segundo Savage, quando o punk surgiu no Reino Unido não era definido pela mídia dominante: "os jornalistas estavam inevitavelmente comprometidos por causa da idade e pelas exigências mínimas de objetividade dos jornais. A mídia estabelecida podia propagandear e comentar, mas não podia dramatizar o novo movimento de um modo que inflamasse a imaginação do público" (Savage: 1991; p.

200). Com o barateamento e a facilidade das fotocópias, os fanzines tornaram-se um novo meio de divulgação feito sob medida para os padrões do punk, ou seja, a ética do faça-você-mesmo e a exposição da verdade nua e crua das ruas; desse modo, houve uma explosão da nova forma. Serviram de escola para diversos jornalistas que trabalhavam com música e, em alguns casos, forneceu uma habilidade útil de mídia para os que, levando a sério sua própria retórica de "agora, com três cordas, pode-se formar uma banda", fizeram exatamente isso. Os redatores e editores de fanzines não precisavam se preocupar com prazos de fechamento, censura ou subedições, e "mesmo a idéia de autoria foi posta em xeque, já que os fanzines eram produzidos anonimamente ou sob pseudônimos, por pessoas que evitavam ser descobertas pelo seguro desemprego ou por seus empregadores" (Savage: 1991; p. 279).

Na década de 1980, o crescimento do público do **heavy metal** foi acompanhado pela proliferação de fanzines sobre o gênero, que desempenharam um importante papel comercial, já que o heavy metal era hostilizado pelas emissoras de rádio e pela imprensa dominante. Esses fanzines criaram uma rede de informações entre fãs e bandas em todo o mundo. Assim como aqueles voltados para outras **subculturas jovens**, "os fanzines sobre heavy metal caracterizam-se por um tom apaixonado, quase proselitista. Os editores de fanzines aderem *fanaticamente* às convenções, padrões e práticas do heavy metal" (Weinstein: 1991a; p. 178). Weinstein identifica três formas básicas de fanzines sobre heavy metal: os dirigidos a uma banda, como o *Killing Yourself to Die*, dedicado ao Black Sabbath; aqueles ligados a uma região, como o *Metal Caos*, da Itália, e os fanzines regionais britânicos; e outros especializados em um subgênero específico de heavy metal, como o *White Throne*, californiano, dedicado ao heavy metal cristão, ou o *Metallic Beast*, da Dinamarca, dedicado ao **trash metal**.

Apesar de sua natureza essencialmente não-comercial e freqüentemente efêmera, os fanzines continuam fazendo parte do cenário da música popular. São essenciais para o desenvolvimento e popularização dos **cenários da música alternativa**. No Reino Unido, no início dos anos de 1990, houve uma proliferação dos fanzines de **clubes**, criando uma rede espalhada de Manchester a Londres. A **Internet** também é um novo meio para a divulgação dessa publicação.

- *Ver*: **imprensa musical**; **punk rock**
- *Leitura adicional:* Cohen: 1994b; Savage: 1991; Thornton: 1995; Weinstein: 1991a.

O RoJaRo Index sobre imprensa musical inclui diversos fanzines e a lista é constantemente atualizada (ver Bibliografia: Web Sites).

fãs; tietagem*: Os fãs são aqueles que acompanham todos os passos da música e da vida de determinados artistas, e também as histórias dos **gêneros** musicais, com diferentes níveis de envolvimento. Tietagem é o termo utilizado para descrever os fenômenos que envolvem os fãs e seu comportamento: ir aos concertos, colecionar discos, reunir recortes, encher as paredes do quarto com pôsteres e conversar sobre seus ídolos com outros fãs.

Lewis observa corretamente que, embora os fãs sejam "o público mais visível e identificável, foram esquecidos ou não considerados como objeto de pesquisa pelos críticos e estudiosos" e "foram tratados com sensacionalismo pela imprensa popular e vistos com desconfiança pelo público geral" (Lewis: 1992; p. 1). Essa condição reflete a visão tradicional sobre a tietagem, tratada como patologia e desvio comportamental, e reserva o rótulo "fãs" para adolescentes que seguem cegamente, sem qualquer senso crítico, seus ídolos ou a última tendência da música pop. Esses fãs são denegridos nas obras sobre literatura dedicada à música popular e por muitos dos admiradores do gênero. O comportamento dos fãs é freqüentemente descrito como uma forma de patologia, e os termos usados para defini-lo possuem uma conotação evidente de condenação e de algo indesejável: "beatlemania", "teenyboppers" e "groupies". Este último termo descreve uma forma extremada de fã, que procura se identificar com o artista e usa o sexo como meio para se aproximar de seu ídolo — mesmo se o encontro é fugaz.

A tietagem é um fenômeno complexo, relacionado à formação de **identidades** sociais, principalmente aquelas ligadas à sexualidade. Trata-se de um processo ativo, com a formação de uma comunidade não definida em termos tradicionais de *status*. Fiske (1989) considera esse processo como o registro de um sistema subordinado ao **gosto cultural**, associado tipicamente a formas culturais denegridas — incluindo a música popular — pelo sistema de valores dominante. Grossberg entende que a tietagem conota uma "sensibilidade" distinta, em que o prazer do **consumo** é suplantado por um investimento na diferença: "a sensibilidade é uma forma particular de compromisso ou modo de agir. Identifica os tipos específicos de efeitos que os elementos podem produzir em um contexto; define as possíveis relações entre os textos e o público situados em determinados espaços" (1992;

* *fandom,* no original (N.T.)

p. 54). A tietagem está em um campo da sensibilidade onde a relação dos fãs com os textos culturais "opera no domínio do afeto ou do ânimo" (*idem;* p. 56 e ver **afeto**). O prazer e a diferença são fundamentais para a tietagem.

Pode-se distinguir entre fãs e **aficionados**, já que esses estão mais envolvidos com a obra musical, em que estão presentes investimentos afetivos diferentes (ver o verbete **aficionados**). Os fãs, no sentido pejorativo e mais difundido, são vistos como colecionadores de discos dos artistas preferidos, numa relação de interesse apenas pela imagem do ídolo. Por exemplo, os estudos feitos sobre os artistas do "New Pop" britânico, um estilo pós-**punk** dos anos de 1980 (Culture Club, Duran Duran, Wham!, Spandau Ballet, Nik Kershaw e Howard Jones), revelaram que foram seguidos por uma legião de fanáticas. Essas fãs representam o sonho dos departamentos de *marketing*, comprando praticamente qualquer coisa relacionada ao grupo, em uma compulsão beirando o patológico. Ao mesmo tempo, essas "fãs da música pop não são estúpidas. Elas sabem o que querem. No final das contas, nem mesmo todas as manipulações da mídia conseguem vender algo que não tem utilidade para elas" (Rimmer: 1985; p. 108). Isso mostra que seja qual for a força do "contexto" — as intenções da indústria, da imprensa pop e dos próprios músicos —, o significado na música é criado pelos consumidores. Para muitos fãs, seus ídolos funcionam quase como amuletos guiando suas vidas e emoções. Essa forte identificação com o ídolo torna-se uma fonte de prazer e inspiração. O desconsolo ou até mesmo o sofrimento é uma parte importante desse processo, já que sua resolução — ou, pelo menos, essa possibilidade — é que proporciona o prazer.

Na tietagem,

> os estados de ânimo e os sentimentos organizam-se e os objetos ou personagens adquirem significado. Ao fazer parte da tietagem, os fãs constroem identidades coerentes para si. Nesse processo, os fãs penetram em um domínio de atividade cultural, construído por eles mesmos, que é, potencialmente, uma fonte de inspiração para enfrentar ideologias opressivas e circunstâncias insatisfatórias da vida cotidiana (Lewis: 1992; p. 3).

Exemplos disso são os adeptos do **heavy metal** e os fãs da patinação na orla marítima. Há uma afirmação evidente de solidariedade feminina nas atividades dos fãs do mesmo sexo. Semelhante auto-afirmação cultural está presente no conhecimento musical dos adeptos das **subculturas jovens**.

Além da inspiração, a tietagem na música popular como uma forma de atividade cultural possui diversas dimensões de prazer, comuns aos fãs e aos aficionados: a **dança** e os seus rituais de exibição e restrição; o prazer causado pela expectativa de assistir a um **concerto** ou escutar um novo disco; o prazer físico absoluto de manipular os discos, fitas ou **CDs**, o prazer de encontrar um item raro em um sebo; e o prazer de compartilhar o "conhecimento" sobre determinados artistas e gêneros com os amigos.

• *Ver:* **afeto**; **aficionados**; **consumo**; **capital cultural**
• *Leitura adicional:* Lewis: 1992; indiscutivelmente, os melhores relatos sobre tietagem são aqueles que documentam a perspectiva dos próprios fãs: por exemplo, Aizlewood: 1994; Cline: 1992; Smith: 1995; Vermorel & Vermorel: 1985. A tietagem é um tema básico em algumas narrativas de ficção da música popular e em vários **musicais**.

feminismo: Considera-se como parte da teoria sociológica, formado por diversas correntes ou "escolas", cada uma relacionada com diferentes hipóteses teóricas e posições políticas: liberal, **marxista**, radical, psicanalítica, socialista, existencialista, **pós-moderna** (para uma visão geral, ver Tong: 1989). O feminismo influenciou os estudos culturais e de mídia em questões como o modo de representação das mulheres (ver, por exemplo, Gamman & Marshment: 1988), a proporção e o papel das mulheres nas indústrias de mídia e como aspecto decisivo das subjetividades do público.

Os itens seguintes evidenciam-se nos estudos da música popular (ver os verbetes mencionados):

1) O estudo analítico a respeito das **estrelas**. Por exemplo, Madona foi objeto de uma série de interpretações feministas;

2) O relacionamento entre garotas (e mulheres) e tietagem, cultura **teenybopper**, **video musical** e **MTV**;

3) A representação das mulheres nos videos e a percepção (usualmente uma construção masculina) dos espectadores desses textos;

4) O estudo a respeito da presença feminina na **indústria fonográfica**, principalmente as experiências das mulheres **musicistas**, que lutaram freqüentemente contra as estruturas e as conjecturas patriarcais e mascu-

linas, consideradas pelas escritoras feministas como dominantes de grande parte da música popular;

5) O tratamento dado às mulheres dentro da **história** da música popular, principalmente a marginalização das artistas, e a sua representação estereotipada;

6) O relacionamento entre gênero feminino/masculino, sexualidade e **gêneros** específicos, particularmente **rock**, **country** e **disco**. Uma conseqüência disso é o surgimento de uma musicologia GLS.

• *Ver:* **gênero**
• *Leitura adicional:* O'Brien, K.: 1995; Reynolds & Press: 1995; Schwichtenberg: 1993; Tong: 1989.

festivais: Concerto realizado freqüentemente ao ar livre e que dura, em geral, alguns dias. Há uma tradição histórica de festivais de música popular, destacando-se eventos regulares, como o Newport Folk and Jazz Festival e o New Orleans Mardi Gras, nos Estados Unidos, e o Cambridge Folk Festival, no Reino Unido. Desempenham um papel fundamental na mitologia da música popular, mantendo vivas as tradições, conservando e conquistando novo público, legitimando formas particulares dessa tradição e oferecendo um senso de identidade comum.

Diversos festivais no final dos anos de 1960 e início dos anos de 1970 ajudaram a criar a noção de **rock** como um gênero voltado para os jovens, confirmando também seu potencial comercial: Monterey, em 1967; Woodstock, em 1969; Ilha de Wight, em 1970; e o Concerto para Bangladesh, em 1971 (organizado por George Harrison para ajudar as vítimas da guerra civil paquistanesa). O outro lado da ideologia do rock dos anos de 1960 revelou-se na violência ocorrida no concerto do Rolling Stones realizado em Altamont, próximo de São Francisco, em 1969, no final de sua excursão norte-americana. Nos anos de 1980, assistiu-se ao ressurgimento dos festivais, com o sucesso — tanto financeiro quanto ideológico — dos concertos de motivação política, denominados "concertos de consciência", como o Live Aid, em 1985, e os diversos concertos promovidos pela Anistia Internacional. Recentemente, no Reino Unido, os concertos Knebworth e WOMAD (World of Music, Arts and Dance, surgido em 1982) tornaram-se eventos correntes da cena musical. Além disso, o WOMAD foi exportado para Austrália, Nova Zelândia, Dinamarca, Espanha e Itália. Refletindo a ascensão da música **independente**, é também significativa a popularidade e a dimensão dos festivais alternativos de verão, especialmente Glastonbury, Reading, "T in the Park" (em Glasgow), além dos festivais Virgin em Chelmsford e Leeds, surgidos em 1996.

A questão teórica que se coloca é de que maneira esses festivais criam sua considerável importância simbólica e econômica. Os festivais de música, assim como os **concertos**, consolidam os personagens da música popular, criando ícones e mitos. Os artistas se aproximam dos espectadores e, cada vez mais, a um público mundial, por meio de transmissões via satélite. Ao mesmo tempo que se forma uma comunidade temporária, o público do festival vai se constituindo como **mercadoria**. Se o festival atrai um público programado, torna-se um grande empreendimento comercial, com o comércio de alimentos e lembranças, a renda gerada pela transmissão via satélite e as posteriores gravações "ao vivo" (por exemplo, Knebworth e Rock in Rio).

• *Ver:* **concertos**

• *Leitura adicional:* Surpreendentemente, dada a sua escala e importância, os festivais receberam pouca atenção nos estudos sobre música popular. Ver Morthland: 1992c; Shuker: 1994; Taylor: 1985.

ficção: A música popular oferece aos músicos e ouvintes uma forma de narrativa ficcional veiculada nas canções. Essa tradição está presente de modo mais amplo no **folk**, **country**, **pop** e **blues**. Na música pop, por exemplo, o principal tema narrativo é o amor — proclamado, frustrado, não correspondido, perdido e recuperado, ou encontrado, perdido e encontrado de novo. Criado dentro de formas genéricas, o trabalho dos **cantores-compositores** consiste, fundamentalmente, em contar uma história. Parte da atração dessas narrativas cantadas é o senso de identificação e o prazer para os ouvintes.

A música popular serviu de tema e fonte de inspiração para a ficção em prosa. Também baseou-se livremente na própria experiência musical do autor, na **imprensa sobre música** ou em estilos de vida ligados a determinados gêneros musicais. Um tema importante é o papel da música popular em ritos de passagem adolescentes e nas **subculturas**. Entre as obras com esse enfoque, estão *Absolute Beginners*, de Colin McInnes, de 1959 (**jazz** e **rock'n'roll**); *Trainspotting*, de Irving Welsh, de 1993, e *The Basketball Diaries*, de Jim Carroll, (**punk/alternativo**); e *On the Road*, de Jack Kerouac, de 1957 (os **beats** e **jazz**). O estilo de vida associado ao **rock** e às pressões ocasionadas pelas turnês e pela fama são abordados em *The Big Wheel*, de Bruce Thomas; *I am Still the Greatest says Johnny Angelo*, de Nik Cohn, de 1967; e *Stardust*, de Ray Connolly, de 1974. O fenômeno da **tietagem** é tratado em *High Fidelity*, de Nick Hornby, de 1996; *Rock'n'Roll Babes from Outer Space*, de Linda Jarvin, de 1996; e *Groupie*, de Jenny Fabian e Johnny Byrne, de 1969. Recentemente, os romances que abordam o consumo de ecstasy e a cena da **dance music** tornaram-se moda (por exemplo, *Disco Biscuits*, uma coletânea de pequenas histórias organizada por Sarah Campion, de 1987; e *Morvern Callar*, de Alan Warner, de 1987).

Essas obras serviram de base para adaptações cinematográficas, como *Absolute Beginners* (Julien Temple, 1986). Esse cruzamento entre mídias foi importante para a exposição de determinados textos a um público mais amplo, embora sob diferentes formas e contextos. Apesar de seu controverso *status* de subgênero literário, esses romances foram bastante ignorados nos estudos sobre música popular.

• *Ver:* **cinema**
• *Leitura adicional:* Taylor: 1985; cap. 7.

filmes para juventude — *ver* **cinema**

fita cassete; **toca-fitas**; **cultura do cassete**; **gravação doméstica**: A fita cassete e o gravador cassete, desenvolvidos em meados dos anos de 1960, agradaram pelo tamanho reduzido e pela facilidade de transporte. Inicialmente, era um meio de baixa fidelidade, mas constantes aperfeiçoamentos, com modificações da fita magnética e a introdução do sistema Dolby de redução de ruídos, melhoraram o problema. Na década de 1970, o transistor e o cassete tornaram-se tecnologias associadas, permitindo que os baratos e populares rádio toca-fitas e gravador cassete fossem incorporados aos aparelhos estereofônicos de alta fidelidade. O desenvolvimento de poderosos aparelhos estéreos portáteis ("boom boxes" ou "ghetto blasters"), muito usados pela juventude afro-americana dos centros urbanos decadentes, criou uma nova forma de identificação social e um novo nível de poluição sonora.

Capaz de expandir-se em mercados consumidores remotos devido ao seu formato eficaz, a fita cassete tornou-se o principal suporte sonoro nos países em desenvolvimento, e no final dos anos de 1980 suas vendas superaram em três vezes a venda dos outros formatos. Como uma tecnologia portátil de gravação, a fita cassete foi usada para produção, duplicação e difusão de músicas locais e para criação de novos estilos musicais, particularmente o **punk** e o **rap**, tendendo, portanto, para a descentralização do controle sobre a produção e o consumo. A expressão cultura cassete aplicou-se ao "faça-você-mesmo" e à rede de músicos e ouvintes envolvida em tal prática. Como ponto negativo, devemos destacar que a fita cassete agrava o problema da cópia ilegal e da violação do **direito autoral**.

A **gravação doméstica** é uma cópia *individual* (em fita de áudio ou video) de gravações existentes ou de transmissões. Embora a fabricação de cópias *múltiplas* seja considerada **pirataria**, tanto a primeira quanto a segunda forma violam os direitos autorais, e sua prática é freqüentemente criticada pela indústria fonográfica e por diversos artistas. Porém, muitos consideram a gravação doméstica uma prática cultural legítima, defendendo a autonomia do consumidor.

O ato de fazer compilações em fitas é um aspecto significativo do engajamento das pessoas com a música popular. Além da conveniência de assegurar a posse dos **textos** preferidos, fazendo-se a seleção (especialmente a partir de álbuns), para evitar o "refugo" ou as canções não apreciadas, existe um aspecto econômico envolvido: "A gravação doméstica é, de certo modo, uma estratégia diretamente desenvolvida para condições econômicas recessivas. A fita cassete provou ser um modo prático, flexível e barato de consumir e de distribuir música" (Willis: 1990; p. 62). Originalmente, a gravação era feita a partir do rádio, mas "os jovens freqüentemente têm amigos com grandes coleções de discos que gravam fitas para eles. Há uma espécie de hierarquia informal de gosto" (*idem*; p. 63). Os gostos refletidos nas gravações domésticas, como uma prática do consumidor, permanecem inteiramente fora da influência da indústria fonográfica.

• *Leitura adicional:* Erlewine *et alii*: 1995; Jones: 1992; Millard: 1995, cap. 15; Willis: 1990.

fonógrafo: Edison inventou o fonógrafo (a "máquina falante") em novembro de 1877. Isso foi conseqüência de seu trabalho — como o de pesquisadores como Bell e Watson — voltado à transferência elétrica da fala, que conduziu ao desenvolvimento do telefone. O fonógrafo representou o início da tecnologia da gravação sonora, substituindo "os prazeres vitorianos do coreto e da sala de concertos pelo deleite solitário de um mundo sonoro particular" (Millard: 1995; p. 1). O fonógrafo de Edison usava cilindros e era capaz de gravar e reproduzir o **som**. Posteriormente, outros inventores desenvolveram a tecnologia: Berliner criou o gramofone (1888), usando um disco no lugar do cilindro, e o próprio Edison aperfeiçoou consideravelmente seu invento original de 1887. O fonógrafo e o gramofone foram os precursores dos contemporâneos aparelhos de som estéreo domésticos.

Originalmente, foi concebido como um instrumento útil para os negócios, mas logo passou a ocupar seu espaço de entretenimento, inicialmente acionado por moedas (a partir de 1889). No início do século, com o desenvolvimento dos cilindros pré-gravados, a indústria fonográfica decolou: em 1897, nos Estados Unidos, foram vendidos apenas cerca de 500 mil discos e, em 1899, foram vendidos 2,8 milhões, com as vendas sempre aumentando.

Vários analistas identificaram fases sucessivas no desenvolvimento tecnológico do fonógrafo: em primeiro lugar, uma fase acústica, de 1877 aos anos de 1920; em seguida, o uso da fita magnética elétrica, desde os anos de 1920; e, por fim, uma fase digital, com o CD, desde 1982. "O desenvolvimento da indústria juntamente com o desenvolvimento do fonógrafo foi impulsionado pelo signo da constante inovação: novos sistemas de gravação, novos tipos de máquinas e novos tipos de música gravada" (Millard: 1995, pp. 5-6; ver também Jones: 1992; Read & Welch: 1977). Durante os anos de 1970, a maioria das casas nos países desenvolvidos possuía um aparelho de som estéreo — o fonógrafo moderno —, incluindo um amplificador, um toca-discos, um gravador e um rádio, em uma só peça ou em unidades separadas.

• *Ver*: **gravação sonora**

• *Leitura adicional:* Eisenberg: 1988, especialmente o cap. 8; Jones: 1992; Millard: 1995.

fordismo; **pós-fordismo**: Termo chave utilizado nos trabalhos recentes sobre **indústria cultural**. O pós-fordismo representa um afastamento das formas tradicionais de organização da produção industrial (fordismo). Adota a flexibilidade e a "especialização flexível", associada ao *marketing* em nichos de mercado. O termo foi aplicado ao novo relacionamento entre as **grandes gravadoras** e as **independentes**, e as mudanças na integração vertical e horizontal da **indústria fonográfica**.

• *Ver:* **varejo**

• *Leitura adicional:* Garnham: 1990; Hesmondhalgh: 1996a; Negus: 1992.

formatos — *ver* **rádio**; **formatos de gravação**

formatos de gravação: Parte importante da música popular, fornecem dados empíricos para os estudos históricos sobre os ciclos mercadológicos, mudanças de gosto dos consumidores e oportunidades de mudanças para os músicos. Os formatos exerceram uma influência significativa no *marketing* dos **gêneros** e dos seus respectivos artistas e **público**. As mudanças tecnológicas e seus formatos atraem os consumidores que desejam uma melhor qualidade sonora e os consumistas de novas tecnologias; desse modo, criam-se novos mercados quando os consumidores mais velhos atualizam tanto seu hardware quanto sua coleção de discos (ver Eisenberg: 1988).

Entre os principais formatos de gravação, estão o ebonite de 78 rpm; os vários discos de vinil (**álbuns**, **singles** e EPs); o compact disc (**CD**); e a fita cassete. A importância de alguns desses formatos justifica uma análise à parte. Em nosso caso, o estudo leva em consideração o desenvolvimento histórico inicial desses formatos, e o significado econômico e cultural da avaliação de suas importâncias relativas.

As primeiras grandes indústrias fonográficas (a Columbia, fundada em 1889; a RCA, de 1929, que incorporou a Victor, surgida em 1901; e a Decca, de 1934, nos Estados Unidos) participavam das primeiras batalhas pelas tecnologias alternativas de gravação e reprodução sonora. Estava em jogo a conquista de uma parcela importante do mercado. Durante os anos de 1930, o disco de ebonite de 10 polegadas, de 78 rpm, surgiu como formato padrão, mas as experiências e as pesquisas continuaram. Levava-se em consideração a qualidade sonora, mas o mais importante, indiscutivelmente, era a quantidade de música que podia ser colocada no disco, oferecendo ao consumidor "algo mais pelo seu dinheiro". Nos primeiros anos do pós-guerra, a Columbia criou o disco long-play de alta fidelidade com vinil — material recentemente desenvolvido. Em 1948, a Columbia lançou o LP de 12 polegadas, de 33 $^1/_3$ rpm. Recusando-se a estabelecer um padrão comum de formato, a RCA desenvolveu um disco de vinil de 7 polegadas, com um grande furo no meio, que tocava em 45 rpm. Depois de alguns anos de competição entre as duas velocidades, as empresas fecharam um acordo e passaram a produzir os dois formatos. Em 1952, o LP tornou-se o principal formato para a música clássica e o disco de 45 rpm para os singles destinados às emissoras de rádio, vitrolas automáticas* e vendas a varejo (*Leitura adicional:* Millard: 1995; Sanjek: 1988).

* *jukeboxes*, no original (N.T)

Desde os anos de 1950, houve grandes mudanças na popularidade dos diversos formatos de gravação. Nos anos de 1980, assistiu-se ao declínio do single de vinil; entre 1980 e 1988, as vendas internacionais declinaram de 550 milhões para 375 milhões de unidades. As vendas globais dos LPs de vinil continuaram em queda livre durante os anos de 1990, enquanto as vendas dos CDs apresentavam um crescimento significativo. Em 1992, as vendas unitárias foram de 1,55 bilhão de fitas cassete, 1,15 bilhão de CDs, 130 milhões de LPs e 330 milhões de singles. No mercado norte-americano, em meados da década de 1990, o disco de vinil voltou a ser procurado: a quantidade de álbuns vendidos quase dobrou, atingindo 2,2 milhões de cópias em 1995. Além disso, alguns artistas importantes preferiram lançar suas gravações em vinil antes de lançá-las em CD (por exemplo, Pearl Jam, Hootie and the Blowfish).

Plasketes sugere que a ascensão do CD "significou simultaneamente a fundação de uma nova **subcultura** de colecionadores dos discos de vinil"; e o mercado para o disco de vinil, embora reduzido, permanece viável (Plasketes: 1992; p. 109). Entretanto, a maioria dos analistas considera o LP de vinil um formato obsoleto, já que "as áreas geográficas em crescimento para os produtos sonoros são a Ásia e a África, ou seja, continentes onde os mercados de massa foram estabelecidos pela fita cassete" (Laing: 1990; p. 235). O CD single também surgiu como um importante veículo de gravação e *marketing*. As novas tecnologias, como os CDs virgens e os minidiscs, conservam a qualidade do som digital, além de possibilitarem a gravação ou regravação, embora também estejam associados às preocupações da indústria com a **pirataria**.

As opiniões divergem sobre o valor musical e cultural do vinil e do CD. Para aqueles ainda ligados sentimentalmente ao disco de vinil, "a explosão dos negócios em torno de CDs usados pode ser atribuída, em grande medida, ao número crescente de convertidos ao CD que estão se desfazendo de suas coleções e comprando seu primeiro toca-discos" (Plasketes: 1992; p. 116). Outros preferem as **capas** dos álbuns de vinil. Os artistas também são afetados pelas mudanças nos formatos. Historicamente, com algumas poucas e significativas exceções (por exemplo, Led Zeppelin), os músicos geralmente usavam o single para promover o lançamento de seu álbum. Hoje, o sucesso comercial sem um single tornou-se mais comum. Seja qual for o *status* estético do single de vinil, ainda é importante para os artistas com poucos recursos financeiros. Os dance singles de 7 e 12 polegadas, voltados para o mercado club, oferecem aos artistas um possível substituto do formato anterior, enquanto muitas gravadoras independentes não podem custear a gravação de CDs, restringindo as opções para seus artistas.

• *Ver:* **álbum**; **fita cassete**; **parada de sucessos**; **CD**; **singles**

funk: Nos anos de 1950, o termo foi empregado para descrever uma forma de **jazz** moderno, que se baseava no "swing" e no "**soul**" — este último sinônimo de **autenticidade** e sinceridade. O termo funk também foi usado em um sentido mais negativo para se referir à música considerada grosseira ou rude. Mais tarde, nas décadas de 1960 e de 1970, foi usado para variações "anárquicas e polirrítmicas" da música soul: "alta energia, expansão da mente pelo black rock'n'roll, reação expressivamente psicodélica" (DeCurtis & Henke: 1992b; p. 268). Entre seus principais representantes, destacam-se James Brown, George Clinton (Parliament, Funkadelic), Kool & the Gang e Earth, Wind and Fire. O funk integrou gêneros posteriores de orientação black como o **hip-hop** e o **tecno**-funk, e o trabalho eclético de artistas como The Artist Formerly Known As Prince e Living Colour. O funk também contribuiu para a música **disco** (o Ohio Players) e para o **rap**. Na verdade, o funk engloba diversos estilos musicais e pode ser considerado um **metagênero** [ver Vincent, que, de modo abrangente, identifica uma sucessão de "dinastias funk" (1996; pp. X-XI), estendendo-se desde o final dos anos de 1960 até os anos de 1990].

Musicalmente, tende a ter uma pequena variação melódica, importando mais o ritmo (o "groove"). "O estilo funk requer uma formação rítmica específica — percussão e baixo — e também acordes sustentados ou interpolações rítmicas de outros instrumentos. O funk é uma atitude, que, quando expresso musicalmente coloca o ouvinte em um estado comumente descrito como uma volta ao passado ou uma semi-embriaguez" (Brown: 1992; p. 211).

• *Leitura adicional:* McEwen: 1992 (inclui discografia); Vincent: 1996.

• *Escutar:* James Brown, *Cold Sweat,* King, 1967. Parliament, *Mothership Connection,* Casablanca, 1976. Funkadelic, *One Nation Under a Groove,* Warner Brothers, 1978. Michael Jackson, "Billy Jean", em *Thriller,* Epic, 1983. Prince, *1999,* Warner Brothers, 1984.

g

gênero feminino/masculino: O termo define a diferença cultural entre mulheres e homens; distinção significativa em comparação à diferenciação sexual que é biológica e/ou física. Há muito debate sobre até que ponto a diferença entre os gêneros pode estar associada à cultura e à socialização.

Na música popular, a importância da diferença dos gêneros evidencia-se na análise das seguintes questões:

1) A **história** da música popular, em que, a despeito de um certo reconhecimento da contribuição feminina para o **gospel**, o **blues** e o **soul**, existe a tendência de marginalizar sua contribuição para o desenvolvimento dos estilos **rock** e **pop** e de considerar essa contribuição em termos estereotipados: divas, ninfetas do rock (Suzi Quatro, Janis Joplin), anjos (Doris Day), vítimas (Billie Holiday) ou personalidades problemáticas (Judy Garland, PJ Harvey);

2) A apresentação da **musicologia** em relação a um cânone musical de domínio masculino, e o desafio **feminista** contra tal situação;

3) A evidente natureza masculina ou feminina de **gêneros**/estilos específicos. Por exemplo, considera-se o **dance pop** um "gênero de moças", enquanto o **hard rock** e o **heavy metal** são considerados como gêneros de orientação masculina. As cantoras predominam no canto **a capela**, na música **gospel**, prevalecem ainda na música **folk** e na música **country** e entre aqueles que compõem e cantam as suas composições (**cantores-compositores**);

4) Em relação ao **público**, as fãs jovens do sexo feminino têm seus gostos musicais freqüentemente menosprezados — ver **teenyboppers**;

5) A quase inexistência de mulheres trabalhando na indústria fonográfica, dominada pelos homens. Quando presentes, ocupam cargos estereotipadamente "femininos", como assessoria de imprensa ou trabalhos de escritório. Poucas mulheres trabalham no **departamento artístico** ou como produtoras, gerentes e técnicos de som;

6) As **subculturas** jovens são um campo de domínio masculino, em que as garotas estão geralmente ausentes, "invisíveis" e são socialmente insignificantes;

7) O tratamento dado às questões que envolvem o gênero e a **sexualidade** nas letras das canções, com alguns gêneros possuindo um traço claramente misógino (por exemplo, o hard rock, o light metal);

8) As representações estereotipadas do gênero nos **videoclipes**. Ver Lewis: 1990b.

• *Leitura adicional:* Bayton: 1990; Cohen: 1991; Evans: 1994; Frith & McRobbie: 1990; Gaar: 1992; McClary: 1991; O'Brien: 1995 (inclui discografia); Reynolds & Press: 1995; Steward & Garratt: 1984.

Como até mesmo esta lista superficial indica, muito do trabalho em torno das questões envolvendo o gênero no terreno da música popular focalizou as garotas e as mulheres em si. Mais dois aspectos são dignos de nota. Em primeiro lugar, o termo **mulheres no rock** surgiu como um conceito da mídia no início dos anos de 1970 e, em segundo lugar, sobreviveu, apesar de criticado como "conversa mole" (O'Brien, L.: 1995; p. 3), sem conexão com a grande diversidade de artistas femininas, inclusive dentro do gênero rock. Existem duas dimensões: a primeira, mulheres como artistas, e a segunda, mulheres presentes na indústria fonográfica, sendo que nos dois casos as mulheres aparecem marginalizadas e estereotipadas. Por exemplo, Cohen constatou que, na cena da música rock de Liverpool (objeto de seu estudo), as mulheres não estavam simplesmente ausentes, mas eram ativamente excluídas. As bandas formadas só por homens tendem a preservar a música como seu domínio particular, mantendo distantes esposas e namoradas. Essa situação reflete a posição social restrita das mulheres, implicando maiores deveres domésticos e menos liberdade física, a falta de estímulo para aprender a tocar instrumentos musicais, além da questão da sexualidade predominantemente masculina que é vinculada ao rock. Em conseqüência, existem muito poucas bandas de mulheres no rock, ou mulheres instrumentistas, e a maioria das artistas são "envolvidas por imagens tradicionais e estereotipadas das mulheres" (Cohen: 1991; p. 203).

No início dos anos de 1990, essa situação alterou-se com o movimento "**Riot Grrrl**". Inicialmente estabelecido em Washington DC e Olympia (Estado de Washington), o Riot Grrrl rapidamente chamou a atenção da mídia. Por meio de **fanzines** e recebendo a solidariedade de importantes artistas femininas do mundo da música, o Riot Grrrl defendeu a necessidade de destruir o universo masculino existente no **cenário** musical alternativo e **hardcore**, que marginalizava as mulheres. O Riot Grrrl recorreu à ideologia do feminismo e do "faça-você-mesmo" do **punk** para questionar as idéias convencionais sobre a feminilidade, rejeitando as idéias que associam o rock a uma atitude *cool* e mística, desafiando a noção de que é necessário o virtuosismo técnico para a criação musical. Alguns autores referiram-se às integrantes do Riot Grrrl como "feministas punk" (ver Weisband *et alii*: 1995). O movimento procurou criar um espaço cultural para as mulheres, onde pudessem se expressar sem estar sujeitas ao escrutínio e à dominação dos homens. O Riot Grrrl jogava com imagens conflitantes e convenções estereotipadas, como sua apropriação do termo "girl" e o uso afirmativo que davam ao termo "slut"*. Musicalmente, o som das bandas associadas ao movimento Riot Grrrl soava semelhante ao das tradicionais bandas hardcore e punk (do final dos anos de 1970), mas sua ênfase situava-se no processo e não no produto. Entre as bandas e as artistas que apoiavam o movimento, incluíam-se L7, Bikini Kill e Kim Gordon, do Sonic Youth. Nos anos de 1990, inspiradas em parte pelo movimento Riot Grrrl, apareceram diversas bandas de destaque lideradas por mulheres, como Hole, Veruca Salt, Echobelly e Skunk Anansie.

- *Leitura adicional:* Reynolds & Press: 1995; Weisband *et alii*: 1995.
- *Escutar:* L7, *Bricks Are Heavy,* Slash/Warner Brothers, 1992. Bikini Kill, *Pussywhipped,* Kill Rock Stars (a gravadora é do próprio grupo e lança também material de bandas afins), originalmente um compacto duplo, 1992; relançado em CD, 1993.

* *mulher sórdida, mulher de baixa moral, cadela, puta* (N.T)

gênero; metagênero; subgêneros: Basicamente, gênero pode ser definido como uma categoria ou um tipo. Componente central da **análise textual**, o conceito é amplamente utilizado para analisar textos da cultura popular, particularmente em suas formas cinematográficas e de literatura popular (por exemplo, suspense, ficção científica e terror). As diversas enciclopédias, as histórias-padrão e as análises críticas a respeito da música popular (ver a seguir) usam o conceito de gênero como um elemento básico de organização. Alguns estudos tendem a usar os termos estilo e gênero como termos sobrepostos, ou preferem o emprego do termo estilo ao termo gênero (por exemplo, Moore: 1993). A organização das lojas de discos também sugere a existência de gêneros na música popular claramente definidos e assim entendidos pelos consumidores. Os **fãs** com freqüência identificam-se com determinados gêneros, demonstrando muitas vezes considerável conhecimento da complexidade relativa a suas preferências musicais (subgêneros). Também os músicos, freqüentemente, situam seu trabalho segundo gêneros e estilos musicais.

A abordagem usual para definir gênero musical é "seguir as distinções feitas pela indústria fonográfica, as quais, por sua vez, refletem tanto a história musical como as categorias de *marketing*" (Frith: 1987; p. 147). Frith sugere outra abordagem para definir os gêneros musicais, que seria "classificá-los de acordo com seus efeitos ideológicos, isto é, o modo pelo qual os gêneros são vendidos como arte, identidade ou emoção" (*ibidem*). Ele exemplifica uma forma de **rock** denominada "**autêntica**", caracterizada por Bruce Springsteen:

> O objetivo desse gênero é desenvolver convenções musicais que tornem-se padrão de "autenticidade". Como ouvintes, somos arrastados na direção de uma certa forma de realidade: isso equivale a viver nos Estados Unidos, isso é amar ou magoar. A obra resultante é o equivalente pop ao que os teóricos do cinema denominam de "textos realistas clássicos" (*ibidem*).

Opondo-se e interagindo com gêneros considerados autênticos, pode ser identificada a tradição do artifício (por exemplo, o **glam rock**).

As análises críticas dos gêneros da música popular concentraram-se sobre a questão da sua fluidez. Corretamente, Chambers (1985) observa que, em meados dos anos de 1980, existiam fronteiras relativamente rígidas entre os gêneros, como é exemplificado pelo **art rock**. Atualmente, embora gêneros musicais continuem a funcionar como categorias de *marketing* e pontos de referência para músicos, críticos e fãs, exemplos particulares demonstram claramente que as divisões de gênero devem ser consideradas altamente fluidas. Nenhum estilo é totalmente independente dos estilos precedentes, e os músicos se apropriam de elementos dos estilos existentes e os incorporam às novas formas. "Os artistas absorveram influências da linhagem dos gêneros (e sons). Nos anos de 1920, o pioneiro da música **country** Jimmie Rogers retirou elementos do **blues** e da música popular, exatamente como nos anos de 1980, em que Prince trabalhou a imagem e os sons do rock branco dos anos de 1960 (Hard & Laing: 1990; p. V). Além disso, muitos artistas estão em mais de uma classificação ou trocam de gênero durante suas carreiras. Há também uma considerável flexibilidade em relação ao gênero: subverte-se ou brinca-se com as convenções dos gêneros musicais existentes, ou adota-se um distanciamento irônico dessas convenções. Esse processo está presente em gêneros híbridos, em que estilos diferentes são combinados (por exemplo, o **jazz rock**). Além disso, "embora a superfície dos estilos e das modas da música popular mude rapidamente, as estruturas paralelas avançam mais lentamente" (*ibidem*).

É bom distinguir entre metagêneros (fusões de vários estilos, como o **rock alternativo**, a **world music**), e gêneros, que indiscutivelmente existem em uma forma mais pura, mais fácil de identificar e mais específica (por exemplo, a música **disco**). É importante também reconhecer a importância dos subgêneros, particularmente evidentes em estilos/gêneros bem definidos e desenvolvidos, e qualificar qualquer retrato simplista de um gênero; o blues, o **heavy metal** e o **tecno** são bons exemplos de gêneros fortemente diferenciados.

Os gêneros musicais dominantes funcionam em um sistema comercial que abrange gravadoras, contratos, publicidade, administração, apoio e assim por diante; nesse contexto, os artistas realizam turnês e atuam, gravam discos e constroem uma imagem. Como Breen observou, conforme se aproximavam os anos de 1990, "cada gênero e subgênero da música popular compartilha uma posição no mapa completo da cultura da música popular, no qual as passagens industriais de um domínio da indústria da música popular para o seguinte estão cada vez mais inter-relacionadas" (1991; p. 193).

Considerando o argumento acima, várias características peculiares podem ser identificadas nos gêneros da música popular. Em primeiro lugar, existem os traços estilísticos presentes na obra musical: suas características musicais, "um código de exigências sonoras [...], um determinado som, que é produzido de acordo com convenções de composição, instrumentação e apresentação" (Weinstein: 1991a; p. 6). Esse argumento nem sempre é coerente e sustentável (como o **rock cristão** e o glam rock claramente demonstram), particularmente nos metagêneros. Junto a outros aspectos dos gêneros, as características musicais particulares podem ser situadas em uma evolução histórica geral da música popular. O papel da **tecnologia** é importante, já que estabelece restrições e possibilidades em relação à apresentação e à gravação, distribuição e recepção da música. Em segundo lugar, existem outros atributos estilísticos, essencialmente não musicais, como o atributo da imagem e os seus estilos visuais associados, incluindo a iconografia padrão da capa do disco, o projeto do palco e da estrutura das apresentações (especialmente em concertos), o figurino, a maquiagem e o corte de cabelo dos artistas e dos fãs. Os aspectos estilísticos musicais e visuais combinam-se, produzindo efeitos ideológicos específicos, isto é, um conjunto de associações que situa o gênero dentro de um grupo mais amplo de constituintes musicais. Em terceiro lugar, há um público primário para estilos específicos. O relacionamento entre fãs e suas preferências de gêneros é um tipo de negociação, mediada pelas formas de transferência, criando formas culturais específicas relacionadas a várias expectativas (ver Weinstein: 1991a). Tanto os críticos quanto os fãs, além de muitos artistas, conferem aos gêneros lugares específicos em uma hierarquia musical. Essa hierarquia é vagamente baseada em noções de autenticidade, sinceridade e valor comercial. O ato de excluir certos gêneros (como a música disco, o **dance pop**) e o ato de legitimar outros (como o **rock progressivo**) refletem esse processo, o qual reproduz a divisão (muito ampla e ainda bastante aceita) entre alta e baixa cultura. Devemos reconhecer, enfim, a natureza subjetiva desses conceitos e a mutabilidade do *status* e dos constituintes dos gêneros. Esse ponto fica mais claro quando verificamos que alguns gêneros nesse dicionário são também incluídos nas principais enciclopédias, nos compêndios e nas histórias da música popular. Além disso, os gêneros estão historicamente localizados; alguns deles permanecem, outros saltam rapidamente para a notoriedade e, em seguida, desaparecem.

Quanto à identificação e delineamento dos vários gêneros, é necessário verificar quais merecem tratamento distinto em alguns dos principais panoramas da música popular. Por exemplo, Gammond (1991) exclui, entre outros, o art rock, o rock cristão, o **folk rock** e o glam rock; Clarke (1990) concentra-se sobre os artistas e os "principais" gêneros: blues, country, **folk**, heavy metal, **jazz**, **reggae**, rock e **soul**, incluindo verbetes muito breves sobre diversos outros gêneros (por exemplo, o **doo-wop**, o **bubblegum**); DeCurtis e Henke (1992a) não apresentam contribuições distintas para o country, o blues e o jazz, embora sejam necessariamente mencionados, pois influenciaram ou fundiram-se com o **rock'n'roll**. Além disso, esse panorama baseia-se no conceito de cenas, sons e papel dos principais artistas, tanto quanto no conceito de gênero. Hardy e Laing (1990) incluem um glossário abrangente de estilos e gêneros, com explicações complementadas pela argumentação dos artistas identificados ao verbete correspondente. Essas abordagens cumprem seu propósito quase satisfatoriamente e demonstram como os gêneros desafiam as definições estáticas ou acadêmicas, independente daqueles que realmente criam a música (naturalmente, toda essa argumentação suscita a questão de como definir a **música popular**, com um verbete dedicado a esse conceito).

• *Ver:* verbetes associados
• *Leitura adicional:* Charlton: 1994.

geografia: Os geógrafos culturais estão fazendo pesquisas sobre música desde o final dos anos de 1960, procurando estabelecer "o nexo entre o social, o cultural, o econômico e o político na análise musical" (Kong: 1995; p. 273). A análise geográfica da música popular enfatizou a dinâmica e as conseqüências da distribuição geográfica das gravações de música popular ao redor do mundo; e de que maneira sons musicais específicos acabaram se associando a determinados lugares. Foram identificadas quatro áreas principais de pesquisa da geografia musical: 1) a distribuição espacial das formas e das atividades musicais e dos artistas; 2) a investigação dos lugares caracterizados por manifestações musicais particulares e sua extensão, utilizando conceitos como contágio, reassentamento e difusão hierárquica; e a investigação dos agentes favoráveis e contrários à difusão; 3) a delimitação das áreas que compartilham determinados traços musicais, ou a identificação do caráter e da personalidade dos lugares como compiladores de letras, melodias e instrumentação, e o "sentir" genérico ou o impacto sensorial da música; e 4) os temas ligados à expressão musical, como a imagem da cidade.

Além disso, deve-se incluir o processo global de homogeneização e comercialização cultural, e a interseção desse processo com o ambiente local. O estudo da distribuição geográfica global das gravações de música popular refere-se à natureza, ao *status* e ao funcionamento do **imperialismo cultural**, bem como ao relacionamento entre expressões musicais locais e a **indústria fonográfica** internacional.

O interesse por produtos sonoros específicos revelou a importância da **localidade** e de que modo a música pode servir como uma marca de **identidade**. Diversas histórias a respeito da música popular referem-se a locais geográficos específicos, habitualmente cidades ou regiões, que são identificados, em uma determinada conjuntura histórica, com um produto sonoro; por exemplo, o som de San Francisco, o Chicago Blues e o **som de Seattle**. Próximo dessa prática está o emprego do conceito de **cenário**, como no caso de Athens, Georgia, no final dos anos de 1980. Isso envolve diversos campos de ação, centralizados em torno de determinado estilo de manifestação musical e de seus respectivos artistas.

• *Ver*: **imperialismo cultural**; **localidade**
• *Leitura adicional:* Kong: 1995; McLeay: 1994.

geração X — *ver* **demografia**

glam rock; **glitter rock**: Também chamado de glitter rock, o glam rock foi um estilo/**gênero** musical relacionado com uma subcultura do início dos anos de 1970, especialmente no Reino Unido. Foi uma reação contra a seriedade do **rock progressivo** e da **contracultura** do final dos anos de 1960, e também uma extensão desses movimentos. Caracterizou-se por um forte apelo visual tanto dos artistas como dos seus concertos, incluindo os cabelos vivamente coloridos, os trajes escandalosos, a maquiagem pesada e o ato de cuspir fogo (no caso do Kiss). No glam rock, a música estava atrelada ao desempenho cênico, enquanto a imagem do ídolo tornou-se parte da apresentação criativa dos músicos.

Entre os pioneiros britânicos do glam rock incluem-se David Bowie (da primeira fase) e Gary Glitter, que alcançou três primeiros lugares na parada de sucessos britânica dos singles, em meados da década de 1970: "como uma bateria pesada, o rosnado da guitarra, os refrões instrumentais taciturnos e o coro incessante de 'heys', seu single de estréia, 'Rock and Roll, Part Two', foi um imenso sucesso" (Erlewine *et alii*: 1995; p. 342). Nos Estados Unidos, entre os grupos de glam rock, destacam-se o Kiss, que possuía uma grande legião de **fãs** ("o exército Kiss") para seus concertos altamente teatrais, e o New York Dolls (de tendência **punk**); nos anos de

1980, as bandas de **heavy metal** leve, como Bon Jovi. Entre outros grupos do glam rock, incluem-se o Sweet and Slade, mais voltado para um estilo pop prosaico, o Roxy Music e o Queen ("Bohemian Rhapsody", 1975), mais voltados para o **art rock**.

Os elementos de androginia e bissexualidade eram parte da imagem e do apelo do glam rock. O estilo dos artistas e dos fãs combinava uma elegância **hippie** e a dureza **skinhead**: "lembrando os **mods** em seus trajes extravagantes, saltos bem altos, muita maquiagem (freqüentemente com tatuagens) e machismo diligente; todos esses elementos masculinizavam a imagem decadente, composta por uma colagem da Berlim dos anos de 1930 e da Nova Iorque gay" (Brake: 1985; p. 76). O glam rock foi parte *integrante* do aburguesamento do lazer no Reino Unido dos anos de 1970, com novos centros municipais de lazer, influenciando e sendo absorvido pelos **new romantics** (por exemplo, Adam and the Ants).

- *Ver*: **heavy metal (lite metal)**; **new romantics**
- *Leitura adicional:* Charlton: 1994; Garofalo: 1997; Moore: 1993.
- *Escutar:* David Bowie, *The Rise and Fall of Ziggy Stardust*, Rykodisc, 1972. T. Rex, *Electric Warrior*, Reprise, 1972. Kiss, *Double Platinum (Greatest Hits)*, Casablanca, 1978. Gary Glitter, *Rock'n'Roll: The Best of Gary Glitter*, Rhino, 1990. Sweet, *The Best of Sweet*, Capitol, 1993. New York Dolls, *Rock & Roll*, Mercury, 1994 (contém os álbuns lançados em 1973 e 1974).

globalização: Surgiu como um conceito crítico no final dos anos de 1980, sugerindo que o mundo estava se reduzindo a um sistema de comunicações dominado pelos conglomerados internacionais de comunicação. O conceito foi empregado para demonstrar que as culturas locais e regionais estão sendo oprimidas, subjugadas, colonizadas, diluídas e comercializadas para serem consumidas globalmente. Embora o termo globalização seja muitas vezes associado ao **imperialismo cultural**, os dois diferenciam-se, já que por globalização entende-se um mecanismo "mais complexo e totalizante, ao mesmo tempo que menos organizado ou previsível em seus efeitos" (O'Sullivan *et alii*: 1994; p. 130).

Em relação à música popular, a globalização possui uma dimensão econômica e cultural, as quais estão intimamente associadas. O domínio da indústria da **música popular** pelas **grandes gravadoras** e a internacionalização dos estilos musicais são vistos como exemplos da globalização. Vários especialistas afirmam que as grandes gravadoras controlam cerca de 80 a 90% do mercado global de produção, manufatura e distribuição de música popular. Na Europa, o domínio das multinacionais é claro e cada vez maior. Os dados da International Federation of the Phonographic Industry de 1990 indicam que as multinacionais controlam aproximadamente 90% do mercado na maioria dos países europeus, alcançando 94% na Áustria, 89% em Portugal, 83% na França e 75% na Holanda. Desde 1988, muitas gravadoras grandes dedicam-se a adquirir gravadoras locais e aumentar sua participação no mercado. Por exemplo, a EMI comprou a Chrysalis no Reino Unido (em 1991), a Medley na Dinamarca (1991), a Minos Matsas na Grécia (1991) e a Hispavox na Espanha (1988). As grandes companhias também se tornam as maiores acionistas dos selos independentes que têm contratos de artistas promissores, contando com um bom retorno; é o caso da Sony Music, que detém 49% das ações do selo Creation do Oasis.

Um aspecto importante do papel desempenhado pelas grandes gravadoras nos mercados nacionais de música popular é a questão do possível conflito entre o local e o global, e da vitalidade da música nacional. Basicamente, teme-se que as empresas transnacionais irão promover os artistas internacionais à custa dos artistas locais, e as preferências e os **gêneros** internacionais à custa da música popular local mais "autêntica", de maneira a só estimular o desenvolvimento dos talentos e dos gêneros locais que possuírem um potencial internacional de vendas. É digno de nota que o inglês é a língua da música popular, em uma indiscutível forma de globalização lingüística. As políticas e as atividades das multinacionais inibem o desenvolvimento da música nativa em mercados locais? A resposta é complexa, variando de país para país.

• *Leitura adicional:* Burnett: 1996; Negus: 1992; Robinson *et alii*: 1991; Wallis & Malm: 1992.

gospel: Embora o conteúdo religioso tenha resguardado o gospel de um sucesso comercial significativo no mundo da música popular, esse **gênero** foi muito influente, principalmente na música **soul** e no rhythm'n'blues. Garofalo (1997) refere-se à música gospel como "rhythm'n'blues santificado". Esse gênero é considerado uma categoria pela revista *Billboard* e figura entre os prêmios Grammy.

Nos Estados Unidos, no início do século XIX, os escravos negros adaptaram o spiritual como parte do renascimento do protestantismo. Posteriormente, na década de 1920, nas comunidades negras urbanas, o gospel surgiu a partir da excitação religiosa. Thomas Dorsey, nascido em 1899, um grande compositor e maestro de coro, é considerado o inventor do termo "gospel". Inicialmente, essa música caracterizava-se fundamentalmente por um vocal do tipo **chamado e resposta** e um intenso "sentimento" espiritual, enquanto os vocais lamentosos e suplicantes tornaram-se parte do repertório do jump **blues** e dos primeiros cantores da música soul. A música gospel teve um papel importante na formação de muitos dos primeiros cantores do **rockabilly** e evidencia-se em seu estilo vocal (por exemplo, Elvis Presley). No final da década de 1950, Sam Cooke e Ray Charles cantaram melodias gospel com letras seculares, ou adaptaram melodias gospel, antecipando a música soul. Entre os principais representantes da música gospel, destacam-se Mahalia Jackson, a mais popular cantora de música gospel norte-americana nos anos de 1950, e Aretha Franklin, que foi uma estrela da música gospel antes de se dedicar a canções mais populares. A música gospel influencia claramente as harmonias suaves e vocais do rhythm'n'blues contemporâneo.

• *Ver*: **doo-wop**; **rhythm'n'blues**; **soul**
• *Leitura adicional:* Cusic: 1990; Ennis: 1992; Gammond: 1991; Hansen: 1992b.
• *Escutar:* Aretha Franklin, *Amazing Grace,* Atlantic, 1972. Ray Charles, *The Right Time,* Atlantic, 1987 (especialmente, "I Got A Woman"). Sam Cooke, *Sam Cooke with the Soul Stirrers,* Speciality, relançado em 1991. Mahalia Jackson, *Gospels, Spirituals, Hymns,* CBS, 1991.

gosto cultural; estilos de vida: O sociólogo norte-americano Herbert Gans desenvolveu o conceito de gosto cultural nos anos de 1960 para aludir às diferenças do consumo cultural entre distintos grupos sociais e o modo como esses padrões são moldados. O gosto cultural é específico de um grupo formado por pessoas que fazem escolhas semelhantes e isso relaciona-se a uma mesma base: a classe e a educação são determinantes dos grupos de um gosto cultural específico. Em suas formulações contemporâneas, o termo é usualmente confundido com o conceito de **capital cultural** elaborado por Bourdieu.

Os estilos de vida são configurações características da identidade cultural e do conjunto de práticas sociais de grupos específicos de consumo, gostos culturais e **subculturas**. Embora o termo seja utilizado de modo contraditório, "é um foco importante de atenção nos estudos que abordam a cultura e a comunicação nos anos de 1990" (O'Sullivan *et alii*: 1994; p. 167). No sentido antropológico, os estilos de vida referem-se a formas particulares de consumo simbólico. O estilo de vida também se refere aos discursos e à retórica presentes na produção ou regulamentação da vida cultural moderna. Há um debate sobre os graus de autonomia e escolha individual envolvidos na construção dos estilos de vida e sobre a possibilidade de uma genuína pluralidade de expressão, incluindo a resistência.

Tanto o conceito de gosto cultural quanto o de estilo de vida e os debates suscitados pelos dois permearam os estudos sobre música popular interessados no público e no **consumo**.

•*Leitura adicional:* Featherstone: 1987; Tomlinson: 1991.

goth/gothic rock; goths: **Gênero** musical associado a um estilo **subcultural**, o goth rock foi influenciado pela música protopunk da banda norte-americana The Velvet Underground e pelas experimentações sonoras do rock de **vanguarda**. Empregado inicialmente nos anos de 1970, o rótulo goth rock, ou gothic rock, esteve relacionado com bandas como Joy Division, Bauhaus, Siouxie and the Banshees e o Southern Death Cult. Siouxie Sioux usou o termo "*gothic*" para descrever a orientação de sua banda e talvez tenha consagrado o termo. "A música era geralmente sombria, introspectiva e dominada pela angústia, uma alternativa em relação ao som alegre e despreocupado da música **disco**, que dominava o cenário musical da época" (*Music Central 96*), e combinava imagens góticas (castelos medievais lúgubres, vampiros etc.) com uma visão negativa da sociedade contemporânea. Originalmente, o goth rock foi um fenômeno britânico, embora tenha se desenvolvido internacionalmente e continue evidente nos anos de 1990.

Considera-se o compacto duplo de estréia do Bauhaus, *Bela Lugosi's Dead* (Small Wonder Records, 1979), como o precursor do gênero no Reino Unido; a faixa título, de nove minutos e meio de duração, com seus efeitos sonoros extensos, obsessivos e eletrônicos, tornou-se o hino do gothic rock (o vínculo de Lugosi com a temática gótica é o fato de ter representado o papel principal no *Dracula* original [Tod Browning, 1931]). Embora haja uma variedade de bandas de gothic rock e de formações instrumentais, as características básicas da música permanecem razoavelmente constantes: baixo fraco, toque da bateria repetido e forte, efeitos sonoros eletrônicos, vocais mais falados do que cantados e com um timbre profundo e dramático. Grupos como Sisters of Mercy usaram baterias eletrônicas, bordões de baixo volume (notas musicais prolongadas) e faziam "um uso quase minimalista de fragmentos melódicos curtos e repetidos" (Charlton: 1994; p. 280). Um psicodelismo austero integrava a música do Joy Division ("Love Will Tear Us Apart", em *Closer*, Qwest, 1980) e a de Jesus and Mary Chain. Durante os anos de 1980 e seguintes, o goth rock desenvolveu um repertório musical mais amplo, com Robert Smith e The Cure.

O goth foi também um estilo cultural, caracterizado por roupas pretas e o uso excessivo de maquiagem facial e olheiras. O gênero e seus fãs foram associados aos vários casos de **pânico moral** e suicídio de adolescentes no final dos anos de 1980. Na Nova Zelândia, por exemplo, as manchetes e os comentários na imprensa alardearam uma possível ligação da música com esses fatos, citando algumas letras para demonstrar que "a música gothic prega uma mensagem de desalento, embalada em um misticismo de morte"; as manchetes referiam-se ao "culto suicida goth", à "música do misticismo e desespero", além de como "o estilo de vida gothic coloca a vida dos jovens em risco" (Shuker: 1994; pp. 260-2). O episódio foi um exemplo do uso de um argumento baseado em "**efeitos**" como pretexto para atacar a música popular.

- *Leitura adicional:* Charlton: 1994.
- *Escutar:* Siouxie and the Banshees, *Once Upon a Time: The Singles,* Geffen, 1984. The Jesus and Mary Chain, *Psychocandy,* Reprise, 1985. The Cure, *Staring at the Sea: the Singles,* Elektra, 1986. The Sisters of Mercy, *God's Own Medicine,* 1986.

gramofone — *ver* **fonógrafo**

grandes gravadoras: A indústria fonográfica internacional é dominada por seis grandes empresas: a britânica Thorn/EMI, a alemã Bertelsmann, a japonesa Sony, a norte-americana Time/Warner, a holandesa Philips e a canadense MCA (de origem japonesa, adquirida recentemente pela empresa de bebidas Seagram). As empresas médias (Virgin, Motown, Island) foram absorvidas pelas grandes gravadoras, enquanto muitas das pequenas gravadoras **independentes** estão associadas às grandes por acordos de distribuição. As grandes gravadoras desempenham um papel importante na batalha pelo controle global dos mercados de mídia, tanto o mercado de hardware como o de software; ou seja, essas empresas procuram distribuir seus investimentos em uma série de produtos de mídia — um processo denominado "sinergia" — o que possibilita o aproveitamento máximo dos produtos e das campanhas de divulgação, e, conseqüentemente, com maiores oportunidades de lucro.

Cada uma das grandes gravadoras integra conglomerados de empresas de comunicação ou de eletrônicos. Algumas reestruturações cooperativas recentes confirmam essa situação, destacando-se a aquisição da CBS pela Sony por US$ 2 bilhões em 1988. Todas as grandes gravadoras possuem filiais nas Américas e na Europa e, na maioria dos casos, em regiões da Ásia, África e Austrália. Cada uma conta com diversos selos; os da Philips são Polydor, Deutsche Gramophon, Phonogram e Decca; os da Sony, CBS, Epic e Def Jam (para uma visão da organização e das atividades de cada uma das grandes gravadoras e seus sites na **Internet**, ver Burnett: 1996; também Barnet & Cavanagh: 1994).

A participação de mercado das grandes gravadoras varia de país para país, mas em alguns casos alcança mais de 90%. Discute-se muito sobre as implicações econômicas e culturais desse controle de mercado, principalmente sobre a resistência das indústrias fonográficas locais à **globalização** das indústrias culturais. Alguns estudiosos consideram natural a conseqüência dessa concentração da capacidade para determinar essencialmente, ou pelo menos influenciar fortemente, a natureza da demanda de formas particulares de cultura popular. Estudiosos de comunicação mais otimistas privilegiam a atuação humana, enfatizam a liberdade de escolha do indivíduo consumidor, sua capacidade de decidir como e onde os textos culturais serão usados, e os significados e as mensagens a eles associados. O debate nesse campo ocorre sob diferentes perspectivas, segundo o conjunto de influências e determinações em questão.

• *Ver:* **globalização**
• *Leitura adicional:* Burnett: 1996; Cusic: 1996; Negus: 1992; Wallis & Malm: 1992.

gravação doméstica — *ver* **fita cassete**

gravação sonora; técnicos de som: A gravação sonora é o processo de transferência de uma apresentação "ao vivo" para um produto físico (o disco, a fita). Os avanços técnicos que levaram às mudanças na natureza do processo de gravação, nas tarefas e no *status* das formas associadas de trabalho constituem a história da gravação sonora. As novas tecnologias de gravação abriram novas possibilidades criativas (ver **sampling**) e, com isso, proporcionaram o surgimento de novos **gêneros**, particularmente a música **tecno** e diversos outros estilos da **dance music** contemporânea. Em resumo, as novas tecnologias possibilitam e sustentam novas propostas **estéticas**.

No estúdio de gravação, o trabalho do técnico de som, ou do engenheiro de som,

> representa o ponto onde convergem a música e a tecnologia moderna. Entre outras coisas, o técnico de som deve conhecer as características de centenas de microfones e uma variedade de ambientes acústicos, além de como utilizá-los da melhor forma possível para gravar um instrumento musical; a capacidade e as aplicações de um grande conjunto de dispositivos de processamento sonoro; as capacidades físicas do meio de gravação para aceitar e reproduzir os sons; a operação de diversos aparelhos de gravação; e, finalmente, como harmonizar ou "mixar" em uma mesa de gravação os impulsos eletrônicos que chegam à "sala de controle" do estúdio provenientes de diversas fontes sonoras ao vivo e pré-gravadas, a fim de obter uma gravação com uma experiência musical reconhecível e efetiva (Kealy: 1979; p. 208).

Kealy investiga como os técnicos de som transformaram seu ofício em arte e, conseqüentemente, obtiveram sucesso e melhor remuneração.

• *Leitura adicional:* Cunningham: 1996; Gelder & Thornton: 1997; Jones: 1992; Millard: 1995.
• *Escutar:* Alguns exemplos de diversas épocas ilustram os avanços da gravação sonora, acompanhada às vezes do tempo de estúdio; compare o seguinte: Robert Johnson, "Love in Vain" (originalmente gravado em 1936 e 1937), em *The Complete Recordings,* Columbia, 1990. Elvis Presley, "That's Alright Mama" (1956), em *The Complete Sun Sessions,* RCA, 1987. Beach Boys, "Good Vibrations", em *Smiley Smile,* Capitol, 1967. Pink Floyd, *Dark Side of the Moon,* Capitol, 1973. Dire Straits, *Love Over Gold,* Warner Brothers, 1982. The Prodigy, *Music for the Jilted Generation,* Mute, 1994. Underworld, *Second Toughest in the Infants,* Wax Trax/TVT, 1996.

grunge: Tanto uma invenção de *marketing* como um "produto sonoro" identificável (cf. **música alternativa**, gênero em que o grunge é freqüentemente inserido), a música grunge desenvolveu-se inicialmente na região de Seattle, Estados Unidos, no final dos anos de 1980, associada ao influente selo independente Sub Pop. Em meados dos anos de 1990, a música grunge entrou em cena para tornar-se parte da música alternativa mundial, comercialmente bem-sucedida.

O grunge "colocou de lado a ênfase na aparência e técnica refinada em favor das canções em estado bruto, iradas e apaixonadas, tematizando o pessimismo e a ansiedade dos jovens" (*Music Central 96)*, alimentando-se de uma atitude contra as convenções. Os álbuns dedicados à música grunge/alternativa, *The Trip,* vols. 1-8 (Warner Brothers), revelam um **gênero** musicalmente desigual, com diferenças visíveis em tempo, **ritmo** e **melodia**, dentro de uma estrutura central de sons da guitarra predominantes e letras pessimistas. Vários grupos grunge foram além desse rótulo, como o Green Day, que se situa entre o grunge e o **punk**. Curiosamente, não existe uma categoria "grunge" nos diversos prêmios dedicados à música (embora haja muitas vezes uma categoria "alternativa", como a que foi vencida pelo Pearl Jam no **MTV** Awards em 1995).

Além da música, o grunge também define um vestuário e uma atitude. O "look grunge" inclui camisa de flanela, bermudões bem folgados e roupas de brechó. Reagindo contra o capitalismo, o grunge indiscutivelmente estabeleceu uma nova conformidade; com a música e o vestuário sendo rapidamente comercializados. As duas bandas mais influentes foram o Pearl Jam e o Nirvana, líderes do processo de comercialização do rock grunge/alternativo no cenário musical relativamente moribundo do início dos anos de 1990. Entre as versões internacionais da música grunge, incluem-se o britânico Bush e o australiano Silverchair. Em 1994, a grande reação mundial ao suicídio de Kurt Cobain, líder do Nirvana, ressaltou o impacto da música grunge.

• *Ver*: **rock alternativo/música alternativa; som de Seattle**
• *Leitura adicional:* Shevory: 1995; Stanford: 1996; Tucker: 1992 (inclui discografia).
• *Escutar:* Nirvana, *Nevermind,* Geffen, 1991. Pearl Jam, *Ten,* Epic, 1991. *The Trip,* vols. 1-8, Warner Brothers.

grupos vocais femininos: Embora muitas vezes sejam grupos fabricados em estúdio por **produtores** como Phil Spector, os grupos vocais femininos estão presentes na música pop desde o início da década de 1960. Entre as principais vocalistas, incluem-se Darlene Love, vocalista líder de diversos grupos, os Ronnettes, The Supremes e The Crystals. Os grupos vocais femininos apresentam um som facilmente reconhecível: "vocais próprios de moças, carregados de idealismo e angústia adolescentes, além de arranjos peculiares, embelezados por instrumentos de corda e um dramático toque de bateria" (O'Brien:1995; p. 68). Os vocais eram uma combinação de qualidades: anasalados, exaltados, intensos e roucos, e devem muito à música **soul** e ao **gospel**, embora possuíssem um caráter singular ao mesmo tempo. As canções contavam uma história de moralidade sobre as atrações e riscos do "primeiro amor", particularmente o do tipo proibido, escritas originalmente por diversas equipes de jovens **compositoras** (por exemplo, Gerry Goffim e Carol King). Vários grupos vocais femininos foram lançados por selos independentes, como Red Bird, Phillies, Scepter e o ascendente — na época — **Motown**. Os grupos vocais femininos tiveram considerável impacto, explorando o otimismo existente nos Estados Unidos sob a administração Kennedy e preparando a base para o sucesso dos grupos de **beat britânico** dos anos de 1960, inclusive os Beatles. Em meados dos anos de 1960, o produto sonoro dos grupos vocais femininos foi assimilado pelo mundo pop, mas esses grupos continuaram a seduzir por causa de seu *status* mítico associado à inocência e ao otimismo. Entre os grupos vocais femininos dos anos de 1980 e 1990 com formações equivalentes às dos anos de 1960 estão o Bananarama, TLC e Spice Girls, embora os mais atuais tenham mais controle sobre sua música do que seus antecessores.

- *Ver:* **gênero**
- *Leitura adicional:* Gaar: 1992; O'Brien: 1995, cap. 3.
- *Escutar:* The Supremes, *Anthology,* Motown, 1974. *The Best of the Ronnettes,* ABKCO, 1992. *The Best of the Crystals,* ABKCO, 1992. Existem diversas boas compilações de grupos vocais femininos; ver aquelas lançadas pelo selo Rhino.
- *Assistir: Dancing in the Street,* episódio 2, "Be My Baby".

h

hard rock; **cock rock**; **stadium rock**: **Gênero**/estilo vago e amorfo, o hard rock é também chamado de heavy rock, cock rock ou stadium rock. O termo foi aplicado, desde o final da década de 1960 (por Small Faces, The Who) e início da década de 1970 (Bad Company), a diversos grupos cuja música caracterizava-se por ritmos enérgicos, pela batida marcada, pelo uso do **backbeat** (sobre cordas) e pelas **melodias** curtas, limitadas no âmbito da altura sonora. Basicamente, a estrutura formal das canções do hard rock é estrofe–coro–estrofe–coro–solo (geralmente, tocado pela guitarra líder) –estrofe–coro.

O hard rock também se caracteriza pelo alto volume e pela afirmação da masculinidade, evidente nos artistas, especialmente entre os vocalistas (por exemplo, Roger Daltrey, Robert Plant, Axl Rose) e guitarristas líderes, bem como entre os adeptos do gênero, predominantemente do sexo masculino. O termo **cock* rock** surgiu como alternativa a hard rock, enfatizando a sexualidade masculina, muitas vezes explícita e agressiva, suas letras às vezes misóginas e seu imaginário fálico. Os artistas do cock rock são considerados agressivos, dominadores e arrogantes; uma postura evidenciada em suas apresentações ao vivo (ver Frith & McRobbie: 1990; Reynolds & Press: 1995).

Os primeiros estilos do hard rock foram influenciados pelo rhythm'n'blues (como The Who), e sobrepuseram-se às formas do **heavy metal** (por exemplo, Deep Purple). O The Who fundiu melodia e poder percussivo em estado bruto, ampliando as limitações estruturais do **rock'n'roll** mais antigo. Na década de 1980, nos Estados Unidos, o hard rock associou-se ao stadium rock, assim chamado por causa dos grandes concertos apresentados em

* pênis (N.T.)

estádios esportivos por bandas como Journey, Loverboy e Foreigner. Entre outras importantes bandas de hard rock dos anos de 1980 e 1990, estão a australiana Cold Chisel (e o solo Jimmy Barnes), além do Van Halen, The Cult, Bon Jovi e Aerosmith.

• *Ver*: **gênero feminino/masculino**
• *Leitura adicional:* Dunbar-Hall & Hodge: 1993; Marsh: 1992.
• *Escutar:* The Who, *Live at Leeds,* MCA, 1970. Bad Company, *10 From 6,* Atlantic, 1986. Guns N'Roses, *Appetite for Destruction,* Geffen, 1987. Deep Purple, *Smoke on the Water: The Best of Deep Purple,* EMI, 1994.
• *Assistir: The Song Remains the Same* (Peter Clifton e Joe Massot, 1976, sobre o Led Zeppelin); *The Kids Are Alright* (Polygram, 1984, sobre o The Who).

hardcore: Parte integrante do underground norte-americano do final dos anos de 1970, a música hardcore desenvolveu-se fora do **punk** e uniu-se à música **grunge** e ao **rock alternativo**. No final dos anos de 1990, o rótulo tornou-se um clichê. Usa-se freqüentemente a palavra "intransigente" para caracterizar o **gênero**. Mais duro e rápido do que seu predecessor direto, o **punk rock**, o hardcore parte da música punk e "acelera os tempos tão rápido quanto é humanamente possível, agarrando-se basicamente à guitarra monocromática, ao baixo e à bateria, favorecendo as letras meio gritadas, que expressam os sentimentos mais inflamados que os cantores e compositores podem imaginar" (Erlewine *et alii*: 1995; p. 917).

Apesar da notoriedade internacional, o berço da música hardcore foi os Estados Unidos. O gênero teve grande força na região da baía de São Francisco (Dead Kennedies, Black Flag, Circle Jerks) e em Washington DC (Minor Threat, Bad Brains). A música hardcore britânica e as bandas pós-punk caracterizaram-se por suas estruturas percussivas e minimamente melódicas (Wire, The Fall). As posições políticas oscilavam entre a esquerda e o centro, mas se enredavam em um amontoado de contradições; por exemplo, o hardcore era contra o sexismo e o racismo, mas seus representantes eram geralmente brancos e do sexo masculino. Quase todas (as primeiras) bandas de hardcore pertenciam a selos pequenos e **independentes**. Muitas bandas alternativas tinham suas raízes no hardcore, até ampliarem o repertório de sua música e assinarem contrato com as **grandes gravadoras** (por exemplo, Hüsker Dü, X, Replacements).

• *Ver:* **rock alternativo**; **thrash**

- *Leitura adicional:* Erlewine *et alii*: 1995; Tucker: 1992 (inclui discografia).
- *Escutar:* Wire, *Pink Flag,* Restless. 1977. The Dead Kennedies, *Fresh Fruit for Rotting Vegetables,* Alternative Tentacles, 1980. Black Flag, *Damaged I,* SST, 1981.
- *Assistir: The Decline of Western Civilization, Part One* (Penelope Spheeris, 1981): a cena punk/hardcore de Los Angeles, por volta de 1981; apresentando Black Flag, Circle Jerks, X e Germs.

harmonia: O som de duas ou mais notas diferentes tocadas ao mesmo tempo, como os acordes da guitarra, o encadeamento de notas de um piano e os sons de um coro. A harmonia é mais facilmente identificada no acompanhamento de melodias. Podem ser simples ou complexas, e muitas vezes distinguem um estilo de outro. É importante na música popular pois estabelece a textura do conjunto sonoro.

- *Ver*: **a capela**; **doo-wop**; **melodia**
- *Leitura adicional:* Brown: 1992.

heavy metal: Os parâmetros musicais do heavy metal (HM) como **gênero** não podem ser reduzidos a fórmulas. Geralmente, o heavy metal é muito barulhento, "muito duro" e de andamento mais acelerado do que o **rock** convencional; além disso, continua baseado predominantemente no som das guitarras. Os instrumentos principais são guitarra, baixo elétrico, bateria e teclado eletrônico, mas há diversas variantes dessa estrutura. Algumas formas do gênero alcançam grande sucesso comercial e possuem uma legião de fãs.

O heavy metal é freqüentemente criticado por incorporar os piores excessos da **música popular**, particularmente o narcisismo e o sexismo; também é muito rejeitado musicalmente. Mesmo Lester Bangs, um dos poucos críticos do rock a ver o surgimento do heavy metal de modo favorável, escreveu a respeito do gênero:

> Como seus depreciadores sempre postularam, o heavy metal rock não é nada mais do que um monte de barulho; não é música, é distorção, e é precisamente por isso que seus adeptos o consideram atraente. De todo o rock contemporâneo, é o gênero mais intimamente identificado com a violência, a agressão, a pilhagem e a carnificina. O heavy metal orquestra o niilismo tecnológico (Bangs: 1992c; p. 459).

Na década de 1980, o heavy metal foi um dos principais alvos dos movimentos a favor da censura da música popular.

Até a publicação do abrangente estudo sociológico de Weinstein (1991a) e da obra de Walser (1993), mais fundamentada em termos musicais, existiram poucas tentativas de analisar o gênero de maneira séria. Um fato que causa estranheza, já que o heavy metal exibe uma grande força musical e um forte apelo às massas, intrínseco ao conjunto de relações sociais. Há **subculturas** do heavy metal bem desenvolvidas, constituídas predominantemente por integrantes da classe trabalhadora, brancos, jovens e do sexo masculino, identificados com a imagem fálica das guitarras, a truculência e a orientação oposicionista da forma (há alguma controvérsia nesse caso: ver Walser: 1993). Os símbolos associados ao heavy metal, que incluem a suástica nazista e os símbolos egípcios e bíblicos, identificam o gênero, sendo adotados amplamente pelos fãs (ver Arnett: 1996). Durante os anos de 1990, o gênero manteve sua grande fatia de mercado, apesar do menosprezo da crítica e da imagem pública negativa.

Entre os diversos subgêneros do heavy metal, ou estilos estreitamente relacionados, estão:

1) heavy/**hard rock**: utiliza a clássica formação guitarra, bateria e vocais. Exemplos: Deep Purple, Def Leppard, Aerosmith;

2) classic metal: surgiu nos anos de 1970, em parte como um "retorno ao básico", contra os excessos do rock progressivo e do art rock; apresenta vocal gritado, muitas vezes lamentoso, além de longos solos de guitarra. Exemplos: Black Sabbath; AC/DC;

3) soft/lite metal: um estilo mais ameno e comercial, com forte impacto visual, influenciado pelo **glam rock**. No final dos anos de 1980, esse subgênero desfrutou imenso sucesso comercial, e foi, em grande medida, responsável pela ruptura entre o heavy metal, a **MTV** e as emissoras de **rádio**. Exemplos: Poison, Kiss, Van Halen, Bon Jovi;

4) funk metal: com forma mais contemporânea, menos estruturada do que as mais antigas formas do heavy metal, com o baixo elétrico com maior peso do que a guitarra. Exemplos: Suicidal Tendencies, Red Hot Chilli Peppers;

5) death metal: caracteriza-se por um vocal áspero, embora a música varie do **hardcore** intenso ao "suave" por meio do uso de samples. Exemplos: Death, Pestilence;

6) **thrash metal/speed metal**: é identificado por riffs de guitarra limpos e claros; geralmente bastante rápidos, embora algumas bandas incluam canções mais lentas. Exemplos: Anthrax; Mettalica;

7) heavy metal cristão: as letras recorrem à Bíblia e aos valores cristãos, mas dentro de uma estrutura musical de heavy metal. Exemplo: Mortification;

8) industrial metal: uso amplo do sampling e dos computadores. Exemplo: Ministry.

Por que um gênero que é geralmente reprovado pelos críticos (e por muitos outros fãs de música), considerado barulhento, relacionado com uma postura social negativa e controvertida, é tão popular? Breen afirma que a ascensão do heavy metal deve-se, "em primeiro lugar, à busca por substância e **autenticidade** no rock, e, em segundo lugar, aos métodos avançados de *marketing* musical para o **consumo** de massa" (Breen: 1991; p. 194; ver também Weinstein: 1991a; cap. 4).

- *Ver*: **glam rock**; **hard rock**; **thrash metal/speed metal**
- *Leitura adicional:* Arnett: 1996; Bangs: 1992c; Cooper: 1993; Eddy: 1992; Kotarba: 1994; Walser: 1993; Weinstein: 1991a; Weisband *et alii*: 1995.
- *Escutar:* AC/DC, *Back in Black,* Atco, 1980. Van Halen, *1984,* Warner Brothers, 1984. Metallica, *And Justice For All,* Elektra, 1988. Ministry, *The Mind Is a Terrible Thing to Taste,* Sire, 1989. Red Hot Chilli Peppers, *Blood Sugar Sex Magik,* Warner Brothers, 1991.
- *Assistir: Dancing in the Street,* episódio 7, "Hang On To Yourself"; *The Decline of Western Civilization, Part Two: The Heavy Metal Years* (Penelope Spheeris, 1988).

hegemonia: Desenvolvido pelo teórico **marxista** italiano Antonio Gramsci, o conceito de hegemonia ideológica (ou cultural) elucida como a classe dominante mantém seu domínio alcançando um consenso popular mediado pelas várias instituições da sociedade, incluindo os meios de comunicação de massa. As relações de poder e os arranjos sociais são mistificados e dissimulados pela hegemonia. Algumas idéias e regras específicas são elaboradas como se fossem um "senso comum" natural e universal, e a mídia popular desempenha um importante papel nesse processo. A hegemonia funciona no domínio da consciência e das representações, e tem nas formas de cultura popular importantes colaboradores na formação e manutenção dessa consciência e dessas representações (ver O'Sullivan *et alii*: 1994, para um elaboração sucinta).

Em relação à música popular, o conceito de hegemonia foi utilizado para examinar o modo como as letras e os **videos** sustentam concepções dominantes sobre **gênero**, **sexualidade** e **etnia**; para investigar o desafio cultural simbólico proposto pelas **subculturas jovens** à sociedade dominante (por exemplo, Abrams: 1995); e, talvez mais significativamente, para analisar o domínio do mercado mundial pela indústria fonográfica anglo-americana e os seus estilos correlatos. Esse domínio diminuiu nos últimos anos com a afirmação do mercado europeu e a participação dos conglomerados de comunicação japoneses na indústria fonográfica; entretanto, o mercado anglo-americano continua sendo muito importante, no mínimo por legitimar comercialmente as tendências emergentes. Independente de sua participação de mercado, a indústria fonográfica anglo-americana estabelece e continua a privilegiar formatos e métodos de trabalho particulares como se fossem "naturais" e consentidos, especialmente aqueles relacionados com um "repertório internacional" (Negus: 1996, p. 174).

• *Ver:* **imperialismo cultural**; **globalização**; **análise de letras**; **subculturas**

hip-hop — *ver* **rap**

hippies — *ver* **contracultura**

história; **história social (da música popular)**: Como campo de estudo, a história da música popular sujeitou-se a críticas internas e a debates com as outras formas da escrita histórica. Entre os fatores em questão, estão os limites do campo de estudo (inclusive sua tendência de privilegiar os desenvolvimentos ocidentais), o tratamento dos vários **gêneros** e a ênfase que devia estar de acordo com o contexto no qual a expressão musical é produzida: os produtores musicais, a música e os seus fãs, e o processo de consumo.

A história da música popular (especialmente em relação ao surgimento do **rock'n'roll**), os seus desenvolvimentos e as suas mudanças posteriores foram apresentados sob uma forma relativamente padronizada, baseada em uma seqüência cronológica do surgimento dos gêneros (ver Bradley: 1992; Friedlander: 1996; Garofalo: 1997; Mitchell: 1996). Geralmente o surgimento dos gêneros é abordado como uma tradição ocidental e privilegia o rock'n'roll e os gêneros que dele saíram. Essa tradição foi criticada por ser "roqueira" (ver Negus: 1996; sobre esse ponto, ver **música popular**).

As diversas histórias da música popular revelam a tendência de enfatizar artistas, gêneros e textos, dando menos atenção ao papel da tecnologia e da economia. Um exemplo dessa abordagem é o peso habitualmente atribuído ao papel dos indivíduos criativos no estabelecimento do rock'n'roll nos anos de 1950: Elvis Presley, Little Richard, Bill Halley, Buddy Holly e Chuck Berry são considerados os criadores do gênero e responsáveis pela revitalização da música popular. Até certo ponto, o impacto provocado por esses artistas é incontestável — mesmo se adaptaram estilos e formas existentes, foram claramente inovadores (ver Gillet: 1983). Mas, como nota Curtis: "*todos* os artistas populares chegam juntos na hora exata" e "para explicar o sucesso de uma dada obra, precisamos definir o contexto social e cultural desse sucesso tanto quanto seja possível" (1987; p. 5). Conseqüentemente, outros autores deram maior atenção à situação social, econômica e demográfica dos Estados Unidos e do Reino Unido no início dos anos de 1950, produzindo balanços um tanto diferentes (por exemplo, Peterson: 1990).

Sustentou-se que a **história social** (da música popular) é um campo de estudo independente:

> Embora seja possível construir uma genealogia de estilos desde o século XVIII, a história social da música é encarada como uma tendência dentro da cultura musical, um contexto vago de escritos achados, com vários graus de profundidade e com várias ênfases, que considera as raízes sociais e econômicas e as conseqüências da produção musical de consumo. (Russell: 1993; p. 139).

Russell observa que, até recentemente, apenas a canção folk atraiu uma atenção crítica desse tipo. Essa "tendência" é situada como uma forma de **etnomusicologia** dentro dos estudos sobre música popular, ignorando o fato de que uma grande quantidade de trabalhos sociológicos adota exatamente essa abordagem para o estudo da música popular.

• *Leitura adicional:* Bradley: 1992; De Curtis & Henke: 1992b; Ennis: 1992; Garofalo: 1997; Negus: 1996; Shuker: 1994.
• *Assistir: Dancing in the Street.*

homologia: Em termos gerais, designa a reprodução ou repetição de uma estrutura (O'Sullivan *et alii*: 1994). Aplicada à música popular, a homologia refere-se ao "ajuste" entre o estilo de vida, o conjunto de valores e as preferências musicais. Esse conceito foi fundamental para os estudos sobre o lugar da música nas **subculturas jovens** realizados pelos analistas dos anos de 1970. A resposta à pergunta "o que especificamente torna um estilo subcultural significativo para os membros de uma subcultura?" serviu para identificar uma homologia entre "os interesses focais, as atividades, a estrutura grupal e a auto-imagem coletiva" da subcultura, além dos artefatos culturais e das práticas adotadas pelos membros dessa mesma subcultura. Esses artefatos e práticas eram considerados "os objetos em que os membros da subcultura podiam ver seus valores básicos retidos e refletidos" (Hall, S. & Jefferson: 1976; p. 56). O caso da subcultura **skinhead** foi muitas vezes usado para demonstrar o conceito de homologia. O estilo dos skins caracteriza-se pelo uso de pesados coturnos de couro, correntes e cabeças raspadas, para comunicar e afirmar os valores de "dureza e masculinidade, próprios da classe trabalhadora. Os objetos simbólicos — vestuário, aparência, linguagem, rituais, estilos de interação, música — eram elaborados para criar uma unidade com as relações, situações e experiências do grupo" (*ibidem*).

Os estudos sobre a preferência musical de uma determinada subcultura que aplicam o conceito de homologia mais extensamente e com mais sofisticação teórica são *Profane Culture* (1978), uma análise de Willis sobre os "motor-bike boys" (roqueiros) e dos **hippies**, e *Subculture: The Meaning of Style* (1979), trabalho imensamente influente de Hebdige, que reúne diversos estudos de caso. Willis afirma que existia um "ajuste" entre certos estilos e modas, valores culturais e identidade de grupo; por exemplo, entre o ativismo intenso, a bravura física, o amor às máquinas e os tabus entre os "motoqueiros" e sua preferência pelo **rock'n'roll** dos anos de 1950. Para Hebdige, os **punks** ilustram melhor esse princípio:

> A subcultura não era nada se não fosse consistente. Havia uma relação homológica entre as roupas rasgadas e os cabelos pontudos, a dança esti-

> lo pogo e as anfetaminas, o ato de cuspir, o ato de vomitar, o formato dos fanzines, as poses insurrecionais e a "malvadeza", a música freneticamente conduzida. Os punks vestiam roupas que pareciam palavrões e falavam palavrões conforme se vestiam — com efeito calculado, usando palavras obscenas em bilhetes e textos de divulgação, entrevistas e canções de amor (Hebdige: 1979; p. 114).

- *Ver:* **punks**; **punk rockers**; **skinheads**; **subculturas jovens**
- *Leitura adicional:* Gelder & Thornton: 1997; Hebdige: 1979; Middleton: 1990; Willis: 1978.

house music — *ver* **dance music**

i

identidade: A música popular é um dos aspectos da tentativa de definir a identidade nos níveis pessoal, comunitário e nacional. Assim, música popular expressa a identidade pessoal a partir do **consumo** musical, que indica um determinado **capital cultural**, especialmente nas **subculturas**; a identidade comunitária funda-se na idéia de sons locais e **cenários**; e a identidade nacional, por meio de políticas culturais (por exemplo, cotas) planejadas para fomentar a produção musical local, e a associação entre **gêneros** específicos e cenários nacionais (por exemplo, a **salsa** e o Caribe).

A música popular é um elemento do processo de construção da identidade ou da subjetividade do indivíduo. A escolha de um gênero musical pode servir para separar o indivíduo da autoridade originária da cultura, da comunidade e da sociedade. Por exemplo, nos anos de 1950, "embora o **rock'n'roll** tenha sido incontestavelmente um instante de expansão e desenvolvimento tecnológico da indústria do entretenimento, foi também um exemplo da utilização de uma música exótica por uma geração como modo de distanciar-se de uma cultura de origem 'nacional'" (Laing: 1986; p. 338).

A identidade nacional é uma construção social, e também uma qualidade associada ao espaço físico. Embora essas identidades possam ser construídas ou imaginadas (ver Anderson: 1983), são mobilizadas para atender interesses específicos e emergem, até certo ponto, em relação a "outras" identidades. A música popular pode tomar parte nesse processo, como fica evidente na Alemanha nacional-socialista de 1930 (ver Negus: 1996) e em vários movimentos culturais nacionais (ver Garofalo: 1992b).

imperialismo cultural: Desenvolveu-se como um conceito análogo ao domínio histórico, político e econômico das potências coloniais do século XIX no Terceiro Mundo, com os conseqüentes efeitos danosos para as sociedades colonizadas. Esse processo estabeleceu as relações globais de dominação, subordinação e dependência entre a opulência e o poder dos países capitalistas avançados, particularmente os Estados Unidos e os países da Europa Ocidental, e a fragilidade dos países subdesenvolvidos. Esse imperialismo econômico e político compreende um aspecto cultural:

> isto é, de que maneira a transmissão de certos produtos, modas e estilos *das* nações dominantes *para* os mercados dependentes leva à criação de padrões particulares de demanda e de consumo, os quais são sustentados pelo endosso de práticas, ideais e valores culturais de sua origem dominante. Desse modo, as culturas locais dos países em desenvolvimento tornam-se dominadas e, em graus variáveis, invadidas, deslocadas e desafiadas por culturas estrangeiras, geralmente ocidentais (O'Sullivan *et alii*: 1994; p. 74).

As evidências do imperialismo cultural são proporcionadas pelo fluxo internacional de mídia, predominantemente de mão única: de poucas — mas internacionalmente dominantes — fontes de produção de mídia, particularmente dos Estados Unidos, para outros sistemas de mídia, em outros contextos de cultura nacional. Isso envolve a penetração e o domínio mercadológico da cultura popular anglo-americana e, o que é mais importante, fixa certas formas como as legítimas, raramente reconhecendo a existência de formas alternativas. O domínio internacional dos conglomerados de empresas de mídia e as grandes gravadoras associadas aos mesmos sugere que o conceito de imperialismo cultural aplica-se à música popular. Pesquisadores discutiram a dimensão desse domínio em relação à invasão cultural e à subjugação da identidade cultural local.

Nos anos de 1960 e 1970, a tese de imperialismo cultural alcançou aceitação geral nas discussões sobre o significado da cultura popular importada. Esses debates evidenciaram-se no Terceiro Mundo e em países "desenvolvidos", como França, Canadá, Austrália e Nova Zelândia, que também recebiam influência da cultura popular norte-americana. Os adeptos dessa tese tendem a opor a cultura popular local à cultura importada, considerando a primeira mais **autêntica** e tradicional, o que dá sustentação a uma concepção de **identidade** cultural nacional. Ameaçando essa identidade, bem como a continuidade de sua existência e vitalidade, há o afluxo de grandes quantidades de produtos comerciais de mídia, principalmente dos

Estados Unidos. Para defender a cultura local, os críticos do imperialismo cultural sugerem a adoção de medidas restritivas aos produtos de mídia importados, além da proteção deliberada das indústrias culturais locais, inclusive a fonográfica.

Apesar do senso comum e dos acadêmicos de tendência esquerdista terem aceitado a existência do imperialismo cultural, sua validade em nível descritivo e como conceito explicativo analítico foi minuciosamente examinada durante os anos de 1980. Em uma crítica bem fundamentada, Tomlinson (1991) argumentou que o conceito oculta diversas fraquezas conceituais e suposições problemáticas sobre a cultura "nacional" e a natureza da homogeneização e do consumismo cultural. Nos anos de 1980, o paradigma do público ativo nos **estudos culturais** e nos estudos dos meios de comunicação, com sua ênfase na capacidade de resistência e na polissemia, desafiaram o mérito do imperialismo cultural.

A tese de imperialismo cultural baseia-se na admissão do "nacional" como algo dado, e as identidades musicais nacionais como seu corolário lógico. Porém, é difícil sustentar uma dicotomia entre o local/autêntico e o importado/comercial com base em exemplos específicos, enquanto os efeitos da mídia são assumidos de uma maneira unidimensional, combinando poder econômico e efeitos culturais. Esse processo subestima a natureza mediada da recepção e do uso dos produtos da mídia por esse público. Desde os anos de 1950, a cultura popular anglo-americana estabeleceu-se como a preferida pela juventude. Os textos produzidos localmente não podem ser diretamente relacionados com a identidade cultural nacional local, e o produto importado não deve ser necessariamente equiparado com o produto alienígena. De fato, a qualidade da música local é muitas vezes indistinta da sua concorrente estrangeira, ainda que isso seja freqüentemente alvo de crítica. Embora estudos locais específicos demonstrem a grande influência da indústria fonográfica transnacional sobre a produção e a distribuição em toda parte, também "indicam claramente que não há um processo de homogeneização mundial da música" (Robinson *et alii*: 1991; p. 4). Há uma relação complexa, freqüentemente mais simbiótica do que exploradora, entre as **grandes gravadoras** e as gravadoras locais em contextos nacionais marginais, como Canadá e Nova Zelândia. Os músicos locais fazem parte de contextos de produção heterogêneos, com cruzamentos entre os sons locais e os estrangeiros. As tentativas de fomentar a produção popular local envolvem intervenções principalmente na distribuição e na recepção dos produtos. Procura-se garantir maior acesso ao mercado, privilegiando a produção local em detrimento da estrangeira, marcadamente da Inglaterra e dos Estados Unidos.

A **globalização** do capitalismo ocidental, particularmente evidente nos conglomerados de empresas de mídia, e a natureza cada vez mais internacional da música popular ocidental, abalaram a tese de imperialismo cultural. Porém, o conceito permanece útil aos estudos sobre música popular, desde que se refira ao modo como o poder dominante é exercido (ver Negus: 1996; cap. 6), e não simplesmente aos seus efeitos ou impactos sobre a cultura.

• *Ver:* **cotas**; **globalização**; **identidade**; **grandes gravadoras**; **mediação**
• *Leitura adicional:* Laing: 1986; Lealand: 1988; Negus: 1996; Roach: 1997; Robinson *et alii*: 1991; Rutten: 1991; Tomlinson: 1991; Wallis & Malm: 1984.

imprensa musical; **jornalismo musical**; **publicações dedicadas à música**: A imprensa musical compõe-se de uma variedade de publicações. Muitas revistas e jornais de interesse geral tratam da música popular, com resenhas regulares. Foi pouco analisado o modo como essas publicações abordam a música popular e influenciam a recepção dos **gêneros** e dos artistas. Entre as exceções, incluem-se a análise de Stratton sobre "os articulistas da imprensa musical que têm certeza de seu entendimento e de suas atitudes a respeito da música sobre a qual escrevem" (1982; p. 267); e a análise de Jones da cobertura pela mídia do suicídio de Kurt Cobain em 1994 (Jones: 1995b).

Especificamente, o termo imprensa musical refere-se a publicações especializadas: revistas que cobrem amplamente a área musical; jornais dedicados aos negócios relacionados à atividade musical; publicações semanais ou mensais voltadas para a música popular ou gêneros específicos. Além disso, existem os **fanzines** caseiros (como são marginalizados em relação às publicações comerciais, serão considerados à parte). Há também uma série de livros escritos sobre a música popular, que serão tratados primeiramente.

Uma vasta e anotada bibliografia publicada em 1985, abrangendo os escritos sobre a música popular desde 1955, revelou um considerável conjunto de obras literárias, que cresceu significativamente no início dos anos de 1980. Uma bibliografia recentemente publicada mostrou que esse rápido crescimento prosseguiu durante a década de 1990 (ver Gatten: 1995; Leyser: 1994; Taylor: 1985). Embora as categorias freqüentemente se sobreponham, podemos identificá-las entre: 1) (auto) biografias, histórias e estudos sobre gêneros; 2) diversas formas de guias para o consumidor, como enciclopédias, dicionários, discografias, listas de **parada de sucessos** e compilações; e 3) bibliografias sobre gravações ou outros textos musicais, geralmente organizadas por gênero, artistas ou períodos históricos (por exemplo, Whitburn: 1988). A última categoria representa um aspecto importante da história da música popular, tanto quanto as gravações, além de serem textos importantes para os **fãs** e os **aficionados**. Há também publicações mais extravagantes, como livros com testes de conhecimentos gerais sobre o **rock**, árvores genealógicas dos artistas e "almanaques" que se ocupam dos detalhes triviais e microscópicos da vida privada das **estrelas**. O resumo de Taylor sobre essas publicações é apropriado: "A diversidade dessas publicações associa-se à qualidade variável de sua escrita, precisão e erudição, cada um devendo abordá-las com discernimento e precaução" (Taylor: 1985; p. 1). Esse raciocínio ainda continua válido.

O jornalismo voltado para a música popular contribui com as publicações "oportunistas", cujo objetivo é explorar a última sensação **pop**. Com leitura equivalente à dos textos de divulgação e enfatizando a imagem em vez de desenvolver um comentário crítico mais profundo, esse tipo de publicação não passa de pseudopublicidade. Reforçam o interesse público pelas estrelas, alimentando o desejo dos fãs por ícones consumíveis e informações descartáveis sobre seus artistas e grupos preferidos. Nesse sentido, complementam as publicações de música popular que atendem ao mercado **adolescente** (ver a seguir). Nas obras de caráter e propósitos mais sérios, "dois tipos de escritos atualmente alimentam o estudo da cultura jovem e da cultura popular. O primeiro tipo são os estudos acadêmicos mais convencionais, e o segundo inclui o que pode ser chamado de uma nova forma de jornalismo cultural. Cada um deles está marcado por sua própria história, seus questionamentos e disputas" (McRobbie: 1988; p. XI). A coleção *Zoot Suits and Second-Hand Dresses*, organizada por McRobbie, mostra como o jornalismo sério voltado para a música popular mudou radicalmente durante os anos de 1980, "com o interesse deslocando-se da música em si para um interesse mais geral pelo fenômeno cultural que a acompanha". Esse novo foco ficou evidente nas "bíblias de estilo" dessa época, principalmente a revista *The Face*. Uma parte desse tipo de jornalismo também conquistou a imprensa dominante e as publicações semanais e mensais mais "sérias".

Paralelamente, há um conjunto de trabalhos jornalísticos sobre a música popular parecido e facilmente identificável — embora historicamente mais centralizado — que não só se dirige a um grupo mais amplo de leitores, como também proporciona uma análise reflexiva e crítica do seu objeto de estudo. Entre esses trabalhos, estão os de críticos como Greil Marcus, Lester Bangs, Robert Cristgau e Dave Marsh, nos Estados Unidos, e Jon Savage, Dave Rimmer, Nik Cohen e Charles Shaar Murray, no Reino Unido. O aparecimento desses trabalhos na forma de livro indica sua importância comercial e ideológica. Destacam-se os estudos bem embasados e detalhados a respeito de gêneros e artistas (como o trabalho de Savage (1991) sobre o Sex Pistols e o **punk rock**), as coletâneas de resenhas e ensaios (por exemplo, Christgau: 1990; Murray: 1991), as diversas enciclopédias de música popular (por exemplo, Clarke: 1990; Gammond: 1991); e as antologias (como Heylin: 1992). McRobbie observou a sobreposição entre esse tipo de trabalho e os trabalhos acadêmicos e concluiu: "enquanto o jornalismo pop passou a adotar um modo mais sério de abordagem, os escritos acadêmicos, ao mesmo tempo, adotaram um estilo mais ensaístico, mais leve" (McRobbie: 1988; p. XVII). Em parte, isso reflete a disseminação dos jornais que surgiram e cresceram em torno dos **estudos culturais**, fornecendo material para ensaios e para obras em andamento, e sendo mais receptivos aos trabalhos escritos em um estilo mais "jornalístico". Esses trabalhos apresentam um perfil mais exploratório, "em que as questões teóricas permeiam, sem necessariamente oprimi-los" (McRobbie: 1988; p. XIX).

Surpreendentemente, as revistas mais populares sobre música receberam pouca atenção nos estudos sobre esse assunto. A principal exceção a essa generalização encontra-se nos manuais sobre as carreiras bem-sucedidas, em que se incluem conselhos aos artistas iniciantes sobre como lidar com a imprensa musical (por exemplo, Riordan: 1991; York: 1991). Os balanços do desenvolvimento da música popular (por exemplo, Chambers: 1985; Garofalo: 1997; Szatmary: 1991) se valeram da imprensa musical como fonte de pesquisa, embora ignorando em grande parte seu papel no processo de *marketing* e de legitimação cultural. A imprensa musical está ausente das diferentes antologias (por exemplo, Frith & Goodwin: 1990), dos estudos sobre os negócios que envolvem a música (por exemplo, Chapple & Garofalo: 1977; Sanjek: 1988) e até mesmo das enciclopédias de música popular (por exemplo, Clarke: 1990; Gammond: 1991). O único livro dedicado ao estudo das publicações sobre música (Draper: 1990), sobre a publicação mais influente da área, a revista *Rolling Stone,* enfatiza o relato biográfico em vez da análise cultural extensiva.

Embora haja uma sobreposição evidente — e competição de mercado — entre os diversos tipos de revistas e jornais dedicados à música, essas publicações possuem qualidades diferentes. Os principais assuntos das publicações sobre os negócios do universo musical enfocam as fusões de empresas, aquisições, mudanças no quadro de funcionários da indústria fonográfica e da mídia, mudanças relativas ao **direito autoral** e às políticas e legislações sobre a regulamentação sugeridas, campanhas de *marketing* aos varejistas (que complementam e reforçam suas promoções de vendas) e listas das **paradas de sucessos** baseadas em dados de vendas e execuções pelas emissoras de rádio (as principais publicações são: *Billboard*, *Music Business International* e *Music Week*). As publicações sobre os músicos (por exemplo, *Guitar Player*) informam seus leitores a respeito de novas tecnologias e técnicas musicais, contribuindo assim para a arte de tocar um instrumento e para a **apropriação** musical (ver Théberge: 1991).

As publicações voltadas para os fãs ou aqueles interessados em música popular desempenham um papel importante no processo da venda da música como bem consumível, ao mesmo tempo que a investem de significado cultural. No Reino Unido, em 1995, uma pesquisa entre os leitores de 27 publicações revelou que a *Smash Hits* era a mais lida (3,3 milhões de leitores durante o ano, representando 7,1% do grupo pesquisado), seguido pela *NME*, com 2,4 milhões de leitores (5,3%) e pela *Q*, com 2,3 milhões (5,1%). A pesquisa revelou que 57% dos leitores dessas revistas compram um álbum todo mês e mais de 30% só fazem isso a cada dois ou três meses (*Music Week*. Março, 1996).

Essas publicações não tratam simplesmente da obra musical; tanto seus artigos como suas propagandas divulgam estilos e conquistam mais consumidores. A maioria delas se interessa pelos artistas, suas músicas e seu relacionamento com os **fãs**. Identifica-se facilmente com o público para o qual suas **estéticas** musicais e funções socioculturais estão voltadas. Por exemplo, as "revistas teen" reforçam a aproximação com artistas cuja música e imagem está dirigida para o mercado jovem (por exemplo, *Smash Hits*); revistas como *Melody Maker* e *New Musical Express* historicamente ressaltam a tradição do jornalismo crítico do rock, com seus colunistas preservando essa tradição; e as "bíblias de estilo" (*The Face*) enfocam a música popular como parte de uma cultura visual pop, principalmente a moda. Algumas publicações relativamente mais recentes são uma combinação entre revistas como *Melody Maker* e as "bíblias de estilo", oferecendo uma cobertura ampla e crítica do cenário musical e da cultura popular, com o conteúdo embalado pelo "estilo" (*MOJO, VOX*). Esse é um mercado volátil e altamente competitivo; *RAW*, o "quinzenário do britpop", lançado em 1995 para preencher a lacuna existente entre *Smash Hits* e *Select*, uma publicação mensal, saiu de circulação depois de cinco meses, apesar de vender cerca de 40 mil cópias por edição.

As resenhas da imprensa musical alavancam o *marketing* dos produtos das gravadoras, dando um retorno crítico do trabalho das mesmas e dos artistas. Dessa forma, acabam se tornando peças promocionais, citações que dão suporte à propaganda e fazem parte do kit de divulgação enviado às emissoras de rádio e outros veículos da imprensa. Tanto a imprensa quanto os críticos desempenham uma função ideológica, já que ressaltam a importância cultural do produto, distanciando os consumidores do consumo imediato. Isso é reforçado pela idéia de que a imprensa musical e os críticos não são, ao menos diretamente, integrados verticalmente à indústria fonográfica (isto é, não pertencem ao quadro de funcionários das gravadoras). Assim, há um certo distanciamento, embora, ao mesmo tempo, as necessidades da indústria de vender constantemente novas imagens, estilos e produtos sejam satisfeitas.

• *Ver:* **fanzines**
• *Leitura adicional:* Barrow & Newby: 1996; Shuker: 1994.

independentes; gravadoras independentes; música independente: As gravadoras independentes são pequenos selos que têm autonomia em relação, ao menos, aos processos produtivos e criativos, à contratação e promoção dos artistas. Embora a dependência das grandes gravadoras ainda se verifique no que se refere à distribuição dos seus produtos, esses selos são considerados mais flexíveis e inovadores quanto ao catálogo de artistas. Também foram associados ao surgimento de novos **gêneros**: "uma gravadora independente inclui uma atitude relacionada a um produto sonoro" (Larkin: 1995; p. 3). Entre as mais representativas desse processo, incluem-se Creation, 4AD, Sub Pop, Demon, Stiff e outras.

Argumentou-se que as gravadoras independentes da década de 1950 não apresentavam o quadro administrativo das grandes gravadoras, possuindo mais flexibilidade para descobrir e promover novas tendências e talentos, bem como mais capacidade para regular sua produção. Nessas empresas, o proprietário, o **produtor**, o técnico de som e o administrador eram muitas vezes a mesma pessoa — por exemplo, Sam Philips (ver Millard: 1995; pp. 291-2).

Utilizando o estudo do caso da Wax Trax! Records, uma independente de Chicago, Lee revela que a expansão do mercado e as inevitáveis relações com as grandes gravadoras para a distribuição forçou as independentes à adotar as mesmas práticas comerciais das grandes gravadoras; nesse processo, terminaram por se afastar dos seus objetivos básicos culturais, como o trabalho artístico e a criatividade. O resultado é um "selo híbrido — uma companhia privada que negocia importantes elementos produtivos com uma grande gravadora ou que recebe dela parte dos seus recursos financeiros operacionais" (Lee: 1995; p. 196). Nessas situações, porém, a interação entre grandes e independentes é um processo dinâmico.

O termo **música independente** é usado para um estilo musical amplo, semelhante à **música alternativa**. Isso pode ser problemático: por exemplo, no caso do *Guinness Who's Who of Indie New Wave*, a música independente é definida como "a música pós-Sex Pistols, executada por músicos criativos e irrequietos, com muitas guitarras, que soam um tanto parecidas com o som dos Byrds, Velvet Underground e MC5" (Larkin: 1995; p. 3). Como essa definição abrange vários estilos musicais, o *Guinness* considera os representantes da música independente bandas como Depeche Mode e o seu "eletro synth", o Del Lords e o seu **rock** básico ("animado, canções emotivas, tocadas com paixão inconformista" [*idem*; p. 113]), e o Dead Kennedies, juntamente com muitos outros artistas **punks**.

Tanto a música independente como a alternativa estão associadas a um conjunto de valores musicais, destacando-se a **autenticidade**, algo completamente oposto ao que está em vigor. Por exemplo, a música independente é considerada uma música crua e imediata, enquanto a música "industrializada" é vista como uma música produzida; os grupos independentes podem tocar ao vivo, enquanto as outras bandas recorrem aos efeitos eletrônicos para reproduzir sua música ao vivo.

• *Ver:* **rock alternativo**; **autenticidade**

• *Leitura adicional:* Lee: 1995.

indústria cultural; **indústria do entretenimento**: Expressão cunhada e desenvolvida por Adorno (1991), a indústria cultural é a instituição econômica "que emprega os modos de produção e a organização característicos das empresas industriais para produzir e difundir símbolos na forma de bens e serviços culturais, geralmente — embora não exclusivamente — como mercadorias" (Garnham: 1987, p. 25; ver também Adorno: 1991). A abordagem da economia comercial, é conhecida como indústria do entretenimento. Essa indústria empenha-se constantemente em expandir sua participação no mercado e em criar novos produtos; desse modo, a mercadoria cultural resiste à homogeneização. No caso da indústria fonográfica, embora a criação e a promoção de novidades seja geralmente dispendiosa, a reprodução, verdadeiramente, não o é. Uma vez que a cópia matriz está prensada, a produção de cópias adicionais é relativamente barata se a quantidade for alta. O mesmo ocorre com o **videoclipe**, cuja produção pode ser muito dispendiosa, mas a capacidade de reprodução e exibição é virtualmente ilimitada.

A indústria cultural compete por mercados que oscilam de acordo com a conjuntura econômica. Como sempre foi associada ao público jovem — embora atualmente não domine como grupo **consumidor** — a indústria fonográfica é particularmente vulnerável às mudanças na dimensão desse mercado e à perda de poder aquisitivo da juventude devido à alta taxa mundial de desemprego jovem (ver **demografia**). A indústria cultural também compete por receitas de publicidade, tempo dedicado ao consumo e mão-de-obra especializada. As estações de **rádio**, particularmente, são muito dependentes da publicidade. Os consumidores não estão só deslocando seus gastos, também estão dividindo seu tempo com diversas oportunidades de consumo cultural. Com a ampliação de opções de lazer (pelo menos para os que têm condições de usufrui-la), acirrou-se a competição entre as indústrias cultural, do entretenimento e recreativa.

A indústria fonográfica apresenta a maioria dos aspectos identificados por Vogel (1994) como característicos da indústria do entretenimento: 1) o lucro advém de poucos produtos realmente populares para compensar as perdas originadas pelo desempenho medíocre de outros diversos produtos; a superprodução é um dos aspectos da gravação, apenas uma pequena proporção de lançamentos atinge a **parada de sucessos** e o sucesso comercial e alguns megasucessos impulsionam a indústria fonográfica, mesmo nos períodos de maior dificuldade (como o álbum *Thriller* (Epic, 1982), de Michael Jackson, que vendeu aproximadamente vinte milhões de cópias durante a década de 1980); 2) as despesas com publicidade são muito grandes, mas esse gasto é privilégio dos artistas consagrados e dos lançamentos com sucesso garantido; 3) o retorno dos mercados auxiliares ou secundários é inesperadamente grande, como a concessão de direitos de reprodução para trilhas sonoras de filmes e a renda originada do direito autoral; 4) os investimentos são relativamente elevados, e as tendências oligopolistas prevalecem. Na indústria fonográfica, observa-se o domínio das **grandes gra-**

vadoras, devido, em parte, à maior disponibilidade de capital para desenvolver e promover produtos; 5) O avanço tecnológico diminui os custos de produção, distribuição e recepção dos produtos e serviços da indústria do entretenimento, como o desenvolvimento da tecnologia de gravação; e 6) os produtos e serviços da indústria do entretenimento possuem apelo universal: muitos **gêneros** e artistas de música popular têm seguidores e admiradores no mundo todo, independente do idioma em que a canção é interpretada ou da nacionalidade do artista, devido ao caráter da música como meio de comunicação.

Além dessas características, deve-se notar que as grandes gravadoras e os respectivos conglomerados que elas integram revelam diferenças em relação à produção, distribuição e venda no varejo (ver estudos em Barnett & Cavanagh: 1994).

• *Ver:* **concentração**; **indústria fonográfica**
• *Leitura adicional:* Adorno: 1991; Garnham: 1987; Vogel: 1994.

indústria do entretenimento — *ver* **indústria cultural**

indústria fonográfica; **gravadoras**: Há uma tendência especialmente no discurso genérico de equiparar a "indústria fonográfica" às gravadoras, quando as últimas são só uma parte da primeira. A indústria fonográfica engloba uma série de instituições e mercados: as gravadoras (ver **grandes gravadoras**; **independentes**) e o **varejo**, produzindo e vendendo as gravações em seus vários formatos; a imprensa musical; os equipamentos musicais, incluindo instrumentos, aparelhos e tecnologias de gravação e reprodução sonora; *merchandising* (pôsteres, camisetas etc.); e os *royalties*, direitos autorais e escritórios de coleta e licenciamento. Cada vez mais, todas essas instituições e mercados têm tendência a manter-se sob o controle de uma das empresas do grupo (ver **concentração**), possibilitando explorar maciçamente um produto ou artista.

A indústria fonográfica é uma importante **indústria cultural** e exibe suas características comuns. As gravadoras são estruturas comerciais organizadas hierarquicamente, com papéis bem definidos. Em uma grande empresa isso inclui gerentes, **produtores**, pessoal de divulgação e relações públicas, publicitários, promotores, administradores, advogados, encarregados da produção e distribuição e funcionários administrativos (ver Negus: 1992; cap. 3). O principal problema das gravadoras é a incerteza do mercado fonográfico;

apenas um em cada oito artistas contratados chega a alcançar uma vendagem que supere o investimento e dê lucro para o artista e para a empresa. Essa situação levou as grandes gravadoras a procurarem obras e artistas já conhecidos do público e que tivessem bom potencial comercial.

• *Ver:* **departamento artístico**; **indústria cultural**

• *Leitura adicional:* Barrow & Newby: 1996; Burnett: 1996; Cusic: 1996; Dannen: 1991; Negus: 1992.

infração — *ver* **política cultural**

intermediários culturais: Concepção desenvolvida por Bourdieu para examinar o papel dos funcionários da indústria fonográfica na produção de artistas específicos e de estilos musicais.

> Embora muitas vezes invisíveis, escondidos atrás das estrelas e dos estilos do público, o grupo de funcionários da indústria fonográfica trabalha até o ponto em que as tensões entre artistas, consumidores e indústrias do entretenimento encontram-se e resultam em um conjunto de práticas profissionais, divisões ideológicas e conflitos (Negus: 1992).

Esse grupo de funcionários abrange: o **departamento artístico**, responsável por descobrir novos talentos e manter o elenco de artistas da empresa; os **produtores** musicais e os técnicos de som, que desempenham um papel decisivo no estúdio de gravação; os diretores de **videoclipe**; os diretores de *marketing* e os publicitários; os assessores de imprensa; os varejistas de discos; os programadores de emissoras de **rádio** e os **DJs**; os organizadores de apresentações e empresários de clubes noturnos.

Apesar de uma certa desorganização dessas práticas da indústria fonográfica — resultante da instabilidade e do risco envolvido no negócio —, ela conseguiu privilegiar estilos musicais particulares, práticas profissionais e modos relativamente específicos de contratar, negociar e promover artistas. Porém, tais modos de operação estabelecidos funcionam contra os novos artistas, contra os estilos excluídos do legitimado **rock** branco do *mainstream* e contra o emprego de mulheres. O conceito de intermediários culturais é mais útil que o de **filtragem**, principalmente por sua maior flexibilidade.

• *Ver:* **departamento artístico**; **marketing**; **produtores**; **varejo**

• *Leitura adicional:* Bourdieu: 1984; Negus: 1992.

Internet; World Wide Web: A Internet é uma tecnologia de comunicação global via computador que, durante os anos de 1990, apresentou um número crescente de usuários. A World Wide Web (WWW), a parte principal da Internet, é a rede gráfica que contém sites sobre um assunto, uma pessoa ou uma empresa. A primeira página do site é conhecida como "homepage" e possibilita a passagem para outros endereços na Internet. Apesar de ressuscitar a questão sobre o **direito autoral**, a Internet oferece uma nova dimensão ao *marketing* e à recepção da música popular, como lojas de discos virtuais, sites de gravadoras e artistas, jornais, apresentações e entrevistas em tempo real, emissoras de rádio e boletins informativos. Tudo isso representa uma nova maneira de integrar **público** e **consumidores** da música popular, artistas e **indústria fonográfica**. Grande parte das discussões sobre a importância do comércio eletrônico enfatizam os aspectos comerciais e econômicos: os benefícios para empresas e consumidores, as barreiras e dificuldades da negociação pela Internet, as demografias dos usuários e as oportunidades para as empresas.

Há também questões culturais relacionadas à presença da música popular na Internet, com discussões sobre esse assunto e sobre a indústria fonográfica e a necessidade do público para o desenvolvimento da música popular. A Internet pode aumentar a autonomia do consumidor e a possibilidade de escolha, já que elimina os intermediários tradicionais dessa indústria (principalmente as gravadoras). As **grandes gravadoras**, que demoraram a reconhecer o potencial da rede, estão atualmente desenvolvendo grandes sites (ver o site sobre Michael Jackson produzido pela Sony — no endereço http://www.music.sony.com/Music/ArtistInfo/MichaelJackson/main.html). Qualquer novidade tecnológica modifica a experiência da audição musical, implicando mudanças na relação com o produto e o consumo. A Internet revolucionou as noções tradicionais de "distância" entre o consumidor e o produto e sua mediação tecnológica. Finalmente, a natureza dos direitos de propriedade intelectual e sua regulamentação voltaram a ser discutidas por causa das dificuldades encontradas com a Internet, além dos debates sobre o uso do sampling em textos de música popular.

• *Ver:* **varejo**

• *Leitura adicional:* Gurley & Pfefferle: 1996; Hayward: 1995; Mitchell: 1997.

intersecção: Representa a passagem de uma gravação ou de um artista de sucesso de um **gênero** ou de uma seção da **parada de sucessos** para outro gênero ou outra seção, geralmente de maior público. O termo associa-se habitualmente à black music, que alcançou uma importante posição na parada de sucessos, menos comumente ao sucesso do "**new country**", no início dos anos de 1990, e aos músicos gays que revelam publicamente sua opção sexual. Exceto por um breve período (de novembro de 1963 a janeiro de 1965), a revista *Billboard* tinha uma parada de sucessos de rhythm'n'blues à parte, com algumas gravações de rhythm'n'blues "interseccionando" a parada de sucessos de música **pop**, tal como The Four Tops, com "I Can't Help Myself" (Motown, 1965). A música classificada como rhythm'n'blues nunca havia sido tão promovida quanto a música pop, tampouco as gravações participavam da extensa rede de distribuição de discos pop, quando Berry Gordy, da **Motown**, nos anos de 1960, adotou uma bem-sucedida política de divulgar a black music atraente para o público branco (por exemplo, The Supremes, The Four Tops). Nos anos de 1980, com o sucesso de artistas como Michael Jackson e Prince, a *Billboard* lançou uma parada de sucessos incluindo as trinta gravações interseccionais mais vendidas ("Hot Crossover 30"), codificando a natureza da evolução da black music.

A intersecção implica a existência de fronteiras discretas e uma hierarquia de gêneros e públicos racialmente distintos. Ocasionalmente, situa-se junto da combinação racial daqueles que trabalham dentro de gêneros particulares (por exemplo, o rock'n'roll da década de 1950). Brackett (1995) produziu um interessante estudo sobre cinco canções de rhythm'n'blues que alcançaram sucesso interseccional, em 1965, demonstrando conexões evidentes entre seu estilo musical e o grau de intersecção das canções. Brackett afirma que as paradas de sucessos de música country e de rhythm'n'blues serviam como "campo de prova" para identificar as gravações com potencial de intersecção para a parada de sucessos da música pop.

A música interseccional foi criticada por alguns estudiosos (particularmente, Nelson George) como responsável pela liquidação dos estilos mais vigorosos da black music e como ameaça à sobrevivência de seus empresários independentes. O movimento negro sustenta esses pontos de vista, baseando-se na noção de comprometimento com a **autenticidade** da black music. Outros estudiosos (particularmente, Perry: 1988) consideram a intersecção uma metáfora para a integração e a mobilidade social ascendente da comunidade negra. Mas o conceito de intersecção não assume dimensão semelhante nos mercados musicais fora dos Estados Unidos: no Reino Unido, o termo é raro e, quando usado, refere-se geralmente à bem-sucedida **dance music** e à **música independente** que estejam bem posicionadas nas principais paradas de sucesso de música pop (ver *Music Week, NME* e *Melody Maker*).

• *Ver:* **rhythm'n'blues**; **soul**
• *Leitura adicional:* Brackett: 1995; Garofalo, *apud* Bennett: 1993; George: 1989; Perry: 1988.
• *Escutar:* Marvin Gaye, "I Heard it Through the Grapevine", *Anthology,* Motown, 1974. Michael Jackson, *Thriller*, Epic, 1982. James Brown, "Papa's Got a Brand New Bag", *20 All Time Greatest Hits*, Polydor, 1991.

invasão britânica: Termo utilizado pela imprensa popular, e depois por historiadores da música popular, para descrever o impacto dos grupos britânicos sobre o cenário da música popular norte-americana e a forma como dominaram as paradas de sucesso desde o início dos anos de 1960 até 1964-5. No final dos anos de 1950, um forte movimento de música popular surgiu na Grã-Bretanha, animado pelo **skiffle** e influenciado pelo **rock'n'roll** e pelo **rhythm'n'blues** norte-americanos. As bandas pertencentes ao boom do **beat** modificaram esses sons a partir dos seus estilos próprios e progressivamente produziram elas mesmas o seu material. Os principais centros foram Liverpool (Merseybeat) e o cenário de **rhythm'n'blues** de Londres.

Os Beatles foram decisivos para a época, já que seu sucesso abriu caminho para o The Dave Clark Five, Gerry and the Pacemakers, The Rolling Stones etc. Antes disso, poucos artistas ingleses haviam alcançado tal popularidade nos Estados Unidos. De fato, a Capitol Records, subsidiária norte-americana da EMI, inicialmente recusou-se a lançar as gravações dos Beatles nos Estados Unidos, licenciando pequenos selos para esse fim. Por exemplo, o selo Vee Jay Records lançou, em fevereiro de 1963, "Please Please Me", e uma versão modificada do primeiro álbum do grupo (*Please Please Me*) com o título de *Introducing the Beatles*, em julho de 1963. Contando com uma discreta campanha promocional, esses lançamentos não conseguiram atingir a **parada de sucessos**, apesar do seu sucesso no Reino Unido. Com a primeira excursão norte-americana da banda em 1964, porém, isso mudou; nasceu a "Beatlemania", e a parada de sucessos passou a ser dominada por suas canções (ver Whitburn: 1988). A invasão britânica decaiu em meados dos anos de 1960, quando os Beatles, em 1966, pararam de excursionar e surgiram, nos Estados Unidos, diversas bandas de sucesso que enfrentaram os grupos ingleses e sua música (por exemplo, The Byrds).

Lester Bangs é crítico de grande parte dessa música: "de modo geral, refugo: expressões perfeitas da estética pop de uma cultura alienada" e "inofensiva, porém rouquenha" (1992a; p. 199). De qualquer modo, a invasão britânica foi importante para a reformulação da música popular norte-americana no início dos anos de 1960, apesar de ratificar a cultura jovem emergente. Embora tenha sufocado o **rhythm'n'blues** negro e os **grupos vocais femininos**, motivou o surgimento das **bandas de garagem** e do **power pop** norte-americano. O sucesso dos Beatles, seguido por outros grupos britânicos, criou o padrão de formação de um grupo de rock, constituído usualmente por quatro ou, às vezes, cinco integrantes, contando com bateria, guitarra líder, guitarra rítmica, baixo elétrico, além de vocais desenvolvidos por um integrante (em geral, o líder) e por todos (coro). Os Beatles também fixaram a importância do cantor-**compositor** e a importância cultural dos grupos interpretarem seu próprio material.

• *Ver*: **bandas de garagem**; **grupos vocais femininos**; **som de Liverpool**; **power pop**
• *Leitura adicional:* Erlewine *et alii*: *1995;* Bangs: 1992a; Clayson: 1995; Ennis: 1992; Friedlander: 1996; Garofalo: 1997.
• *Assistir: Dancing in the Street,* episódio 3: "So You Wanna Be a Rock'n'Roll Star?".

j

jabaculê*: Designa a oferta de favores financeiros, sexuais ou de outra natureza em troca de promoção e divulgação. Em 1955, um comitê da Câmara de Deputados norte-americana, que havia investigado possíveis irregularidades em programas televisivos de testes de conhecimentos gerais, passou a investigar também a prática do pagamento para que determinadas músicas fossem tocadas nas emissoras de **rádio** de rock. Esse hábito, que já era corriqueiro e não era ilegal, ficou conhecido como "payola". Chamado originalmente de "song plugging", foi fundamental para o *marketing* da indústria fonográfica desde o auge do **Tin Pan Alley**, nos anos de 1920. Na década de 1950, os **DJs** e os programadores geralmente completavam seus salários com "honorários de consultoria" e ganhavam crédito em uma gravação por sua suposta participação, de maneira a receberem uma parte dos direitos autorais.

Durante as audiências do comitê, Dick Clark admitiu que tinha interesse pessoal por aproximadamente um quarto das gravações que promovia em seu programa. Dick Clark renunciou aos seus negócios musicais e foi absolvido pelo comitê; sobreviveu ao escândalo porque era uma figura representativa do **rock'n'roll**. Em 1960, Alan Freed, um dos primeiros DJs da história, não teve a mesma sorte; foi perseguido e, por fim, condenado por suborno, o que determinou o fim de sua carreira.

O jabaculê não era prática comum de todas as emissoras de rádio de rock, mas sua condenação fez parte da "estratégia operacional para neutralizar o rock'n'roll" (Garofalo: 1997; p. 170), na batalha conservadora em favor do retorno da "boa música". A campanha contra o jabaculê foi promovida por interesses econômicos específicos. A American Society of

**payola*, no original (N.T.)

Composers, Authors e Publishers (ASCAP) encabeçou essa luta, atacando sua rival, a BMI (Broadcast Music Inc.), cujos autores eram responsáveis pela maioria das composições do rock'n'roll. As **grandes gravadoras** também apoiaram a campanha para deter a expansão das gravadoras **independentes**. Quanto às investigações promovidas pela Câmara dos Deputados, T. Hill arrisca uma conclusão, afirmando que a investigação foi uma tentativa, em última análise, bem-sucedida, de "se obter um maior grau de organização e responsabilidade hierárquica para a indústria fonográfica; desse modo, o fluxo dos produtos musicais podia ser regulado mais facilmente" (1991; p. 667). O envolvimento do escalão conservador do governo e de diversas personalidades do mundo da música (inclusive Frank Sinatra) baseou-se em uma freqüente e intensa aversão ao rock'n'roll, um preconceito que escondia traços racistas, dado o predomínio de músicos negros no **gênero**.

• *Ver:* **censura**; **parada de sucessos**; **DJ**; **rádio**
• *Leitura adicional:* Friedlander: 1996; Hill, T.: 1991; Morthland: 1992b.

jazz; **bebop**; **jazz rock/fusion**; **acid jazz**: Como **gênero**/estilo musical, o jazz, como aqui será abordado, é apresentado resumidamente num primeiro momento, influenciando e associando-se a vários gêneros da música popular dominante, e fundindo-se com esses gêneros para criar novas formas: jazz rock/fusion, jazz funk e acid jazz. O jazz foi também o primeiro contato com a música para muitos artistas, que depois migraram para outros gêneros, particularmente o **skiffle**.

Surgido no início do século XX, o jazz é uma linguagem norte-americana desenvolvida a partir do **ragtime**, do **blues** e da **música popular** dessa época. O elemento marcante desse estilo é a improvisação, de modo que cada apresentação aconteça a partir de uma criação original e espontânea. A partir do jazz surgiram subgêneros cada vez mais variados e díspares, difundindo-se regionalmente a partir do sul dos Estados Unidos para produzir estilos distintos em St. Louis, Kansas City, Chicago, Nova Iorque e outras localidades.

> Entre os estilos mais importantes de jazz, incluem-se o tradicional (ou dixieland), swing, bebop, cool jazz, free jazz e fusion; recentemente, houve o renascimento de estilos mais antigos e novas fusões, desde os "Novos Tradicionalistas" dos anos de 1980 até o acid jazz e o hip-hop dos

anos de 1990, provocando debates para saber se esses novos estilos reinventam o jazz e ampliam sua influência entre as novas gerações (*Music Central 96).*

Entre os principais artistas desses estilos, incluem-se Benny Goodman, Duke Ellington, Dave Brubeck, Ella Fitzgerald, Count Basie, Sarah Vaughan, Billie Holliday, Louis Armstrong, Miles Davis, John Coltrane, Thelonious Monk, Charlie Parker e Wynton Marsalis.

•*Leitura adicional:* Carr *et alii*: 1988; Fordham: 1991.

Cronologicamente, os estilos anteriores a 1940 são denominados pré-modernos, enquanto os estilos posteriores são chamados modernos. Abordei os estilos modernos, concentrando-me em dois deles, os quais exerceram considerável influência sobre o universo da música pop: o bebop e o jazz rock/fusion.

Bebop é uma palavra derivada possivelmente do grito "arriba" escutado nas apresentações das bandas latino-americanas do período. Desenvolvido inicialmente em Nova Iorque, o bebop foi o nome popular dado aos primeiros desenvolvimentos do jazz moderno nos anos de 1940: "uma tentativa deliberada feita por importantes músicos de jazz para afastar o gênero das harmonias simples e dos ritmos básicos dos estilos mais antigos [...]. Com harmonias prolongadas nos instrumentos de corda e ritmos quebrados, o bop mudou a cara do jazz" (Hardy & Laing: 1991). Entre os principais expoentes, destacaram-se Dizzy Gillepsie, Charlie Parker e Thelonious Monk. A classificação caiu em desuso quando o estilo foi incorporado de modo mais amplo ao jazz moderno. A relação do bebop com o universo da música popular deu-se por intermédio dos **beats** em 1950; nos anos de 1960 e 1970, foi adotado como parte do repertório musical de alguns artistas do **rock progressivo** e do **art rock**; recentemente, influenciou alguns estilos do **drum'n'bass**.

•*Leitura adicional:* Owens: 1995.

•*Escutar:* Thelonious Monk, *Something in Blue,* Black Lion, 1972.

Usa-se o termo fusion para designar a mistura de dois estilos musicais, como a mistura do folk e do rock para formar o folk rock, uma combinação de instrumentos e sons elétricos e acústicos. O termo aplica-se mais comumente à música produzida pela fusão do jazz e do rock: o **jazz rock.** O jazz rock combina a improvisação do jazz com a instrumentação e o ritmo do **rhythm'n'blues**, mais uma grande quantidade de tecnologia, como a substituição do piano acústico pelo piano elétrico e o sintetizador. As versões mais jazzísticas são usualmente denominadas de fusion, embora alguns especialistas prefiram o termo **jazz rock fusion** (Gammond: 1991). Entre os representantes mais bem-sucedidos e mais voltados para o rock, destacam-se Return to Forever, Blood, Sweat and Tears e Weather, que se destacaram na década de 1970. Entre os músicos que trabalham com o jazz rock, estão Stanley Clarke, Chick Corea, Miles Davis, Larry Coryell e John McLaughlin.

O **acid jazz** é um gênero popular da música **dance** do final dos anos de 1980 e início dos anos de 1990 que combina elementos do jazz, do **hip-hop**, do **funk** e do **rhythm'n'blues.** Originalmente, foi difundido por meio de singles (para compilações representativas, ver *Acid Jazz: Collection 1*, Scotti Brothers).

•*Escutar:* Blood, Sweat and Tears, "Spinning Wheel", em *Greatest Hits,* CBS, 1972. Weather Report, *Mysterious Traveller,* Columbia, 1974. Jeff Beck, *Blow By Blow,* Epic, 1975.

jovem — *ver* **contracultura**; **demografia**; **subculturas jovens**; **filmes para juventude** (em **cinema**)

jungle — *ver* **dance music**

l

leituras preferenciais — *ver* **análise do discurso**

localidade; cenários locais; produtos sonoros locais: A localidade surgiu como um conceito-chave nos estudos contemporâneos sobre música popular, assimilando tendências da **geografia** cultural. A ênfase básica está na investigação do papel e da efetividade da música como meio de definir a localidade. Freqüentemente, a retórica da imprensa musical faz referência ao local, no sentido geográfico, da origem da banda. De modo semelhante, tanto os **fãs** quanto os estudos acadêmicos sustentam a noção de sons e cenários locais. Segundo Street, as questões a serem formuladas nesse caso são: "Os fatores locais modelam a produção e o consumo musical? A localidade afeta o significado musical?" (1995; p. 255).

O conceito de localidade foi abordado de várias formas nos estudos sobre música popular:

1) Para investigar o relacionamento entre centros dominantes, grandes gravadoras e periferia, enfatizando o funcionamento e a validade do **imperialismo cultural**. Nesse caso, a localidade torna-se um marco da prática política exercida contra os centros dominantes e as grandes gravadoras para valorizar ideologicamente e fortalecer as manifestações musicais locais;

2) O modo como a música foi freqüentemente utilizada para expressar a **identidade** nacional, regional ou comunitária. Isso pode tomar a forma de identidade sexual, como a criação de espaços de recepção musical para a comunidade "GLS" (Valentine: 1995);

3) A localidade como uma experiência social, em que os compositores a utilizam como tema e como meio para legitimar sua música (por exemplo, Bruce Springsteen, John Lee Hooker);

4) A noção de cenários e produtos sonoros localizados. Determinadas regiões são identificadas com um som específico, como o **som de Liverpool**, o **som de San Francisco**, o **som de Seattle** e o Chicago **blues**. A noção de cenário, que é semelhante, recebe o mesmo tratamento, por exemplo, Athens, na Georgia, desde o final dos anos de 1980, e Seattle, nos anos de 1990. Isso inclui uma série de atividades em torno a um estilo musical específico e seus artistas. Além de investigar as características desses cenários, um dos interesses nos estudos sobre música pop foi examinar *por que* os produtos sonoros desenvolvem-se em um local e em uma determinada época (ver **cenários alternativos**). Também "devemos examinar a hipótese que sustenta que o produto sonoro e o local estão vinculados de alguma maneira" (Street: 1995; p. 256). Em diversos casos, em razão do declínio da indústria fonográfica com a reestruturação global, a produção da música local revitalizou essa indústria (Hudson: 1995).

Cohen sugere que o conceito de localidade pode ser utilizado de modo mais útil, em um sentido antropológico, nos estudos sobre música popular:

> para examinar as redes de relacionamentos, práticas e processos sociais difundidas em lugares específicos; por implicar uma orientação metodológica interessada no particular e não no geral, no concreto e não no abstrato. Também pode salientar interconexões e interdependência entre, por exemplo, o espaço e o tempo, o contextual e o conceitual, o individual e o coletivo, o eu e o outro (1995; p. 65).

• *Ver:* **cenários da música alternativa**; **imperialismo cultural**; **Dunedin sound**; **geografia**; **identidade**; **som de Liverpool**; **som de San Francisco**

• *Leitura adicional:* Cohen: 1995, De Curtis & Henke: 1992a; Fenster: 1995; Negus: 1996, cap. 6; Street: 1995.

m

marketing; **varejo**: O *marketing* surgiu para desempenhar um papel decisivo na circulação das mercadorias culturais. É uma prática complexa, que envolve diversas atividades: pesquisa, projeto e desenvolvimento do produto, embalagem, publicidade e promoção, política de preços, vendas e distribuição, e está relacionado à comercialização e ao varejo. O ponto fundamental do processo é o posicionamento do produto e o ato de atribuir aos produtos culturais um significado social para torná-los atraentes aos consumidores (para uma discussão criteriosa a esse respeito, ver Ewen: 1988; Ryan: 1992). Na música popular, esse processo centralizou-se no *marketing* dos estilos dos **gêneros** e das **estrelas**; isso surgiu para atuar de modo similar à criação de marcas, "servindo para dirigir a demanda e firmar os padrões de venda" (Ryan: 1992; p. 185). A **moda musical** é uma dimensão fundamental: a mercadoria é planejada para atrair a atenção e o interesse dos compradores. A "estética da mercadoria" requer a construção de uma aparência agradável que deve estimular o desejo de aquisição e posse. No processo de *marketing*, o significado dos produtos culturais torna-se controvertido.

Nos anos de 1990, nota-se que, no jargão da indústria, a palavra que designa música é "produto". De fato, a música popular está cada vez mais se tornando um produto comercializável: mercadoria para ser embalada e vendida. A música pode ser reproduzida em vários formatos: vinil, cassete, **CD**, DAT e **video** — além das variações dos mesmos: o dance mix, o cassete single, as edições limitadas para colecionadores e assim por diante. A música pode ser difundida de diversas maneiras: pelas **rádios**, **discos** e dance **clubs**, apresentações transmitidas pela **televisão** e pelos canais ao estilo **MTV**, bem como apresentações ao vivo. Juntamente com esses processos, incluem-se a propaganda, as notas na imprensa sobre a gravação ou a apresentação e as entrevistas com os artistas. Além disso, há uma parafernália de mercadorias à disposição dos **fãs**, especialmente pôsteres e camisetas. Há ainda o uso da música pop como **trilha sonora** de filmes e nas propagandas televisivas. Todas essas opções possibilitam várias estratégias de *marketing*, maximizando o potencial de vendas e reforçando o apelo em cada meio.

O *marketing* também se vale dos rótulos para definir os gêneros, práticas de segmentação e formatação das emissoras de rádio e processos de produção padronizados (por exemplo, Stock, Aitken e Waterman e a **dance pop**, nos anos de 1980). Usa a imagem das estrelas, associando-as e a suas músicas às necessidades, demandas, emoções e desejos do **público**.

Em relação à **indústria fonográfica**, o *marketing* foi examinado em diversos estudos, com atenção especial ao pessoal da indústria ligado à propaganda e comercialização e ao papel promocional do rádio, do video musical e da imprensa musical. Há menos estudos críticos sobre embalagens (por exemplo, **capas de discos**, códigos de vestuário dos artistas etc.) e sobre a venda no varejo da música popular. Em relação a esse último ponto, como Du Gay e Negus observam, a loja de discos está estranhamente ausente da maioria das histórias da música popular, sendo negligenciada ou mencionada de passagem em levantamentos da produção e consumo. Esses autores demonstram que as recentes e "profundas transformações no sistema de distribuição levaram os varejistas a exercer uma influência cada vez maior na indústria fonográfica" (1994; p. 396). O emprego de novas tecnologias no processamento de dados, junto da maior **concentração** do varejo de música, permitiu que a comercialização, a distribuição e a produção "se organizassem como um pacote logístico inter-relacionado", possibilitando aos "varejistas traçarem, construírem e monitorarem o 'consumidor' das gravações musicais de modo mais complexo do que antes" (*ibidem*). Esse processo é uma tendência, exemplificada pela ascensão das "megastores", o que mereceria uma nova investigação.

- *Ver:* **mercantilização**; **objetos memoráveis**; **estrelas**
- *Leitura adicional*: Chapple & Garofalo: 1977; Featherstone: 1987; Negus: 1992.

marxismo: Teoria social baseada nas idéias desenvolvidas por Karl Marx e Friedrich Engels no século XIX. Considera a história do homem como um processo enraizado nas necessidades materiais das pessoas e nos modos variáveis de produção (materialismo histórico), que, "em última análise", determinam a natureza da estrutura de classe. Os conflitos de classe e a emergência do socialismo são fundamentais para a análise marxista clássica. Como crítica muito influente do capitalismo e do imperialismo, o marxismo permeou o desenvolvimento posterior da teoria social, originando uma série de perspectivas marxistas sobre a sociedade. As principais variantes do marxismo diferenciam-se segundo a ênfase aos seguintes tópicos: a base (o termo clássico marxista para designar as estruturas econômicas — as forças de produção, as relações de produção e o modo de produção) e a superestrutura (a família, a educação escolar, a igreja etc.), o papel da classe social como determinante, e a natureza e o funcionamento da ideologia. O marxismo foi uma importante teoria, permeando os **estudos culturais** e de mídia, especialmente com o conceito de **política econômica** (*Leitura adicional:* Boyd-Barrett & Newbold: 1995; Curran, Morley & Walkerdine: 1996; Milner: 1991; Storey: 1993.)

A validade das abordagens marxistas, principalmente em suas variantes clássicas (ver as idéias de Adorno), foram objeto de muitos debates nos estudos sobre música popular. Embora poucos estudiosos considerem-se "marxistas", as perspectivas e os conceitos marxistas permearam 1) as discussões sobre indústria fonográfica e seu funcionamento internacional (ver **imperialismo cultural**, **globalização**); 2) a investigação da formação do público da música popular e das **subculturas**; e 3) os estudos sobre a constituição das subjetividades individuais e das estruturas sociais, pela interseção da música popular com as características de **classe**, **etnia** e **gênero**.

• *Ver:* **estudos culturais**; **Escola de Frankfurt**; **política econômica**
• *Leitura adicional:* Chapple & Garofalo: 1977; Harker: 1980; Rosselson: 1979.

mediação: O ato de interpretar, produzir e influenciar o relacionamento entre dois elementos; o ato de canalizar conhecimento social e valores culturais para o público por meio de uma instituição. A mediação é considerada como um dos atributos fundamentais dos meios de comunicação de massa, mediadores empresariais entre os diversos grupos, classes e hierarquias fragmentadas da sociedade moderna (O'Sullivan *et alii*: 1994).

Aplicado à música popular, o conceito de mediação refere-se ao modo como a mídia (**rádio**, **video musical** etc.) revela a música para o ouvinte.

Negus ficou conhecido por seu desenvolvimento do conceito de mediação como uma dimensão decisiva na análise da música popular.

• *Ver*: **intermediários culturais**
• *Leitura adicional:* Negus: 1996.

megaeventos — *ver* **concertos**

melodia: Conjunto organizado de notas musicais, de diferentes freqüências (sons graves e agudos). A melodia de uma canção é aquilo que seria cantado se substituíssemos todas as sílabas regulares pela sílaba "lá". A melodia é a variação na voz do cantor, sem acompanhamento. Está presente na música popular em diversos momentos: a melodia principal (cantada pelo vocalista), as melodias de acompanhamento (cantadas pelos outros membros do grupo ou por cantoras de acompanhamento).

metagênero — *ver* **gênero**

moda musical: A moda é fundamental para a música pop. As preferências musicais e o *status* estão sujeitos às variações de popularidade crítica e comercial. Essas "mudanças de moda" estão relacionadas a alterações nas estruturas do estilo, do seu público, da indústria fonográfica e das tendências sociais Também cada estilo explora modelos e comportamentos. Os artistas e os **fãs** de um determinado gênero apresentam, adotam e divulgam padrões específicos de vestuário e beleza; por exemplo, os **new romantics** britânicos nos anos de 1980. Esse processo é bastante visível nos estilos das **subculturas jovens**. Embora os modelos e estilos sejam indicativos das subjetividades individuais e do grupo, servindo para distingui-las dos outros estilos e do padrão instituído, submetem-se ao comércio, como aconteceu com o "look **grunge**", que foi objeto de superexposição na mídia de moda em 1992.

• *Leitura adicional*: Ash & Wilson: 1992; McRobbie: 1988; a imprensa musical contemporânea e as revistas de estilo de vida (por exemplo, *Sky, The Face, Pavement*).

mods: Uma **subcultura jovem** que surgiu em Londres por volta de 1963. Basicamente, o mod foi um movimento constituído pelos membros da classe operária. Os mods vestiam-se de forma muitíssimo estilizada (a moda mudava com freqüência) e interessavam-se por rhythm'n'blues. Inicialmente chamados de "modernistas" (uma expressão do jazz **bebop**), os mods eram influenciados pelas modas urbanas dos jovens negros norte-americanos. Usavam o cabelo curto e bem aparado, com cortes diferentes. Andavam em motonetas bastante decoradas, com roupas casuais — um casaco com capuz quando passeavam nas motonetas — ou ternos caros, bem talhados, e sapatos italianos da última moda. Vivendo para as festas de fim de semana, os mods ingeriam pílulas estimulantes, particularmente "purple hearts" (anfetaminas). Surgiram vários tipos de mods de classes sociais diferentes, cada um com seu estilo próprio: dentro das escolas de arte, uma imitação muito burlesca; os "certinhos"; os garotos das lambretas; e os hard mods, que originaram os **skinheads.** O estilo de vida dos mods parodiava e subvertia as convenções sociais.

O The Who e o The Small Faces eram os grupos favoritos dos mods, além dos artistas da Tamla Motown. No final dos anos de 1970, vincularam-se ao **ska** e ao blue beat. A ópera-rock *Quadrophenia* (MCA, 1973; filme: Franc Roddam, 1979), do The Who, celebrava o mod, assim como o vocal gaguejante em "My Generation" (1965), clássico do grupo. Em meados da década de 1960, os mods entraram em conflito com os **rockers**, dando origem a um **pânico moral** encorajado pela mídia.

No final dos anos de 1970, houve um renascimento desse estilo subcultural e os grupos de duas vozes combinaram o estilo de vestir dos mods com os ritmos do ska e do blue beat.

•*Leitura adicional:* Barnes: 1979; Brake: 1985; Hebdige: 1979.

Motown: A Motown foi a gravadora de **black music** fundada por Berry Gordy em Detroit, em 1959. O "Motown sound" tinha uma **batida** forte e repetitiva, um baixo potente, refrões com teclados e guitarras e, além disso, apresentava "vocais despidos das inflexões do gueto" (McEwen: 1992), já que Gordy deliberadamente almejava o mercado branco **interseccional**. Naquele que foi considerado o melhor dos diversos estudos realizados sobre a empresa, George (1985) via a Motown como resultado do esforço conjunto de artistas, **compositores**, **produtores** e **músicos de estúdio**, sob a supervisão e coordenação de Gordy. Entre os principais artistas e grupos da Motown, estão o Miracles, o Four Tops, o Temptations, Marvin Gaye e Stevie Wonder. A Motown era uma versão mais comercial e mais suave da música **soul** dos artistas das gravadoras Atlantic e Stax. Em 1988, a Motown foi vendida para a MCA (por US$ 61 milhões), embora Gordy tenha conservado os lucrativos direitos de publicação do **catálogo**.

- *Ver:* **soul**
- *Leitura adicional:* George: 1985; Hirshey: 1985; McEwen: 1992 (inclui discografia).
- *Escutar:* The Four Tops, "I Can't Help Myself (Sugar Pie, Honey Bunch)", 1965, em *The Greatest Hits,* Motown, 1967. The Temptations, *Anthology,* Motown, 1973. Marvin Gaye, *Super Hits,* Motown, 1973. Stevie Wonder, *Looking Back,* Motown, 1977.
- *Assistir: Dancing in the Street,* episódio 4, "R-E-S-P-E-C-T".

movimentos sociais — *ver* **política**

MTV — **videoclipe**

mulheres no rock — *ver* **gênero** feminino/masculino

multimídia — *ver* **CD-ROM**

música alternativa — *ver* **rock alternativo**

música ambiente — *ver* **muzak**

música celta: De origem irlandesa, mas com influência muito mais ampla, a música popular celta contemporânea é o exemplo de um híbrido, de um **metagênero**, uma variante que se **intersecciona** no *mainstream* da música popular. A influência da música celta é evidente no *mainstream*, através da música bem-sucedida, tanto comercial quanto criticamente, de Van Morrison, Clannad, Chieftains, Enya (**new age** celta) e The Corrs. Freqüentemente, a música celta envolve uma mistura de formas tradicionais e modernas, como o **punk**-celta do Pogues; a música **ambient** de Enya e da canadense Coreena McKennitt; o **grunge**-celta do violinista de Cape Breton, Ashley MacIsaac; o rock-celta do Rawlins Cross and Horslips. Em muitas dessas obras, as melodias tradicionais irlandesas ganharam uma roupagem pop/rock, com as letras, ocasionalmente, em gaélico. O surgimento de vários híbridos de formas de música celta e música popular é parte de um despertar mais amplo do interesse pela música tradicional celta e pela cultura e linguagem gaélicas. Seu atrativo, de acordo com os músicos envolvidos, é baseado na "verdade" e "honestidade" da música, ou seja, na sua **autenticidade** como expressão musical de um povo. Até certo ponto, a autenticidade perceptível dessa música serviu de pretexto para sua exploração comercial. Acabou, desse modo, prestando-se a fazer propaganda de outros produtos irlandeses, como a cerveja.

A música popular canadense, a "East Coast Sound", localizada ao longo da costa atlântica canadense, possui como sua principal característica a mistura das convenções da música popular tradicional celta ou gaélica com as convenções do rock contemporâneo; os principais representantes desta tendência são: Rawlins Cross, Ashley MacIsaac, The Barra MacNeils e a Rankin Family. Assim como outros **cenários** semelhantes, o surgimento do East Coast Sound foi estimulado pelo desenvolvimento de estruturas institucionais de apoio, envolvendo gravadoras locais, o Annual East Coast Association Conference and Awards e a cobertura nacional e internacional dos meios de comunicação (ver Baxter-Moore: 1996).

- *Ver*: **world music**
- *Leitura adicional:* Broughton *et alii*: 1994.
- *Escutar:* Horslips, *Dance Hall Sweethearts,* RCA, 1974. Enya, *Watermark,* Reprise, 1988. Sarah McLachlan, *Solace,* Arista, 1991. The Cranberries, *No Need to Argue,* Island, 1995. The Pogues, *Rum, Sodomy and the Lash,* MCA, 1995.

música pop: Notou-se que

> embora o uso da palavra "popular" em relação às formas mais leves da música date de meados do século XIX, a abreviação "pop" só começou a ser usada durante os anos de 1950, quando foi adotada como nome genérico para um tipo especial de produto musical dirigido ao mercado adolescente (Gammond: 1991; p. 457).

O termo pop é muitas vezes usado em oposição a **rock**, numa dicotomia baseada em noções de arte e comércio na música popular. Segundo Hill, D.:

> O pop envolve valores muito diferentes dos do rock. O pop não hesita em participar do *mainstream*. Aceita e pretende ser agradável e vender uma bela imagem de si mesmo. Mas o rock considerava-se, de alguma maneira, mais perspicaz, rebelde, autônomo e inteligente (Hill, D.: 1986; p. 8).

O **rock'n'roll** nasceu da combinação de diversos fatores: elementos emotivos e rítmicos do **blues**, elementos **folk** da música **country & western** e certas formas do **jazz**, como o **boogie-woogie**. O pop surgiu como uma diluição do rock, uma versão mais suave, associado a um estilo mais rítmico e a uma harmonia vocal mais agradável — principalmente entre o fim da década de 1950 e o início da seguinte, com os **ídolos das adolescentes**, (por exemplo, Bobby Vee). Posteriormente, o termo pop foi usado para caracterizar a música da **parada de sucessos**, orientada para um público **adolescente**, particularmente **gêneros** como **dance pop**, **bubblegum**, **power pop** e **new romantics**; e grupos como os **grupos vocais femininos** dos anos de 1960. Ao lado dos **compositores**, os **produtores** são freqüentemente considerados as principais forças criativas por trás dos artistas do pop (por exemplo, Stock, Aitken, Waterman, Chinn e Chapman, Phil Spector).

A maior parte da música pop é considerada descartável, e as melhores delas sobrevivem como "velhos sucessos"*. Musicalmente, o pop caracteriza-se pelos **refrões** fáceis de memorizar e pelo amor romântico como tema.

•*Leitura adicional:* Friedlander: 1996; Garofalo: 1997; Hill, D.: 1986.

música popular: Historicamente, popular denotava "pessoas comuns". A expressão música popular surgiu pela primeira vez na obra de William Chapple, *Popular Music of the Olden Times*, publicada em partes, a partir de 1855. Estava associada a um tipo de música que se ajustava aos critérios adotados por esse autor. Mas só durante os anos de 1930 e 1940 o termo começou a ganhar maior circulação (Gammond: 1991; ver também Williams: 1983).

A música popular desafia uma definição precisa e direta. Segundo Negus,

> ao contrário dos estudos cinematográficos, o estudo da música popular tem objetivo e propósitos mais amplos e vagos. A pesquisa da imagem em movimento pode ser traçada em relação aos seus próprios desenvolvimentos sociais e tecnológicos, em um período particular da história, estabelecendo um marco delimitador que não encontra paralelo nas pesquisas sobre música popular (1996, p. 5; ver Hayward: 1996).

* "*Golden oldies*", no original (N.T.)

Essas dificuldades levaram alguns autores dedicados ao estudo da música popular a ignorar a questão da definição, adotando a estabelecida pelo senso comum.

Houve várias tentativas de definir "música popular", considerando:

1) *A ênfase no "popular":* segundo Middleton, a definição é "tão repleta de complexidades [...] que ficamos tentados a seguir o exemplo da definição da música folk — *todas as canções são canções folk; eu nunca escutei cavalos cantando* —; portanto, toda música é popular: popular para alguém" (1990; p. 3). Porém, o critério para definir o que deve ser considerado popular e sua aplicação a estilos e **gêneros** específicos está sujeito a bastante discussão. A música erudita, apesar de seu imenso público, não é considerada popular; no entanto, igualmente, algumas formas de música popular são relativamente restritas a um público, como o **trash metal.**

2) *A natureza comercial da música popular:* alguns pesquisadores afirmam que a questão da comercialização é fundamental para a compreensão da música popular: "quando falamos de música popular, consideramos a música que possui uma orientação comercial" (Burnett: 1996; p. 35). Essa abordagem também enfatiza a popularidade, sustentando que esse apelo pode ser avaliado pelas **paradas de sucessos** e pelas execuções **radiofônicas**, por exemplo. Segundo essa definição, certos gêneros são identificados como "música popular", enquanto outros são excluídos (Clarke: 1990; Garofalo: 1997; e, naturalmente, o mesmo processo de seleção está presente nesta obra). Porém, essa concepção enfrenta o mesmo problema da anterior, já que vários gêneros, especialmente **metagêneros**, como a **world music**, possuem apelo restrito ou têm presença comercial pouco expressiva. Além disso, a popularidade varia entre os países e até mesmo entre as regiões dos mercados nacionais. Deve-se notar que essa abordagem está interessada na música popular gravada.

3) *As características gerais musicais e não-musicais:* em um estudo influente e bastante citado, Tagg (1982) caracteriza a música popular de acordo com diversos fatores: a natureza de sua distribuição (usualmente massificada); o modo de armazenamento e de distribuição (principalmente o som gravado em relação à transmissão oral ou à notação musical); a existência de uma teoria musical e **estética** próprias; e o anonimato relativo de seus compositores. Este último fator é contestável, e deveríamos co-

nhecer os compositores e o processo de criação musical (ver **autores; produtores; compositores**). De qualquer modo, os **musicólogos** estenderam-se nas análises do papel dos compositores, e os sociólogos concentraram-se nos autores e produtores.

Parece-nos que uma definição satisfatória de música popular deve considerar as características musicais e as socioeconômicas. Essencialmente, toda música popular é uma mistura de tradições, estilos e influências musicais, além de ser um produto econômico com significado ideológico. No núcleo da maioria das formas de música popular há uma tensão fundamental entre a criatividade do ato de "compor música" e a natureza comercial da maior parte de sua produção e difusão (ver Frith: 1983; cap.1).

• *Leitura adicional:* Burnett: 1996; Longhurst: 1995; Middleton: 1990; Negus: 1996; Stratton: 1983; Tagg: 1982.

musicais: Os musicais encenados em teatros são uma forma cultural bem estabelecida e popular. Embora façam parte da música popular em um sentido geral, apenas poucos musicais são baseados tematicamente nos **gêneros** de música pop tratados neste livro. Houve espetáculos de sucesso sobre a vida e a carreira de Elvis Presley, de Buddy Holly e dos Beatles; além de "óperas rock" como *Tommy*, do The Who, que tem reestréias periódicas, e de musicais de época, baseados em gêneros específicos. Essas produções são muitas vezes chamadas de "musicais de rock", para distinguir dos musicais clássicos que dominam os teatros da Broadway e do West End. Os musicais de rock que destacam a música popular e as **estrelas** servem aos mesmos propósitos dos **filmes** dedicados à música popular, ou seja, ajudam a criar e a popularizar ideologias (por exemplo, *Hair* e a contracultura dos anos de 1960), além de mitificar as estrelas ou as personalidades retratadas.

O musical *The Rocky Horror Picture Show* e sua posterior versão cinematográfica (Jim Sharman, 1975) exemplificam a condição cult que os musicais de rock podem alcançar. Escrito por Richard O'Brien, o *Rocky Horror* foi produzido inicialmente como um trabalho experimental para o Theatre Upstairs, um teatro situado no andar superior do Royal Court Theatre, em Londres — e estreou em 16 de junho de 1973. Tim Curry, que protagonizou *Hair*, interpretou o papel de Frank'n'Furter, "um gracioso travesti da cidade de Transexual, na Transilvânia"; um Frankenstein moderno e roqueiro, empenhado em influenciar sua criação, um garoto chamado Rocky.

O próprio O'Brien interpretou Riff Raff, o criado dedicado. Os críticos londrinos entusiasmaram-se e os fãs formaram longas filas. Depois de uma curta temporada no Theatre Upstairs, o espetáculo continuou a ser apresentado em teatros maiores. Em 31 de outubro de 1973, estreou no King's Road Theatre, no Chelsea, e permaneceu sete anos em cartaz. O espetáculo recebeu o aplauso da crítica, prêmios e um público cativo, que voltava muitas vezes. Também alcançou grande sucesso em Los Angeles e outras cidades. O *Rocky Horror* apresentava o lado fantasioso e divertido da música popular, afastando o público dos problemas da realidade cotidiana e oferecendo um bom divertimento. O'Brien combinou ficção científica, os filmes de horror exibidos pela **televisão**, as histórias em quadrinhos do Dr. Strange (Dr. Estranho) e a história do **rock**. Passou um ano trabalhando em *Hair* e queria fazer sua própria **ópera rock**, não para refletir a espiritualidade do rock, mas a sua sexualidade, desenvolvendo as canções e os diálogos de acordo com essa visão.

Apesar do sucesso comercial e de crítica, os "musicais de rock" continuam negligenciados pelos estudos sobre música popular.

• *Ver:* **cinema**

musicais de Hollywood — *ver* **cinema**

musicais populares/de rock — *ver* **cinema**

musicologia: Em termos gerais, é

> o conjunto total do conhecimento sistematizado sobre a música, resultante da aplicação de um método científico de investigação ou pesquisa, ou de especulação filosófica e sistematização racional a respeito dos fatos, processos e desenvolvimentos da arte musical e de suas relações com o homem em geral (*Harvard Dictionary of Music, apud* Middleton: 1990; p. 103).

Nos estudos sobre música popular, houve um debate importante sobre a abordagem musicológica de textos musicais. De fato, há quem pergunte se a música popular merece uma análise "séria" — uma discussão que contrapõe a **alta cultura** ao público de massas da música popular. Até recentemente, os musicólogos acadêmicos de modo geral trataram com negligência a música rock/pop (entre as exceções notáveis, temos Mellers: 1974 e 1986; e Sheperd: 1991), revelando má vontade para se dedicar a uma forma de música considerada de baixo valor cultural em comparação à música "séria". Ao mesmo tempo, muitos sociólogos que escreveram sobre a música popular eram cautelosos em relação à musicologia. Por exemplo, a aplicação da musicologia tradicional ao rock foi freqüentemente objeto de zombaria, por sua distância do verdadeiro processo de composição do rock, além de sua "pretensiosa obscuridade" e "falha crônica em tratar do que está realmente em jogo na composição musical" (McClary & Walser: 1990; p. 277). Como Frith notou, tanto os músicos como os comentaristas do rock carecem de educação musical formal: "Faltam-lhes vocabulário e técnicas de análise musical, e até mesmo as palavras descritivas que os críticos e fãs usam — harmonia, melodia, riff, ritmo — são apenas vagamente compreendidas e empregadas" (Frith: 1983, p. 13; também Frith & Goodwin: 1990, parte 5).

Segundo Frith, os críticos do rock estavam preocupados essencialmente com a sociologia, não com o produto sonoro, e, por isso, a musicologia foi posta de lado, considerada como um campo de conhecimento de pouca relevância para o estudo do rock. Entre os argumentos bastante repetidos durante os anos de 1980, destacam-se: a negligência da musicologia tradicional em relação ao contexto social, a ênfase na transcrição da música (a partitura) e a consideração da estrutura harmônica e rítmica como principal critério de avaliação. Além disso, na música popular a *performance* acentua a interpretação e a música é experimentada física e emocionalmente, não só como texto. Diversos roqueiros notam que a música erudita possui critérios musicais diferentes, pouco válidos para o seu próprio desempenho (por exemplo, Pete Townshend, em Palmer: 1970; p. 131).

Recentemente, a atitude negativa concernente à musicologia (aplicada à música popular) está mudando. Diversos musicólogos se dedicam à música popular, enquanto alguns estudiosos da música popular conferem maior importância à musicologia (por exemplo, McClary: 1991; Middleton: 1990; Walser: 1993). Esses trabalhos consideram os conceitos e as ferramentas da musicologia tradicional de diferentes modos (Mellers: 1974 e 1986), ou modificam esses conceitos e ferramentas para aplicá-los à música popular (Moore: 1993).

Diversos autores afirmaram que a análise musical de certas composições pode ser útil para o estudo da natureza e da evolução da música popular, mas pressupõe um conhecimento básico dos elementos musicais: **melodia**, **ritmo**, **harmonia**, letras e *performance* (Brown: 1992; Hatch & Millward: 1987; Moore: 1993; Vulliamy & Lee: 1982). Entretanto, uma boa parte dessas obras demonstra que a musicologia tradicional continua inadequada se aplicada de maneira direta à música popular (equiparando as duas formas). Por exemplo, concentrar-se apenas sobre os aspectos técnicos do texto — a partitura — é uma abordagem inadequada, já que falha em ignorar a maneira como se elaboram os efeitos que os ouvintes celebram, aquilo que McClary e Walser denominam "as dimensões da música que mais constrangem e também mais ameaçam a racionalidade" (1990; p. 287). Tal abordagem não considera o papel do prazer, o papel da relação entre corpo, sentimentos e emoções, e o papel da **sexualidade** na construção das reações ao rock. Torna-se necessária uma expansão até os domínios mais afetivos da relação entre o texto e os seus ouvintes, e mesmo a contextualização histórica do texto, de seus executantes e da sua identificação genérica. O estudo do **gênero** nos leva além da análise da música como texto puro, alertando-nos uma vez mais para o valor do contexto e do consumo. Isso também acontece no estudo das estruturas narrativas e das representações na música popular, particularmente os aspectos ideológicos e contextuais desse processo.

A abordagem ideal aplicaria a musicologia tradicional, além de considerar os aspectos **afetivos** da música. Vale a pena lembrar que as pessoas são mais "musicais" do que geralmente se reconhece. O ato de escutar **rádio** — trocando de estações em busca de uma canção conhecida ou atraente — e o ato de selecionar a música a ser tocada no aparelho de som implicam uma capacidade de distinguir tipos diferentes de música. Essas idéias foram apresentadas para podermos usar uma definição mais ampla do termo "musical" (Tagg: 1990; p. 104), na qual o fundamental é a relação entre as estruturas musicais e o uso pessoal dessas estruturas.

• *Ver:* **harmonia**; **melodia**; **ritmo**

• *Leitura adicional:* Brown: 1992; Chester: 1990; Frith: 1987; Hatch & Millward: 1987; Manuel: 1995; Meyer: 1995; Moore: 1993; Tagg: 1982.

músicos; **criação musical**; **bandas cover**; **bandas-tributo**; **músicos de estúdio**: A maioria dos estudos sobre música pop detêm-se nas **estrelas** e **autores.** Porém, entre os estudos acadêmicos, destacam-se: análises sobre os "músicos" que atuam em cenários específicos, sobre o processo de criação musical e sobre as hierarquias de músicos (e de conhecimento ou de habilidade musical), sustentadas por críticos, fãs e pelos próprios músicos.

1) **Músico**: o termo abrange desde os que tocam um instrumento musical apenas por prazer até os mais profissionais. Com o advento das novas tecnologias, e com a importância dos técnicos de som e dos **produtores** como criadores musicais, o termo ganhou maior flexibilidade e um sentido mais difuso. Tocar um instrumento é para a maioria uma atividade essencialmente diletante que pode tornar-se uma opção de carreira profissional. Porém, embora o termo músico refira-se usualmente a um profissional em tempo integral, muitos estudos encontram dificuldade em distinguir os músicos profissionais dos amadores:

> às vezes, as bandas locais eram compostas por alguns instrumentistas que possuíam um trabalho (não-musical) em tempo integral e por outros cuja única ocupação regular era o trabalho com a música. Porém, quando se apresentavam, todos tocavam, dividiam a remuneração e identificavam-se com o grupo. Os componentes da banda eram tratados exatamente da mesma maneira (exceto por um inconveniente: aqueles que possuíam um trabalho extramusical alegavam estar doentes ou tiravam uma licença do emprego quando tinham de viajar para turnês) (Finnegan: 1989; p. 13).

Para os músicos locais descritos por Finnegan, o termo profissional tem um sentido avaliativo e não um sentido econômico, referindo-se à atuação, ao conhecimento e às qualificações musicais, bem como às aparições regulares com músicos que se consideram profissionais.

2) **Criação musical:** processo complexo que envolve composição musical, ensaio e representação. O universo musical das duas bandas estudadas por Cohen baseava-se em várias polaridades: criatividade e comércio, conteúdo/qualidade musical e imagem/superficialidade; honestidade/naturalidade e falsidade/fraude; integridade artística e corrupção pelo mercado, gravadoras **independentes** e **grandes gravadoras**, música ao vivo para a comunidade/experimentação/prazer e música que visa o lucro e dirigida para um mercado de massa. As bandas estudadas consideravam-se uma combinação desses fatores, provocando tensão, discussões constantes, abalando o relacionamento entre os seus membros. O processo criativo dessas bandas era tipicamente participativo (Cohen: 1991; p. 134).

3) **Hierarquias de músicos e de conhecimento ou habilidade musical**: a hierarquia de valor é evidente nos termos empregados por críticos e **fãs** para rotular diversos tipos de artistas e grupos: **estrelas**, **autores**, **músicos de estúdio**, bandas cover e bandas de tributo. A maior parte do repertório das bandas iniciantes, com músicos relativamente inexperientes, constitui-se de versões cover. O cover faz parte do processo de aprendizado do **rock**: "copiar as canções permite que o principiante torne-se um membro competente de uma tradição musical. Isso aplica-se tanto aos músicos quanto ao público" (Hatch & Millward: 1987; pp. 3-4).

Geralmente, as **bandas cover** apresentam pouca criatividade e discutível valor artístico. O exemplo extremo de banda cover é aquela que não usa apenas uma banda de renome como base, mas realmente a copia, apresentando-se como um simulacro da original — e exibindo um alto nível de competência musical. As bandas cover apresentam-se muitas vezes como **bandas de tributo**, que se tornaram um grande negócio. Por exemplo, a banda australiana Björn Again dedica-se a homenagear o grupo musical Abba e adotou o nome Björn Again em referência a um dos membros do grupo original. Os defensores desse tipo de banda argumentam que os imitadores resgatam a música para um público novo, com idade inferior a 25 anos, exibindo-a, portanto para uma geração que não conheceu a versão original e estimulando-a a adquirir a gravação original. Por sua vez, os detratores assinalam as dificuldades de controlar a cobrança dos direitos autorais e consideram impróprio, na melhor das hipóteses, que os artistas precisem muitas vezes dividir o público com seus imitadores.

Os **músicos de estúdio** são artistas contratados — às vezes pelas gravadoras, mas geralmente para projetos particulares — para atuarem como colaboradores dos músicos principais e do produtor. Geralmente anônimos, são os tarefeiros da indústria fonográfica. Alguns alcançam reconhecimento crítico por suas contribuições (por exemplo, os artistas do reggae Sly e Robbie (Dunbar), e outros poucos obtiveram o *status* próximo do lendário — como os solos de guitarra de Jeff Beck e Jimmy Page em diversas gravações dos anos de 1960. Mas esse sucesso deve-se a seu desempenho individual, que desperta interesse pelas atividades musicais anteriores.

• *Ver*: **versões cover**

• *Leitura adicional:* Bennett: 1990; Cohen: 1991; Finnegam: 1989; Hatch & Millward: 1987.

músicos de estúdio — ver **músicos**

muzak: Termo empregado, um tanto negativamente, para designar a música "ambiente" ou "de fundo". O muzak é o tipo de música a que estamos mais expostos no dia-a-dia, embora geralmente de forma passiva e inconsciente. Muitas vezes constitui uma tentativa deliberada de influenciar ou de manipular os padrões de compra dos consumidores de um supermercado, os hábitos de alimentação dos clientes de restaurante e assim por diante. É também usado como fundo musical em saguões de aeroportos, elevadores e salas de espera de consultórios, para acalmar as pessoas nesses espaços públicos. Também é usado em locais de trabalho, para aumentar a satisfação do trabalhador e o seu rendimento.

Atualmente, a música ambiente tem grande importância econômica: a Muzak Corporation, maior empresa dedicada a esse tipo de música, teve uma receita superior a cinqüenta milhões de dólares em 1990; no mesmo ano, possuía 96 franquias, alimentando 135 mil negócios em dezesseis países com "música programada". Esse tipo de empresa pagou grandes quantias para adquirir os **direitos autorais** das canções e para rearranjá-las, traçar o perfil e rastrear o comportamento dos diversos grupos de **consumidores**.

O muzak foi criticado no terreno musical ou **estético**, por ser considerado uma forma de música banal, ou um exemplo de racionalismo burocrático, associado a práticas industriais do pós-fordismo, perpetuando a alienação dos trabalhadores. Jones & Schumacher "investigam as práticas e os discursos do muzak, sua evolução histórica, o seu papel na regulamentação do trabalho e do consumo, e a sua reprodução de tipos particulares de relações de poder econômico, espacial e simbólico" (1992; p. 157).

• *Ver:* **audição**

• *Leitura adicional:* Jones & Schumacher: 1992; Negus: 1996.

n

new age: É um rótulo de *marketing* e um **gênero** musical. "Mais um estado de ânimo do que um estilo, a música new age foi a música instrumental apaziguadora dos anos de 1980, baseada nos estilos mais suaves da música erudita, do jazz e do folk" (Hardy & Laing: 1990). Suas características são a ausência, em geral, de acompanhamento vocal e o uso de sons do tipo **ambiente**, de sintetizadores e de **samplers**. "A música new age é marcada por variações mínimas e por uma grande quantidade de repetições. Esse gênero parece estar sempre no meio; começa e pára, liga e desliga, ninguém consegue apreender um sentido claro do começo e do fim" (Hall: 1994; p. 14). É quase exclusivamente música gravada, produzida e consumida em **fita cassete** e **CD**. O selo Wyndham Hill foi muito importante na popularização do gênero, que possui programas específicos de rádio e pode ser encontrado na maioria das lojas de **varejo**.

Às vezes, menospreza-se a música new age considerando-a "muzak yuppie" (Gammond: 1991), por causa, em parte, de sua popularidade entre os ouvintes de boa situação financeira e de educação liberal. Segundo Hall, new age é um estilo musical pós-moderno, "devido ao caráter eclético e em constante mudança, à confusão de fronteiras, ao espírito brincalhão, ao gosto pela ironia, à ausência de texto, ao agressivo multiculturalismo e ao antiintelectualismo (não obstante a devoção pelo saber)" (ver Hall: 1994; pp. 17-18, sobre esses postulados). Outros analistas, porém, consideram o gênero muito conservador musicalmente e orientado para a introspecção individual.

• *Leitura adicional:* Hall: 1994; Hardy & Laing: 1990: verbetes sobre John Fahey e Ian Mathews; Schaefer: 1987.

•*Escutar:* Mike Oldfield, *Tubular Bells*, Virgin, 1973 ("o precursor da música ambiente, atualmente chamada de new age", conforme Sinclair: 1992; p. 230).

New Right — *ver* **censura**

new romantics: Rótulo muito genérico, que designa as bandas britânicas baseadas no som do sintetizador, que surgiram em meados dos anos de 1980. Essas bandas fizeram sucesso no mercado norte-americano, em parte por causa de sua ampla divulgação na **MTV**. O uso do termo é cambiável com o new pop (britânico). Muitas vezes, os new romantics usavam roupas extravagantes, maquiagem e trajes de época, como Adam and the Ants. Além desse grupo, os principais representantes do movimento são Soft Cell, Duran Duran, Culture Club, Howard Jones e Human League.

•*Ver:* **MTV**; **glam rock**
•*Leitura adicional:* Hill, D.: 1986; Rimmer: 1985.
•*Escutar:* Duran, Duran, *Notorious*, Capitol, 1986. *At Worst... The Best of Boy George and Culture Club*, Virgin, 1993.

new wave: A origem do termo remonta a nouvelle vague, ao cinema francês de **vanguarda** dos anos de 1950, marcando uma ruptura radical com as convenções dominantes. Musicalmente, os artistas da new wave foram inovadores e progressistas, mas não necessariamente ameaçaram as convenções (cf. **punk**). A música new wave era mais melódica e algumas canções valorizam as **letras**. Em parte, proporcionou um rótulo de *marketing* conveniente para o **departamento artístico** das gravadoras, os jornalistas e os **DJs**, que queriam diferenciar a new wave da música punk, em razão das conotações negativas desta última, especialmente nos Estados Unidos.

A música new wave abrange uma ampla variedade de estilos. No Reino Unido, as principais bandas representantes são The Police (com influências do **reggae**), XTC, Elvis Costello and the Attractions e Graham Parker and the Rumour. Nos Estados Unidos, destacam-se Devo, Cars, B-52s, Talking Heads, Blondie (associada também à música **disco**), Tom Petty and the Heartbreakers (com antecedentes no **rock'n'roll**) e Jonathan Richman and the Modern Lovers. Ocasionalmente, new wave foi usado para referir-se às novas tendências do **heavy metal** britânico dos anos de 1980.

- *Ver:* **punk**
- *Leitura adicional:* Erlewine *et alii*: 1995; Heylin: 1993; Larkin: 1995.
- *Escutar:* Talking Heads, *More Songs about Buildings and Food,* Sire, 1978. Blondie, *The Best Of Blondie,* Chrysalis, 1981. Elvis Costello and the Attractions, *The Best of Elvis Costello and the Attractions,* CBS, 1985.

northern soul — *ver* **soul**

O

objetos memoráveis: Geralmente, objetos que permanecem na memória, por serem considerados merecedores de preservação e coleção. "Os objetos memoráveis do rock e do pop foram os itens que mais cresceram entre os colecionadores", afirmou a casa de leilões Philips, em 1988 (Fox: 1988; p. 5). Em 1981, em Londres, realizou-se o primeiro desses leilões, que vendeu o piano Steinway de John Lennon. Como as principais casas de leilão começaram a incluir tais itens em seus pregões, esse tipo de coleção ganhou credibilidade e respeitabilidade, e os preços começaram a subir. Em 1988, um baixo elétrico de John Entwistle (o baixista do The Who), usado no início dos anos de 1970 em apresentações no programa da BBC, *Top of the Pops*, alcançou a cifra de quinze mil libras. Recentemente, as fitas com as primeiras apresentações dos Rolling Stones e dos Beatles atingiram preços elevados. O maior interesse dos colecionadores concentrou-se nos itens relacionados aos Beatles e a Elvis Presley, mas outros artistas também atraíram atenção, especialmente os dos anos de 1950 e 1960. A morte de um artista proeminente confere uma grande motivação para o ato de colecionar. As principais casas de leilão de Nova Iorque e de Londres (Philips, Sothebys) realizam vendas regulares.

Existe uma infinidade de itens de coleção: diversas gravações (incluindo cópias promocionais e discos de ouro), instrumentos musicais, autógrafos, programas de **turnês**, pôsteres, jaquetas de turnês, ingressos e camisetas de **concertos**, além de outras bugigangas comercializadas em torno dos principais artistas, como os Beatles. Os discos são os objetos mais cobiçados pelos colecionadores; há várias revistas especializadas (*Goldmine, Record Collector*), discografias, listas de preços, feiras de discos e lojas de discos usados. O ato de colecionar discos pode beirar a obsessão (Eisenberg: 1988,

p. 2, descreve o caso de "Clarence": um sujeito aleijado, com artrite, aposentado por invalidez, que vivia numa casa escura, sem aquecimento e tão abarrotada de lixo que a porta não podia ser aberta — e com 750 mil discos. Ver também o romance de Nick Hornby, *High Fidelity*, de 1995).

• *Ver:* **fãs**

• *Leitura adicional:* Fox: 1988; *Goldmine; Record Collector.*

observação participante — *ver* **etnografia**

Oi! — *ver* **skinheads**

p

pânico moral; **teoria do rótulo**: Pânico moral é um conceito sociológico aplicado a uma comunidade que apresenta uma reação emocional inesperada diante de novas formas de mídia e também diante de grupos **subculturais** que fogem do padrão. Considera-se que a mídia popular amplia e exagera episódios ou fenômenos bem além de sua escala e significado reais, contribuindo, dessa forma, para a construção do pânico moral. As preocupações sobre o impacto da cultura popular tornaram-se mais freqüentes com o advento de cada novo meio de comunicação de massa: o cinema mudo e sonoro, a **televisão** e o video, romances baratos e histórias em quadrinhos. Os pânicos morais causados por essas inovações representavam, em parte, uma tentativa de manter os valores dominantes. Os críticos da **cultura popular** consideraram-na diametralmente oposta à **alta cultura**, devendo a cultura popular ser regulamentada, particularmente no interesse dos jovens suscetíveis.

A sociologia britânica dos anos de 1970 utilizou o conceito de pânico moral nos estudos sobre desvio comportamental e criminologia juvenil, em especial na obra clássica de Stanley Cohen (1980) referente aos conflitos entre **mods** e **rockers** em diversos balneários, em meados da década de 1960. Os escritos sobre desvio comportamental e pânico moral resultaram na **teoria do rótulo**: "essa perspectiva considera que o desvio comportamental não é uma característica inerente aos atos sociais específicos, mas conseqüência de uma determinação social, em que "rótulos" de desvio comportamental são aplicados a esses atos" (O'Sullivan *et alii*: 1994; p. 160). Inicialmente, associou-se essa abordagem ao trabalho do sociólogo norte-americano Howard Becker, segundo o qual as sociedades e os grupos sociais "geram desvios por elaborar regras cuja infração implica um desvio comportamental e por aplicá-las a um grupo particular, rotulando seus integrantes como estranhos" (Becker: 1963; p. 9). Ou seja, o desvio comportamental é uma construção social. Os meios de comunicação de massa são a grande fonte dos rótulos, já que são capazes de difundir e legitimá-los (por exemplo, os "folk devils" descritos por Cohen), para manter o controle social. A teoria do rótulo está presente nos estudos sobre música popular, na análise do comportamento "anti-social".

Becker empregou também o conceito de pânico moral ao estudar várias **subculturas jovens** (por exemplo, **punk**), suas respectivas preferências musicais (como o heavy metal) e algumas de suas práticas de consumo (como as **raves**). E aplicou o conceito aos pânicos morais mais antigos associados a certos gêneros. De fato, considera-se que a música popular causou uma série de pânicos morais, pois gêneros específicos e subculturas jovens provocaram polêmica e oposição, especialmente na época de seu surgimento: por exemplo, o **jazz**, na década de 1920; os teds e o **rock'n'roll**, nos anos de 1950; os mods e os rockers, na década seguinte; o punk, nos anos de 1970, os **goths**, o heavy metal e o **rap**, nos anos de 1980, e a cultura **rave** britânica, na década de 1990. Em tais pânicos morais, a crítica centralizou-se na influência desses gêneros sobre os valores, as atitudes e os comportamentos juvenis, já que os temas musicais eram sexualidade e sexismo, niilismo e violência, obscenidade, magia negra ou anticristianismo. A política agressiva da música popular foi em parte uma reação contra a hostilidade à música e a suas respectivas causas e seguidores, o que ajudou a politizar os **músicos** e os **fãs**.

•*Leitura adicional:* Cohen: 1980; Goode & Ben-Yehuda: 1994; O'Sullivan *et alii*: 1994; Thornton: 1994.

parada de sucessos: Classificação dos lançamentos atuais, baseada em vendas e execuções radiofônicas, geralmente circunscrito a um período equivalente a uma semana; o **álbum** ou o **single** classificado no topo da lista é o n° 1. No Reino Unido, a primeira parada de sucessos surgiu em 1928 (a "Lista de Honra" da publicação *Melody Maker*); nos Estados Unidos, a *Billboard*, a principal publicação especializada, lançou o "Network Song Census" em 1934. Rapidamente, essas listas tornaram-se a base para os **programas de rádio** dedicados ao "Hit Parade".

A maneira exata pela qual as paradas de sucessos contemporâneas são compiladas e os seus critérios variam entre as lojas concorrentes, as abordagens nacionais também diferem. Nos Estados Unidos, a parada de sucessos dos singles baseia-se no número de execuções, enquanto a parada de sucessos dos álbuns baseia-se nas vendas. Geralmente, na lista de singles os lançamentos são considerados atuais até 26 semanas depois de chegarem ao mercado. No Reino Unido, as paradas de sucessos são elaboradas por organizações de pesquisa de mercado, patrocinadas por vários setores dos meios de comunicação. Nos dois países, o processamento dessas informações é informatizado hoje em dia, baseando-se em dados abrangentes coletados por amostragem. A informação referente ao número de execuções é compilada a partir de estações de rádio selecionadas, enquanto a informação relativa às vendas é obtida junto aos atacadistas e varejistas, auxiliados por códigos de barras. Isso representa uma forma de lógica circular, em que as paradas de sucessos são uma combinação de número de execuções radiofônicas e vendas, embora o número de execuções influencie as vendas, e as promoções do varejo e as vendas influenciem a execução radiofônica.

As mudanças na apresentação da parada de sucessos podem ter repercussões importantes para o perfil relativo de determinados **gêneros** e/ou artistas. As paradas de sucessos foram divididas em categorias que podem mudar ao longo do tempo, agindo como um termômetro do gosto, como a mudança das gravações de "race" para **rhythm'n'blues**. O declínio do single influenciou a elaboração das paradas de sucessos. No Reino Unido, em 1989, a indústria fonográfica decidiu diminuir a exigência do número de cópias vendidas para atribuir o prêmio de disco de platina (de um milhão para 600 mil cópias), a fim de auxiliar o sistema promocional e permitir que as paradas de sucessos continuassem a alimentar as vendas.

A parada de sucessos da música pop representa o grau de obsessão das gravadoras e dos consumidores em relação aos personagens à venda, ou seja, trata-se de um elemento singular para a indústria fonográfica. As paradas de sucessos integram diversas publicações especializadas (por exemplo, *Billboard, Variety* e *Music Week*), fornecendo uma referência para aqueles que trabalham em vendas e promoção. Também desempenham outro papel muito importante: "para o fã da música pop, a parada de sucessos não é apenas uma quantificação de mercadorias, mas a principal referência em torno da qual sua música preferida manifesta-se e distingue-se em relação a outras formas" (Parker: 1991; p. 205).

As paradas de sucessos refletem e moldam a música popular, especialmente pela influência sobre as músicas executadas nas emissoras de rádio. Historicamente, houve uma freqüente controvérsia sobre as tentativas de influenciar a parada de sucessos (ver **jabaculê**) e a discussão ainda acontece sobre as tentativas perceptíveis de manipulá-la. Por exemplo, no Reino Unido, o álbum *Robson and Jerome* (RCA, 1995) escalou a parada de sucessos depois de uma promoção feita por uma cadeia de lojas — a WH Smith — que vendeu o cassete por £ 1, quando o preço normalmente praticado era de £ 20 ou mais. Furiosas, as empresas concorrentes consideraram a promoção como "igual a dar de graça discos bem colocados na parada de sucessos" e "nada bom para o negócio, pois desvaloriza o produto" (*Music Week*, edição de 18 de março de 1996). Em 1996, a BPI (British Phonographic Industry) instaurou uma ação legal contra a Rock Box Promotions — em uma investigação sobre parada de sucessos adulterada — em uma tentativa de "proteger a integridade da parada de sucessos" (*ibidem*). Também controvertida é a recente tentativa de promover o single como algo além de um item de coleção por meio da venda de duas versões dos singles em CD, com faixas "bônus" diferentes acompanhando a canção principal.

As paradas de sucessos servem como índice e meio de promoção valiosos para a indústria fonográfica, direcionando a escolha do consumidor. São uma fonte influente de dados para a análise das tendências da indústria fonográfica (ver **concentração, ciclos mercadológicos**) e para o impacto histórico, ao menos comercialmente, dos gêneros e/ou artistas. Além das publicações musicais e da imprensa especializada, existe um outro mercado para as paradas de sucessos (por exemplo, Whitburn: 1988). Porém, raramente o funcionamento e a importância das paradas de sucessos recebeu atenção acadêmica.

• *Ver:* **jabaculê**

• *Leitura adicional:* Brackett: 1995; Cusic: 1996; Negus: 1992; Parker: 1991.

Parents' Music Resource Center — *ver* **censura**

performance; performance ao vivo: Pode ocorrer em contextos diversos. Pode ser improvisada e doméstica — como cantar durante o banho —, mas nosso interesse é a *performance* pública. Existe a *performance* "ao vivo" e a forma mediada (pseudo-simultânea). A primeira realiza-se no **cenário club**, nos **concertos**, nas apresentações em **turnês** e nos **festivais de música**, enquanto a segunda ocorre no **cinema**, nos **musicais**, no **rádio** e no **videoclipe**. Todas são formas de mediação entre o artista, o texto e o consumidor. Seu significado cultural está na relação entre ritual, prazer e economia. A *performance* molda o público, alimenta a fantasia e o prazer do indivíduo, e cria ícones e mitos culturais. Alguns eventos representam períodos-chave e momentos cruciais da história do rock e são considerados por fãs, músicos e escritores como um código cultural (por exemplo, "Woodstock", que alude à **contracultura**, aos festivais de música, aos anos de 1960 etc.). Uma das maiores preocupações dos estudos sobre música popular em relação à apresentação foi sua comunicação de significados musicais para o público em contextos tão diferentes.

Antes do advento do **som** gravado, toda manifestação musical era ao vivo. Atualmente, reserva-se a expressão "ao vivo" para as situações em que o público está fisicamente próximo do artista. Nesse sentido, a música ao vivo pode ser presenciada em uma variedade de cenários: nas ruas e estações de metrô, em clubes e salas de concerto, e ao ar livre, particularmente em locais de concertos e festivais. Porém, uma grande quantidade de performances ao vivo é assistida a uma certa distância física e temporal, captada ou reapresentada por videoclipes, filmes, rádio e gravações (ver **mediação**). Questiona-se às vezes o *status* das gravações ao vivo, pois muitas delas são "melhoradas" durante a edição.

Fãs e músicos criaram uma valorização hierárquica segundo a qual as **performances ao vivo** são consideradas experiências musicais mais **autênticas**. Embora seja fundamental para a ideologia do **rock** da década de 1960, essa visão foi, desde então, questionada por artistas que trabalham basicamente e às vezes exclusivamente em estúdios de gravação, como Steely Dan, nos anos de 1970. Atualmente, alguns **gêneros** são criações de estúdio, como alguns estilos recentes da **dance music**.

• *Ver:* **autenticidade**; **concertos**; **mediação**
• *Leitura adicional:* Gracyk: 1996.

pirataria: As mesmas **tecnologias** que transformaram as gravações comerciais de música popular em produto global também criaram uma das mercadorias mais frágeis do mundo. O "cão de guarda" da **indústria fonográfica** global, a International Federation of Phonogram and Videogram Producers (IFPI), constatou que a pirataria mundial de **CDs** dobrou em 1993, atingindo 75 milhões de unidades, o que corresponde a mais ou menos 700 milhões de dólares (IFPI, "CD Piracy" *For the Record,* abril de 1994). Posteriormente, em 1994, a IFPI avaliou que o comércio de gravações piratas correspondia a cerca de 6% do comércio legal (texto de divulgação para imprensa, janeiro de 1996. Burnett: 1996; p. 88 revela que, em 1990, a IFPI estimava que 25% das gravações vendidas em todo o mundo eram cópias piratas). Em alguns países da Ásia, África, Oriente Médio e América Latina, a proporção de piratas é bem maior, sendo a China a maior transgressora. A IFPI tem apenas um sucesso limitado no controle dessas atividades, pois muitos governos relutam em agir contra a pirataria, pois ela integra uma "economia informal" muito importante, que proporciona uma significativa fonte de renda e trabalho. Quanto à pirataria das **gravações domésticas**, a IFPI e a indústria fonográfica pressionam em favor de uma taxa sobre as fitas virgens.

• *Ver*: **direito autoral**; **gravação doméstica**; **rádio pirata**
• *Leitura adicional:* Burnett: 1996.

política; **movimentos sociais**: A política está presente nos estudos sobre música popular. Cada aspecto da produção e do **consumo** da música popular inclui a dinâmica do poder e da influência econômica, cultural e política, bem como a reprodução das estruturas sociais e das subjetividades do indivíduo (ver **Escola de Frankfurt**; **economia política**; **estudos culturais**; **feminismo**; **estruturalismo**). Em um sentido mais específico, a política está na intervenção direta do **Estado** na esfera cultural, por meio da censura ou de regulamentação da radiodifusão. Na presente obra, interessa-nos discutir o papel da música popular nos movimentos sociais.

A teoria social preocupou-se em elucidar as mudanças culturais e, além disso, tratou de identificar as formas de atividade social em ação nos processos de transformação social. Um elemento essencial na transformação social são as mudanças na identidade cognitiva dos indivíduos envolvidos. A música popular desempenhou um papel importante na articulação desse processo, tanto no plano individual como no coletivo. Em vários momentos históricos, a música popular incorporou o radicalismo político em uma linguagem mais evidente, identificando os problemas sociais, a alienação e a opressão, e facilitando a difusão de uma postura política. Os artistas e as canções contribuíram para forjar um relacionamento entre política, mudança cultural e música popular. Freqüentemente, a música popular atua como um poderoso meio para difundir uma consciência política e para coletar fundos para causas humanitárias. Ao mesmo tempo, porém, há uma tendência de algumas formas serem cooptadas, mercantilizadas, diluídas ou neutralizadas pela **indústria fonográfica**.

Entre os exemplos em que a música popular desempenhou um papel abertamente político, destacam-se: Campanha pelo Desarmamento Nuclear, no Reino Unido, no final dos anos de 1950; movimento pelos Direitos Civis, nos Estados Unidos, na década de 1960; **Rock Against Racism (o Rock contra o Racismo)**, no Reino Unido, entre o fim da década de 1970 e começo da de 1980; e Live Aid, um fenômeno global, em 1985. (Por ser um dos movimentos mais documentados, o RAR tem análise separada na presente obra). Além disso, há uma forte tradição histórica da música de protesto, particularmente da **música folk**, mas que foi levada adiante por outros **gêneros**, como o **reggae**, o punk e a música **alternativa**. Diversos artistas usam sua música para se manifestar politicamente sobre racismo, questões de classe, políticas de gênero, **sexualidade** e meio ambiente.

Há discordância quanto ao significado cultural e ao poder dessas manifestações. Para Grossberg, "essa atividade é, por um lado, uma tentativa de identificar o rock com ativismo político; por outro, parece ter pouco impacto na estrutura do rock, em seus diversos públicos ou em suas relações com conflitos sociais mais graves" (1992; p. 168). Esse argumento reside na perceptível "dissociação radical" entre o conteúdo político e "os apelos emocionais e afetivamente poderosos" (*ibidem*) contidos nas canções de bandas como U2, R.E.M. e Midnight Oil. É evidente que muitos de seus ouvintes não concordam com suas posições políticas, ou nem possuem consciência da mensagem de suas canções. Contudo, diversos exemplos ilustram o que muitos ouvintes fazem quando seus horizontes ideológicos são confirmados ou ampliados pelo rock militante. Em 1988, as turnês de apoio à Anistia Internacional proporcionaram a adesão de aproximadamente 200 mil novos membros para a organização, só nos Estados Unidos (ver Denselow: 1990; Garofalo: 1992b; Herman & Hoare: 1979; Street: 1986).

Segundo Street — referindo-se ao RAR, — episódios como esse mostraram como as estratégias políticas foram "tramadas e decididas de acordo com as escolhas musicais", processo que revelou "as limitações de uma ação política organizada em torno da música" (1986; p. 78). Dificuldades semelhantes ocorreram na tentativa de subordinar o rock à greve dos mineiros britânicos, entre 1984 e 1985, e na tentativa do Partido Trabalhista de usar o rock para conquistar o voto dos jovens nas eleições gerais britânicas (a Red Wedge Tour), em 1987. Em ambos os casos, opiniões baseadas nas relações entre princípios políticos e estilos musicais restringiram o impacto dessas iniciativas (ver Denselow: 1990, cap. 8; Frith & Street: 1992).

Argumentou-se que as tentativas de usar a música popular para forjar movimentos de massa sempre enfrentam dois problemas. Em primeiro lugar, o poder da música popular é transitório por natureza: o *status* de novidade e o impacto possui vida curta, logo sendo substituído pela rotina e pela perda de poder. Em segundo lugar, há a natureza confusa da "coletividade" do poder musical: "O poder da música de massa vem certamente da mobilização de um público; escolhas individuais (comprar um determinado disco ou um ingresso para uma apresentação) tornam-se meios de compartilhar uma experiência e uma **identidade**. A questão, no entanto, é saber se essa identidade tem alguma base política" (Frith & Street: 1992; p. 80).

Há mais um aspecto a considerar nessa questão: a tendência que têm muitos pesquisadores de assumirem incorretamente que os "jovens" representam um grupo político "naturalmente de esquerda". Contudo, a música popular dificilmente funciona como garantia dos movimentos políticos de esquerda e das políticas mais progressistas. Pode ser usada — e foi — para apoiar um amplo conjunto de posições políticas. As cerimônias de posse do presidente Bush incluíram uma impressionante fila de artistas de **blues** e de música **soul**; organizações a favor da supremacia branca, como o National Front, no Reino Unido, e os grupos neonazistas, na Alemanha, usaram o apelo do **punk rock** e do **Oi!** para atrair novos recrutas; e os ativistas norte-americanos antiaborto usaram a música "We Shall Overcome" para manter a solidariedade nos protestos realizados nas clínicas de aborto.

• *Ver:* **censura**; **concertos**; **Rock Against Racism**

• *Leitura adicional:* Eyerman & Jamison: 1995; Garofalo: 1992b; McDonnell: 1992; Pratt: 1990.

política cultural — *ver* **Estado**

política econômica: Embora a ciência econômica considere a "economia" um domínio à parte, a "crítica da economia política está interessada na interação entre a organização econômica e a vida política, social e cultural" (Golding & Murdoch: 1991; p. 18). Como ponto de partida, a economia política leva em consideração dois fatos: em primeiro lugar, os produtores da mídia de massa são instituições industriais voltadas para o lucro; em segundo lugar, a mídia de radiodifusão negocia seu público com os anunciantes (ver **indústria cultural**). O fato dessas instituições pertencerem e serem controladas por uma quantidade relativamente pequena de pessoas, além de sua evidente tendência para **concentração** crescente, é uma situação que lhes confere um considerável poder ideológico.

As análises da economia política clássica não valorizam a importância da atividade cultural, considerando-a fundamentalmente um reflexo da base econômica. A influência da política econômica clássica é evidente nos argumentos dos **marxistas** contemporâneos, que enfatizam o poder da indústria fonográfica capitalista de manipular e até mesmo construir mercados e públicos:

> Mais do que qualquer outra arte integrante do universo da apresentação, o mundo da canção é dominado, por um lado, pelos homens do dinheiro e, por outro, pelos censores morais da mídia. Na realidade, a canção é propriedade privada das organizações dedicadas aos negócios (Rosselson: 1979; p. 40).

Essa posição pode tornar-se facilmente um modo de determinismo econômico, associado a alguma forma de teoria conspiratória capitalista, em que a **cultura** é vista como algo produzido pela base econômica e que exclui qualquer senso de relativa autonomia da superestrutura. Assim, ignora-se que o consumo da música popular não é (necessariamente) uma atividade passiva e também negligencia-se ou nega-se os diversos casos de políticas de oposição presentes na música popular.

Porém, a crítica da economia política avaliou os relacionamentos recíprocos entre a base e a superestrutura: "a interação entre a dimensão simbólica e a dimensão econômica das comunicações públicas" (Golding & Murdoch: 1991; p. 15). Isso envolve uma investigação em relação às instituições da mídia através da formulação de algumas questões relativas aos textos por ela veiculados: quem produz o texto? Para qual audiência? Sob quais interesses? O que é excluído? Para responder a essas questões, é preciso investigar os métodos de produção, as bases financeiras, a tecnologia, a estrutura legal e a construção do público em mídias específicas.

Alguns estudos recentes de música popular revisaram, reelaboraram e revitalizaram a tradição da economia política. Até certo ponto, a ênfase conjunta na produção e política culturais substituíram as preocupações mais antigas sobre a análise da música popular, particularmente as questões relacionadas às **subculturas** e ao aspecto textual. Tais estudos refletem mudanças na orientação teórica das análises culturais e no que se refere ao privilégio relativo de determinados "meios" para a observação da cultura.

Esses autores demonstram que a prática musical está vinculada às políticas governamentais, regimes de radiodifusão, tecnologia, empresas de mídia e políticas culturais. Nesse caso, macro e microestudos estão presentes: os amplos painéis nacionais e internacionais são colocados lado a lado com a análise dos cenários musicais locais e de certos eventos históricos, como as **rádios piratas**.

Por exemplo, em seu balanço detalhado da indústria fonográfica, o interesse principal de Negus é o processo de descoberta de novos artistas e o desenvolvimento de suas carreiras, que ele utiliza "como um princípio de organização para produzir um balanço mais geral da indústria fonográfica e da produção de música pop" (1992; p. VI). Conscientemente, Negus evita o que considera as duas abordagens dominantes para a análise da música popular: em primeiro lugar, aquela baseada na obra dos analistas de política econômica integrados à tradição da **Escola de Frankfurt**, que reduzem a indústria fonográfica às regras convencionais e à lógica econômica do capitalismo; em segundo lugar, os balanços pós-modernos e associados a subculturas, que enfatizam o consumo de música popular pelo público. Negus não mede esforços para mostrar que "os mundos culturais vividos e constantemente refeitos iluminam as redes de relacionamentos e os diálogos múltiplos ao longo e em torno dos quais a identidade musical e visual dos artistas pop são formadas e comunicadas" (1992; p. VII). Entre outros estudos recentes que recorrem à política econômica, incluem-se Burnett: 1996, sobre a **indústria fonográfica** internacional, e Banks: 1996, sobre a **MTV**.

• *Ver:* **grandes gravadoras**; **marxismo**

• *Leitura adicional:* Bennett *et alii*: 1993; Frith: 1993; Negus: 1992.

pós-modernismo; **rock pós-moderno**: Pós-modernismo é um "termo que abrange diversos desenvolvimentos na cultura intelectual, nas artes e na indústria da moda, nos anos de 1970 e 1980" (O'Sullivan *et alii*: 1994; p. 234). Procura tornar indistinto, e mesmo dissolver, as oposições e fronteiras tradicionais entre a **estética** e o comércio, entre a arte e o mercado, entre a **cultura** erudita e a baixa cultura. A natureza exata do pós-modernismo, porém, é difícil de ser definida; desse modo, há uma evidente falta de clareza e de consistência em todos os diversos usos do termo.

Em sua obra "Postmodernism, or the Cultural Logic of Late Capitalism" — contribuição fundamental para o assunto —, Jameson considera o pós-modernismo como a expressão cultural de uma nova fase do capitalismo, cujas características são, entre outras: tecnologias de comunicação que permitem a transferência virtual instantânea de capitais internacionais; surgimento de novos centros financeiros (por exemplo, o Japão) na economia global; novas formações de **classe**, que quebram a tradicional divisão trabalho/capital; e um capitalismo de consumo que comercializa estilos, imagens e gostos, além dos produtos reais. A mercantilização da cultura resultou em um novo populismo dos meios de comunicação de massa, em uma cultura centralizada no *marketing* e no **consumo** do superficial, resumida pela onipresença da **televisão** comercial (Jameson: 1984). Apesar de sua coerência, o pós-modernismo está sujeito a diversas dificuldades, como sua freqüente falta de especificidade, sua preocupação excessiva com **textos** e **público** em contextos econômicos e produtivos (dentro dos quais os produtos culturais residem), seu reducionismo histórico e político, e a falta de interesse por noções sociológicas de produção, classe e **ideologia**.

As perspectivas pós-modernas sobre a música popular geralmente consideram-na como um exemplo e ruptura das distinções tradicionais entre arte e comércio, estética e não-estética, **autêntico** e não-autêntico. Esses pontos de vista prevaleceram nos debates sobre **videoclipes**, pela afinidade com a publicidade (Kaplan: 1987); e, durante a década de 1980, nas análises da música popular, principalmente do **rock**, antes associado à rebelião jovem e ao ativismo político, e hoje inteiramente incorporado à ordem capitalista pós-moderna. Em relação ao rock, Frith (1988a, 1988b) insinuou que estamos diante do advento de uma nova entidade singular, pop e pós-modernista, uma zona franca de valores, na qual os julgamentos estéticos têm mais valor se a banda consegue veicular seu videoclipe na **MTV** e publicar sua imagem na *Smash Hits*. Em uma análise dedicada a diversas **estrelas** pop dos anos de 1980, Hill, D. lança a crítica de Adorno sobre a música popular como cultura de massa fabricada. Apropriadamente intitulado "Manufacturing the 1980's Pop Dream", o estudo de D. Hill sobre artistas e grupos como Michael Jackson, Duran Duran, Wham! e Madona demonstrou que "essas novas espécies de profissionais genuinamente talentosos estão *preparadas e dispostas* a se fabricarem" (grifo de D. Hill), e que, "anteriormente, nunca o comércio e a criatividade sustentaram as bandas de modo tão apropriado" (D. Hill: 1986, p. 9; ver mercantilização). Embora Frith e D. Hill admitam que a música popular sempre implicou estilo e música, afirmam que ela está cada vez mais a serviço do mercado.

À parte as tendências gerais de mercantilização e *marketing* na música popular, a fim de se elaborar uma visão pós-moderna da forma cultural, o pós-modernismo foi também aplicado a estilos particulares de música, considerando-os quase uma forma de **gênero**. Goodwin (1991) oferece três definições para o rock pós-moderno: 1) música que não faz parte do *mainstream* da música popular e deve ser levada a sério, 2) criação de músicos que surgiram depois do "rock moderno" e 3) música que se desenvolveu a partir do **punk rock**. Segundo Goodwin, já que a música popular é usada como conceito para definir teoria, cultura e prática, "as outras análises de sua relação com a música terão de considerar seu laço epistemológico com o *feedback*" (1991; p. 188). Diversos gêneros contemporâneos revelam essas características (ver **rap**; **dance music**), mas, depois de algum tempo, passam a integrar o *mainstream.* De fato, esses gêneros possuem uma considerável tendência para tornaram-se *mainstream.*

•*Leitura adicional*: Gracyk: 1996; Kotaba: 1994; Longhurst: 1995.

power pop: É considerado freqüentemente como uma invenção pós-**punk**, um estratagema de *marketing* das **grandes gravadoras**. Mas, na verdade, o termo power pop possui uma história bastante longa, sendo aplicado a diversos artistas e grupos desde a década de 1960.

A origem musical para quase todo o power pop são os Beatles, que fixaram o estilo. Atribui-se o desenvolvimento do **gênero** nos anos de 1960 a grupos como The Who, The Kinks e Move, que apresentaram melodias agressivas e guitarras distorcidas e barulhentas (o "power"). Entre as principais bandas norte-americanas de power pop do mesmo período, destacam-se The Byrds (que se inspirou nos Beatles), Tommy James and the Shondells e Paul Revere and the Raiders (essa duas últimas bandas são também associadas ao **bubblegum**).

Alguns exemplos posteriores do power pop britânico são Badfinger, Nick Lowe, Slade e Sweet (essas duas últimas bandas são muito associadas ao **glam/glitter**). Entre as norte-americanas, destacam-se Raspberries and Big Star, no início dos anos de 1970, e Cheap Trick and the Knack, na década seguinte. Todas essas bandas foram muito influenciadas pela produção anterior aos anos de 1960, produzindo "um pop espirituoso, repleto de refrões vigorosos" (Erlewine *et alii*: 1995). Durante a década de 1980, diversas bandas britânicas e norte-americanas de **new wave** e alternativas incorporaram elementos do power pop (por exemplo, o Replacements, The Stone

Roses). As influências também estão presentes no **som de Dunedin** (principalmente, The Chills) e no **britpop** contemporâneo.

• *Ver*: **beat britânico**; **britpop**; **bubblegum**; **glam rock**
• *Leitura adicional*: Erlewine *et alii*: 1995; Garofalo: 1997.
• *Escutar:* The Raspberries, *Raspberries' Best,* Capitol, 1975. The Knack, "My Sharonna", em *Get the Knack,* Capitol, 1979. The Move, *Great Move! The Best of the Move,* EMI, 1994.

produtor: Surgiu como uma categoria profissional na **indústria fonográfica** durante a década de 1950. Inicialmente, era a pessoa que dirigia e supervisionava as sessões de gravação. Depois, produtores de sucesso (como os **compositores** Lieber and Stoller, na Atlantic, e George Martin, na EMI) começaram a pressionar suas gravadoras para receber créditos (nas gravações) e direitos autorais. Em meados dos anos de 1960, os produtores de estúdio passaram a ser considerados **autores**, por empregarem a tecnologia dos múltiplos canais de gravação e do som estereofônico de maneira a tornar as gravações "uma forma de composição em si, e não um simples meio de documentar uma atuação" (Negus: 1992; p. 87). O principal exemplo desse novo *status* do produtor foi Phil Spector. Nas décadas de 1970 e 1980, o importante papel dos produtores como **intermediários culturais** consolidou-se com o desenvolvimento das novas **tecnologias**: sintetizadores, samplers e sistemas seqüenciais baseados em computadores. Os produtores tiveram bastante importância em **gêneros** como **dub** e **dance music**.

Atualmente, o trabalho dos produtores, sua contribuição para as sessões de gravação e sua remuneração variam bastante, dependendo dos músicos com quem trabalham e do tipo de gravação. Alguns produtores têm uma atitude calculista e empresarial, outros arriscam improvisos ("tentar e ver o que acontece"). Mas ambos mesclam técnicas estabelecidas e possibilidades oferecidas pelas novas tecnologias.

• *Ver:* **autores**; **intermediários culturais**; **reggae**
• *Leitura adicional:* Blake: 1992; Cohn: 1992; Millard: 1995; Negus: 1992.

produtos sonoros — *ver* **localidade** e verbetes sobre estilos locais.

pub rock: Inicialmente um estilo ou **gênero** musical, o pub rock é atualmente mais identificado como um contexto para a apresentação e para o **consumo** de música popular.

A expressão originou-se na Inglaterra no início da década de 1970, quando alguns músicos reagiram aos excessos do **glam/glitter rock** com a formação de superbandas inspiradas no início do **rock'n'roll** e do **rhythm'n'blues**. Essas bandas tocavam principalmente em pubs — por isso o nome — e trouxeram a música de volta para os pequenos espaços. O estilo tendia a ser muito masculino. Teve pequeno impacto comercial (até o advento do **punk**, que sofreu influência do pub rock e resgatou diversos de seus músicos), embora muitas bandas tenham chegado à **parada de sucessos**. A expressão também circulou na Austrália e na Nova Zelândia, graças à importância do pub (e do circuito musical representado pelos pubs) como espaço para a apresentação de música ao vivo (ver Turner: 1992). Entre os principais artistas e grupos britânicos, temos Brinsley Schwarz, Ducks Deluxe, Dr. Feelgood, Eddie and the Hot Rods e Motors. Houve referências irônicas à banda contemporânea Oasis como representante do "pub rock", com suas canções comerciais e muito tocadas nos pubs britânicos.

- *Leitura adicional:* Bennett: 1997; Bjornberg & Stockfelt: 1996; Tucker: 1992; Turner: 1992.
- *Escutar:* Brinsley Schwarz, *Brinsley Schwarz,* Capitol, 1970. Dr. Feelgood, *Malpractice,* United Artists, 1975.

público; consumidores: O estudo do público dos meios de comunicação busca conhecer os aspectos do consumo dos indivíduos e dos grupos sociais. Quem são os consumidores? O que consomem? Onde, como e por que consomem? Podemos identificar uma série de pesquisas sobre meios de comunicação que abordam a análise do público, confirmando uma relativa ênfase no consumidor como determinante da produção cultural e dos significados sociais. A música é uma forma de comunicação, e a música popular, como o próprio nome sugere, possui obrigatoriamente um público. Os primeiros a empregar o termo "público de massa" foram os críticos do surgimento da sociedade de massa e da cultura de massa no final do século XIX e início do século XX, alarmados com a atração exercida pelos novos meios de comunicação sobre milhões de pessoas. Concebiam o público como uma massa passiva e estúpida, receptiva às influências das imagens, mensagens e valores dos novos meios de comunicação, como o cinema, o rádio e, posteriormente, a TV. Essa visão considerava o público um mercado manipulável, como podemos constatar nos textos de Adorno (1991) sobre música popular. As análises posteriores que surgiram nos anos de 1960, especialmente na sociologia norte-americana dedicada ao estudo dos meios de comunicação, privilegiaram a relação dos **consumidores** (o termo representa uma mudança significativa) com os meios de comunicação: seus usos e seus prazeres. Além disso, a análise da recepção e a análise subcultural salientam o papel ativo do público. Recentemente, há uma ênfase na esfera doméstica do consumo de meios de comunicação e no inter-relacionamento entre diversos meios. A oposição entre público passivo e público ativo não deve ser exagerada. O que deve ser realçado são as tensões entre o público musical como grupo social coletivo e, ao mesmo tempo, como consumidores individuais (para uma visão geral sobre o desenvolvimento da teoria do público, ver Ang: 1991; Morley: 1992).

Os estudos do público e do consumidor de música popular refletem essas amplas mudanças e conduziram a sociologia do lazer e do consumo cultural na investigação do papel da música na vida dos "jovens" — como categoria social genérica e como componente central do "estilo" das subculturas jovens e da identidade social dos **fãs**. O público adulto de música popular, antes negligenciado, passa a ser também analisado. As principais metodologias são: 1) levantamentos empíricos dos padrões de consumo, relacionando-os a variáveis sociológicas, como gênero feminino/masculino e classe, e algumas vezes complementados por dados mais qualitativos, obtidos com entrevistas e observação dos participantes; e 2) limitação da pesquisa a um filão, especialmente música e **subculturas jovens**.

Apesar do relativo intercâmbio entre diferentes públicos ou consumidores, dois fatores são considerados alicerces do consumo da música popular: o papel da música popular como uma forma de **capital cultural** — as gravações como produtos de mídia em torno dos quais o capital cultural pode ser exposto e representado — e como uma fonte de prazer para o público. Este segundo fator privilegia os usos pessoais e sociais da música na vida das pessoas, idéia que se insere no novo paradigma dominante nos estudos do público. O papel ativo do público dos meios de comunicação é considerado, embora também se reconheça que tal consumo seja, ao mesmo tempo, modelado pelas condições sociais.

• *Ver:* **consumo**; **demografia**; **Escola de Frankfurt**; **cultura erudita**
• *Leitura adicional:* Adorno: 1991; Ang: 1991.

punk: Subcultura jovem estritamente associada ao **punk rock**. Entre 1977 e 1980, o punk tornou-se a subcultura jovem mais presente no Reino Unido e na maioria das metrópoles ocidentais (particularmente, Los Angeles e Melbourne). Em parte, o movimento foi uma reação ao romantismo **hippie** e a uma perda de *status* social — alguns estudiosos consideram os punks como jovens desempregados que celebram essa condição. Havia diversos grupos, desde os punks de classe média, influenciados pelas escolas de arte e pela boêmia, até os punks da classe operária, "durões". O estilo punk envolvia a noção do "faça-você-mesmo": uma combinação de uniformes escolares velhos, sacos plásticos de lixo e alfinetes de segurança, transmitindo uma imagem chocante e zombeteira. Os punks adotaram a suástica como um elemento de seu estilo, retirando-a de sua moldura nazista e adotando-a com uma bijuteria para causar impacto. O estilo do cabelo era o corte rente e tingido em cores brilhantes ou, posteriormente, o corte moicano — espetado para o alto, como os penachos grandes e eréteis das cacatuas. As danças dos punks eram o robot, o pogo e o pose: "colagens de autômatos congelados" (Brake: 1985; p. 78). Hebdige (1979) salientou a **homologia** desses elementos na subcultura. Os punks tenderam à alinhar-se ao **Rock Against Racism**, mas suas atitudes eram mais um fenômeno cultural que um fenômeno político.

Embora alguns estudiosos considerem que os punks surgiram na Inglaterra e difundiram-se internacionalmente em seguida, há quem suponha que surgiram no **cenário da música alternativa** de Nova Iorque, nos anos de 1970. O punk manteve-se como um estilo subcultural durante a década de 1990, embora sujeito à **mercantilização**.

•*Leitura adicional:* Brake: 1985; Hebdige: 1979.

•*Assistir: Sid and Nancy,* Alex Cox, 1986; *The Decline of Western Civilization, Part One,* Penelope Spheeris, 1981.

punk rock: Estilo ou **gênero** musical que, embora geralmente associado à "explosão punk" britânica, entre 1977 e 1980, antecede as bandas do garage rock do final dos anos de 1960, como os Troggs, e as bandas norte-americanas do início da década seguinte, particularmente The Velvet Underground, Iggy and the Stooges e o New York Dolls. A música punk continuou a influenciar a música pop em uma variedade de gêneros durante os anos de 1990 (ver **rock alternativo**; **grunge**; **hardcore**).

O estilo punk era barulhento, rápido e agressivo. Persiste o mito de que tudo se resumia a três acordes e uma atitude, mas alguns dos músicos eram muito experientes (no caso britânico, muitos tinham pertencido ao cenário do **pub rock** de meados dos anos de 1970), embora "a questão de habilidade e competência no punk rock permaneça ideologicamente carregada" (Laing: 1988; p. 83). As bandas punk usavam as apresentações ao vivo para estabelecer uma **identidade** e construir sua reputação. Mesmo "quando o disco era gravado, técnicas de gravação e de arranjos simulavam uma apresentação 'ao vivo'" (*idem*; p. 74). Em resumo, as gravações punk geralmente parecem "ao vivo", como se o estúdio não fizesse parte do ambiente dos músicos e de seu **público**. Enquanto a música pop valoriza a voz, os "vocais punk [...] parecem rejeitar a perfeição da voz 'amplificada'" (*idem*; p. 75). Com vozes graves e berradas, o punk enfatiza mais o produto sonoro (voz e instrumentos) que a letra. A ideologia da sinceridade era fundamental para o punk; nas entrevistas, "as opiniões dos músicos e a coerência da mensagem de suas letras tornaram-se assuntos rotineiros" (*idem*; p. 90). Mas, como Laing demonstra em diversos casos, as letras punk são como colagens, uma série de imagens fragmentadas e vagas.

O modo punk de dirigir-se ao ouvinte era "confidencial e declamatório", mas raramente reservado; seu público eram os não-apaixonados e seu discurso, "específico plural" (*idem*; p. 79). Para descrever o ritmo punk, são empregados geralmente os termos "básico" e "primitivo". Como um gênero minimalista, o punk rock evitou o uso abusivo de instrumentos eletrônicos (associado ao **rock progressivo**), apresentando uma estrita formação instrumental de guitarra, baixo e bateria. "Essa era a melhor combinação sonora para expressar a ira e a frustração, para focalizar o caos, para representar dramaticamente o cotidiano como o dia do juízo final e para golpear todas as emoções entre um olhar perdido e um sorriso grande e sarcástico." (Marcus: 1992; p. 595). A negligência do virtuosismo em solos instrumentais reflete a freqüente associação punk entre habilidade e loquacidade. A atitude punk em relação ao ritmo foi crucial para diferenciá-lo de outros gêneros populares, com a incorporação do ato sincopado em seus padrões rítmicos — razão principal da "impossibilidade de dançar" o punk rock. A guitarra punk era semelhante ao "som de um serrote", combinado ao toque monadário baixo, ambos evidentes na composição "Anarchy in the UK", do Sex Pistols, no álbum *Never Mind the Bollocks* (Warner Brothers: 1977). Essa combinação "proporcionava uma sensação de fluxo rítmico ininterrupto, acentuada pelo vertiginoso compasso em oitava de grande parte do punk rock" (Laing: 1988; p. 86), além da premência evocada pela letra e pelos vocais declamatórios.

Havia diferenças marcantes entre o punk britânico e o norte-americano do fim da década de 1970, especialmente em relação a seus antecedentes e ao público (ver Shevory: 1995, p. 25 e ss.; e Heylin).

1) O punk britânico surgiu na segunda metade da década de 1970. Entre os principais grupos, estão Sex Pistols, Stranglers, Clash, Damned e Buzzcocks. Marcus (1989) relaciona o Sex Pistols e o punk rock à **vanguarda** francesa (a Internacional Situacionista) e ao dadaísmo. Outros pesquisadores consideram o punk rock um movimento contra a política econômica e social do governo Thatcher (embora Margaret Thatcher só tenha exercido o poder a partir de 1979), além de relacioná-lo com a alienação e a desilusão de muitos jovens britânicos, principalmente — mas não exclusivamente — os do sexo masculino da classe operária.

- *Leitura adicional:* Marcus: 1989; Savage: 1991.
- *Escutar:* The Buzzcocks, "Orgasm Addict" (1977), em *Singles Going Steady,* EMI, 1980. The Sex Pistols, *Never Mind the Bollocks,* Warner Brothers, 1977. The Clash, *London Calling,* Epic, 1979.

2) Na segunda metade dos anos de 1970, os Estados Unidos ostentavam um influente cenário punk, principalmente em Nova Iorque, muito mais sofisticado que o britânico. Entre as principais bandas, destacaram-se New York Dolls, Richard Hell and the Voidoids, Television e Talking Heads (embora comercializado como **new wave**). O punk norte-americano estava mais associado à boêmia do que à classe operária. Embora não tenha desfrutado de grande sucesso comercial em seu apogeu, o punk norte-americano perdurou e transformou-se nos últimos vinte anos, influenciando a música alternativa, particularmente o **hardcore**, o **trash** e o **grunge**.

- *Leitura adicional:* Fairchild: 1995; Heylin: 1993; McNeil & McCain: 1996.
- *Escutar:* The Velvet Underground, "White Light, White Heat" (1968), em *Velvet Underground Live,* Polygram, 1974. The Ramones, *Ramones,* Sire, 1976. Richard Hell and the Voidoids, "Blank Generation", *Blank Generation,* 1977. Television, *Marquee Moon,* Elektra, 1977.

r

raça — *ver* **etnia**

rádio; **rádio FM**; **formatos das emissoras de rádio**; **rádio pirata**: Até o advento da **MTV**, no final da década de 1980, o rádio era indiscutivelmente o mais importante veículo de difusão da música pop. Sua organização e seus métodos de formatação musical foram decisivos para determinar a natureza do que constitui a principal "face pública" da música popular, particularmente o **rock** e o **pop**, com seus respectivos **subgêneros**. O rádio também desempenhou um papel fundamental em momentos históricos específicos ao popularizar ou marginalizar **gêneros** musicais. Iremos apresentar uma história concisa do rádio em relação à música popular, além de esboçar o estado atual da "música de rádio" e a política de concessão e regulamentação de emissoras de rádio, particularmente das rádios piratas.

Entre os anos de 1920 e 1930, o rádio desenvolveu-se como um aparelho de uso doméstico, dirigido principalmente às donas de casa, mas também desempenhando um importante papel como entretenimento para a família, particularmente durante a noite. Nos Estados Unidos, disseminou a musica de **concerto** e ajudou a resgatar formas de música regional, como o western swing e o **jazz**, para um público amplo. Durante as décadas de 1930 e 1940, o rádio foi inimigo da indústria fonográfica nas disputas sobre pagamento pela execução das gravações. Mas posteriormente tornou-se seu mais imprescindível aliado. Nos anos de 1950, a remodelação das emissoras de rádio influenciou o **rock'n'roll**, e a veiculação radiofônica tornou-se essencial para o sucesso comercial, especialmente nos programas dedicados às **paradas de sucessos**. O "hit radiofônico" foi uma das "maiores invenções culturais norte-americanas", revitalizando um veículo ameaçado pela **televisão** (Barnes: 1988; p. 9). Nos Estados Unidos, alguns **DJs** alcançaram o estrelato, como Bob "Wolfman Jack" Smih e Alan Freed.

No início da década de 1930, as emissoras de **rádio FM** surgiram graças ao uso de um sistema de radiodifusão de freqüência modulada (FM). Esse tipo de radiodifusão não tinha o alcance das emissoras de rádio AM (ondas médias) e foi usado por emissoras de rádio universitárias e não-comerciais até o final dos anos de 1960. Nessa ocasião, as emissoras FM tornaram-se dominantes no mercado comercial por causa da qualidade de som (mais cristalino) e sua capacidade de transmissão estereofônica. Nos anos de 1970 e 1980, contribuíram para o que se tornou o estilo dominante da música de rádio (rádio amigável; altos valores de produção; "audição relativamente ligeira": ver **rock clássico**). A década de 1970 testemunhou a consolidação das emissoras de rádio como definidoras das parada de sucesso. "Os consultores de programação autônomos tornaram-se os mais novos intermediários da indústria, substituindo os distribuidores independentes do início dos anos de 1960" (Eliot: 1989; p. 169). Eliot refere-se ao modo como a maior parte das emissoras seguiram os formatos moldados por consultores, diminuindo o papel dos diretores de programação de uma emissora — situação que perdurou até os anos de 1990. Apesar de o video ter se tornado uma ferramenta de *marketing* importante durante a década de 1980, o rádio continuou a desempenhar um papel crucial na determinação das paradas de sucessos.

As emissoras de rádio diferenciam-se pelo tipo de música que tocam, pelo estilo dos DJs e pela combinação de notícias, debates, comerciais e outros programas. Podemos considerar a transmissão radiofônica como um fluxo, com todos esses elementos fundidos. Os principais tipos de emissoras de rádio são: estações universitárias, piratas e dedicadas aos jovens (por exemplo, as emissoras universitárias norte-americanas, as emissoras neozelandesas restritas ao campus da universidade e a rede australiana Triple J); emissoras estatais, como a BBC britânica; rádios comunitárias; e emissoras de rádio comerciais, o grupo dominante em participação de mercado. Sempre houve uma contradição entre o interesse das gravadoras — vender discos aos ouvintes jovens e adolescentes — e o interesse das emissoras de rádio privadas — atingir uma audiência mais velha e mais rica, conforme o desejo dos anunciantes. Essa contradição foi parcialmente resolvida pela prática das atuais emissoras de rádio de determinar nichos de mercado.

As emissoras e os diretores de programação atuam como filtradores. Buscam assegurar um som ou formato fixo e identificável, baseando-se no que a direção da empresa acredita que irá gerar maior índice de audiência (ver **público**) e, conseqüentemente, maiores receitas de publicidade. O diretor musical e o diretor de programação (em emissoras menores, uma mesma pessoa cumpre ambas as funções) irá regularmente "peneirar" os lançamentos, selecionando três ou quatro para acrescentar à programação. O critério que sustenta esse processo baseia-se na reputação do artista, no sucesso anterior (se a gravação já foi lançada em outros países), na adaptação ao formato da emissora e, às vezes, na simples intuição. O material publicitário da gravadora, do artista e do distribuidor desempenha um papel decisivo, pois estimula ou desperta o interesse por um artista desconhecido (sobre a seleção de músicas da emissora Radio One, pertencente à BBC britânica, ver Grundy, *apud* York: 1991). Quando o disco é lançado em mercados "estrangeiros", o desempenho na parada de sucessos dos Estados Unidos e da Grã-Bretanha é especialmente importante. Ao selecionar a programação, as emissoras de rádio filtram os gêneros da música popular, influenciando significativamente a natureza da música veiculada. A mudança de atitude das emissoras de rádio em relação ao **heavy metal** (esboçado por Weinstein: 1991a; pp. 149-61) ilustra esse processo.

Anteriormente, os formatos das emissoras de rádio eram razoavelmente claros: havia emissoras dedicadas à parada de sucessos ("Top 40"), à música soul e à música "pasteurizada". Os formatos recentes são mais complexos, com emissoras dedicadas ao "rock adulto", aos hits clássicos e "velhos sucessos", bem como aos hits e à música urbana contemporâneos. Barnes (1988) afirma que música urbana contemporânea é apenas um eufemismo para designar uma emissora dedicada ao público negro, mas atualmente elas também abrangem os artistas da **black music**. Nos Estados Unidos, os ouvintes negros são a maior audiência da música urbana contemporânea, que também atrai os ouvintes brancos, particularmente a faixa etária entre 12 e 34 anos.

O ouvinte de rádio costuma mudar constantemente de estação. Para impedir a troca de emissora, os programadores apresentam menos comerciais e fazem chamadas anunciando uma canção que será transmitida posteriormente. Porém, o recurso mais efetivo é a emissora evitar uma música que desagrade seu ouvinte — o que é obviamente impossível. Mas existem meios de "prender" o ouvinte. Já que os artistas renomados têm mais fãs que os novos, é comercialmente mais seguro tocar repetidamente suas gravações e evitar tocar os novos artistas, até o momento em que se tornem cantores ou grupos de sucesso, um processo que cria uma situação de efeito circular. Os exemplos mais extremos dessa estratégia são as rádios dedicadas ao **rock clássico**, ou aos hits clássicos, que só tocam os sucessos garantidos do passado. Esse formato permanece muito popular, aproveitando a nostalgia do grupo **demográfico** que cresceu durante os anos de 1960 e que atualmente detém grande poder aquisitivo.

O interesse em manter uma audiência fiel implica uma **audição** razoavelmente focalizada. Paradoxalmente, embora uma emissora de rádio seja freqüentemente sintonizada, raramente é "escutada". Geralmente funciona como música ambiente, um fundo sonoro para outras atividades (sobre esse aspecto, e sobre *quem* escuta a programação, ver **consumo**). Contudo, tocar uma música diversas vezes por dia é vital para expor os artistas e para atrair fãs e apreciadores. A veiculação radiofônica é também necessária para apoiar atividades (como **turnês**), divulgar shows e acompanhar o lançamento de discos. Nesse caso, o poder onipresente do rádio é um fato: pode ser escutado em diversas situações e com níveis de interação bastante variáveis, desde o walkman até o fundo musical para atividades como o estudo, os trabalhos domésticos e a leitura (para uma discussão sucinta sobre as características do rádio, ver Crisell: 1994).

O **Estado** regulamenta a atividade radiofônica de dois modos. Primeiro, regulamentando as atividades comerciais das emissoras de rádio, principalmente através do sistema de concessões, mas também estabelecendo códigos de ética — uma forma de **censura**. Ocasionalmente, essas práticas do Estado foram questionadas, particularmente pelas emissoras piratas (ver a seguir). Segundo, o Estado tenta às vezes encorajar culturas "minoritárias" e músicas locais com uma política de cotas e outras legislações regulatórias. Isso é evidente no apoio estatal à Rádio Polinésia, na Nova Zelândia (ver Wilson: 1994), e nas tentativas de veicular mais músicas com letras em francês nas emissoras de rádio canadenses. Esse caso ilustra a dificuldade de fundir "a identidade nacional" em um ambiente multicultural e bilíngüe. Em 1989, uma decisão da CRTC (Canadian Radio-Television and Telecommunications Commission) determinou que, a partir de 1990, "ao menos 65% da música tocada semanalmente pelas emissoras de rádio francófonas de AM e FM, independente do formato ou mercado de atuação, deveria incluir canções com letra em francês". Essa decisão modificava a legislação canadense estabelecida há mais ou menos vinte e cinco anos, no que se refere à língua e país de origem (ver Dorland: 1996, especialmente as contribuições de Filion e Straw). A reação dos diversos grupos afetados por essa disposição governamental — e as tensões criadas para a indústria e para os artistas que desejavam permanecer "política e culturalmente corretos", mas que também precisavam apelar para um mercado internacional e mais amplo — ilustrou "o duplo compromisso a que o Quebec está preso: como outros países pequenos [*sic*], sentiu necessidade de proteger seus produtos locais dos conglomerados multinacionais, porém, também queria gerar seus próprios sucessos internacionais [...]. O debate em estudo vai ao verdadeiro centro desse duplo compromisso" (Grenier: 1993; p. 124).

A difusão da **rádio pirata** é feita por emissoras sem licença de funcionamento como uma alternativa à programação das emissoras comerciais licenciadas. Porém, a base da programação das rádios piratas geralmente é a mesma música veiculada pelas rádios comerciais, raras vezes fugindo do pop e do rock. A principal exceção deu-se durante os anos de 1960, quando as emissoras piratas britânicas aproveitaram a negligência da BBC ao pop/rock. O período entre 1964 e 1968 — a época de ouro das emissoras piratas britânicas — foi um momento histórico que condensou a interseção entre o rock como política cultural e memória pessoal com a economia de mercado e a intervenção governamental. Nesse período, 21 emissoras piratas estavam no ar, representando um amplo conjunto em termos de escala, motivos e práticas operacionais.

Segundo Chapman (1992), havia o mito de que as emissoras piratas ofereciam música pop para jovens ouvintes privados de direitos civis, representando um desafio às convenções e às práticas comerciais das emissoras de rádio. A realidade, contudo era bem diferente e estava muito mais relacionada a questões comerciais. Porém, devido à orientação política inadequada da BBC em relação à música popular, no início da década de 1960, as rádios piratas realmente atendiam um grande público privado de direitos civis. Essas emissoras também criaram alguns programas inovadores e impulsionaram a carreira dos principais DJs daquele tempo, como Kenny Everett e John Peel. Analisando sua programação, constata-se que os programas nunca eram predominantemente voltados à música popular, mas bastante orientados para a propaganda. Todas as emissoras piratas faziam operações comerciais: "embora o local de trabalho e as circunstâncias jurídicas fossem atípicos, em todos os outros aspectos essas emissoras eram pequenos negócios aspirando tornarem-se grandes negócios" (Chapman: 1992; p. 167). Isso foi particularmente evidente no caso da Radio London, constituída com um capital estimado de 1,5 milhão de libras e cujo "objetivo institucional era aumentar o lucro e tornar-se uma emissora de rádio comercial e juridicamente legal para a Grã-Bretanha" (*idem*; p. 80). Nesse aspecto a emissora teve sucesso, embora a BBC tenha criado a Radio One, em 1967 (ocasião em que as emissoras piratas estavam encerrando suas atividades), copiando as práticas das emissoras piratas e "utilizando" seus DJs. Na Nova Zelândia, a principal emissora pirata, a Radio Hauraki, inspirou-se nas piratas britânicas (ver Blackman: 1988). Ao contrário das emissoras piratas britânicas, as norte-americanas operam quase sem capital, fazem transmissões irregulares, raramente tentam obter lucro, não veiculam propaganda e conservam um perfil muito discreto. O Federal Communications Commission (FCC) adota uma atitude de "repressão seletiva", ou seja, atende denúncias e faz intervenções, mas não sai em busca de emissoras piratas. (*Leitura adicional:* Chapman: 1992; Jones: 1992).

A relação simbiótica entre a indústria fonográfica e as emissoras de rádio, que agiriam como meio "promocional" secundário para os produtos da indústria, foi contestada:

> Considere-se que talvez o rádio seja sempre o meio principal — a experiência do produto que nós (ou seja, fãs do rock) consumimos; a obra musical simplesmente como um meio para esse consumo [...]. Não é a obra musical que dá sentido para a música do rádio, mas é a música do rádio que dá sentido para a obra musical (Berland: 1993; p. 100).

• *Ver:* **marketing**

• *Leitura adicional:* Barnard: 1989; Crisell: 1994; Cupitt *et alii*: 1996; Morthland: 1992a; Pease & Dennis: 1995; Turner: 1993.

rádio FM — *ver* **rádio**

rádio pirata — *ver* **rádio**

ragtime: Estilo pianístico desenvolvido na virada deste século, originalmente um gênero da **black music** com grande influência européia. O ragtime é uma música composta, apesar de ter se originado nas tradições orais. Caracterizou-se pelo uso da mão esquerda produzindo **acordes**, fracionados diferentemente em cada compasso (**beat**) — geralmente, em uma frase de compasso quaternário —, pela mão direita executando a melodia (que inclui um complexo contraponto floreado), e pelas modulações irregulares entre as duas mãos (síncope). Seu mais famoso intérprete foi Scott Joplin, cuja obra "Maple Leaf Rag" continua sendo uma das composições mais conhecidas do gênero. O ragtime foi uma das mais importantes influências do **jazz** e do **rhythm'n'blues**.

- *Leitura adicional:* Clarke: 1990; Gammond: 1991.
- *Escutar:* Scott Joplin nunca gravou. As gravações atribuídas a ele foram feitas a partir dos rolos de piano que cortou. Suas composições são encontradas em gravações para piano.

raízes: Termo usado de modo variável para referir: 1) as origens sociais ou geográficas de um artista e a relação entre essa origem e sua música; 2) o público e o ambiente em que a carreira de um artista está sediada; e 3) de modo mais usual, os artistas considerados como criadores de estilos e **gêneros** musicais (ver, por exemplo, o estudo de Guralnick (1989) sobre os "principais músicos de raiz" do **rockabilly**, **country'n'western** e **blues**). O termo raízes é muitas vezes específico de um gênero, sendo freqüentemente usado para estilos como folk, blues e **world music**. É também muitas vezes um dos elementos das idéias populistas sobre **autenticidade**. Musicalmente, o termo baseia-se na noção de que os sons e o estilo da música devem continuar parecidos com sua fonte original. A aceitação dessa idéia pode levar ao questionamento do uso de equipamentos musicais de alta tecnologia pelos artistas "tradicionais".

Ver: **autenticidade**; **cultura folk**

rap; **hip-hop**: O rap foi considerado "a mais popular e influente música afro-americana dos anos de 1980 e 1990" (Erlewine *et alii*: 1995; p. 921) e "o filão cultural, intelectual e espiritual mais dinâmico da cultura popular contemporânea da América negra" (Rose: 1994; p. 19). Considera-se que o estudo do rap seja capaz de resgatar os estudos sobre os negros nos Estados Unidos (Baker: 1993), embora o interesse do rap e do hip-hop pelo pastiche, pela colagem e pela **bricolagem** seja visto como uma tendência cultural **pós-moderna** (Manuel: 1995). Ao mesmo tempo, a música rap foi motivo de grande controvérsia, já que seus méritos musicais e sociais foram ferozmente questionados (ver **censura**).

Os antecedentes do rap residem nas diversas formas da música popular que incluem narrações de histórias: o **blues** falado (talking blues), as passagens faladas da música **gospel** e a música de **chamado e resposta**. Suas influências formais mais diretas encontram-se no final da década de

1960, nos "toasters" dos **DJs** do **reggae** (um estilo de discussão) e nos estilos despidos da música **funk**, particularmente em James Brown, com seus "fluxos de consciência" sobre um funk elementar de fundo.

Inicialmente, o rap era parte de um estilo de **dança** que surgiu no final dos anos de 1970 entre adolescentes negros e hispânicos nas regiões próximas a Nova Iorque. Em seguida, transformou-se no núcleo musical de um fenômeno cultural mais amplo, o hip-hop: roupas, atitude, linguagem, modo de andar e outros elementos culturais associados à colagem (ver a seguir). Os rappers fizeram suas próprias mixagens — sampling — a partir de uma série de fontes musicais, sobrepondo a fala e a música — rapping — em uma forma improvisada de poesia urbana. A absorção e a recontextualização dos elementos da cultura pop distinguiram o rap e o hip-hop como uma forma de pop art ou cultura pós-moderna. O estilo também foi comercialmente importante, já que os jovens negros estavam "fazendo seu próprio negócio", deixando de lado os atravessadores do varejo: "gravando um bocado de funk do rádio e reciclando-o, os break-dancers estavam construindo uma linha direta com seus heróis culturais. Estavam eliminando os intermediários" (Hebdige: 1990; p. 140). Muitos dos primeiros rappers gravaram em selos **independentes** e inicialmente em **singles** de doze polegadas, principalmente no selo Sugar Hill Records, em Nova Iorque. O gênero foi logo assimilado pelos artistas brancos e pelas **grandes gravadoras**.

Como em outros estilos musicais amadurecidos, diversos **subgêneros** identificáveis surgiram a partir do rap:

1) gangsta rap: com orientação machista, seus temas são a violência das gangues, as drogas e o abuso e os maus-tratos contra a mulher, por meio de letras muitas vezes explicitamente violentas ou sexuais (Snoop Doggy Dog, Ice T). Musicalmente predomina um baixo pesado;

2) hardcore rap: enfatiza as mensagens políticas dirigidas à comunidade negra (por exemplo, Public Enemy);

3) reggae rap: freqüentemente chamado de ragga ou ragga jamaicano, possui uma batida e um ritmo característicos, baseados no reggae, com letras faladas em vez de cantadas (Snow, "Informer"; Shinehead, "Jamaican in New York");

4) rap feminino: vocalistas femininas enfatizam a solidariedade entre ho-

mens e mulheres e/ou o poder da mulher sobre o homem; com batida forte e baixo pesado (Salt'N'Pepa; Monie Love);

5) East coast ou Dayse Age rap: a segunda expressão foi usada para descrever a música do De La Soul e foi retirada de seu álbum. Trata-se de um estilo musical mais leve, baseado no **doo-wop** e no **soul** dos anos de 1960 e no funk. Entre os principais representantes, destacam-se De La Soul, P. M. Dawn e A Tribe Called Quest, os quais "estendem a paleta estilística e emocional da música, criando uma pintura auricular complexa" (Weisband: 1995; p. 413).

O rap demonstrou uma vitalidade contínua, apesar de submetido a um processo de mercantilização para atingir um mercado mais amplo, que inclui os brancos. Apesar disso, o rap comercial mais suave de artistas como MC Hammer, Kris Kross, Vanilla Ice, Puff Daddy e Warren G. Rap foi submetido tanto à crítica e à **censura** (especialmente o gangsta rap) quanto à glorificação cultural. Os comentários sociais dos rappers hardcore, como o Public Enemy, foram considerados, em termos gramscianos, uma forma politicamente significativa de organização intelectual (ver Abrams: 1995).

Embora seja incorretamente usado como sinônimo de rap, o **hip-hop** é um termo amplo que abrange uma **subcultura** associada à vida social, à música, à dança e à moda dos jovens negros e latinos (principalmente, mas não de modo exclusivo) urbanos dos Estados Unidos dos anos de 1980 e 1990. Inclui o rap, a dança break, o grafite, os clubes, os DJs e os trajes esportivos (bonés, tênis etc.). Segundo Potter, a cultura hip-hop incorpora um "pós-modernismo altamente sofisticado" (1995; p. 13), uma exigente prática política consciente, uma reciclagem e uma reiteração do passado. O autor afirma que a prática fundamental do hip-hop é a citação (ou significação), por isso ele resiste às categorias de produção e consumo. Três versões da canção "Tramp" são apresentadas para ilustrar sua argumentação: o "original" solo de Lowell Fulsom, de 1966; a versão interpretada pelo dueto Otis Redding e Carla Thomas, de 1967; e a versão hip-hop homônima interpretada por Salt'N'Pepa, de 1987, com trechos das primeiras versões e referências às mesmas. Potter denomina o hip-hop como "centro de reciclagem cultural" e uma "contraformação do capitalismo" (1995; p. 108). Nesse caso, a referência central é a teoria de Michel de Certeau segundo a qual os consumidores traçam seus próprios caminhos por meio de relações com mercadorias às quais são apresentados. Outros estudiosos (por exemplo, Mitchell: 1996) criticam esses grandiosos postulados feitos (muitas vezes por intelectuais brancos) para o hip-hop ou para o rap, considerando-os, em termos mais prosaicos, uma forma da cultura negra urbana.

Há também discussões sobre a identificação do rap e do hip-hop com **black music** e cultura negra, considerados então como um movimento cultural unitário (por exemplo, Rose: 1994). Isso suscita debates sobre a associação da natureza do rap à teoria da diáspora e sobre o papel desempenhado pelos jovens que não são negros em seu desenvolvimento. Diversos ensaios de Ross & Rose (1994) usam o rap e o hip-hop como pontos de partida para examinar de modo mais genérico práticas culturais entre as **culturas jovens** ou subculturas.

- *Leitura adicional:* Boyd: 1994; Cross: 1993; Garofalo: 1994; Light: 1991; Lipsitz: 1994; Mitchell: 1996; Potter: 1995; Rose: 1994; Toop: 1991.
- *Escutar:* Run DMC, *Raising Hell,* London, 1986 (o primeiro álbum de rap a interseccionar a parada de sucessos pop; desse modo, trouxe o rap para a apreciação de um público mais amplo). *Genius of Rap: The SugarHill Story,* Castle, 1987. Public Enemy, *It Takes a Nation of Millions to Hold Us Back,* Def Jam/Columbia, 1988. P. M. Dawn, *Of the Heart, the Soul and Of the Cross: the Utopian Experience,* Gee Street/Island, 1991. The Fugees, *The Score,* Sony/Columbia, 1996 (grande sucesso internacional, que acrescenta elementos do **rhythm'n'blues**, **soul** e ragga rock ao rap).

rastafari — *ver* **reggae**

raves; cultura rave: As raves originaram-se das festas semilegais organizadas por jovens empresários em galpões, nos Estados Unidos e no Reino Unido, no final dos anos de 1980 (ver **dance music**: **house**). São **clubes** montados em lugares não-convencionais, como galpões abandonados, hangares e barracas em zonas campestres. Cada uma dessas reuniões atraiu mais de quinze mil pessoas na Grã-Bretanha (Thornton: 1995). Aplica-se o termo genérico **cultura rave** para descrever o fenômeno das raves e suas práticas sociais, incluindo o uso do ecstasy, que provocou um (justificável?) **pânico moral** na Grã-Bretanha e em diversos outros países (como a Austrália), entre meados e o fim da década de 1990. O **tecno** e outras variantes da **dance music** são os principais estilos tocados nas raves.

- *Leitura adicional:* Tagg: 1994; Thornton: 1995.
- *Escutar:* The Shamen, "Ebeneezer Goode", em *Shamen Collection,* One Little Indian/Virgin, 1996 (single de grande sucesso no Reino Unido, em 1992, fez apologia do ecstasy).

realismo: Características: 1) oferece uma janela para o mundo, já que as ficções populares baseiam-se num universo próprio, coerente e plausível, se comparado ao nosso mundo; 2) mobiliza um tipo particular de narrativa, construída por meio de causa e efeito, incluindo muitas vezes uma estrutura linear — começo, meio e fim; e 3) oculta o processo de sua própria produção e o fato de que é uma obra ficcional (Longhurst: 1995; p. 143). O conceito de realismo foi aplicado à música popular, principalmente às letras das canções e à natureza de **gêneros** específicos em momentos particulares do seu desenvolvimento.

Em relação às letras, o realismo determina "uma relação direta entre a letra e a condição social ou emocional que descreve e representa" (Frith: 1988a; p. 112). O estudo das canções folk e a análise das letras dos **blues** evidencia esse processo; assim, o blues urbano dos Estados Unidos do pós-guerra pode ser analisado como expressão pessoal dos cantores negros na segregação urbana: "uma análise mais detalhada das letras dos blues permite um descrição mais profunda das mudanças nos papéis masculinos dentro das comunidades negras, conforme expostas pelos negros das diversas classes socioeconômicas e em diferentes graus de mobilidade entre o proletariado" (Keil: 1966; p. 74).

Segundo Longhurst (1995), o conceito de realismo também pode ser aplicado ao **reggae**. Nos anos de 1960, sob a forma do **ska**, o reggae era bastante realista, preocupado com a criminalidade e os "rude boys" jamaicanos. As canções discutiam se suas ações eram uma forma de protesto social e político ou simplesmente atividades anti-sociais, isto é, atividades criminosas com motivações pessoais. A música reggae posterior, particularmente a de Bob Marley and the Wailers, era também bastante realista, chamando a atenção para o conflito de classe na Jamaica e a situação internacional dos negros em seu conflito pelo controle da "Babilônia" (referência à sociedade ocidental dominada pelos brancos). As classes populares negras da Jamaica e de outros lugares identificavam-se facilmente com as canções. Na década de 1970, com a comercialização do reggae, esse gênero passou a dissimular cada vez mais o estilo da sua própria produção, com o estúdio disfarçando suas características mais contundentes.

• *Ver:* **blues**; **reggae**

• *Leitura adicional:* Middleton: 1990.

reedições — *ver* **catálogo**

refrão: Padrão melódico ou rítmico facilmente memorizado. O refrão atrai e "prende" o ouvinte, fazendo-o querer escutar o restante da canção e, mais importante, diversas vezes.

reggae; **ska**; **rastafari**: Reggae é um termo abrangente que designa diversas formas de música popular jamaicana, como o ska e o rocksteady, que desde a década de 1960 estão presentes no contexto internacional. O reggae teve uma influência sobre a música popular bastante desproporcional ao seu limitado sucesso comercial.

O reggae desenvolveu-se inicialmente nos anos de 1950, quando os músicos jamaicanos combinaram a música folk nativa com o **jazz**, os ritmos africanos e caribenhos e o **rhythm'n'blues** de Nova Orleans. O resultado dessa mistura foi o **ska**. No início da década de 1960, o **ska** foi exportado para o Reino Unido, alcançando um relativo sucesso (Skatalites, Millie Small). Em meados dessa década, influenciados pelo **soul** norte-americano, os ritmos excessivamente ativos e excitáveis do **ska** foram substituídos pelos ritmos mais lentos e pelas batidas galopantes do rocksteady. Mais ou menos no final da década de 1960, esses estilos de música popular jamaicana tornaram-se conhecidos como reggae, que "embelezou os ritmos basais do **ska** e do **rocksteady** com letras de conteúdo político e social, influenciadas muitas vezes pelo rastafari, pelo orgulho racial e pela turbulenta atmosfera política jamaicana. Os ritmos fluíam e refluíam com a pulsação hipnótica e espasmódica que se tornou a marca registrada do reggae" (Erlewine *et alii*: 1995; p. 938), além do som marcante do baixo. Entre os primeiros representantes, destacam-se Toots and the Maytals, The Wailers, Burning Spear e Jimmy Cliff.

Apesar da evidente influência do ska e do reggae na música popular internacional (por exemplo, a canção "Keep on Running", do Spencer Davis Group, de 1967), o **gênero** possuía apenas um pequeno grupo de apreciadores fora da Jamaica. Mas nos anos de 1970, o reggae popularizou-se com o sucesso de Bob Marley and the Wailers promovido pela gravadora Island Record. Bob Marley tornou-se um artista cultuado, venerado por muitos jovens negros, ainda mais depois de sua morte, em 1981 (ver White: 1989). Posteriormente, o reggae influenciou diversos artistas brancos (The Police, The Clash, UB40). Nos anos de 1980, continuou a evoluir por meio do "toasting" (um estilo de discussão associado à figura do DJ) e das formas dub, ambos demonstrando a importância do **produtor** e dos **sistemas sonoros** do tipo jamaicano para o reggae.

• *Escutar:* Toots and the Maytals, *Funky Kingston,* Island, 1973. Peter Tosh, *Equal Rights,* Columbia, 1977. Bob Marley and the Wailers, *Legend: the Best of Bob Marley and The Wailers,* Island, 1984. Gary Clail, *Keep the Faith,* Sony, 1995. Glen Brown and King Tubby, *Termination Dub 1973-1979,* Blood and Fire/Chant, 1996. Lee Perry, *The Producer Series/Words of My Mouth,* Trojan, 1996 (uma compilação da obra de Perry realizada nos anos de 1970).

Houve um renascimento do ska no Reino Unido no final dos anos 1970, ligado principalmente às gravadoras Coventry e Two Tone. Incluindo músicos negros e brancos, os grupos misturavam elementos de reggae, ska, dub e rock (por exemplo, UB40, o Specials, Madness, Selector, Bad Manners). As letras das suas composições eram política e socialmente conscientes, muitas vezes apresentando temas ligados à classe operária britânica e criticando o "establishment".

• *Escutar:* The English Beat, *I Just Can't Stop It,* IRS, 1980. Madness, *Complete Madness,* Stiff, 1982. The Specials, "Ghost Town" (1981), em *The Specials: The Singles Collection,* Chrysalis, 1991.

O reggae está fortemente associado ao **rastafari**, considerado um movimento social, um culto religioso e uma **subcultura** jovem, que emergiu nos guetos de Kingston, na Jamaica, na década de 1950. O rastafari prega a divindade de Haile Selassie (ex-imperador da Etiópia), caracteriza a dominação branca como "Babilônia" e defende o retorno dos negros para a África (particularmente para a Etiópia). Os homens rastafaris deixam o cabelo crescer e o entrelaçam em muitas trancinhas, enquanto as mulheres cobrem a cabeça, não usam cosméticos e vestem roupas compridas e modestas. Os rastas trajam boinas coloridas de lã, com o verde, o vermelho, o amarelo e o preto representando, respectivamente, a Etiópia, o sangue dos seus irmãos, o sol e a cor da sua pele. O uso da maconha ("ganja") também possui um significado religioso. Quanto ao estilo cultural, foi internacionalmente muito adotado entre os grupos black; por exemplo, entre os maoris, na Nova Zelândia. O reggae desempenhou o papel de veículo dos ideais dos rastafaris: os artistas como exemplos a serem seguidos e os temas e as letras da música divulgando o movimento.

Na década de 1990, o reggae permaneceu no cenário musical artístico e comercial, freqüentemente como elemento de outros gêneros da música popular. Ainda hoje é apreciado, mas por um público restrito, apesar de alguns grupos de pop reggae contemporâneos (Aswad, UB40) terem alcançado a parada de sucessos, assim como alguns **rappers** que usaram os ritmos do reggae, como o Shinhead (*Unity,* Elektra, 1988).

• *Ver:* **realismo**

• *Leitura adicional:* Bishton: 1986; Davis: 1992; Jones: 1988; Ward: 1992b (inclui discografia); White: 1989.

rhythm'n'blues (R & B): Em suas formas mais antigas, rhythm'n'blues foi um dos mais importantes precursores do **rock'n'roll** e um elo fundamental entre o **blues** e o **soul**. Segundo George, o **rhythm'n'blues** teve um significado tanto socioeconômico como musical associado à identidade da comunidade negra, que foi "forjado por condições políticas, econômicas e sociais comuns" (1989; p. XII).

Os primeiros artistas do R & B surgiram na época das big bands e do swing jazz (durante os anos de 1930 e 1940), tocando músicas para dançar que eram mais sonoras. Usavam mais instrumentação elétrica, especialmente o novo baixo elétrico, e acentuavam os **riffs**, os boogies e os vocais. O primeiro estilo popular de **rhythm'n'blues** foi o jump blues, misturando instrumentos de sopro, o suingue do jazz, estruturas genéricas de **acordes** e os riffs do blues. A partir desse estilo, desenvolveram-se diversos outros: vocais "berrados" (por exemplo, Big Joe Turner), arranjos com fortes influências jazzísticas, especialmente saxofonistas, e estilos vocais suaves e urbanos. Associado a selos independentes (por exemplo, Speciality), o jump blues popularizou-se em cidades com comunidades negras em crescimento, especialmente Los Angeles. O artista mais proeminente foi Louis Jordan, que desfrutou de um considerável sucesso **interseccional** na década de 1940 e no início da seguinte.

No começo dos anos de 1950, a "race" music — como era chamada pela indústria fonográfica — foi renomeada, sendo batizada de **rhythm'n'blues** pela revista *Billboard*. Embora bastante popular em sua própria parada de sucessos e nas emissoras de rádio do público negro, o estilo não ganhou grande veiculação nas outras emissoras. De fato, as gravações de **rhythm'n'blues** foram algumas vezes banidas por causa de seu conteúdo sexual explícito, como em "Work With Me Annie", de Hank Ballard; "Sixty

Minute Man", de Billy Ward; e "Baby Let Me Bang Your Box", do Penguin. Jerry Wexler, um funcionário do **departamento artístico** da Atlantic, ajudou a moldar o jump blues para torná-lo mais comercial, o que indicou o caminho para o rock'n'roll. Mais ou menos ao mesmo tempo, o rhythm'n'blues de Nova Orleans (baseado na execução pianística) também atingiu a parada de sucessos, particularmente com o sucesso do Fats Domino (por exemplo, "Ain't That a Shame", 1955).

O **rhythm'n'blues** foi parte importante do rock'n'roll. Alguns poderiam afirmar que era rock'n'roll — um rock apropriado pelos músicos brancos e gravadoras para vender ao público branco. Os elementos do **rhythm'n'blues** estão fundidos nos vários estilos do **rock**, incluindo o **rhythm'n'blues** britânico dos anos de 1960 (The Rolling Stones, The Pretty Things, Them), e, subseqüentemente, no **disco**, no **funk** e no **rap**. Realmente, foi tão vasta a presença do **rhythm'n'blues** que o termo às vezes é usado como nome genérico para a **black music.** Os grupos contemporâneos de R & B swingbeat, como Boyz II Men e SWV, podem ser dados como exemplo do gênero em um retorno a suas raízes negras.

• *Leitura adicional:* George: 1989; Gillet: 1983.

riot grrrls — *ver* **gênero**

ritmo; riff — *ver* **batida**

rock — *ver* **rock'n'roll**

Rock Against Racism [O Rock contra o Racismo]: Uma organização e movimento que conduziu uma campanha de massa parcialmente bem-sucedida, confrontando o racismo que surgia nos rudes cenários dos centros urbanos decadentes britânicos, na década de 1970. O Rock Against Racism (RAR) produziu shows, apresentações, uma revista e discos para mobilizar mais de meio milhão de pessoas: "negros e brancos, excluídos pelos modelos da política convencional e inspirados por uma mistura de socialismo, punk rock e humanitarismo comum, juntaram-se e organizaram-se para mudar as coisas" (Widgery: 1986; p. 8).

Em fevereiro de 1981, o *Rock Against Racism Greatest Hits* (Virgin) foi o primeiro álbum realizado como gesto político, incentivando realizações subseqüentes da Anistia Internacional, Band Aid, entre outros. Alguns grupos e artistas importantes contribuíram para shows e festivais que transmitiam mensagens políticas enquanto proporcionavam entretenimento. Reuniões bem-sucedidas contra a organização fascista National Front foram realizadas e conseguiram vender doze mil exemplares de uma revista, *Temporary Hoarding*, em 1979. Apesar de ter falhado em impedir os ataques racistas (sem considerar a eliminação do próprio racismo), a campanha colaborou para o declínio da base eleitoral do National Front na eleição geral de 1979, depois do crescimento repentino obtido por essa organização em meados dos anos de 1970.

O RAR reforçou a idéia de que a música popular podia ser mais que mero entretenimento e, de certo modo, influenciou as campanhas da década de 1980. Segundo Street, porém, a campanha do RAR ilustra o "delicado relacionamento entre uma causa e sua música", já que a confiança na música como fonte de unidade e força realçou visivelmente as diferenças de associações estilísticas. As estratégias políticas foram "tramadas e decididas em função das escolhas musicais"; processo que revelou "as limitações de uma ação política organizada em torno da música" (1986; p. 78; ver **política**).

•*Leitura adicional:* Denselow: 1990, cap. 8; Frith & Street: 1992; Widgery: 1986.
•*Escutar:* Tom Robinson Band, *Power in the Darkness,* Capitol, 1978.

rock alternativo/música alternativa: Rótulo genérico e (pode-se argumentar) um **gênero**/estilo vago e indefinido, que foi praticado desde o final dos anos de 1960. É visto como menos comercial e também menos vinculado a tendências, sendo considerado mais **autêntico** e "inflexível". O âmago histórico da música alternativa foi sua rejeição à indústria fonográfica comercial e a ênfase no **rock** como uma arte ou expressão em vez de um produto vendável para obtenção de lucros. Ou seja, o objetivo clássico da "arte" é a "função" ou o sentido do rock alternativo. O rock alternativo surgiu em resposta à cooptação do rock pela indústria fonográfica no final dos anos de 1960 e durante os anos de 1970. Por exemplo, no final da década de 1960, o *slogan* "A revolução está na CBS" foi usado por essa gravadora para comercializar o rock **psicodélico**. A maior parte do gênero associou-se intimamente a selos **independentes** e recebeu, por isso, a denominação de **música independente**.

Assim como o rock, a música alternativa logo tornou-se uma categoria mercadológica. Na década de 1990, os principais distribuidores varejistas de discos dispõem de uma seção dedicada aos "alternativos". Originalmente, o termo foi usado no final dos anos de 1960 para se referir ao *underground* britânico e norte-americano ou aos adeptos da contracultura, embora, no final dos anos de 1970, o **punk** fosse claramente alternativo e o cenário atual tenha raízes nos vestígios do punk. O rótulo alternativo aplicou-se posteriormente às bandas **grunge** surgidas no final da década de 1980 e início dos anos de 1990 e aos remanescentes da contracultura. Seu sucesso comercial é tão grande — devido, em parte, à associação com as influentes emissoras de **rádio** universitárias norte-americanas —, que Kirschner refere-se ao alternativo como a nova tendência dominante" (1994; p. 72). O processo de tornar-se tendência dominante deveu-se, em parte, à mudança dos grupos mais influentes, como o REM e o Nirvana, de selos independentes para as **grandes gravadoras**.

Embora haja um estilo musical característico, existe, ao mesmo tempo, várias influências nesse tipo de música. Kirschner vê a música alternativa como aquela que abrange diversas variantes, mas com o **hard rock** em seu núcleo. De modo positivo, Kirschner cita a descrição da música alternativa feita por Jim Greer, em *Spin*, em 1991:

> Essa expressão musical, que abrange college rock, rap, trash, metal e industrial e tem tantas variantes quanto adeptos atraiu gradativamente um público cada vez maior, de maneira que a palavra alternativo não significa mais qualquer coisa. A música alternativa é, pura e simplesmente, a música que os jovens estão escutando hoje (1994; p. 73).

Uma visão parecida pode ser encontrada em "The New Rock", matéria de capa sobre a música alternativa publicada no semanário *Entertainment Weekly* (de 21 de agosto de 1992), que inclui como subgêneros constituintes da música alternativa o dream pop, o **gothic rock**, o grunge, o industrial, o jangle pop, o pranksters, o trashcore, o funk and roll e o **dance pop** britânico. Embora observe que tal quantidade de subgêneros torna a expressão alternativo um "termo ridiculamente vago", o artigo percebe que essa rotulação desempenha uma função útil para a indústria fonográfica, indicando uma *atitude*. Geralmente, esse processo está associado à atenção dedicada à natureza interior, ou seja, aos demônios pessoais, e não à esfera pública dos interesses políticos. Outro elemento comum à colcha de retalhos da música alternativa é o surgimento de vários dos seus representantes no festival Lollapalooza, de 1991 em diante, e em filmes como *Singles* (Cameron Crowe, 1992) e documentários como *Hipe!* (1996).

Fairchild observa que a evolução da música alternativa foi um processo de incorporação constante dos elementos artísticos existentes:

> Algumas bandas alternativas, como Rage Against the Machine, Fishbone, The Disposable Heroes of Hiphoprisy e [a.k.a. London] Suede (e inúmeras outras) uniram diversos estilos em uma coalizão única de gêneros. O funk, o rock dos dinossauros da década de 1970, o hip-hop, o country, o punk, o trash, o reggae e uma pequena quantidade de elementos significativos da "worldbeat" foram lentamente incorporados ao repertório das diversas bandas. É impossível mapearmos adequadamente a evolução musical da cena alternativa, entre 1980 e 1994, sem acompanharmos o desenvolvimento e a divisão de uma infinidade de estilos e gêneros. É suficiente assinalarmos que os amplos contornos do desenvolvimento musical da indústria de música alternativa durante os últimos 15 anos foram consistentemente marcados por mudanças de rota, negação, confrontação, bairrismo e, ocasionalmente, uma espantosa e muitas vezes extraordinária experimentação estilística (1995; pp. 22-3).

Em sua ampla argumentação intitulada "Alternative Scenes", Tucker (1992) refere uma variedade de grupos norte-americanos e ingleses, incluindo as bandas de **punk/new wave** do final dos anos de 1970, como Pere Ubu e Devo, de Ohio; as bandas de Los Angeles da década de 1980, de tendência punk, como X; e as mais melódicas, como REM e B-52s, de Athens, Georgia. O lado inglês inclui **pub rockers**, como Brinsley Schwarz; e grupos de pós-punk/new wave, como Graham Parker and the Rumour e Elvis Costello and the Attractions. Tal abrangência demonstra claramente, outra vez, a extrema fluidez do conceito de alternativo.

- *Ver:* **autenticidade**; **contracultura**; **grunge**; **independentes**; **localidade**
- *Leitura adicional:* Fairchild: 1995; Felder: 1993; Heylin: 1993; Kirschner: 1994; Larkin: 1995; Tucker: 1992 (inclui discografia); Weisband *et alii*: 1995.
- *Escutar:* Pere Ubu, *Terminal Tower: An Archival Collection,* Twin/Tone, 1985. X, *See How We Are,* Elektra, 1987. B-52s, *The Best of the B-52s - Dance This Mess Around,* Reprise/WEA, 1990. Pearl Jam, *Vs,* Epic/Sony, 1993. Hole, *Live Through This,* Geffen, 1994.

rock clássico — *ver* **rock**

rock cristão: Estilo/**gênero** musical um tanto vago, aplicado inicialmente aos artistas associados ao surgimento da indústria da música cristã, criada pelos evangélicos norte-americanos (nos anos de 1970) como uma alternativa ao entretenimento "secular" dominante. A revista *Billboard* possui uma categoria dedicada aos maiores sucessos da música cristã contemporânea. O ritmo (**beat**) e a **melodia** não são diferentes das outras formas musicais do *mainstream*. A diferença percebe-se no conteúdo das letras, em que os temas freqüentemente empregados são a salvação pessoal, o testemunho da fé, a vida baseada em um exemplo, as fragilidades humanas, a rebelião, o pecado, o perdão, o amor divino e a misericórdia.

Discute-se se a música cristã é fundamentalmente "sacerdócio" ou "entretenimento", ou se o trabalho dos artistas é "sagrado" ou "secular". O sucesso comercial considerável de alguns artistas alimentou essa discussão (por exemplo, Amy Grant). O trabalho de alguns artistas do *mainstream* foi, às vezes, influenciado por suas crenças cristãs, mais em termos de uma espiritualidade cristã mais mística, como é o caso de Bob Dylan, Van Morrison ou U2.

- *Ver:* **gospel**
- *Leitura adicional:* Reid: 1993; Romanowski: 1993.
- *Escutar:* Bob Dylan, *Slow Train Coming,* Columbia, 1979. U2, *The Joshua Tree,* Island, 1987 (particularmente, "I Still Haven't Found What I'm Looking For"). Van Morrison, "When Will I Learn to Live in God?", em *Avalon Sunset,* Polydor, 1989. Amy Grant, *Heart in Motion,* A&M, 1991.

rock progressivo: O rock progressivo é um metagênero musical abrangente, intimamente relacionado e muitas vezes confundido com a música **alternativa**, a música **independente** e o **art rock**. Seus elementos constituintes levaram Moore (1993; cap. 3) a sugerir que é sempre melhor classificar o termo entre aspas. O rock progressivo associou-se inicialmente ao movimento da **contracultura**/underground existente entre meados e o final da década de 1960, particularmente no Reino Unido. Logo tornou-se uma categoria de *marketing,* com diversas bandas alcançando sucesso comercial.

O rock progressivo "é marcado, acima de tudo, por sua diversidade, uma diversidade mais sugestiva em relação a um balanço constelar do que a um balanço linear" (Moore: 1993; pp. 101-2). Segundo Moore, da mesma forma que o art rock, o rock progressivo caracteriza-se pelo uso de imagens fantásticas e obscuras, misturando convenções de estilos incompatíveis. Isso evidencia-se no título de diversos álbuns (por exemplo, *Lark's Tongues in Aspic* [EG, 1973], de King Crimson). Basicamente, o rock progressivo não é uma música dançante; desse modo, evita a batida (**beat**) padrão do rock, considerando o timbre e a textura mais importantes. Nos espetáculos ao vivo, o rock progressivo fez uso considerável das convenções teatrais.

Downing descreve a música "Set the Controls for the Heart of the Sun", do Pink Floyd (do álbum *Saucerful of Secrets*, Capitol, 1978) como:

> melódica e ritmicamente simples ao extremo. O baixo constrói um riff monótono, que é capturado em primeiro lugar pela bateria e depois pelo órgão, criando uma sensação irresistível de movimento. Isso é amplificado pelas palavras murmuradas da letra da canção, freqüentemente indecifráveis, a não ser os versos do refrão, repetidos muitas vezes. A essa estrutura adiciona-se uma progressão ocasional e rápida de notas lamuriosas executadas no órgão, que sobem e descem de escala, e o uso razoavelmente reduzido de uma atmosfera eletrônica. No conjunto, uma peça musical aparentemente esquelética. Porém, prende a atenção, conjurando de alguma maneira as imagens torrenciais sugeridas pelo título da canção; uma jornada pelo espaço em toda a sua grandeza futurista, uma sensação de mistério sedutora e vagamente amedrontadora (Downing: 1976, p. 99).

Entre as bandas de rock progressivo que tiveram considerável sucesso durante os anos de 1970, estão o Pink Floyd, Tangerine Dream e Hawkwind. O **punk rock** foi, em parte, uma reação contra os excessos daquilo que os punks depreciativamente chamavam de "prog rock".

- *Ver*: **rock alternativo**; **art rock**
- *Leitura adicional:* Erlewine *et alii*: 1995; Moore: 1993; Thompson: 1994.
- *Escutar:* King Crimson, *In the Court of the Crimson King*, EG, 1969 (relançado em 1989). Hawkwind, *In Search of Space*, One Way, 1971. Kansas, *The Best of Kansas*, CBS, 1984.

rock psicodélico; **acid rock**: Estilo musical usualmente considerado um **gênero**, que emergiu em meados dos anos de 1960. O termo rock psicodélico descreve o **rock** inspirado ou relacionado com a experiência induzida pelo uso de substâncias psicoativas. O termo pode ser usado de modo mais ou menos permutável com **acid rock** (por exemplo, Whiteley: 1992; o LSD, droga utilizada para a "expansão" da mente, era comumente chamado de "ácido"). Suposta ou assumidamente, diversas canções referem-se às drogas. Whiteley promove um extenso debate a respeito das canções-chave desse estilo, incluindo as músicas "Tomorrow Never Knows" e "Strawberry Fields Forever", dos Beatles, referindo-se à "codificação do LSD" presente nas mesmas (1992; p. 66).

Segundo Brown, "a ênfase é nos sons altos da guitarra e do cantor, embora as palavras em si não sejam muito importantes" (1992; p. 145). Porém, isso é contestável em relação a certas canções, como "White Rabbit" (1967), do Jefferson Airplane. Os músicos usavam fuzztone, feedback, sintetizadores e sonoridades diáfanas, mimetizando as supostas propriedades de expansão da mente com a maconha e com o LSD. A maioria das músicas caracterizava-se pela experimentação e indulgência, dando mais preferência aos **álbuns** do que aos **singles** (embora tenha existido alguns singles de sucesso, como a canção "Somebody to Love", do Jefferson Airplane, em 1967). O rock psicodélico e o acid rock relacionaram-se tanto com a moda, os pôsteres, os projetos de gravação e os efeitos visuais dos concertos quanto com a música em si; além disso, estiveram associados à **contracultura** jovem e, especificamente, à **subcultura** hippie.

Entre meados e final dos anos de 1960, o rock psicodélico concentrou-se em dois centros: a costa oeste dos Estados Unidos e Londres. Entre 1967 e 1969, surgiu uma cena psicodélica em São Francisco, em torno da região de Haight-Ashbury, em comunidades abertas e ao ar livre e nos **concertos** comerciais de Fillmore. Com o sucesso do Monterey Pop Festival, as gravadoras norte-americanas perceberam o potencial comercial do gênero. Entre os principais grupos, destacaram-se Jefferson Airplane, The Grateful Dead, Moby Grape e Quicksilver Messenger Service (ver **contracultura**).

No Reino Unido, o rock psicodélico associou-se ao **cenário** do "swinging London" dos anos de 1960, tendendo a fundir-se com o **rock progressivo**, e, no final desta mesma década, teve destaque na **parada de sucessos**. Entre os artistas principais, destacaram-se Cream, Arthur Brown e Jimi Hendrix; o psicodelismo também influenciou os principais grupos do período: os Beatles (em *Sgt. Pepper's Lonely Hearts Club Band,* Capitol, 1967) e o The Rolling Stones (*Satanic Majesties*, ABKO, 1967).

O rock psicodélico influenciou fortemente o desenvolvimento posterior de outros gêneros, especialmente a **música alternativa**, o **art rock**, o **heavy**

metal e o **rock progressivo**; sua influência contemporânea é evidente em alguns expoentes do **britpop** e em alguns estilos da **dance music**.

- *Ver:* **contracultura**
- *Leitura adicional:* DeRogatis: 1996; Perry: 1992; Puterbaugh: 1992; Selvin: 1994; Whiteley: 1992.
- *Escutar:* Cream, *Disraeli Gears,* Polydor, 1967. Jefferson Airplane, *Surrealistic Pillow,* RCA, 1967. The Grateful Dead, *Anthem of the Sun,* Warner Brothers, 1968. Quicksilver Messenger Service, *Happy Trails,* Capitol, 1969.

rockabilly: Inicialmente, uma fusão entre **black music** e **country music** do sul dos Estados Unidos, antecipando e sobrepondo-se ao **rock'n'roll**, que atingiu seu sucesso em meados dos anos de 1950. Inspirado no **blues** e baseado no **bluegrass**, o rockabilly foi definido pelo expoente Carl Perkins como "blues com pulsação country". Geralmente muito mais associado aos homens, entre seus principais representantes estão Perkins, Gene Vincent, Eddie Cochrane e Elvis Presley (na fase da Sun). Segundo Guralnick, o gênero começou e terminou com Elvis.

O rockabilly tendia a uma forma rígida e rigorosamente definida, com a imitação em seu núcleo (ao menos nos anos de 1950):

> Seu ritmo era nervoso e acima do tempo, acentuado nos tempos fracos e impulsionado por um baixo que se alastra. O som era sempre limpo, nunca desordenado, com um tipo de delicadeza e energia mágica, executado pela sólida liderança da guitarra de Scotty Moore ou do piano de Jerry Lee. Além disso, o som era apoiado pelo uso do eco (Guralnick: 1989; p. 68).

Posteriormente, o rockabilly foi levado adiante por Roy Orbison e o Everly Brothers, no final dos anos de 1950, e por restauradores como o Stray Cats nos anos de 1980. O rockabilly influenciou o trabalho de muitos grupos do rock'n'roll, inclusive os Beatles no início da carreira. Recentemente, bandas como The Blaster and Jason and the Scorchers tocam um estilo de rock inspirado pelo rockabilly, **country and western** e **punk**.

- *Leitura adicional:* Guralnick: 1992 (inclui discografia).
- *Escutar:* Elvis Presley, *The Complete Sun Sessions,* RCA, 1987. The Blasters, "Marie, Marie" (1981), em *Blasters Collection,* Slash/Warner Brothers, 1990. *Rock This Town: Rockabilly Hits,* vols. 1 e 2, Rhino, 1991.

rock'n'roll; teddy boys; rockers; rock; classic rock: O rock'n'roll foi o **gênero** da música popular que surgiu quando as canções do **rhythm'n'blues** negro começaram a ser difundidas pelas emissoras de rádio em busca de maior audiência, predominantemente branca, e quando os artistas brancos começaram a regravar canções do rhythm'n'blues negro. O rhythm'n'blues, a **country** music norte-americana e o **boogie-woogie** dos anos de 1940 e 1950 constituem o rock'n'roll dos primeiros tempos. Alguns autores (por exemplo, Gammond: 1991; Garofalo: 1997) confundem o rock'n'roll com o rock, que tornou-se o rótulo mais genérico para os diversos estilos derivados do rock'n'roll. Duas importantes **subculturas jovens** associaram-se ao rock'n'roll: os teddy boys e os rockers.

A Alan Freed, um **DJ** de Cleveland, é atribuída a autoria da expressão "rock'n'roll", no início dos anos de 1950. Segundo Tosches (1984), porém, o estilo se desenvolveu antes disso. O termo "rock'n'roll", com suas conotações sexuais, foi popularizado na música dos anos de 1920. Em 1922, o cantor de **blues** Trixie Smith gravou "My Daddy Rocks Me (With One Steady Roll)" para a Black Swan Records, e diversos trabalhos líricos de outros artistas seguiram essa tendência nas décadas de 1930 e 1940.

Em abril de 1954, Bill Haley and the Comets compuseram o single "Rock Around the Clock". A gravação foi um sucesso nos Estados Unidos e, em seguida, no mundo todo, vendendo 15 milhões de cópias. "Rock Around the Clock" representou um marco na popularização da nova forma musical. Entre os principais representantes, destacaram-se Chuck Berry, Little Richard e, particularmente, Elvis Presley.

A nova forma musical provocou uma considerável onda de críticas, com muitos músicos mais velhos menosprezando o gênero. O jazzman britânico Steve Race, escrevendo na *Melody Maker*, afirmou:

> Como fenômeno social, o entusiasmo atual pelo rock'n'roll é uma das coisas mais apavorantes que poderiam ter acontecido para a música popular [...]. Musicalmente, o rock'n'roll é risível [...]. É um perigo monstruoso para a aprovação moral e para a emancipação artística do jazz. Vamos nos opor ao rock'n'roll até o fim (*apud* Rogers: 1982; p. 18).

Em vez de Steve Race apontar as limitações **estéticas** dessa nova forma de música, sua crítica, assim como tantas outras, destacou a ameaça moral representada pelo rock'n'roll. Para muitos, o rock'n'roll revelava-se hostil e agressivo, como nos movimentos sensuais de Elvis Presley.

Music Central resume o *status* contemporâneo do gênero:

> A predominância da guitarra, uma batida substancial, a orientação para o público jovem e a espalhafatosa sexualidade das canções e dos artistas foram, e ainda são, alguns dos pilares básicos do rock'n'roll. Desde os anos de 1950, a expressão começou a significar muitas coisas diferentes e abranger uma grande variedade de subgêneros: rock progressivo, punk rock, acid rock, heavy metal, country rock, glitter rock, new wave, rock alternativo [...]. Todas variações de um tema com 40 anos de idade (*Music Central 96).*

Os **teddy boys**, ou "teds", originalmente um fenômeno britânico, apareceram em meados dos anos de 1950. Essencialmente sem instrução profissional, os teds foram excluídos da abundância desfrutada pelos jovens. Seu estilo inclui penteados elaborados (o estilo "duck arse"), paletós drapeados, engomados, compridos e pseudo-eduardianos (daí a origem do nome*), sapatos de sola grossa de crepe ("brothel creepers") e gravatas estreitas. "A apropriação do estilo do vestuário da classe alta pelos teddy boys 'ocultava' o fosso entre as atividades profissionais que não exigiam qualificação, basicamente braçais, próximas do mundo lúmpen, e a experiência do sábado à noite, ou seja, a experiência de estar 'vestido com elegância e não ter lugar algum para ir''' (Hall, S. & Jefferson: 1976; p. 48). As preferências musicais dos teds incluíam o início do rock'n'roll e o **rockabilly**. Nos anos de 1950, na Autrália e na Nova Zelândia, as versões locais dos teds foram chamadas de "bodgies".

As atividades dos teddy boys concentravam-se em torno do rock'n'roll, dos coffee-bar, dos cafés com vitrolas automáticas e dos pubs. Envolveram-se em brigas em cinemas e salões de baile durante o advento do rock'n'roll, bem como nos conflitos raciais de 1958 no Reino Unido: "os ted eram fundamentalmente proletários e xenófobos" (Hebdige: 1979; p. 51). Nos anos de 1970 e 1980, houve um renascimento "teddy boy", apesar de o vestuário e o comportamento dos teds "modernos" ter conotações diferentes, mais reacionárias e mais próximas do machismo da classe trabalhadora — sua cultura de origem.

Nos anos de 1960, na Grã-Bretanha, o desenvolvimento dos teds originou os **rockers** (também conhecidos como bikers ou greasers, principalmente nos Estados Unidos). Os rockers vestiam jaquetas de couro preto, calças jeans e botas, passavam brilhantina no cabelo e dirigiam motocicle-

**teddy* = diminutivo de *Edward* (N.T.)

tas. De modo geral, os **rockers** eram trabalhadores braçais sem qualificação e mal pagos. A subcultura tinha uma orientação masculina (as adeptas do sexo feminino raramente dirigiam motocicletas). Willis (1978) vê uma homologia entre a masculinidade dos rockers, a rejeição ao estilo de vida da classe média, a motocicleta e a preferência pelo rock'n'roll. A liberdade era o principal valor dos rockers e sua preferência musical era o rock'n'roll dos anos de 1950: Elvis, Gene Vincent e Eddie Cochrane. Entre 1963 e 1964, os rockers entraram em conflito com os **mods** em locais de veraneio do sul da Inglaterra, originando um **pânico moral**. Nunca desapareceram inteiramente como subcultura identificável, embora os motoqueiros contemporâneos prefiram o **heavy metal**.

Rock é o rótulo para a imensa variedade de estilos desenvolvidos a partir do rock'n'roll. O rock é muitas vezes considerado detentor de maior peso do que o **pop**, com conotações de maior integridade, sinceridade e **autenticidade**. O termo **classic rock** foi usado originalmente por um tipo de emissora de **rádio** que se concentra na divulgação de sucessos "testados e aprovados" do passado, que encontra maior reconhecimento e identificação por parte do ouvinte (ver Barnes: 1988). Também conhecidos como "oldies" ou "gold", o repertório do classic rock inclui desde a música dos Beatles até a música do final dos anos de 1970, sobretudo grupos brancos de rock, como Cream, The Doors, Led Zeppelin, Creedence Clearwater Revival e The Who. O formato ganhou projeção por causa do poder de consumo dos amadurecidos do pós-guerra e devido ao apelo desses grupos para os anunciantes de rádio. O classic rock também tornou-se um gênero mal definido e uma categoria genérica de *marketing*.

- *Ver*: **hard rock**
- *Leitura adicional:* a) sobre rock'n'roll; rock; classic rock: Brow: 1992; Cohn: 1970; DeCurtis & Henke: 1992a; Gillet: 1983; Tosches: 1984; Ward *et alii*: 1986. b) sobre teddy boys; rockers: Brake: 1985; Cohen: 1980; Gelder & Thornton: 1997; Hebdige: 1979; Melley: 1970; Willis: 1978.
- *Escutar:* Elvis Presley, "Heartbreak Hotel" (1956) e "Hound Dog" (1956), em *The Top Ten Hits* (uma compilação em álbum duplo), RCA, 1987.

S

salsa: Palavra do vocabulário espanhol que significa "tempero" ou "molho" e que desde os anos de 1920 foi utilizada para identificar um **gênero** musical, como ocorreu com o termo "funky". Segundo Negus,

> três "postulados de identidade" foram aludidos para caracterizar a salsa como **gênero**. Em primeiro lugar, sua origem e essência cubanas. Em segundo lugar, sua capacidade de expressar a vida e os sonhos da classe trabalhadora de Porto Rico. Finalmente, sua capacidade de expressar uma consciência latino-americana mais ampla (1996; p. 114).

Negus prossegue em seu comentário e afirma que esses postulados são difíceis de serem sustentados.

Para muito músicos e analistas, a salsa é um eufemismo para música cubana. O termo salsa foi utilizado durante muitos anos pelos músicos cubanos antes do gênero tornar-se popular em Nova Iorque, no final dos anos de 1960; além disso, a salsa era um rótulo neutro de *marketing* para burlar o bloqueio econômico imposto a Cuba pelos Estados Unidos, depois da Revolução de 1959 liderada por Fidel Castro. Nos anos de 1980, o gênero foi popularizado com a ajuda do selo Concord Picante, dedicado à salsa, da gravadora de **jazz** Concord. Entre os músicos de salsa historicamente importantes, destacam-se Celia Cruz (conhecida como a Rainha da Salsa) e Tito Puente (líder de uma banda de mambo); Ruben Blades é o artista de salsa contemporâneo de maior destaque.

Os principais elementos musicais presentes na salsa — o *son* e a *clave* (ver Negus: 1996; pp. 115-6) — derivam de estilos essencialmente cubanos. Porém, o vínculo direto entre a salsa e Cuba é problemático, já que a salsa é produzida principalmente por cubanos e porto-riquenhos que vivem em Nova Iorque e Porto Rico. Além disso, entre outras diversas características detectadas na música, incluem-se formas "folclóricas" porto-riquenhas (como a bomba), big band jazz, **soul**, **chamado e resposta** (padrões para canções de trabalho) e, até mesmo, elementos do **funk** e do **rock** (Negus: 1996; p. 117). Portanto, parece mais apropriado considerar a salsa como um gênero híbrido.

A associação entre a salsa e a classe operária de Porto Rico foi sustentada pela análise de conteúdo aplicada às **letras** das canções (por exemplo, Padilla: 1990). Essa análise admite uma relação intrínseca entre o contexto social, a produção e a recepção da música e as letras das canções. O postulado que considera a salsa uma expressão da consciência latino-americana é baseado de modo semelhante nessa relação. Negus revela de que modo o caso de Ruben Blades demonstra as dificuldades dessas correspondências diretas e defende um processo mais complexo de mediação em relação à análise dos gêneros musicais. Blades, que nasceu no Panamá, educou-se em Harvard e vive em Nova Iorque, compõe e interpreta canções socialmente engajadas e começou a ganhar maior projeção após assinar contrato com a Elektra em 1984.

Nesse caso, Negus observa um problema comum aos adeptos da teoria da cisão: "uma vez em circulação, a música e outras formas culturais não podem permanecer 'restritas' a algum grupo e ser interpretadas simplesmente como expressão ou reflexo da vida desse exclusivo grupo de pessoas" (1996, p. 121; sobre essa questão, *ver* **black music**).

- *Leitura adicional:* Hardy & Laing: 1990 verbetes sobre Ruben Blades, Celia Cruz, Tito Punte; Padilla: 1990; Negus: 1996, pp. 113-22.
- *Escutar:* Celia Cruz, *Celia and Johnny,* Voya, 1975. Ruben Blades, *Nothing But the Truth,* Elektra, 1988. Ruben Blades, *Buscando America,* Elektra, 1994.

sampling: Uso da tecnologia de computador para extrair trechos selecionados de trabalhos previamente gravados e usá-los como parte de um novo trabalho, usualmente como fundo sonoro de acompanhamento para novos vocais. A prática do sampling gerou muita controvérsia, provocando debates sobre a autoria e a criatividade, a natureza da atividade musical, a **autenticidade** e a legalidade.

- *Ver:* **direito autoral**; **rap**; **tecnologia**
- *Leitura adicional:* Beadle: 1993 (inclui discografia); Goodwin: 1990; Jones: 1992.
- *Escutar:* De La Soul, *3 Feet High and Rising,* Tommy Boy, 1989. KLF (Kopyright Liberation Front) [*sic*], *The History of the Jams aka The Timelords,* TUT, 1989. Jive Bunny and the Mixmasters, *Jive Bunny: The Album,* Telstar, 1989.

selecionadores*; **seleção**: Termo utilizado nos estudos de mídia, gatekeepers foi empregado inicialmente para descrever o trabalho dos editores que selecionavam as notícias procedentes das linhas telegráficas para incluí-las nos jornais locais. O processo de seleção tornou-se um meio estabelecido para analisar o modo como os profissionais da mídia selecionam, rejeitam e reformulam material para difusão ou publicação. Baseado em um modelo de seleção do fluxo de informação, os responsáveis "abrem as portas" para alguns textos e informações e as fecham para outros.

A indústria fonográfica possui diversos responsáveis pelo processo de seleção, que decidem inicialmente o que gravar e promover e selecionam o material em cada etapa do processo, desde a gravação até o *marketing* de uma canção. O conceito foi empregado principalmente nos estudos sobre o **rádio**. Por exemplo, Rothenbuhler (1985) investigou a fundo uma emissora de rádio norte-americana para determinar como, dentro de dado formato de programação, os programadores decidem quais as canções que devem ser tocadas. Essa seleção era feita pelo diretor da programação e o diretor musical da emissora ou um consultor externo. Estudos posteriores sobre o rádio confirmaram essa descoberta em vários outros cenários nacionais (por exemplo, Brennan: 1996). As decisões sobre a veiculação de lançamentos, artistas e **gêneros** ajudam a moldar as preferências de consumo e podem consolidar novos gêneros, como ocorreu com as emissoras de rádio universitárias norte-americanas e o rock **alternativo**, além da **MTV** e o **heavy metal**, no final dos anos de 1980.

As organizações responsáveis pela regulação da indústria (como a International Federation of the Phonographic Industry — IFPI) e os órgãos governamentais vinculados a esse assunto também agem como selecionadores. A imprensa voltada para música popular e as publicações sobre os negócios musicais também devem ser consideradas uma forma de filtro, já que resenhas, perfis de artistas, paradas de sucessos e informações publicitárias ajudam a moldar as escolhas dos programadores.

* *gatekeepers*, no original (N.T.)

O conceito tornou-se alvo de críticas por ser muito mecanicista, e postulou-se que "o conceito de seleção é atualmente considerado simplista demais e de pouca utilidade" (O'Sullivan *et alii*: 1994, pp. 126-7; ver também Negus: 1992). Porém, permanece útil se associado a exames de como as formas musicais "chegam" até uma "porta" e de como são modificadas posteriormente.

- *Ver:* **departamento artístico**; **censura**; **indústria fonográfica**; **imprensa musical**; **rádio**
- *Leitura adicional:* Barrow & Newby: 1996; Brennan: 1996; Burnett: 1996; Cusic: 1996; Negus: 1992.

semiótica — *ver* **estruturalismo**

sexualidade: A sexualidade refere-se à expressão da identidade sexual pela atividade sexual ou pela projeção do desejo e da atração sexual. Esse processo acontece em relação a outras pessoas, mas também pode se relacionar a objetos materiais ou culturais. A sexualidade e o desejo são emoções ou pulsões humanas fundamentais, elementos essenciais do apelo da **indústria cultural** e da **indústria do entretenimento** (incluindo a música pop), bem como dos processos sociais cujos protagonistas e textos atuam na esfera pública. A música popular também é um terreno em que há confronto da política sexual (para uma comparação do modo como esses conceitos e processos funcionam na indústria cinematográfica, ver Hayward: 1996.)

A sexualidade é um tema comum nas análises que tratam da maneira como os homens e, mais freqüentemente, as intérpretes femininas são concebidas como objetos sexuais ou símbolos do desejo socialmente construídos. Nesse caso, determinadas formas de subjetividade e **identidade** são projetadas como uma forma de sexualidade "normal", masculina e tradicionalmente branca. O funcionamento desses processo é o foco principal dos estudos sobre **videos** e sobre **estrelas** e **estrelato**. Tais estudos abrangem considerações sobre a natureza da percepção dos espectadores e do processo de contemplação (associado ao gênero), utilizando convenções desenvolvidas inicialmente nos estudos das produções cinematográficas (por exemplo, Kaplan: 1987, sobre videoclipe).

A ambigüidade sexual é fundamental para muitas formas da música popular, que freqüentemente subverteram a sexualidade dominante (construída em torno da oposição masculino-feminino). Os debates concentraram-se na exploração do relacionamento da orientação sexual, personagem público e música de determinado artista. Alguns artistas representam, subvertem e praticam abertamente várias sexualidades. Outros estabelecem-se, ocasionalmente com muita autoconsciência, como objetos do desejo heterossexual ou como ícones de diferentes sexualidades ("fora dos padrões"), inclusive seus constituintes. As primeiras estrelas masculinas dos anos de 1950 eram "objetos idolatrados", atraindo tanto o desejo homossexual como o consumo feminino (por exemplo, Elvis Presley). Os artistas posteriores adotaram representações de homoerotismo (por exemplo, Madona, Morrisey do The Smiths, Suede); de androginia (Bowie do período de Ziggy Stardust); de modos efeminados (The Cure); de assexualidade (Boy George); de bissexualidade (Morrisey, Suede); de homossexualidade e lesbianismo (Freddie Mercury, k. d. lang). O emprego desses rótulos, suas conotações e seu relacionamento com comunidades gays "reais" foram, às vezes, duramente contestados (ver Geyrhalter: 1996).

Alguns gêneros e artistas estão relacionados a sexualidades ou comunidades específicas. Por exemplo, a música disco geralmente celebra o prazer físico, e é vinculada à comunidade gay e às **cenas club**, enquanto o **heavy metal** foi tradicionalmente associado à masculinidade explícita (embora Walser [ver Walser: 1993] sustente que, historicamente, o gênero foi efetivamente construído como um gênero masculino), assim como algumas formas do rock (**hard rock/cock rock**).

As **letras** de muitas canções **pop** do atual cenário musical tratam do amor heterossexual, do desejo, da ânsia e da luxúria; algumas abordam outras orientações e práticas sexuais, como a canção "Lola", dos Kinks. Outras canções funcionam em um nível satírico, brincalhão, como as músicas "In the Navy" e "YMCA", do Village People. Certas canções sustentam ou expressam abertamente solidariedade a sexualidades específicas, por exemplo, "Glad to be Gay", de Tom Robinson. Outros **textos** musicais desaprovam a homossexualidade ou expressam visões homofóbicas ou misóginas (ver **rap**). Discute-se se esses textos são "lidos" de modo literal por seus ouvintes, **público** e **fãs**, ou se as alusões ou **leituras preferenciais** dos artistas que estão embutidas no texto são reconhecidas, sem falar de sua assimilação dentro dos valores e significados pessoais e sociais.

• *Ver:* **gênero**; **hard/cock rock**; **análise das letras das canções**

• *Leitura adicional:* Frith & McRobbie: 1990; Henderson: 1993; Negus: 1996, pp. 123-33; Reynolds & Press: 1995; Savage: 1988; Stringer: 1992.

• *Escutar:* Little Richard, "Tutti Frutti" (1956), em *The Georgia Peach*, Speciality, 1991. Lou Reed, "Walk on the Wild Side" (1973), em *Walk on the Wild Side: The Best of Lou Reed,* RCA, 1977. The Smiths, "This Charming Man" (1983), em *The Smiths: Best of 1,* Warner Brothers, 1992. Frankie Goes to Hollywood, "Relax" (1984), em *Bang! Greatest Hits,* 2TT/Island, 1994. Suede, "Pantomime Horse", "Animal Nitrate", em *Suede,* Nude/Columbia, 1993.

sincretismo — *ver* **apropriação**

singles; Eps: Historicamente, single muitas vezes se refere à "45"* (sua velocidade de rotação), um formato importante na indústria fonográfica, embora seu *status* e sua influência atuais sejam questionados. O single era originalmente um disco de vinil de sete polegadas. O lado A incluía a canção mais indicada para ser difundida pelo rádio e o lado B, a canção considerada de menor apelo. Porém, um pequeno número de "canções lado B" alcançaram o topo da parada de sucessos junto da "canção lado A", como em alguns singles dos Beatles. Um **EP**** duplo é um single ampliado. Trata-se também de um disco de vinil de sete polegadas, mas com quatro canções, habitualmente. No Reino Unido, o compacto duplo representou um formato primitivo para os "greatest hits", com **capas** bem elaboradas e **álbuns** de grande vendagem até o início dos anos de 1960.

No início da década de 1950, o single de vinil ocupou o lugar do disco de ebonite de 78 rpm, transformando-se no veículo de *marketing* dominante da indústria fonográfica e no principal formato destinado à venda. Além disso, passou a ser a base de programação do **rádio** e da **televisão**, e a lista dos "singles" mais vendidos tornou-se a parada de sucessos mais importante, esses dois fatos sustentam um relacionamento aparentemente simbiótico. O single atraiu os jovens com baixo poder aquisitivo. Para as gravadoras, era mais econômico produzir um single do que um álbum, além do single funcionar como um teste de mercado. Embora o sucesso de um single fosse importante para os artistas e gravadoras, era também importante como um meio de chamar a atenção para o lançamento simultâneo ou posterior do álbum. Com poucas e significativas exceções (por exemplo, Led Zeppelin), os artistas e as bandas geralmente confiavam no single para promover o lançamento do seu álbum. Durante os anos de 1960 e 1970, essa abordagem tornou-se o tipo "tradicional" de publici-

*compacto simples, no mercado nacional (N.T.)
***extended play,* compacto duplo (N.T.).

dade das gravações. Os álbuns que incluíam uma compilação de singles, tanto de um artista quanto de um gênero ou estilo musical, tornaram-se um produto importante no mercado. Apesar de alguns artistas com um single bem colocado na parada de sucessos serem "produtos de um só hit", os sucessos alcançados pelos singles freqüentemente impulsionavam a carreira do artista, levando ao lançamento de álbuns e à troca do selo **independente** pelas **grandes gravadoras**.

Nos anos de 1980, os novos formatos dos singles conquistaram uma fatia do mercado cada vez mais significativa. Nos Estados Unidos, houve um crescimento maciço na venda dos singles no formato de **fita cassete**, chegando a 32,7 milhões de unidades só no primeiro semestre de 1989, superando assim os 22,5 milhões de unidades de 1988. Em 1990, nos Estados Unidos, a música "Listen to Your Heart", da banda sueca Roxette, tornou-se o primeiro single a atingir o topo da parada de sucessos sem ser lançado no formato de disco de vinil de 7 polegadas. Os singles no formato de disco de vinil de 12 polegadas, incluindo remixagens, tornaram-se fundamentais para a cena da **dance music**, e, acompanhando a ascensão do CD, o single CD também começou a aparecer como um formato popular de divulgação e preferido pelo consumidor.

Ao mesmo tempo, o single tornou-se uma estratégia de divulgação de um álbum. Negus (1992; p. 65) documenta o declínio do single de vinil durante os anos de 1980. Nos Estados Unidos, as vendas dos singles caíram 86% entre 1979 e 1990 (de 195,5 milhões para 27,6 milhões de unidades) e, apesar do crescimento dos novos formatos, as vendas totais de singles caíram 41%. Na Grã-Bretanha, a queda da venda dos singles foi menos dramática; atingiu 21%, de 77,8 milhões para 61,1 milhões de unidades entre 1980 e 1989. Isso reflete o hábito da indústria fonográfica britânica de lançar um ou dois singles antes do lançamento do álbum. A queda relativa do single reflete os custos elevados da produção dos novos formatos e a pressão para produzir um video para acompanhar o single, prática considerada necessária para dar sustentação à veiculação no rádio e à parada de sucesso (ver **videoclipe**).

Os artistas foram atingidos pela mudança para o formato de CD. Seja qual for o *status* **estético** do single de **rock/pop**, seu significado material está na utilidade como meio de gravação para os artistas com poucos recursos financeiros. Os dance singles de vinil, de 7 e 12 polegadas, associados ao mercado da cena **club**, são uma alternativa para os artistas que ainda não podem bancar a gravação de CDs.

Nos anos de 1990, "a vida global de um single na parada de sucessos, devido à sua veiculação radiofônica, chamava a atenção para o álbum, e isso é o que conta como medida principal da 'vida' comercial de uma gravação" (Breen: 1996; p. 189). Atualmente, o single não é tão importante, apresentando queda de vendas em todos os seus formatos durante a década de 1980, mas permanece decisivo na comercialização da música pop para o mercado **adolescente**.

A atração por determinados singles é determinada tanto pelo lugar alcançado na parada de sucessos quanto pelo tempo que essa gravação permanece ali (deve-se notar que esses dois fatos não são exatamente a mesma coisa). As avaliações posteriores do impacto comercial de um single e, a partir disso, de seu presumido impacto cultural baseado nas vendas totais e no tempo que o single permanece na parada de sucessos é uma prática comum (ver Whitburn: 1988).

• *Ver*: **parada de sucessos**; **formatos de gravação**

• *Leitura adicional:* Frith: 1988b, pp. 11-23; Negus: 1992, pp. 105-6.

sistemas sonoros: [*sound systems,* no original (N.T.)] Além dos aparelhos estéreos domésticos, existem outras formas portáteis de reprodução sonora, significativas para determinados estilos de vida. O termo sound system foi empregado para designar os grandes e pesados aparelhos portáteis de som e a cultura **reggae** associada. Inicialmente, surgiu na Jamaica (a partir dos anos de 1950 em diante) e foi posteriormente levado para a Grã-Bretanha pelos imigrantes do Caribe.

> A descrição básica de um sound system como um grande aparelho portátil hi-fi (alta-fidelidade) não faz justiça às especificidades da forma. O som que esses sistemas sonoros geram possui suas próprias características, particularmente a ênfase na reprodução das freqüências dos sons graves, na sua própria estética e no seu modo único de consumo (Gilroy: 1992; p. 342).

O sound system centraliza-se na reprodução de gravações e não no desempenho ao vivo. Outra forma de sound system portátil é o walkman, que teve um grande impacto quando foi introduzido durante os anos de 1980 (ver Negus: 1992).

• *Ver:* **fonógrafo**; **sampling**; **tecnologia**

• *Leitura adicional*: Gilroy: 1997; Jones: 1992; Millard: 1995.

ska — *ver* **reggae**

skiffle: Um **gênero** musical que emergiu do **jazz** na Grã-Bretanha no início dos anos de 1950. Indiscutivelmente, o skiffle era mais significativo como estilo catalisador do que como estilo musical. Sendo um estilo de música "faça-você-mesmo", o skiffle era atraente e, desse modo, deu origem a milhares de grupos. Possuía uma seção rítmica simples (contrabaixo e washboard rústicos), acrescida de banjo e violões. O artista mais bem-sucedido foi Lonnie Donnegan, que recorreu ao **blues** e ao folk norte-americanos, particularmente a obra de Woody Guthrie e Leadbelly (por exemplo, "Rock Hardin' Line"). No início dos anos de 1960, o skiffle evoluiu e agregou-se aos grupos **beat** e instrumentais (o Shadows), que utilizavam instrumentos musicais elétricos. O skiffle funcionou como teste para os grupos beat, como o Quarrymen, de John Lennon.

• *Ver:* **batida**
• *Leitura adicional:* Bradley: 1992; Longhurst: 1995.
• *Escutar:* Lonnie Donnegan, *The EP Collection,* See For Miles, 1992 (remasterizações do seu trabalho, até 1962, incluindo uma substancial biografia).
• *Assistir: Dancing in the Street,* episódio 3, "So You Wanna Be a Rock'n'Roll Star".

skinheads; **Oi!**: Subcultura jovem surgida inicialmente na Grã-Bretanha no final dos anos de 1960. Foi uma reação da classe operária aos **hippies** e à sua própria marginalização social. Os skinheads transformaram em virtude as características da classe operária: cabelo bem cortado, camisas de trabalho, short jeans com suspensórios e coturnos pesados (freqüentemente, de cor vermelho-cereja; os skinheads, por isso, eram algumas vezes chamados de "bootboys"), fazendo o papel de uniforme padrão. Associados muitas vezes ao vandalismo de torcidas de futebol, os skinheads tornaram-se cada vez mais racistas, envolvendo-se em ataques contra imigrantes, especialmente asiáticos. Embora visados pelo recrutamento neonazista do National Front, os skinheads eram bastante apolíticos. No final dos anos de 1960, ficaram evidentes e tornaram-se um exemplo de "demônios populares"*. Os skinheads ingleses investiram-se de valores conservadores tradicionais: defesa do seu território local, trabalho duro e patriotismo extremado; basicamente, tentaram recuperar, de modo mágico, a tradicional comunhão da classe operária (Clarke: 1976). Os

* *folk devils*, no original (N.T.)

skinheads tornaram-se um fenômeno internacional, presentes nos Estados Unidos, na Europa (especialmente na Alemanha, associados ao renascimento do nazismo), na Austrália e na Nova Zelândia, embora nesses dois últimos países sejam grupos basicamente derivados de suas contrapartidas britânicas. Os skinheads continuaram sendo uma subcultura identificável durante os anos de 1990.

Originalmente, entre as preferências musicais dos skinheads, incluíam-se gêneros da **black music**: **ska**, bluebeat e **reggae** (uma contradição, levando-se em consideração seu racismo), e, posteriormente, o "Oi!". Surgido em 1981, o Oi! era inicialmente uma manifestação do **punk rock** britânico. Caracterizava-se pelo som barulhento, potente, básico e áspero da guitarra, com letras niilistas e freqüentemente racistas — os grupos de Oi! adotaram o estilo dos skinheads e tocaram nos encontros do National Front. Entre os principais grupos, destacaram-se o 4 Skins e Rose Tattoo, com relativo sucesso comercial. A banda Sham 60, embora não seja considerada um grupo de Oi!, também conseguiu conquistar uma grande quantidade de adeptos dos skinheads/National Front. O Oi! foi freqüentemente denegrido, considerado música "violenta, repulsiva, ignorante" (Taylor: 1985; p. 69) e "rock desordeiro" (Larkin: 1995, p. 153; referindo-se ao 4 Skins).

• *Ver*: **pânico moral**; **subculturas jovens**
• *Leitura adicional:* Larkin: 1995.
• *Escutar:* The 4 Skins, *The Good, the Bad, and the 4 Skins*, Secret, 1982. Sham 69, *The First, the Best, and the Last*, Polydor, 1980.
• *Assistir: Romper Stomper*, G. Wright, 1992 (filme sobre os skinheads de Melbourne e o racismo na Austrália).

soberania do consumidor: Visão segundo a qual a prática da "livre" escolha dos consumidores e/ou do público dentro do mercado é a maior determinante da natureza e viabilidade das mercadorias culturais e econômicas. A soberania do consumidor salienta a ação do arbítrio humano: "embora os elementos românticos e imaginários que constituíram a história pessoal do indivíduo e a história dos gêneros da música popular sejam freqüentemente marginalizados no processo de comercialização, esses elementos permanecem essenciais para as narrativas construídas pelas pessoas para ajudar a criar um sentido de identidade" (Shuker: 1994; p. 36). Nos **estudos culturais** contemporâneos, o conceito de soberania do consumidor associou-se à noção de público ativo, criando um panorama controverso de democracia semiótica (ver Fiske: 1989).

A ênfase na soberania do consumidor como fator principal na significação social criada na música contrasta com a visão de que o processo de **consumo** é coagido pelo processo de produção (a produção determinando o consumo, ver **economia política**). Contudo, a produção e o consumo não devem ser vistos como processos fixos e imutáveis, mas como partes de um processo dialético. O poder econômico é obviamente dirigido por práticas e estruturas institucionais; nesse caso, as gravadoras e seu poder buscam estabilidade, previsibilidade e rentabilidade, mas esse poder nunca é absoluto. Estudos recentes a respeito da música popular buscaram um meio-termo para as questões anteriores, utilizando os conceitos de **articulação** e **mediação.**

• *Ver:* **público**; **fãs**

som; som estereofônico; **amplificação**: Em termos físico-científicos, o som é a sensação causada no aparelho auditivo pela vibração do ar circundante ou por aquilo que é ouvido ou que pode ser ouvido. O som musical é produzido por vibrações contínuas e regulares (cf. barulho, som desorganizado). Inicialmente, os estudos da música popular interessaram-se pelas mudanças na qualidade da reprodução e da gravação sonora, especialmente a maneira pela qual as novas **tecnologias** influenciaram essa qualidade e o produto.

Em primeiro lugar, o **som estereofônico** foi desenvolvido para o cinema, nos anos de 1930. Logo, surgiram algumas versões menores para uso doméstico. Em 1931, surgiu o sistema de três alto-falantes em uma mesma caixa acústica. O som ficou dividido entre freqüências altas, médias e baixas, com cada faixa de onda sendo enviada para três diferentes transdutores no alto-falante, cada um projetado para proporcionar a divisão do espectro sonoro: o grande "woofer", para os sons graves; o de médio alcance, para os sons médios; e o pequeno "tweeter", para os sons agudos. Devido à depressão econômica e à dificuldade de se obter um acordo em relação a um padrão estéreo comum (comparável à batalha em torno dos **formatos de gravação**), o sistema não se tornou um produto comercial até a década de 1950.

Foi nessa época, como gravador de fita magnética, que se introduziu o som estéreo doméstico. Read e Welch observaram que o "aparecimento do gravador doméstico de fita magnética em 1955 introduziu o reforço mais dramático jamais visto em relação a um simples produto de entretenimento doméstico" (1977: p. 427). A crescente venda dos gravadores e das fitas pré-gravadas forçaram as gravadoras de discos a desenvolver produtos estéreos, particularmente para os ouvintes de música clássica. Perto dos anos de 1960, o som estéreo foi incorporado aos alto-falantes usados nos aparelhos estéreo domésticos. Em dezembro de 1957, os primeiros discos estéreos chegaram ao mercado. Esse lançamento não visava o mercado de massa e, inicialmente, as vendas não foram altas, mas os aparelhos estéreos domésticos popularizaram-se nos anos de 1960, baseando-se em parte na mudança provocada pela tecnologia do transistor, inventado em 1948.

A amplificação, ou seja, o uso de sinais elétricos para incrementar (amplificar) os sons, foi especialmente importante na história da música popular, já que permitiu a realização de apresentações ao vivo para públicos maiores e contribuiu para o desenvolvimento de novos instrumentos musicais (especialmente, a guitarra elétrica) e de sons [por exemplo, o Chicago (electric **blues**)]. A ausência de amplificação é algumas vezes associada a uma ideologia de **autenticidade**: por exemplo, a tradicional folk music, que privilegia os instrumentos acústicos. Houve uma reação bastante negativa da comunidade de folk music em relação à eletrificação sonora proposta por Bob Dylan em meados dos anos de 1960.

- *Ver:* **gravação sonora**;
- *Leitura adicional:* Gelatt: 1977; Jones: 1992; Millard: 1995, cap. 10; Read & Welch: 1977.

som de Dunedin: A cidade de Dunedin, localizada na Ilha do Sul da Nova Zelândia, foi berço de um tipo particular de **música alternativa** que se desenvolveu durante os anos de 1980, associada ao selo **independente** Flying Nunn, fundado em 1981, e, mais tarde, ao selo Xpressway, fundado em 1988. Entre as principais bandas estão The Chills, The Verlaines, The Clean e Toy Love.

A música de Dunedin desenvolveu-se em uma geografia cultural caracterizada por um viver à margem, produzindo a "mitologia de um grupo de músicos que trabalha em situação de isolamento, toca música pelo puro prazer de tocá-la" (McLeay: 1994; p. 39). Como em outras produções locais, houve questionamentos sobre os elementos constitutivos, a especificidade e a coerência do som de Dunedin. As expressões "pura melodia pop" e "guitarra ruidosa" foram usadas com freqüência para descrevê-lo, embora essas expressões denunciem características fortemente distintivas geograficamente. Inicialmente, ao menos, a produção caracterizou-se pelo uso de baixa tecnologia e de uma estética comum que enfatizava a importância primária da canção e valorizava a "aspereza" da música.

Para muitos, especialmente os seguidores estrangeiros de música alternativa, o som de Dunedin e a Flying Nun tornaram-se uma metonímia para a música neozelandesa como um todo, apesar de o selo Flying Nun também agrupar um outro conjunto de artistas e estilos (ver Mitchell: 1996). O selo raramente alcançou um sucesso comercial local, mas construiu uma reputação considerável no cenário alternativo e independente em todo o mundo. Nos anos de 1990, ou o som de Dunedin continuou presente nas discussões sobre a música neozelandesa, embora o selo Flying Nunn tenha se transferido para Auckland e Londres, e muitas das bandas de Dunedin não se caracterizem mais pela "guitarra ruidosa".

• *Ver:* **localidade**
• *Leitura adicional:* Erlewine *et alii*: 1995; McLeay: 1994; Mitchell: 1996.
• *Escutar: Tuatara: A Flying Nun Compilation,* Flying Nun, 1985. The Clean, *Compilation,* Flying Nun/Homestead, 1986. The Chills, *Solid Cold Hits,* Flying Nun, 1995.

som de Liverpool/Merseybeat: Historicamente, o som de Liverpool surgiu com os Beatles e outros no início dos anos de 1960. Embora tenha chegado ao mercado como um movimento, suas características e sua coerência musicais são questionáveis, embora seus representantes artísticos tenham sido os principais integrantes do beat britânico. Cohen conceituou o som de Liverpool como uma complexa combinação de fatores, que incorporava uma diversidade de influências regionais, nacionais e internacionais, mas todas específicas a Liverpool e refletindo "um conjunto de fatores sociais, econômicos e políticos peculiares à cidade" (1994a; p. 117). Segundo Cohen, os músicos de Liverpool colocavam-se eles próprios e sua música em relação a outros produtos sonoros e cenários de acordo com sua origem. Como Negus observa, isso "impunha um significado para a música mais baseado na rivalidade entre as cidades do que nos produtos sonoros reais" (1996; p. 185).

• *Ver:* **beat britânico**; **geografia**; **localidade**
• *Leitura adicional:* Cohen: 1994a; Negus: 1996.

som de Manchester: Designação de um gênero pouco definido, popularizado pela imprensa musical britânica no início dos anos de 1990, embora refira-se mais a um **cenário** do que a um produto sonoro distinto. Manchester é um exemplo do papel da **geografia** na formação de um cenário musical particular. Desde o final dos anos de 1970, Manchester esteve associada a diversos estilos de música **independente** ou alternativa:

> no final dos anos de 1970 e início dos anos de 1980, o som pós-punk do Joy Division, que transformou-se no New Order; em meados dos anos de 1980, o "bedsit blues" do Smiths e do James; mais ou menos em 1988, o ritmo e o estado de ânimo renasceram com o despertar do "Acid House" e dos sons club-e-ecstasy do "Madchester", liderados pelo Happy Mondays, Stone Roses e Oldham's Inspiral Carpets (Halfacree & Kitchin: 1996).

Todos os três períodos e estilos alimentam-se de uma associação com Manchester: as canções freqüentemente incluíam referências geográficas claras e refletiam sentimentos e experiências locais; as **capas de discos** e outras imagens promocionais incorporaram referências da cidade; e uma rede de selos alternativos (Factory Records), a imprensa local ativa e o governo criaram uma estrutura de apoio para as bandas e os seus seguidores. O sucesso inicial do **cenário** de Manchester abriu o caminho para muitas das bandas do **britpop** dos anos de 1990.

• *Ver:* **geografia**; **localidade**
• *Leitura adicional:* Halfacree & Kitchen: 1996; Rogan: 1992.
• *Escutar:* The Smiths, *Strangeways Here We Come,* Rough Trade Records, 1987. The Stone Roses, *The Stone Roses,* Silverstone, 1989. James, *Laid,* Polygram, 1993.

som de San Francisco — *ver* **rock psicodélico**

som de Seattle; cena de Seattle: Em 1992, a cena musical de Seattle ganhou repercussão internacional. Essa cena relaciona-se à ruptura do ambiente dominante da música popular pela música **alternativa** divulgada pelas emissoras de **rádio** universitárias norte-americanas. O segundo álbum do Nirvana, o primeiro em um selo importante — *Nevermind* (Geffen, 1991) —, atingiu o topo da parada de sucessos da *Billboard.* Em 1992, o Pearl Jam e o Soundgarden foram as principais atrações do segundo **festival** Lollapalooza, e as duas bandas também foram campeãs de venda de discos.

Genericamente, o som de Seattle refere-se ao grupo de bandas que gravaram pela primeira vez no Sub Pop, selo **independente** de Seattle. Essa gravadora era identificada pelo seu som **grunge**.

A cena de Seattle e a música grunge — o estilo com o qual ficou associada — tornou-se o fenômeno mais estudado da música popular contemporânea desde o nascimento do **punk**. As grandes gravadoras correram para Seattle em busca de bandas anônimas ou procuraram bandas de orientação grunge pelo mundo (por exemplo, a banda australiana Silverchair). O filme *Singles* (Cameron Crowe, 1992), ambientado em Seattle, foi bastante divulgado e bem-sucedido comercialmente. A popularização da moda relacionada ao grunge foi explorada nas revistas *Elle* e *Vogue,* cujas matérias procuravam clientes para caríssimas camisas de flanela dos mais famosos estilistas do mundo. O som de Seattle tornou-se tanto uma peça de *marketing* para a **indústria fonográfica** quanto um amuleto ideológico para a **Geração X**. "A palavra 'Seattle' define a fonte do fenômeno e, muitas vezes, organiza sua expressão díspar. Escrevendo a respeito da cena de Seattle, os críticos não estão só registrando uma fortuita história de sucesso. Eles estão se apegando à idéia de uma cena geograficamente específica" (Bertsch: 1993).

Esse fenômeno ocorreu em Seattle devido a uma combinação de fatores: a capacidade da Sub Pop de se relacionar com as **grandes gravadoras**; muitas bandas boas do mesmo estilo; o forte cenário alternativo local próximo às Universidades de Washington e Evergreen (essa última, progressista e com uma emissora de rádio de orientação alternativa); e a separação geográfica entre Seatlle e Los Angeles (Kirschner: 1994). Os críticos enfatizaram o caráter de pureza e **autenticidade** da cena de Seattle como um ponto de origem, o que definiu bandas como o Nirvana em oposição ao cenário dominante. Porém, as bases para o sucesso de bandas como Nirvana e Soundgardern foram estabelecidas ao longo dos anos de 1980 por cenários de música alternativa anteriores. Segundo Bertsch, no início dos anos de 1990, havia se tornado mais fácil e mais rápido para as novas bandas alternativas ou **independentes** atrair a atenção das grandes gravadoras ou das emissoras comerciais de rádio, transferindo-se para selos maiores e conquistando assim algum sucesso no mundo da música:

> No verão de 1991, a rápida ascensão do Jane's Addiction e a popularidade do festival de rock "alternativo" de Lollapalooza que o cantor Perry

> Farrell organizou introduziram uma mudança significativa nas "leis naturais" do sucesso comercial. O sucesso da cena de Seattle não é nem uma contingência do destino, nem um atestado da superioridade das bandas de Seattle. Pelo contrário, esse sucesso é fruto de muitas outras cenas e do trabalho realizado nessas mesmas cenas (Bertsch: 1993).

Seattle é parte de uma **subcultura** independente norte-americana de âmbito nacional.

• *Ver:* **cenários alternativos; localidade**
• *Leitura adicional:* Bertsch: 1993; Garofalo: 1997; Kirschner: 1994.
• *Assistir: Hype!* (Doug Pray: 1996); *Singles* (1992).

som estereofônico — *ver* **som**

soul; northern soul: Originalmente, foi uma versão secular da música **gospel**. O **soul** era a principal forma de black music dos anos de 1960 e 1970. No princípio era considerado pelos músicos de jazz e por seus ouvintes sinônimo de música **autêntica** e sincera. Durante sua evolução nos anos de 1960, o soul representou uma fusão entre o estilo de canto gospel e os ritmos funk. Nos anos de 1950, usou-se o termo funk para designar uma forma de jazz moderno, que se concentrava no "suingue"; nos anos de 1960, designou tanto o **rhythm'n'blues** como a música soul, principalmente as gravações de James Brown, o "Soul Brother Number One".

Guralnick define a música soul como "um tipo de música pouco contida, baseada na música gospel, reveladora de emoções, que se desenvolveu no rastro do sucesso de Ray Charles, em 1954, até seu completo desabrochar, com a Motown, no início dos anos de 1960" (1991; p. 2). Muitas vezes uma forma de balada, o **gênero** tinha como tema central o amor. A música soul identificou-se intimamente com diversas gravadoras **independentes**: Atlantic, Stax/Volt e **Motown**; cada uma com sua equipe de intérpretes e um som identificável, associadas a uma localização geográfica e a um **cenário** musical, como Detroit, Filadélfia ou os estados sulistas dos Estados Unidos. A música soul foi importante politicamente durante os anos de 1960, paralelamente ao movimento dos direitos civis. Entre os cantores de destaque, incluíam-se, nos anos de 1950, Sam Cooke e Jackie Wilson; nos anos de 1960, Bobby Bland, Aretha Franklin, Otis Redding e Percy Sledge, cujo single "When a Man Loves a Woman", de 1966, foi a primeira gravação soul sulista a cruzar estilos e atingir simultaneamente o topo das **paradas de sucessos** de rhythm'n'blues e pop.

No final dos anos de 1970, a música soul deixou de ser um gênero identificável, sendo absorvida gradualmente por diversas formas híbridas de **black music** e **dance music**. Porém, seus principais intérpretes e discos ainda possuem um número considerável de admiradores, como indicou a venda dos álbuns de compilações da música soul e o sucesso internacional do filme *The Commitments* (Alan Parker, 1991), com sua trilha sonora de covers da música soul.

O **northern soul** é um objeto de culto regional na parte central do Reino Unido, girando em torno dos salões de baile, da **cultura club**, da música dos anos de 1960 da Motown e dos selos independentes de música soul (por exemplo, Cameo Parkway, Verve) — escolhidos por suas gravações de músicas "dançantes" (por exemplo, The Exciters). No início dos anos de 1970, o northern soul ganhou notoriedade, já que se associou ao Wigan Casino, um salão de baile do tempo da 1ª Guerra Mundial, considerado pela *Billboard* a melhor discoteca do mundo. A subcultura manteve-se em **fanzines**, salões de baile e compilações de gravações (ver Chambers: 1985; p. 137 e ss. e, "Northern Soul" em *Q*, edição n° 125, de fevereiro de 1995, pp. 62-5).

• *Ver:* **Motown**
• *Leitura adicional:* Erlewine *et alii*: 1995; Garofalo: 1997; Guralnick: 1991; Hirshey: 1985; Ritz: 1985.
• *Escutar:* James Brown, *Live at the Apollo,* Polydor, 1963. Aretha Franklin, *30 Greatest Hits,* Atlantic, 1986. Otis Redding, *The Very Best of Otis Redding,* Rhino, 1993.

subculturas jovens: Como os colaboradores de uma publicação recente demonstraram, embora não haja consenso a respeito de como definir o termo, uma subcultura pode ser um grupo social organizado em torno de interesses e práticas comuns (Gelder & Thornton: 1997; parte 2). Geralmente, uma subcultura distingue-se em comparação a outras subculturas; facções de um grupo social mais amplo, comumente opõem-se à sua cultura de origem; pelo menos, no plano cultural.

Em meados de 1970, os jovens não eram parte de uma **cultura** coerente, mas pareciam constituir, segundo muitos analistas, uma cultura dominante e algumas subculturas minoritárias, cuja distinção era modelada segundo a classe social e a etnia dos seus membros (cf. a **contracultura** dos anos de

1960 e o ponto de vista que considera a juventude como uma unidade geracional). O interesse sociológico concentrou-se em vários tipos de subculturas, cujos integrantes eram analisados de acordo com seu lazer e estilo, que significavam a conquista de um espaço cultural próprio, e, nesse caso, representaram uma política cultural de oposição no plano simbólico.

A música era um dos vários elementos que integravam o estilo de uma subcultura. Seu papel em termos de prazer e **capital cultural** era semelhante ao desempenhado nas culturas dominantes, mas de uma maneira acentuada. O relacionamento entre a música popular e as subculturas jovens foi abordado genericamente em diversos estudos dos anos de 1970 e 1980. A maioria acreditava que as subculturas jovens apropriam-se e inovam as formas e os estilos musicais como base para sua **identidade** e, ao fazer isso, criam uma **política** contracultural. Essa perspectiva foi associada principalmente aos autores ligados ao influente Birmingham Centre for Contemporary Cultural Studies (BCCCS), cujas idéias foram amplamente aceitas. (*Leitura adicional:* Gelder & Thornton: 1997, parte 2; Hall, S. & Jefferson: 1976; Hebdige: 1979; Willis: 1978; e ver **estudos culturais**).

Os autores ligados ao BCCCS consideraram as subculturas como "sistemas de significação, modos de expressão ou estilos de vida desenvolvidos por grupos em posições estruturais subordinadas em resposta aos sistemas de significação dominantes, e que refletiam suas tentativas de solucionar as contradições estruturais originárias de um contexto social mais amplo" (Brake: 1985; p. 8). Hebdige partiu do pressuposto de que o estilo em uma subcultura é "carregado de significado", demonstrando isso por meio de uma análise abrangente de diversos estilos associados a algumas subculturas: **beats** e hipsters em 1950; **teddy boys**, em 1950 e 1970; **mods**, no início dos anos de 1960; **skinheads**, no final dos anos de 1960, rastas, em 1970; **glam rockers**, no início e parte dos anos de 1970; e, o mais visível de todos, os **punks**, na metade dos anos de 1970. Em sua análise, as subculturas baseiam-se no lazer e no estilo para evidenciar seus valores em uma sociedade saturada por códigos e símbolos da cultura dominante. Aqueles inseridos em uma subcultura acreditam que ela mesma oferece uma solução, ainda que no plano "mágico", para os deslocamentos estruturais; isso acontece pelo estabelecimento de uma "identidade conquistada" — a seleção de determinados elementos de estilo fora daqueles impostos pelo trabalho, pelo lar e pela escola. Os elementos expressivos desse estilo oferecem "um significativo modo de vida durante o lazer", retirados do mundo instrumental do trabalho:

> Portanto, as subculturas são formas expressivas, mas o que expressam é, em último caso, uma tensão fundamental entre aqueles que estão no poder e aqueles que estão condenados a posições subordinadas e vidas de segunda classe. Essa tensão é expressa de modo figurado na forma de um estilo subcultural (Hebdige: 1979; p. 132).

A maioria da juventude passa a vida sem qualquer envolvimento significativo com essas subculturas. Alguns aspectos da **moda** e dos gostos musicais relacionados com ela podem ser adotados, mas para os jovens "respeitáveis" esses aspectos estão essencialmente divorciados dos estilos de vida e valores da subcultura. No entanto, os integrantes das subculturas jovens utilizam elementos simbólicos para construir uma **identidade** fora das restrições de **classe** e educação, fora do ambiente conservador da sociedade. Os membros de uma subcultura são vistos como membros de uma cultura de classe, que pode ser tanto uma extensão da cultura de classe de origem quanto uma oposição à mesma (por exemplo, os skinheads). Autores como Hebdige esforçaram-se para não enfatizar muito essa dimensão de classe, procurando analisar cuidadosamente as questões de **gênero feminino/masculino** e os fatores étnicos.

Nos anos de 1970 e início dos anos de 1980, as subculturas jovens eram um fenômeno internacional, mas com diferenças marcantes. Tanto nos Estados Unidos quanto na Grã-Bretanha, desenvolveram-se essencialmente fora do seu contexto social imediato, adaptando a cultura popular comercial em um estilo que refletia e fazia sentido em relação à sua estrutura social local. Esse processo não era tão evidente em sociedades culturalmente mais dependentes. No Canadá, por exemplo, a situação era confusa devido às ligações históricas com a Grã-Bretanha e a França, e a influência contemporânea norte-americana; uma situação que dificultava a busca de uma identidade nacional por parte dos canadenses. Desse modo, as culturas jovens do Canadá não eram muito originais e qualquer força potencial de oposição era muito fraca (Brake: 1985).

Para os analistas desse fenômeno em 1970, o conceito de **homologia** foi fundamental para as considerações sobre o papel da música em uma subcultura jovem: um "ajuste" entre os "os interesses específicos, atividades, estrutura de grupo e a auto-imagem coletiva" da subcultura e os objetos e práticas culturais adotados pelos membros da subcultura, vistos como "meios em que esses jovens podem ver seus principais valores sustentados e refletidos" (Hall, S. & Jefferson: 1976; p. 56).

A análise sociocultural feita pelos autores do BCCCS representou uma contribuição original e imaginativa para a sociologia das culturas jovens, mas foi criticada por enfatizar exageradamente a "resistência" simbólica das subculturas (imbuídas de uma importância política não comprovada); também foi criticada por ter uma visão romântica das subculturas da classe trabalhadora, negligenciar a mediocridade ou o conformismo juvenil e enfatizar as experiências masculinas mais que as femininas. E, embora a música tenha sido considerada um aspecto fundamental do estilo relacionado com a subcultura, sua ligação homológica com outras dimensões do estilo nem sempre era de fácil definição. Por exemplo, os skinheads adotaram mudanças de gosto musical ao longo do tempo, sendo problemático qualquer argumento a respeito do seu papel homológico na cultura skinhead. Segundo Hebdige (1979), a preferência dos "primeiros" skinheads pelos elementos do estilo black, incluindo o **reggae** e o **ska**, era um contradição, levando em consideração sua postura racista. Às vezes, determinados atributos estilísticos eram rapidamente atribuídos a uma filiação subcultural específica, antes mesmo de sua capacidade de generalização ser reconhecida.

No final da década de 1980, Middleton concluiu que a análise das subculturas revelou uma conexão demasiadamente rígida entre música e subcultura, "invalidada, sobretudo, pela direção inflexível da homologia" (Middleton: 1990; p. 161). Em parte, isso surgiu como resultado da polarização subculturalista da música dominante e da música de oposição, situando-se "dentro do amplo terreno da política ideológica a respeito de estilos, organizada em torno da oposição entre centro e periferia". (Grossberg: 1992; p. 145).

Embora essa convergência entre a expressão musical e os valores culturais de um grupo seja evidente em algumas subculturas jovens contemporâneas, particularmente o **heavy metal** e o **grunge**, as discussões teóricas posteriores e os estudos de caso sugerem que o grau de homologia entre subculturas e expressão musical foi exagerado. Realmente, o valor real do conceito "subcultura" e, particularmente, sua associação a políticas culturais de oposição foi bastante questionado. Hebdige, uma das principais figuras da teoria das subculturas dos anos de 1970, concluiu que "os modelos teóricos estão ligados tanto à sua própria época quanto aos corpos humanos que o produzem. A idéia da associação entre subcultura e oposição cresceu ao lado do movimento punk, permanecendo intrinsecamente ligada a esse movimento e terminando quando o mesmo terminou" (Hebdige: 1988; ver também Grossberg: 1992; Redhead: 1990).

A interpretação detalhada de Redhead a respeito dos eventos pós-punk no Reino Unido sugerem que a noção real de subcultura, considerada como parte de uma tradição de "autenticidade do rock" e de oposição no plano da política cultural, precisava ser revista: "tais concepções teóricas não são capazes de capturar as mudanças na cultura jovem e na cultura do rock desde, pelo menos, o final dos anos de 1970 em diante. Além disso, são inadequadas como um balanço da história do pop e da cultura jovem em geral" (Redhead: 1990; pp. 41-2). Para muitos consumidores jovens dos anos de 1980 e 1990, as velhas divisões ideológicas aplicadas à música popular eram irrelevantes, já que seus gostos são determinados por um modelo mais complexo de considerações do que aquele que envolve uma oposição "politicamente correta" em relação aos **gêneros**. Isso fica bastante evidente na **música alternativa** e na **dance music**. Algumas pesquisas recentes na música popular conservaram elementos da abordagem da análise dos fenômenos subculturais, mas sofisticaram o entendimento sobre a atuação do público, apoiando-se especialmente no conceito de cenários (ver Straw: 1992).

• *Ver:* verbetes sobre subculturas específicas; **cenários; bricolagem; localidade**
• *Leitura adicional:* Gelder & Thornton: 1997.

subjetividade — *ver* **identidade**

surf music; surfies: Um fenômeno musical de curta duração, mas influente. A surf music foi uma cena musical regional associada a uma **subcultura** que se tornou rótulo de *marketing*. A maioria das gravações de surf music foram lançadas entre 1961 e 1965, e seu sucesso ficou restrito basicamente ao sul da Califórnia. Até certo ponto, o estilo continuou existindo como um **gênero** *cult*.

Entre os estilos do **rock'n'roll** dos primeiros tempos, a surf music foi o mais orientado pelo som da guitarra e teve uma enorme influência sobre os estilos posteriores que usaram guitarra elétrica. Dick Dale foi reconhecidamente o pai do surf rock e criou o som reverberante característico da guitarra, que evocava as ondas e o surf. O surf rock desenvolveu-se como subcultura adolescente, inicialmente na Califórnia e no Havaí no final dos anos de 1950. Dale criou uma técnica baseada no efeito trêmulo usado nos instrumentos de cordas do Oriente Médio, como o bandolim grego, que consiste em sustentar notas tocando as cordas para cima e para baixo. Em 1961, o single "Let's Go Trippin", de Dale e dos Del-Tones despertou a moda da surf music (posteriormente regravado pelos Beach Boys em seu álbum *Surfin' USA*, Capitol, 1963). A partir desse momento, aparecem centenas de bandas de surf music.

A surf music era uma música californiana agradável, que falava do sol, da praia, do sexo (indiretamente), dos carros velhos com motor envenenado e das corridas de dragsters. A surf music foi a trilha sonora para os filmes de praia da época e para os documentários que celebravam o surf e o seu estilo de vida (por exemplo, *The Endless Summer*, Bruce Brown, 1966; *Crystal Voyager*, Geroge Greenough, 1978).

Houve uma linha de surf music instrumental, com os Surfaris ("Wipe Out", 1963), Chantays ("Pipeline", 1963) e Ventures, todos alcançando a parada de sucessos. Entre os intérpretes mais bem-sucedidos comercialmente, incluíam-se o duo vocal Jan and Dean e os Beach Boys, que, mais do que tornar-se a principal, foi a banda de surf music a ficar mais tempo na estrada. No plano da criação, liderada por Brian Wilson, os Beach Boys foram muito influenciados pelo estilo dos grupos vocais dos anos de 1950 e pelas **harmonias** do rock'n'roll de Four Freshmen e Chuck Berry; seu primeiro hit, "Surfin' USA", baseou-se em "Sweet Little Sixteen", de Berry. Em grande parte, os Beach Boys abandonaram os temas voltados ao surf e ampliaram seu repertório temático depois de 1963, com o lançamento do álbum *Pet Sounds* (Capitol, 1966) e do single "Good Vibrations" (1966), que marcou definitivamente seu sucesso.

Inicialmente, a subcultura surfer (o termo **surfies**, de origem australiana, tornou-se o rótulo mais comum), integrada por trabalhadores norte-americanos do sexo masculino com boa renda, surgiu com a popularização do surf na costa oeste dos Estados Unidos nos anos de 1950, em razão do aparecimento das novas pranchas Malibu, mais leves e baratas. A prancha de surf foi o principal elemento do estilo dessa subcultura, que também incluiu um vestuário típico (shorts, camisas havaianas, macacões de neoprene) e a surf music. Seus principais valores eram o lazer como forma eminente de consumo e o individualismo, expresso principalmente pela prática e prazer de surfar. A subcultura surfie logo se difundiu para outros locais em que havia a prática do surf; particularmente, Havaí, Austrália e Nova Zelândia (ver Stratton: 1997).

A surf music teve um renascimento nos anos de 1980, teve associado a selos especializados (por exemplo, Surfdog), embora hoje seja pouco tocado. Contribuiu para os gêneros mais contemporâneos, e seu som de guitarra continua influente.

- *Leitura adicional:* Charlton: 1994; Erlewine *et alii*: 1995; Garofalo: 1997; Miller: 1993 (inclui discografia); White: 1994.
- *Escutar:* The Beach Boys, "Surfin' USA" (1963), em *The Beach Boys: Twenty Golden Greats,* Capitol/EMI, 1978. Dick Dale, *King of Surf Guitar: Best of Dick Dale,* Rhino, 1989. *MOM: Music for Our Mother Ocean,* Surfdog/Interscope, 1996 (inclui o Pennywise interpretando "Surfin' USA", o Pearl Jam interpretando "Gremmie Out of Control", um single de surf music pouco conhecido de 1964, e outras bandas alternativas contemporâneas interpretando canções com temas ligados ao surf e aos sons de guitarra: Soudgarden, "My Wave"; Silverchair, "Surfin' Bird"; e os Ramones, "California Sun").
- *Assistir: Dancing in the Street,* episódio 2, "Be My Baby".

t

tecno: Nos anos de 1980, a música tecno apareceu como um estilo musical e um **metagênero** associado às novas tecnologias sonoras e de composição que utilizavam o computador. A música tecno confunde-se muitas vezes com a house music e a **ambient** music, ou é usada de modo contíguo com o universo completo da dance music. A música tecno associou-se intimamente a um ambiente social específico, sendo a principal música tocada nas grandes festas — **raves** — que, ao lado do uso do ecstasy, gerou considerável controvérsia (e **pânico moral**) desde o início até meados dos anos de 1990 no Reino Unido.

Na maioria dos casos, as características musicais do tecno são a batida marcante e uso do ritmo como ferramenta hipnótica (usualmente, 115 a 160 batidas por minuto [BPM]), criada muitas vezes inteiramente por meios eletrônicos; a falta relativa de vocais; e o significativo uso de **samples**. Há diversas variantes ou **subgêneros** da música tecno, ligados freqüentemente a selos de gravação específicos ou **cenários** regionais. Nos Estados Unidos, o "prototechno" dos criadores da música tecno, originários de Detroit, exibia uma mistura de influências, especialmente a linha tecnopop do Kraftwerk, influente grupo alemão de música eletrônica, e o **funk** de George Clinton e do Parliament. A partir dessa base, surgiu o "Detroit techno", um som funk despojado e agressivo, tocado em instrumentos análogos e caracterizado por um ritmo pesado e duro, e um "hardcore techno"; o speed metal é tocado sobre a instrumentação do tecno de Detroit. As variantes posteriores incluíam estilos mais simples e comerciais, como o "techno-rave", o "breakbeat" (um estilo que usava os samples acelerados das batidas **hip-hop**) e o "tribal" (padrões rítmicos e sonoros delineados sobre a música dos índios norte-americanos e da **world music**). Alguns músicos passaram por diversos estilos; por exemplo, as gravações iniciais do Shamen combinavam **rock psicodélico** com ritmos hardcore do **rap**, enquanto seu último trabalho fez grande uso de samples, bateria eletrônica e guitarras fortemente amplificadas.

• *Ver:* **dance music**
• *Leitura adicional:* Thornton: 1995.
• *Escutar:* The Shamen, *Boss Drum*, Epic, 1992. Leftfield, *Leftism*, Hard Hands/ Columbia, 1995. Underworld, "Born Slippy", em *Trainspotting: Original Soundtrack*, EMI, 1996.

tecnologia: No plano sociológico, o termo tecnologia inclui todas as formas de técnicas produtivas, inclusive o trabalho manual. Porém, para o senso comum, tecnologia é sinônimo de máquina. As duas conotações são evidentes nas considerações a respeito do relacionamento entre música popular e tecnologia. Apesar da criação musical e das inovações tecnológicas estarem historicamente relacionadas, os debates a respeito desse relacionamento evitaram conscientemente a preponderância do determinismo tecnológico, ou seja, a noção de que uma forma ou diversas formas de tecnologia são os principais fatores de mudanças sociais e culturais.

A tecnologia é parte de algumas interpretações a respeito da música popular que tentam sustentar uma distinção entre o "modo folk" presente nas apresentações ao vivo e uma forma da cultura de massa que é associada à música gravada. Essa última é criticada por ser considerada "uma prática comercial [...], deixando ainda pouco desenvolvido o potencial profundo e inato desse veículo de expressão cultural e estética" (Cutler: 1985; p. 142). Porém,

> o uso difundido das mesas de gravação multicanais baratas e a expansão das redes de distribuição das fitas cassete feitas em casa estão originando uma outra forma de música folk que não se ajusta a nenhuma categoria. Do mesmo modo, o uso de toca-discos e microfones no rap contradiz a interpretação vulgar que associa música gravada e cultura de massa (Jones: 1992; p. 5).

A tecnologia desempenhou um papel importante na evolução da música popular, com cada novo desenvolvimento possibilitando o surgimento de um "novo" som. As mudanças tecnológicas nos equipamentos de gravação propõem tanto restrições quanto novas possibilidades, já que os formatos de gravação oferecem oportunidades adicionais de *marketing*, embora também afetem a natureza do consumo. Um grande acontecimento foi a ascensão do compact disc (**CD**). Inovações como o **videoclipe** e as tecnologias eletrônicas de composição geraram um certa "tecnofobia". Negus faz uma intrigante comparação entre a antipatia contemporânea a tais desenvolvimentos e a recepção hostil inicialmente reservada ao piano (Negus: 1992; p. 31).

• *Ver:* **formatos**; **gravação sonora**
• *Leitura adicional:* Jones, 1992; Millard, 1995; Negus, 1992.

televisão: A televisão é um importante meio de distribuição, promoção e formação para a **indústria fonográfica**. Em nosso caso, vamos abordar os canais de televisão abertos e os programas de música popular que fazem parte da programação (a **MTV** e os canais a cabo similares são tratados separadamente). Vale a pena notar, porém, que temas e segmentos musicais, bem como as músicas de abertura ou fechamento de um programa, são também parte importante de muitos **gêneros** de programas, especialmente aqueles dirigidos às crianças (por exemplo, *Vila Sésamo*) e aos adolescentes (por exemplo, *Beverley Hills 90210*; *Ren and Stympy*).

Historicamente, existiu um relacionamento contraditório entre a televisão e a música popular. A televisão é tradicionalmente um veículo para o entretenimento familiar que acabou com as diferenças entre classes, gêneros, etnias e gerações, a fim de construir um público homogêneo sustentado pela ideologia da família nuclear. Ao contrário, muitas formas da música popular, especialmente o **rock'n'roll** e suas várias mutações, apresentaram-se como expressão musical das "diferenças", enfatizando o gosto e a preferência individual. As tradições do rock enxergavam a televisão como um meio "sempre posterior ao evento — telespectadores jovens podem ter aprendido a mover-se e vestir-se com a televisão, mas supunha-se que essa era uma janela para o mundo jovem real que estava em algum lugar fora dali" (Frith: 1988c; p. 212).

Nos anos de 1950, o início da televisão pública nos Estados Unidos e no Reino Unido coincidiu com o surgimento do rock'n'roll. A televisão ajudou a popularizar a nova música e a fixar a imagem de diversos artistas — particularmente Elvis Presley — como jovens ícones. De fato, a televisão rapidamente aproveitou as oportunidades comerciais oferecidas pelo emergente mercado cultural jovem dos anos de 1950. "A televisão devotou-se, ao menos em parte, a apresentar produtos musicais televisuais para um público que passava a maior parte do seu tempo de lazer e gastava seu dinheiro consumindo bens da música pop" (Burnett: 1990; p. 23). Isso levou à proliferação de shows de música popular na televisão. Entre os programas desse tipo mais conhecidos da televisão norte-americana, destacaram-se *American Bandstand*, um dos shows mais antigos da história da televisão (1952-), *Your Hit Parade* (1950-59) e *The Big Record* (1957-58). Na televisão britânica, destacaram-se *Juke Box Jury* e *Top of the Pops*, ambos do final dos anos de 1950, e *The Old Grey Whistle Test*. Em 1963, *Ready Steady Go!* começou a exibir novos talentos, que usualmente apresentavam-se ao vivo, enquanto em *Top of the Pops* os artistas cantavam com fundo musical orquestrado ao vivo.

O papel atual desses programas é ilustrado pelo *Top of the Pops*, que ganhou força novamente e audiências cada vez maiores nos últimos anos — 8,4 milhões de telespectadores em 1995. "Nos últimos doze meses, o programa deixou de ser uma vitrine insípida para lançamentos de singles do mundo musical e bandas dance irrelevantes, transformando-se em um show variado e arrojado, apresentando faixas de álbuns, mais apresentações ao vivo, novos quadros e apresentadores de renome" (*The Times*, edição de 22 de fevereiro de 1995, p. 23: "Top of the Pops back on track").

A apresentação do rock na televisão antes do advento do **videoclipe** era geralmente pouco inspirada. Os artistas interpretavam suas músicas às vezes de maneira impressionantemente frenética (como na estréia do The Who em *Ready Steady Go!*), ou contavam com playback em um ambiente mimético. Existiram poucas experiências durante os anos de 1960 e de 1970 de incorporação de elementos visuais adicionais (ver Shore: 1985, para a história completa do videoclipe na televisão).

Nos anos de 1980, o sucesso da MTV impulsionou a produção dos videoclipes, remodelando a forma e a transmissão dos programas neles baseados. Nos Estados Unidos e Canadá, quase toda grande cidade possui atualmente seu próprio programa de videoclipe, sendo que muitos são transmitidos nacionalmente. Esse tipo de programa tornou-se parte da programação televisiva no Reino Unido, na Europa Ocidental, na Nova Zelândia e na Austrália. Porém, só nos dois últimos países, que recentemente introduziram televisão a cabo e ainda não possuem grande capacidade de recepção por satélite, esses programas mantêm a audiência alcançada nos anos de 1960. Os programas de música popular estão competindo com outros gêneros por espaço na programação, e a importância **demográfica** da audiência jovem declinou nos anos de 1990.

Os programas consagrados de videoclipe permanecem importantes, principalmente por causa do interesse de seus anunciantes, já que atraem a audiência jovem cujos hábitos de **consumo** não estão fortemente arraigados. Diversos estudos de caso elucidaram os fatores que atuaram no surgimento e no caráter de programas de música popular na televisão comercial, particularmente o espaço desses programas na programação e os processos de seleção dos videoclipes. As relações entre esses programas, a propaganda e a venda de discos são particularmente interessantes. Embora seja difícil provar uma ligação causal direta — como a que provoca a veiculação pelo **rádio** e a "ação" da parada de sucessos—, há evidências de que a exposição nesses programas influencia a venda de discos. A natureza desses programas e sua tendência de apresentar videos com versões mais curtas da canção exerceram considerável influência sobre o modo de produção dos videos e seu caráter de texto audiovisual associado ao estrelato (ver Negus: 1992; p. 97). É também significativo, especialmente em países como Austrália, Nova Zelândia e Holanda, o *status* dos videoclipes produzidos localmente em comparação com os videos importados que estão disputando espaço nos programas, ou seja, uma forma de **imperialismo cultural**.

• *Ver:* **MTV**; **video musical**

• *Leitura adicional:* sobre a Austrália, ver Stockbridge: 1992; sobre a Nova Zelândia, ver Shuker: 1994; sobre o Reino Unido, ver Frith: 1993.

teoria do rótulo — *ver* **pânico moral**

Tex-Mex: Gênero associado a músicos chicanos, mexicanos e texanos. A música tex-mex é muito eclética, misturando **rock**, **country**, **rhythm'n'blues**, **blues** e música tradicional espanhola e mexicana. Embora o gênero tenha um história muito longa, surgiu como rótulo de *marketing* nos anos de 1980, principalmente com o sucesso comercial do grupo Los Lobos ("uma das bandas norte-americanas mais características e originais" — Erlewine *et alii*: 1995; p. 484).

• *Leitura adicional:* Lipsitz: 1994,

• *Escutar:* Los Lobos, *How Will the Wolf Survive,* Slash, 1984.

texto; **análise textual**; **leituras preferenciais**; **invasão textual**: O termo texto foi usado tradicionalmente para referir-se às palavras originais de um autor ou uma obra em prosa — especialmente as recomendadas para a leitura de estudantes. Recentemente, conforme seu emprego nos **estudos**

culturais, refere-se a qualquer forma de mídia contida em si mesmo: programas de televisão, gravações, filmes e livros. Os textos da música popular são muito diversos, abrangendo gravações, capas de discos e **videoclipes**. Os mais conhecidos são as gravações sonoras, em vários formatos, e suas embalagens (**capas de discos**, **coleções** etc.). Além disso, existem diversas outras formas importantes de textos da música popular: apresentações musicais, especialmente **concertos**, discursos de **DJ**, videoclipes, revistas e jornais especializados, pôsteres, camisetas, programas de turnês e produtos de fã-clubes. Esses textos são freqüentemente inter-relacionados e mutuamente reforçados.

A **análise textual** preocupa-se em identificar e analisar as qualidades formais dos textos, suas estruturas de suporte e características. Desse modo, associou-se intimamente à análise **semiótica** e muitas vezes aos conceitos psicanalíticos. No caso da música popular, a análise textual assumiu diversas formas. O exame dos componentes musicais das canções é a mais importante, incluindo suas letras, em seus vários formatos de gravação. Essa abordagem é fundamentalmente associada à musicologia, isto é, o estudo das propriedades formais da música como música. Aplicar a musicologia aos **gêneros** da música popular provou ser difícil e controvertido.

Outras formas de textos da música popular, como gravação de covers, concertos, videoclipes, **análise das letras das canções** e a fala do DJ foram analisados em termos de discurso e conteúdo. Embora os textos sejam analisados independentemente, também podem ser analisados em grupos, por exemplo nas análises de conteúdo da **parada de sucessos** em termos dos gêneros, selos de gravação (comparações entre **grandes gravadoras** e **independentes**: ver **ciclos mercadológicos**) e proporção da participação de artistas mulheres. Empregou-se uma abordagem semelhante aos programas veiculados pelo **rádio** e pela **MTV**.

Debateu-se em torno da cultura popular o papel ideológico do reforço e da reprodução dos valores dominantes por meio de sua representação nos textos populares. Segundo os críticos que se concentraram no texto em si, usando muitas vezes conceitos originários da semiótica e da análise psicanalítica, existe freqüentemente no texto uma **leitura preferencial**, ou seja, uma mensagem dominante colocada dentro do código cultural das convenções e das práticas estabelecidas dos produtores ou dos transmissores do texto. Porém, apesar de muitos consumidores poderem, ao menos implícita ou subconscientemente, aceitar essas leituras preferenciais, deve-se ter em mente que não é necessariamente verdade que o público reaja sempre assim. Particularmente, os grupos subordinados podem reinterpretar essas mensagens textuais, dando-lhe um outro "sentido". Isso implica a idéia de uma resistência popular contra as culturas dominantes e a sua conseqüente subversão. Essa noção permeou a análise do caráter e da recepção das letras das canções populares e dos videoclipes.

A **invasão textual** refere-se ao modo pelo qual os fãs interagem com os textos, "para ativamente assegurar seu poder sobre os textos produzidos em massa, que fornecem o material bruto para suas produções culturais próprias e a base para sua interação social", tornando-se "participantes ativos na construção e circulação dos significados textuais" (Jenkins: 1997; p. 508). Esse engajamento ativo com os textos foi chamado de "invasão" por Michel de Certeau, que o empregou para a leitura; outros estudiosos aplicaram-no a diversas formas da cultura popular. Os fãs da música popular e os integrantes das **subculturas** podem ser considerados invasores textuais, ou seja, sujeitos capazes de articular os textos.

• *Ver:* **público**; **fãs**; **subculturas**
• *Leitura adicional:* Jenkins: 1997.

thrash metal; **speed metal**: Influente **subgênero** do **heavy metal**, chamado algumas vezes de speed metal, e que se sobrepõe ao **hardcore** (Erlewine *et alii*: 1995, une o hardcore e o trash em uma categoria de gênero). Fenômeno basicamente norte-americano, o thrash desenvolveu-se fora do hardcore e do **punk**, tornando-se um termo jornalístico conveniente para o heavy metal não pertencente ao universo musical vigente, baseado na guitarra, tocada de modo muito rápido e bastante alto. Da mesma forma que o heavy metal, o thrash foi acusado de ser depressivo (encorajando o suicídio de adolescentes), associado ao satanismo, a concertos violentos e a um público predominantemente masculino. Os adeptos do thrash são atraídos pelo volume e pelo ritmo da música, mas também pelas letras dedicadas aos problemas do subgênero, relativas tanto ao plano geral quanto ao plano pessoal e pela falta da imagem comercializada das bandas de thrash.

Weinstein (1991a) e Breen afirmaram que a nova era do speed metal, representada pelo Metallica, Anthrax e outros, está gerando uma nova forma de "experiência real do rock", em oposição direta "ao prazer e à expectativa previsíveis associados ao rock atual" (Breen: 1991; p. 191). Essa nova forma é apocalíptica em suas visões negativas, construída pelos concertos ao vivo e pelas formas gravadas.

• *Ver:* **heavy metal**

Tin Pan Alley: No final do século XIX, os **compositores** e os editores congregaram-se em uma região da cidade de Nova Iorque que tornou-se conhecida como Tin Pan Alley, por causa do som "tinny"* dos pianos que ali eram tocados. O Tin Pan Alley dominou o cenário da música popular americana desde mais ou menos 1900 até o final dos anos de 1940.

> As canções do Tin Pan Alley eram destinadas aos norte-americanos brancos, urbanos, instruídos, das classes média e alta. Essas canções permaneceram praticamente desconhecidas dos grandes segmentos da sociedade americana, inclusive a maioria negra [...] e os milhões de norte-americanos pobres, brancos e rurais [...] aglomerados no sul do país e espalhados pelo baixo centro-oeste. Esses dois grupos tinham seus tipos distintos de música, uma música de tradição oral (Charles Hamm, *apud* Garofalo: 1997; p. 43).

A música de partitura era uma característica do Tin Pan Alley, já que a composição e a publicação eram as principais fontes de receita para os músicos que trabalhavam com esse tipo de música. O Tin Pan Alley atendeu aos gostos populares, incorporando e homogeneizando os elementos dos novos estilos musicais logo que surgiam, especialmente **ragtime**, **blues** e **jazz**. A esmagadora maioria dessas canções abordou o amor romântico e ajudou a celebrar e legitimar as mudanças nos códigos sexuais de comportamento dos anos de 1920, nos Estados Unidos. As canções do Tin Pan Alley agradaram às jovens mulheres, muitas delas de famílias de classe média, que, entre 1920 e 1930, foram trabalhar nas grandes cidades: "as mulheres que adquiriam as gravações e escutavam o rádio podiam experimentar a alegria de encontrar 'alguém' no espaço social recentemente liberado da cidade impessoal" (Horowitz: 1993; p. 39).

No início dos anos de 1950, a transição do Tin Pan Alley para o **rock'n'roll** refletiu mudanças demográficas, sociais e culturais importantes da sociedade americana.

• *Leitura adicional:* Garofalo: 1997; Horowitz: 1993.

* metálico (N.T.)

transculturação — *ver* **globalização**

trilhas sonoras — *ver* **cinema**

transmissão — *ver* **MTV; rádio; Estado**

trip-hop — *ver* **dance music**

turnês; excursão: Turnê é uma série consecutiva de **concertos** programados em diferentes locais. As turnês podem ser de curta duração, com um pequeno número de concertos no período de algumas semanas, ou um acontecimento mundial, durando, às vezes, mais de dois anos.

Para a banda ou artista que conquistou fama mundial, o sucesso comercial está intimamente associado às excursões, necessárias para promover um lançamento e aumentar seu público. As programações das turnês são extremamente cansativas, parecendo "pacotes" de viagem de turismo, já que os artistas tocam em cidades diferentes a cada noite e a maior parte do tempo é gasto com a viagem. Essas turnês estão descritas em livros, biografias das bandas e em muitos textos clássicos do estilo "pé na estrada", revelando os freqüentes excessos e a alegria do público, situações em que o entusiasmo une-se ao cansaço. Mike Campbell, guitarrista dos Heartbreakers, banda que acompanhava Tom Petty, em 1981, declarou em uma entrevista:

> As primeiras semanas eram sempre muito boas, mas depois era de matar. Tudo parecia velho. Se você não saísse para procurar mulheres ou não fosse preparar um coquetel de drogas, não havia muito mais o que fazer. Outra coisa terrível de uma excursão é deixar o palco, onde está concentrada toda a energia e a adrenalina, e voltar rapidamente para o hotel e o silêncio. Ir de um extremo ao outro é realmente desconcertante (Stambler: 1989; p. 335).

As turnês expõem os artistas e sua música aos fãs potenciais e aos compradores de discos, construindo uma imagem e conquistando novos admiradores. Historicamente, as turnês foram importantes para ajudar a "frear" a presença das bandas inglesas no mercado norte-americano, o que continua verdadeiro para o atual cenário das excursões desse país, tanto nacionais como internacionais. A natureza das turnês é ambivalente. Para o **fã** é a oportunidade de ver seu artista ou grupo favorito, especialmente se vive em uma região que não está freqüentemente inclusa no circuito das turnês. Para o artista ou para a banda, a excursão é um desafio físico e musical, porque "cada noite, um palco", e assim, um público diferente.

A monotonia de uma turnê é aludida em *The Big Wheel*, escrito por Bruce Thomas, baixista do Attractions, banda que acompanhava Elvis Costello, sobre uma de suas excursões:

> Viajamos milhares de quilômetros, ficando hospedados em Holiday Inns que eram exatamente um igual ao outro e vi algumas das mais famosas atrações turísticas da janela de um automóvel cruzando a cidade. Outras vezes, fiquei em lugares que desejaria nunca ter visto. Ou então dormia enquanto atravessávamos os mais espetaculares cenários do mundo, não porque não estivesse interessado, mas porque estava exausto. Essa era a terceira volta ao mundo da banda em três anos. Rodar e rodar e rodar o mundo; seguimos até o ponto em que tudo se tornou indistinguível (Thomas: 1991; p. 20).

Há uma clara hierarquia relacionada às turnês. Para um artista ou grupo relativamente desconhecidos procurando divulgar um primeiro lançamento e criar um público, as oportunidades para uma apresentação ao vivo são raras; os bares e os circuitos universitários continuam sendo os principais pontos. A escala da maioria das turnês "nacionais" é muito localizada, cobrindo mais ou menos uma dúzia de centros. Para as bandas visitantes e locais de renome, que alcançaram as paradas de sucessos e conquistaram o mercado, há turnês nacionais de maior alcance. Porém, essas bandas preferem tocar nos principais centros, onde os espaços e o público são suficientemente numerosos para tornar a execução viável economicamente. No topo da escala estão as turnês mundiais, que são grandes investimentos em logística e *marketing* — e também um lucrativo retorno. Entre os exemplos recentes de turnês, destacam-se a excursão de Michael Jackson, Dire Straits, Janet Jackson ("Rhythm Nation" Tour, entre 1989 e 1990), The Rolling Stones ("Voodoo Lounge" Tour, entre 1994 e 1995) e Kiss (entre 1996 e 1997).

No início da década de 1970 — excelente período para a indústria fonográfica —, as turnês viraram sinônimo de excesso e despesas. Eliot cita um gerente de propaganda:

> Eu trabalhava com o Zeppelin, o Bad Company e o Rolling Stones. Era o

> apogeu do excesso no mundo do rock, quando todos estavam nadando em dinheiro e havia limusines para levar as pessoas ao banheiro. O lema da empresa era "seja o que for, faça com que todo mundo saia feliz" (Eliot: 1989; p. 173).

Em meados dos anos de 1970, isso tornou-se inviável. A indústria fonográfica começou a cortar os gastos, reduzindo parte do orçamento das turnês descontando das futuras receitas das bandas as suas despesas.

Porém, durante os anos de 1980 e 1990, as excursões e os concertos ao vivo permaneceram os melhores meios para manter o interesse do público e um fator determinante para a divulgação de uma nova apresentação. "Virtualmente, todo grupo de rock excursiona depois do lançamento de um novo álbum, com as gravadoras assumindo todas as despesas, porém pagando nada mais do que alguns centavos por apresentação" (*idem*; 169). Essas turnês são tanto promoção quanto apresentação. Os artistas aparecem no rádio e na televisão, visitam pessoalmente as lojas de discos e, geralmente, fazem qualquer coisa que possa ajudar a promover as vendas. Essas turnês estão submetidas a orçamentos rigorosamente controlados, com a receita da bilheteria cobrindo todas as despesas, não se devendo levar em conta a venda dos discos antes da alocação dos direitos autorais de reprodução. Se as vendas de discos são boas, o artista ou o grupo ganham dinheiro. Por outro lado, o Grateful Dead, que excursionou muito nos anos de 1970 sem "hits" em carteira, endividou-se seriamente junto à sua gravadora, a Warner Brothers, e precisou permanecer na estrada por cinco anos antes de gerar alguma renda.

Embora na maioria das vezes as turnês sejam negócios comerciais, existiram turnês importantes de apoio a causas políticas, como a Anistia Internacional, realizada na América do Norte em 1988, em favor dessa organização de defesa dos direitos humanos e que conseguiu a adesão de aproximadamente 200 mil novos membros só nos Estados Unidos; e a Red Wedge, em apoio à campanha eleitoral do Partido Trabalhista britânico em 1987 (ver Denselow: 1990; Garofalo: 1992b; Street: 1986). Outra variante é a turnê em que vários artistas apresentam-se juntos. Durante os anos de 1960, essa foi uma modalidade de turnê muito popular, já que era importante a divulgação internacional dos integrantes do beat britânico. Esse tipo de turnê ressurgiu com o bem-sucedido Lollapalooza, de 1991 em diante, evento que apresenta em conjunto diversos shows alternativos.

• *Ver:* **cinema**

V

vanguarda; **experimental**: Termos empregados para descrever movimentos artísticos novos e inovadores, associados freqüentemente à ruptura de tradições, estilos e convenções estabelecidos. A obra de diversos artistas da música popular foi considerada de vanguarda ou experimental; embora seu sucesso comercial tenha sido pequeno, muitas vezes possuem uma legião de fiéis seguidores. Os artistas que trabalham na interface de diversos **gêneros** musicais têm mais chance de ser rotulados como artistas de vanguarda, sendo sua obra considerada mais **autêntica** de algum modo; por exemplo, os trabalhos de John Cale, Laurie Anderson e Kronos Quartet (formado por músicos clássicos), com sua releitura da obra de Jimi Hendrix, particularmente "Purple Haze".

No final da década de 1960, a experimentação musical fez parte do trabalho do The Velvet Underground — associado a Andy Warhol e ao movimento artístico da vanguarda nova-iorquina — e também do de Frank Zappa e os Mothers of Invention ("Help I'm A Rock", do primeiro álbum, *Freak Out*, Rykodisc, 1966). Em sua ambiciosa obra, *Lipstick Traces* (1989), Greil Marcus argumenta a respeito de uma relação evidente entre o movimento de vanguarda europeu "bauhaus" e o **punk rock**, do final dos anos de 1970. Na década de 1980, bandas alternativas, como Sonic Youth e My Bloody Valentine (que "combinam o volume ensurdecedor com camadas ressoantes de deslumbrante dissonância"— Erlewine *et alii*: 1995; p. 552), experimentaram diferentes sistemas de sintonia, sons dissonantes e estruturas de canção incomuns; e artistas, como Mary Margaret O'Hara, utilizaram estilos vocais singulares. Os artistas que trabalham dentro do **art rock** e do **rock progressivo** também experimentam com freqüência outras estruturas sonoras e musicais.

• *Ver:* **art rock**; **rock progressivo**
• *Leitura adicional:* Erlewine *et alii*: *1995;* Bloomfield: 1993; Hesmondhalgh: 1996b.
• *Escutar:* Brian Eno, *Another Green World*, Editions EG Records, 1975. Laurie Anderson, "O Superman", em *Big Science*, WB, 1982. My Bloody Valentine, *Isn't Anything*, Creation/Sire, 1988. Sonic Youth, *Daydream Nation*, DGC, 1988.

varejo — *ver* **marketing**

versões cover; **famílias de canções**: As versões cover são apresentações/gravações realizadas por músicos não responsáveis pela gravação original. Historicamente, as versões cover eram conhecidas como "standards" — a matéria-prima dos cantores dos anos de 1940 e 1950. Mais recentemente, na década de 1960, por causa da estética rock e de sua ênfase em valorizar a criatividade individual e o uso das próprias composições, as versões cover foram consideradas menos criativas e autênticas do que as versões originais. Ocasionalmente, porém, são vistas como criativas devido aos seus próprios méritos. Consideremos, por exemplo, a versão cover de "That's Alright Mama" (Sun, 1955), interpretada por Elvis Presley, originalmente gravada pelo cantor de **rhythm'n'blues** "Big Boy" Arthur Crudup; ou a versão de "I Still Haven't Found What I'm Looking For" (CBS, 1990), interpretada por The Chimes, gravada inicialmente pelo U2. Algumas versões cover aumentaram a popularidade do original, como a versão de "Crimson and Clover", por Joan Jett, originalmente um grande sucesso de Tommy James and the Shondells, de 1967; outras versões foram interpretações bem-sucedidas de originais relativamente ignorados, como "Hanky Panky" (1966, primeiro lugar na parada de sucessos norte-americana), do mesmo grupo. As canções cover são um produto já testado, que o público pode freqüentemente identificar. Embora alguns artistas interpretem a canção original de um modo novo e característico, a maioria das interpretações são consideradas simples "recauchutagens". As versões cover ganharam grande destaque na parada no final dos anos de 1980 e durante os anos de 1990. Há uma nova geração de ouvintes e um novo mercado para as canções recicladas, como demonstram os álbuns de reedições, as coleções e as trilhas sonoras de filmes.

As famílias de canções nascem a partir de uma canção particular que é ressuscitada e reelaborada diversas vezes. O termo foi desenvolvido originalmente por Hatch & Millward (1987). Elaborada a partir das estruturas líricas, melódicas e rítmicas pré-existentes, a canção é adaptada aos novos padrões musicais por sucessivas gerações de músicos, que reformulam as convenções genéricas no processo. A canção "Spoonful", de Willie Dixon, gravada por diversos artistas, representa bem isso, tanto musicalmente como na significação social atribuída às diferentes versões da canção. As versões de Elvis Presley para "That's Alright Mama", um **blues**, e para "Blue Moon of Kentucky" (originalmente interpretada por Bill Monroe), um clássico **bluegrass**, contribuíram para a formação do **rockabilly** e do **rock'n'roll** nos anos de 1950.

• *Ver:* **autenticidade**
• *Leitura adicional:* Hatch & Millward: 1987; Moore: 1993.
• *Escutar:* Joan Jett, "Crimson and Clover" (1981), em *The Hit List*, Epic, 1990. Howlin' Wolf, "Spoonful", diversas versões, em várias compilações. Cream, "Spoonful", *Fresh Cream*, Polydor, 1966; e a versão ao vivo ampliada em *Wheels of Fire*, Polydor, 1968.

videoclipe; MTV: Forma cultural híbrida, reunindo elementos da televisão e do rádio. Ainda existem diversos sentidos distintos sobrepostos ao termo: programas de videoclipe na programação geral das emissoras de **televisão** (tratados no respectivo verbete); as fitas de video das apresentações musicais, para locação ou aquisição; e a **MTV** e os canais de música a cabo ou por satélite. Cada um desses meios utiliza o videoclipe como seu principal elemento.

As fitas de video de apresentações, para locação ou aquisição: O mercado varejista de fitas de video continua crescendo, alcançando em 1995 um crescimento de 13% e atingindo um valor de 789 milhões de libras só no Reino Unido. Impulsionado pelo sucesso de *Riverdance* e *Robson and Jerome*, as duas fitas mais vendidas do ano, esse gênero de fitas em 1995 alcançou uma participação de 10,6% no mercado. O mercado das fitas de aluguel também cresceu, atingindo seu nível mais alto em seis anos (*Music Week*, edição de 18 de março de 1996). Parece haver poucas pesquisas sobre esses produtos, sua produção e seu *marketing*, seus compradores e os usos que fazem desses videos.

A MTV e canais de música, a cabo ou por satélite: Canal de televisão a cabo norte-americano, a MTV (Music Television) foi fundada em 1981, tornando-se quase sinônimo de videoclipe como forma cultural. Originalmente, era propriedade da Warner Amex Satellite Company, mas foi vendida para a Viacom International. A MTV tornou-se muito popular no final dos anos de 1980, sendo considerada um meio capaz de impulsionar a fraca indústria fonográfica. A MTV conquistou parte considerável da propaganda direcionada ao mercado dos jovens e dos "yuppies" e resolveu o eterno problema da televisão a cabo, que é gerar renda suficiente para novos programas, já que as gravadoras pagavam parte dos "programas" mediante o financiamento da produção dos videoclipes. No final dos anos de 1980, a MTV atingia quase 20 milhões de lares norte-americanos e era assistida regularmente por 85% das pessoas entre 18 e 34 anos.

Em 1991, a MTV tinha 28 milhões de assinantes e agregava entre um a três milhões de novos assinantes a cada ano. Nos Estados Unidos, o sucesso da MTV gerou uma grande quantidade de imitadores e diversas franquias. Em 1988, a MTV atravessou o Atlântico com a criação da MTV européia (MTV Europe). Depois de um conflito inicial envolvendo dezenas de países e a liberação das regras do uso dos cabos de telecomunicações e dos satélites, a MTV Europe alcançou seu equilíbrio econômico em fevereiro de 1993, tornando-se o canal por satélite que mais crescia, com sua programação no ar 24 horas para mais de 44 milhões de lares. Aos artistas europeus era reservado 30% do tempo de programação; apesar do formato ser semelhante ao da emissora-mãe, parece que houve um esforço original para apresentar uma quantidade substancial de videos europeus (Burnett: 1990). A MTV asiática (MTV Asia) surgiu em 1991, com o sinal do satélite cobrindo mais de 30 países, do Japão ao Oriente Médio. Utilizando o inglês como língua padrão, a MTV Asia alcança mais de três milhões de lares, com uma programação dominada por videos do mundo ocidental, mas com uma cota de cerca de 20% reservada aos artistas asiáticos.

No final dos anos de 1980, a influência da MTV sobre a indústria fonográfica dos Estados Unidos — e, portanto, sua influência global — era enorme. Inserir o videoclipe na programação da MTV garantia o ingresso da música na parada de sucessos, enquanto a MTV tornava-se o meio mais efetivo para um novo artista "estourar" e alcançar sucesso de público. Durante os anos de 1980, entre os artistas mais divulgados na MTV antes de serem divulgados pelas emissoras de rádio, destacaram-se Madona, Duran Duran, Thompson Twins e Paula Abdul. Entre meados e o final dos anos de 1980, alguns analistas responsabilizaram diretamente a MTV pela "invasão" das paradas de sucessos norte-americanas por grupos britânicos elegantes e fotogênicos. Os videos inovadores e a MTV ajudaram artistas e grupos norte-americanos como Paula Abdul e Talking

Heads a consolidarem-se e impulsionaram as vendas vertiginosas dos álbuns de Michael Jackson — como Thriller, com mais de 40 milhões de cópias vendidas (Epic, 1983).

O formato da programação das MTVs é tipificado pela MTV Europe, que utiliza uma lista semanal dos sucessos atuais, divididos em quatro categorias relativas a tempos e turnos de difusão: os megasucessos, exibidos a cada quatro horas; os grande sucessos, entre cada quatro e seis horas; os médios, entre cada oito e nove horas e meia; e os leves, a cada treze horas. Os videoclipes clássicos e mais antigos também são exibidos com certa regularidade. A cada semana são veiculados cerca de oitenta videos musicais e há grande rotatividade. Em relação ao país de origem dos videoclipes, 52% eram britânicos, 31% norte-americanos e o restante do mundo era responsável pelos outros 17% (Burnett: 1990). Embora os videoclipes sejam a matéria-prima da programação, as MTVs também exibem concertos, entrevistas, notícias e fofocas sobre o mundo do rock, funcionando como uma espécie de emissora de rádio visual. Em seu mais recente estudo, Banks (1996) mostra que a programação da MTV conserva esse padrão.

Dado o decisivo papel da MTV na determinação do sucesso comercial, a questão-chave é de que modo o videoclipe é escolhido para ser exibido. As evidências sobre essa questão são poucas, e é uma área a ser investigada. De modo surpreendente, o estudo de Kaplan (1987) a respeito da MTV ignora a questão da seleção, uma conduta comum à maioria dos estudiosos, mais preocupados que estão em analisar os videos como **textos**. Rubey (1991) observa que a lista dos 20 maiores sucessos da MTV (Top 20) decorre das vendas dos álbuns em nível nacional, veiculação em video e pesquisas da própria emissora, criando circularidade e subjetividade no processo.

Naquele que é certamente o mais completo estudo a respeito do funcionamento da MTV, Banks (1996; cap. 9) observa o papel de **seleção** desempenhado pela MTV norte-americana, o funcionamento do seu comitê de aquisições e os padrões adotados, tanto os revelados quanto os não declarados. Banks conclui que as **grandes gravadoras** editam os videos com a intenção de adaptá-los aos padrões da MTV, até mesmo forçando os artistas a fazerem mudanças nas letras das canções, enquanto as gravadoras **independentes** não conseguem usualmente incluir seus videos na programação da emissora.

Apesar do forte crescimento dos anos de 1980, a MTV norte-americana, no início nos anos de 1990, passou a cortar seus gastos. Segundo os executivos da emissora, o formato tinha perdido sua força e a programação estava se tornando lugar-comum. Iniciou-se então uma revisão da programação, com a finalidade de diminuir sua dependência dos videoclipes. Desse modo, surgiram novos programas, como o *Unplugged*, um programa dominical de 30 minutos de duração, com apresentações acústicas ao vivo. Esse programa estabeleceu-se como veículo para ações de *marketing* associadas a gravações, incluindo o lançamento de álbuns de grande sucesso, como de Eric Clapton e Mariah Carey. Essa mudança na programação foi uma resposta direta às pesquisas sobre os padrões do telespectador, que indicaram que as pessoas sintonizavam a MTV só enquanto os videoclipes as agradavam. Considerando que os videos musicais constituíam 90% da programação diária, uma reação negativa em relação a alguns videoclipes poderia trazer problemas na retenção da audiência e na venda do tempo de publicidade. Essa é uma situação que a MTV partilha com as emissoras de TV e de rádio dominantes, que sempre tiveram que garantir a audiência para ter anunciantes.

O videoclipe: O videoclipe segue as convenções do single tradicional de 45 rpm. Possui uma duração de dois a três minutos, funcionando — nos próprios termos da indústria — como uma "peça promocional" que estimula a venda do disco e influencia a parada de sucessos. Os videoclipes são a matéria-prima das emissoras de televisão que seguem o estilo da MTV, dos programas musicais nas emissoras convencionais e dos videoclipes de longa duração. Porém, seu posicionamento em cada caso é diferente, assim como são diferentes seus padrões de consumo.

A análise dos videoclipes foi uma das áreas mais estudadas, tanto na abordagem da televisão como no estudo da música popular. A literatura a respeito do assunto enfatiza seu aspecto visual, sua perceptível violência e sexualidade/sexismo, além de sua importância como um artefato cultural fundamental do pós-modernismo. Situando-se mais no campo dos estudos cinematográficos do que no dos estudos musicais, essas análises, portanto, focalizam os videoclipes como textos essencialmente visuais, distintos e fechados em si mesmos. Ignoram freqüentemente os raciocínios implicados na dimensão comercial e industrial dos videos musicais, seu posicionamento no fluxo da programação televisiva e as relações entre os videos musicais e o estrelato presente no rock.

Para um entendimento mais amplo dos videos musicais é necessário levar em consideração seu processo de produção e sua função comercial para a indústria fonográfica, as práticas institucionais de emissoras como a MTV e a sua recepção como textos polissêmicos, abertos a interpretações dos vários públicos. O video musical é tanto um produto industrial e comercial quanto uma forma cultural.

- *Ver:* **televisão**
- *Leitura adicional:* a) videoclipe: Goodwin: 1987, 1993; Kaplan: 1987; Mercer: 1988; Shore: 1985. b) MTV: Banks: 1996; Goodwin: 1993; Kaplan: 1987; Lewis: 1990a e 1990b; Sturmer: 1993.

voz: "A música popular é predominantemente uma 'música de voz'. O prazer de cantar, de escutar os cantores, é fundamental para a música popular" e "há uma forte tendência dos vocais atuarem como um foco unificador da canção" (Middleton: 1990; pp. 261, 264). Os debates a respeito do papel da voz na música popular evidenciou o relacionamento entre **letras**, formas melódicas e estilos de canto (timbres vocais) dos vários **gêneros** e artistas. Uma noção **semiológica** decisiva é a "textura" da voz (mais amplamente, seu "feeling"), oposta ao significado direto da letra e ao modo pelo qual estilos particulares de voz transmitem determinados conjuntos de emoções, desconsiderando-se muitas vezes as palavras que estão sendo cantadas.

Vários autores discutiram o modo como a voz é usada na música popular, particularmente no **rock**. Observam-se três aspectos principais. Em primeiro lugar, as tentativas de se distinguir entre as vozes "brancas" e "negras", que tendem a considerar a voz "negra" como mais convincente e capaz de se comunicar através de uma variedade de técnicas vocais, ao passo que a voz "branca" é tida como mais contida e restrita. Em segundo lugar, as tentativas de se distinguir entre as vozes "educadas" e "não educadas", encontrando-se as primeiras nas interpretações das músicas populares mais antigas (por exemplo, shows de menestréis). A voz "não educada" é importante, já que é sinônimo de **autenticidade** no rock, assim como a qualidade das vozes superiores está vinculada à grande tensão, à naturalidade e à falta de artifício. Em terceiro lugar, a associação entre gêneros específicos e estilos vocais, relacionados, por sua vez, ao gênero. Esse terceiro aspecto abrange a discussão a respeito do **cock rock** (como masculino) e do "**teennybop**" (como feminino) por Frith & McRobbie (1990), que foi desenvolvida por outros autores (por exemplo, Shepherd: 1991). Segundo Shepherd, o som vocal duro e áspero típico do "cock" ou do **hard rock** é "produzido predominantemente na garganta e na boca, com um uso mínimo de recursos da câmara de ressonância da caixa torácica e craniana"; ele contrasta isso com o "típico som vocal da mulher: suave e cálido, baseado em um uso muito mais relaxado das cordas vocais e utilizando a câmara de ressonância da caixa torácica" (1991; p. 167), presente em uma grande variedade de músicas pop.

Segundo Moore, essas distinções são problemáticas por causa de suas suposições essencialistas: "essas distinções enfatizam só um aspecto da produção vocal e tentam ler o significado da presença vocal com base nesse aspecto isolado" (1993; p. 42), ignorando inúmeros fatores característicos de estilo vocal. Moore sugere e elabora quatro desses fatores: o registro e o alcance de qualquer voz particular; seu grau de ressonância; a "atitude auditiva" do cantor em relação à altura do som; e a atitude auditiva do cantor em relação ao ritmo. Moore ilustra essa elaboração com uma análise dos estilos vocais de Bill Haley, Little Richard, Fats Domino e Elvis Presley.

Como Frith (1989) observa, não é o que os cantores cantam, mas sim o modo como cantam que é fundamental para a atração que exercem sobre seus ouvintes. Por exemplo, compare os estilos vocais de Elvis Presley, Björk, Margot Timmins (Cowboy Junkies), Johnny Rotten (Sex Pistols) e Mick Jagger.

• *Ver*: **hard rock**; **heavy metal**; **punk**

• *Leitura adicional:* Middleton: 1990; Moore: 1993; Shepherd: 1991.

W

world music; world beat: Apesar de poder ser considerado um **metagênero**, a world music é na realidade uma categoria de *marketing*. A world music tornou-se conhecida no final dos anos de 1980, como um rótulo aplicado à música popular originada fora do contexto anglo-americano. Em 1987, o termo foi lançado por 11 selos independentes britânicos, europeus e americanos especializados na música dos países do Terceiro Mundo para designar uma nova categoria da música popular. Nos Estados Unidos, o termo **world beat** era usado no lugar de world music. É necessário fazer uma distinção entre a world music localizada na indústria fonográfica do mundo ocidental e as "world music definidas como objetos de estudo etnomusicológico" (Mitchell: 1996; p. 118).

O interesse pelos estilos musicais nacionais não ocidentais, o entusiasmo que despertaram e o empréstimo de alguns dos seu elementos por alguns artistas ocidentais, como David Byrne, Peter Gabriel e Paul Simon, favoreceram a world music. No caso de Paul Simon, o uso de formas africanas, particularmente em *Graceland* (Warner Brothers, 1996), provocou litígios (ver **apropriação**). Peter Gabriel também montou e dirige o influente selo Real Life, dedicado à world music. Sweeney (1981) define a categoria fundamentalmente por meio de uma série de exclusões: a world music não faz parte do pop anglo-americano e do **rock** dominante, nem pode ser tida como recriações locais dos mesmos; não é folclore artificialmente preservado; e não é música de raiz norte-americana, como o **country** e o **blues**. Ele considera a world music como uma forma popular, já que é absorvida regularmente pelas pessoas comuns, sendo tocada, dançada e escutada, especialmente por meio do **rádio** e da **fita cassete**. Uma característica adicional é que a world music se autodefine em virtude da programação dos

festivais de música (particularmente, o sucesso do WOMAD: World of Music, Arts, and Dance, estabelecido por Peter Gabriel, em 1982) e do interesse da mídia e do público.

O *marketing* da world music e sua direção construíram a categoria em torno da questão da **identidade** nacional, ainda que isso seja muito tênue, dada a diversidade de estilos de cada país. Desse modo, os estudos a respeito da world music irão incluir, entre outros, a música rai argelina, o juju nigeriano, o zouk caribenho e a bossa nova brasileira. Algumas formas híbridas, como o **bhangra** anglo-indiano, o cajun franco-americano e o zydeco também são incluídos sob essa ampla rubrica.

Talvez mais do que qualquer outra forma da música popular, a world music está aberta ao processo de hibridismo e aculturação musical.

• *Leitura adicional:* Barrett: 1996; Broughton *et alii*: 1994; Frith: 1989, introdução; Guilbault: 1993; Mitchell: 1996; Waterman: 1991.

Fontes adicionais

Além dos livros e ensaios listados a seguir, fiz um amplo uso das publicações especializadas e da Internet. Estas proporcionaram informação generalizada e freqüentemente ampla sobre cenários musicais específicos, gêneros, artistas e as atividades das gravadoras.

Publicações especializadas

- *Billboard*
- *Guitar Player*
- *ICE: The CD News Authority*
- *Melody Maker*
- *MOJO*
- *Music Week*
- *NME*
- *Pavement*
- *Q,*
- *Rip It Up*
- *Rolling Stone* (edições norte-americana e australiana; principalmente a edição anual)
- *VOX*

Além de suas versões impressas, diversas dessas publicações possuem sites na Internet.

Bibliografia

Abbs, P. (1975) *Reclamations: Essays on Culture, Mass-Culture and the Curriculum*. London, Heinemann.

Abrams, N. (1995) "Antonio's B-Boys: Rap, Rappers, and Gramsci's Intellectuals". *Popular Music and Society*, v. 19, n. 4, pp. 1-20.

Adorno, T., com a assistência de G. Simpson (1941) "On Popular Music". Reproduzido em: Frith, S. & Goodwin, A. (orgs.). *On Record: Rock, Pop and the Written Word*. New York, Pantheon Books.

______ (1976) "Perennial Fashions: Jazz". In: *Prisms*. Trad. S. & S. Weber. London, Neville Spearman. (Publicado originalmente em 1955.)

______ (1991) *The Culture Industry: Selected Essays on Mass Culture*. Org. J. Bernstein. London, Routledge.

Agger, B. (1992) *Cultural Studies as Critical Theory*. London, Falmer Press.

Aizlewood, J. (org.). (1994) *Love is the Drug*. London, Penguin.

Anderson, B. (1983) *Imagined Communities*. London, Verso.

Ang, I. (1991) *Desperately Seeking the Audience*. London/New York, Routledge.

Arnett, J. (1996) *Metalheads: Heavy Metal Music and Adolescent Alienation*. Boulder, CO, Westview Press.

Arnold, M. (1869) *Culture and Anarchy* . Cambridge, Cambridge University Press. (Reeditado em 1993.)

Ash, J. & Wilson, E. (1992) *Chic Thrills: A Fashion Reader*. London, HarperCollins.

Aufderheide, P. (1986) "Music Videos: The Look of the Sound". In: Gitlin, T. (org.). *Watching Television*. New York, Pantheon Books.

Baker Jr., H. (1993) *Black Studies, Rap and the Academy*. Chicago, University of Chicago Press.

Bangs, L. (1990) *Psychotic Reactions and Carburetor Dung*. Org. G. Marcus. London, Minerva.

______ (1992a) "The British Invasion". In: DeCurtis, A. & Henke, J. (orgs.). *The Rolling Stone Illustrated History of Rock and Roll*. 3ª ed. New York, Random House, pp. 199-208.

______ (1992b) "Bubblegum". In: DeCurtis, A. & Henke, J. (orgs.). *The Rolling Stone llustrated History of Rock and Roll*. 3ª ed. New York, Random House, pp. 452-4.

______ (1992c) "Heavy Metal". In: DeCurtis, A. & Henke, J. (orgs.). *The Rolling Stone Ilustrated History of Rock and Roll*. 3ª ed. New York, Random House, pp. 459-64.

______ (1992d) "Protopunk: The Garage Bands". In: DeCurtis, A. & Henke, J. (orgs.). *The Rolling Stone Illustrated History of Rock and Roll*. 3ª ed. New York, Random House, pp. 357-61.

Banks, J. (1996) *Monopoly Television: MTV's Quest to Control the Music*. Boulder, CO, Westview Press.

Barlow, W. (1989) *Looking up at Down: The Emergence of Blues Culture*. Philadelphia, Temple University Press.

Barnard, S. (1989) *On the Radio: Music Radio in Britain*. Milton Keynes, Open University Press.

Barnes, K. (1988) "Top 40 Radio: A Fragment of the Imagination". In: Frith, S. (org.). *Facing the Music*. New York, Pantheon Books.

Barnes, R. (1979) *Mods*. London, Eel Pie Publishing.

Barnet, R. J. & Cavanagh, J. (1994) *Global Dreams: Imperial Corporations and the New World Order*. New York, Simon & Schuster.

Barrett, J. (1996) "World Music, Nation and Postcolonialism". *Cultural Studies*, v. 10, n. 2 May, pp. 237-47.

Barrow, T. & Newby, J. (1996) *Inside the Music Business*. London/New York, Routledge.

Baxter-Moore, N. (1996) "Reelin' and Rockin': Genre-bending and Boundary-crossing in the 'East Coast Sound'". Ontario, Dep. of Politics, Brock University. (mimeo.)

Bayton, M. (1990) "How Women Become Musicians". In: Frith, S. & Goodwin, A. (orgs.). *On Record: Rock, Pop, and the Written Word*. New York, Pantheon Books.

Beadle, J. (1993) *Will Pop Eat Itself?: Pop Music in the Soundbite Era*. London, Faber & Faber.

Becker, H. (1997) "The Culture of a Deviant Group: The 'Jazz' Musician". In: Gelder, K. & Thornton, S. (orgs.). *The Subcultures Reader*. London/ New York, Routledge. (Publicado originalmente em 1963.)

Bennett, A. (1997) "'Going Down to the Pub!': The Pub Rock Scene as a Resource for the Consumption of Popular Music". *Popular Music*, v. 16, n. 1, pp. 97-108.

Bennett, H. S. (1990) "The Realities of Practice". In: Frith, S. & Goodwin, A (orgs.). *On Record: Rock, Pop, and the Written Word*. New York, Pantheon Books.

Bennett, T.; Frith, S.; Grossberg, L.; Shepherd, J.; Turner, G. (1993). *Rock and Popular Music: Politics, Policies, Institutions*. London, Routledge.

Berland, J. (1991) "Free Trade and Canadian Music: Level Playing Field or Scorched Earth?". *Cultural Studies*, v. 5, n. 3, pp. 317-25.

______(1993) "Radio Space and Industrial Time: The Case of Radio Formats". In: Bennett, T. *et alii*. (1993) *Rock and Popular Music: Politics, Policies, Institutions*. London, Routledge.

Bertsch, C. (1993) "Making Sense of Seattle". *Bad Subjects*, n. 5; Mar./Apr.

Bishton, D. (1986) *Black Heart Man*. London, Chatto & Windus.

Bjornberg, A. & Stockfelt, O. (1996) "*Kristen Klatvask fra Vejle*: Danish Pub Music, Mythscapes and 'Local Camp'". *Popular Music*, v. 15, n. 2, pp. 131-48.

Blackman, A. (1988) *The Shoestring Pirates*. Auckland, Hauraki Enterprises.

Blake, A. (1992) *The Music Business*. London, Batsford.

Bloom, B. (1987) *The Closing of the American Mind*. New York, Simon & Schuster.

Bloomfield, T. (1993) "Resisting Songs: Negative Dialectics in Pop". *Popular Music*, v. 12, n. 1, pp. 13-31.

Bordo, S. (1993) "'Material Girl': The Effacements of Postmodern Culture'. In: Schwichtenberg, C. (org.). *The Madonna Connection: Representational Politics, Subcultural Identities, and Cultural Theory*. St. Leonards, NSW, Allen & Unwin, pp. 265-90.

Bourdieu, P. (1984) *Distinction: A Social Critique of the Judgement of Taste*. London, Routledge & Kegan Paul.

Boyd, T. (1994) "Check Yo Self, Before You Wreck Yo Self: Variations on a Political Theme in Rap Music and Popular Culture". *Public Culture*, n. 7, pp. 289-312.

Boyd-Barrett, O. & Newbold, C. (1995) *Approaches to Media: A Reader*. London, Arnold/ St. Martin's Press.

Brackett, D. (1995) "The Politics and Musical Practice of Crossover". In: Straw, W. *et alii* (org.). *Popular Music — Style and Identity*. Montreal, Centre for Research on Canadian Cultural Industries and Institutions.

Bradley, D. (1992) *Understanding Rock 'n' Roll: Popular Music in Britain 1955-1964*. Buckingham, Open University Press.

Brady, L. (1994) *Rock Stars/Pop Stars: A Comprehensive Bibliography 1955-1994*. Westport, CT, Greenwood Press.

Brake, M. (1985) *Comparative Youth Culture*. London, Routledge & Kegan Paul.

Brand, G. & Scannell, P. (1991) "Talk, Identity and Performance*: The Tony Blackburn Show*". In: Scannell, P. (org.). *Broadcast Talk*. London, Sage, pp. 201-26.

Brantlinger, P. (1990) *Crusoe's Footprints: Cultural Studies in Britain and America*. London/New York, Routledge.

Breen, M. (1991) "A Stairway to Heaven or a Highway to Hell?: Heavy Metal Rock Music in the 1990s". *Cultural Studies*, v. 5, n. 2 May, pp. 191-203.

______ (1992) "Global Entertainment Corporations and a Nation's Music: The Inquiry into the Prices of Sound Recordings". *Media Information Australia*, n.64 (May), pp. 31-41.

______ (1993) "Making It Visible: The 1990 Public Inquiry into Australian Music Copyrights". In: Frith, S. (org.). *Music and Copyright*. Edinburgh, Edinburgh University Press, cap. 6.

______ (1995) "The End of the World as We Know It: Popular Music's Cultural Mobility". *Cultural Studies*, v. 9, n. 3 (Oct), pp. 486-504.

______ (1996) "The Popular Music Industry in Australia: A Study of Policy Reform and Retreat 1982-1996". Tese de doutorado, Victoria University of Technology, Melbourne.

Brennan, S. (1996) "Student Radio - An Alternative Culture". *SITES*, n. 33, pp. 87-101.

Broughton, S.; Ellingham, M.; Muddyman, D.; Trillo, R. (orgs.) (1994) *World Music: The Rough Guide*. London, The Rough Guides.

Brown, C.T. (1992) *The Art of Rock and Roll*. 3ª ed. Englewood Cliffs, NJ, Prentice-Hall.

Burnett, R. (1990) "From a Whisper to a Scream. Music Video and Cultural Form". In: Roe, K. & Carlsson, V. (orgs.). *Popular Music Research*, Nordicon, University of Goteborg.

______ (1996) *The Global Jukebox: The International Music Industry*. London/New York, Routledge.

Carney, G. (1990) "Geography of Music: Inventory and Prospect". *Journal of Cultural Geography*, v. 10, n. 2, pp. 35-48.

Carr, I.; Fairweather, D.; Priestley, B. (1988) *Jazz: The Essential Companion*. London, Paladin.

Cawelti, J. (1971) "Notes Toward an Aesthetic of Popular Culture". *Journal of Popular Culture*, v. 5, n. 2 (fall), pp. 255-68.

Chambers, I. (1985) *Urban Rhythms: Pop Music and Popular Culture*. London, Macmillan.

______ (1986) *Popular Culture: The Metropolitan Experience*. London, Methuen.

Chapman, R. (1992) *Selling the Sixties: The Pirates and Pop Music Radio*. London & New York, Routledge.

Chapple, S. & Garofalo, R. (1977) *Rock 'n' Roll Is Here to Pay: The History and Politics of the Music Industry*. Chicago, Nelson-Hall.

Charlton, K. (1994) *Rock Music Styles: A History*. 2ª ed. Madison, WI, Brown & Benchmark.

Chester, A. (1970) "Second Thoughts on a Rock Aesthetic: The Band". *New Left Review*, London n. 62, reproduzido em Frith, S. & Goodwin, A. (1990) *On Record: Rock, Pop, and The Written Word*.

Christenson, M. (1995) "Cycles of Symbolic Production? A New Model to Explain Concentration, Diversity and Innovation in the Music Industry". *Popular Music*, v.14, n. 1, pp. 55-93.

Christgau, R. (1982) *Christgau's Guide: Rock Albums of the '70s*. London, Vermillion.

______ (1990) *Christgau's Record Guide: The '80s*. London, Vermillion.

Clarke, D. (org.) (1990) *The Penguin Encyclopedia of Popular Music*. London/New York, Penguin.

Clarke, D. (1995) *The Rise and Fall of Popular Music*. London, Viking/The Penguin Group.

Clarke, J. (1976) "The Skinheads and the Magical Recovery of Community". In: Hall, S. & Jefferson, T. (orgs.). *Resistance Through Rituals: Youth Subcultures in Post-War Britain*. London, Hutchinson/ BCCCS.

Clayson, A. (1995) *Beat Merchants*. London, Blandford.

Cline, C. (1992) "Essays from Bitch: The Women's Rock Newsletter with Bite". In: Lewis, L. A. (org.). *The Adoring Audience: Fan Culture and the Popular Media*. London, Routledge.

Cloonan, M. (1995) "Popular Music and Censorship in Britain: An Overview". *Popular Music and Society*, v.19, n.3 (fall), pp. 75-104.

______ (1996) *Banned! Censorship of Popular Music in Britain: 1967-92*. Aldershot, Arena.

Cohen, Sarah (1991) *Rock Culture in Liverpool: Popular Music in the Making*. Oxford, Clarendon Press.

______ (1993) "Ethnography and Popular Music Studies". *Popular Music*, v. 12, n. 2, pp. 123-38.

______ (1994a) "Identity, Place and the 'Liverpool Sound'". In: Stokes, M. (org.). *Ethnicity, Identity and Music*. Oxford, Berg.

______ (1994b) "Moral Panic, the Media and British Rave Culture". In: Ross, A. & Rose, T. (orgs.). *Microphone Fiends*. London/New York, Routledge.

______ (1995) "Localizing Sound". In: Straw, W. *et alii* (orgs.). *Popular Music Style and Identity*. Montreal, Centre for Research on Canadian Cultural Industries and Institutions.

Cohen, Stanley (1980) *Folk Devils and Moral Panics*. Oxford, Robertson.

Cohn, N. (1970) *Wop Bopa Loo Bop Lup Bam Boom: Pop From the Beginning*. St. Albans, Paladin/Granada.

______ (1992) "Phil Spector". In: DeCurtis, A. & Henke, J. (orgs.). *The Rolling Stone Illustrated History of Rock and Roll*. 3ª ed. New York, Random House, pp. 177-88.

Collins, J. (1993) "The Problem of Copyright: The Case of Ghana". In: Frith, S. (org.). *Music and Copyright*. Edinburgh, Edinburgh University Press, cap. 8.

______ (org.) (1980) *The Rock Primer*. Harmondsworth, Penguin.

Considine, J. D. (1992) "Madonna". In: DeCurtis, A. & Henke, J. (orgs.). *The Rolling Stone Illustrated History of Rock and Roll*. 3ª ed. New York, Random House, pp. 656-62.

Cooper, B. L. (1981) "A Popular Music Perspective: Challenging Sexism in the Social Studies Classroom". *The Social Studies*, n. 71, pp. 1-8.

______ (1992) "A Review Essay and Bibliography of Studies on Rock'n'roll Movies, 1955-1963". *Popular Music and Society*, v. 16, n. 1, pp. 85-92.

______ (1993) "Awarding an 'A' Grade to Heavy Metal: A Review Essay [of Walser, and Weinstein]". *Popular Music and Society*, v. 17, n. 3, pp. 99-101.

Crisell, A. (1994) *Understanding Radio*. 3ª ed. London/New York, Routledge.

Cross, B. (1993) *It's Not About a Salary: Rap, Race and Resistance in Los Angeles*. New York, Verso.

Cunningham, M. (1996) *Good Vibrations: A History of Record Production*. Chessington, Castle Communications.

Cupitt, M.; Ramsay, G.; Shelton, L. (1996) *Music, New Music and All That: Teenage Radio in the 90s*. Sydney, Australian Broadcasting Authority.

Curran, J.; Morley, D.; Walkerdine, V. (orgs.) (1996) *Cultural Studies and Communications*. London/New York, Edward Arnold.

Curtis, J. (1987) *Rock Eras: Interpretations of Music and Society 1954-1984*. Bowling Green, OH, Bowling Green State University Press.

Cusic, D. (1990) *The Sound of Light: A History of Gospel Music*. Bowling Green, OH, Bowling Green State University Press.

______ (1996) *Music in the Market*. Bowling Green, OH, Bowling Green State University Press.

Cutler, C. (1985) *File under Popular*. London, November Books. *Dancing in the Street*. Seriado da BBC em dez capítulos sobre a história do rock.

Dannen, F. (1991) *Hit Men: Power Brokers and Fast Money Inside the Music Business*. New York, Vintage Books.

Davis, S. (1992) *Reggae Bloodlines: In Search of the Music and Culture of Jamaica*. New York, Da Capo Press.

DeCurtis, A. (org.) (1991) "Rock and Roll Culture". *South Atlantic Quarterly*, v. 90, n. 4.

______ (1992) "Bruce Springsteen". In: DeCurtis, A. & Henke, J. (orgs.). *The Rolling Stone Illustrated History of Rock and Roll*. 3ª ed. New York, Random House, pp. 619-25.

______ & Henke, J. (orgs.) (1992a) *The Rolling Stone Illustrated History of Rock and Roll: The Definitive History of the Most Important Artists and Their Music*. (3ª ed.) New York, Random House.

DeCurtis, A. & Henke, J. (orgs.) (1992b) *The Rolling Stone Album Guide: Completely New Reviews*. New York, Random House.

Denisoff, R. S. (1986) *Tarnished Gold: The Record Industry Revisited*. New Brunswick, NJ, Transaction.

Denselow, R. (1990) *When The Music's Over: The Story of Political Pop*. London, Faber & Faber.

DeRogatis, J. (1996) *Kaleidoscope yes: Psychedelic Rock from the '60s to the '90s*. NJ, Citadel Press/Carol Publishing.

Dixon, W. & Snowden, D. (1989) *I Am the Blues: The Willie Dixon Story*. London, Quartet Books.

Dorland, M. (org.) (1996) *The Cultural Industries in Canada: Problems, Policies and Prospects*. Toronto, James Lorimer & Company.

Downing, D. (1976) *Future Rock*. St. Albans, Panther.

Draper, R. (1990) *Rolling Stone Magazine: The Uncensored History*. New York, Doubleday.

Du Gay, P. & Negus, K. (1994) "The Changing Sites of Sound: Music Retailing and the Composition of Consumers". *Media, Culture and Society*, v. 16, n. 3, pp. 395-413.

Dunbar-Hall, P. & Hodge, G. (1993) *A Guide to Rock 'n' Pop*. 2ª ed. Marrickville, NSW,

Science Press.
Dychtwald, K. (1989) *Age Wave*. Los Angeles, Tarcher.
Dyer, R. (1990) "In Defence of Disco". In: Frith, S. & Goodwin, A. (orgs.). *On Record: Rock, Pop, and the Written Word*. New York, Pantheon Books.
Eddy, C. (1992) "The Metal Explosion". In: DeCurtis, A. & Henke, J. (orgs.). *The Rolling Stone Illustrated History of Rock and Roll*. 3ª ed. New York, Random House, pp. 465-73.
Eisenberg, E. (1988) *The Recording Angel: Music, Records and Culture From Aristotle to Zappa*. London, Pan Books.
Eliot, M. (1989) *Rockonomics: The Money Behind the Music*. New York/Toronto, Franklin Watts.
Endres, T. G. (1993) "A Dramatic Analysis of Family Themes in the Top 100 Country Songs of 1992". *Popular Music and Society*, v. 17, n. 4, pp. 29-46.
Ennis, P. H. (1992) *The Seventh Stream: The Emergence of Rock 'n' Roll in American Popular Music*. Hanover/London, Wesleyan University Press.
Erlewine, M.; Bogdanov, V.; Woodstra, C. (orgs.) (1995) *All Music Guide to Rock* [AMG]. San Francisco, Miller Freeman.
Evans, L. (1994) *Women, Sex and Rock 'n' Roll: In Their Own Words*. London, Pandora/ HarperCollins.
Ewen, S. (1988) *All Consuming Images: The Politics of Style in Contemporary Culture*. New York, Basic Books.
Eyerman, R. & Jamison, A. (1995) "Social Movements and Cultural Transformation: Popular Music in the 1960s". *Media, Culture and Society*, n. 7, pp. 449-68.
Fairchild, C. (1995) "'Alternative' Music and the Politics of Cultural Autonomy: The Case of Fugazi and the D.C. Scene". *Popular Music and Society*, v. 19, n. 1, pp. 17-36.
Featherstone, M. (1987) "Lifestyle and Consumer Culture". *Theory, Culture and Society*, n.4, pp. 55-70.
Felder, R. (1993) *Manic, Pop, Thrill*. Hopewell, NJ, Eco Press.
Fenster, M. (1995) "Two Stories: Where Exactly Is the Local?". In: Straw, W. *et alii* (orgs.). *Popular Music — Style and Identity*. Montreal, Centre for Research on Canadian Cultural Industries and Institutions.
Fink, M. (1989) *Inside the Music Business: Music in Contemporary Life*. New York, Schirmer/Macmillan.
Finnegan, R. (1989) *The Hidden Musicians: Music-Making in an English Town*. Cambridge, Cambridge University Press.
Fiske, J. (1989) *Understanding Popular Culture*. Boston, Unwin Hyman.
Fong-Torres, B. (1991) *Hickory Wind: The Life and Times of Gram Parsons*. New York, Pocket Books.
Fordham, J. (1991) *Jazz on CD: The Essential Guide*. London, Kyle Cathie.
Fornas, J.; Lindberg, U.; Sernhelde, O. (1995) *In Garageland: Rock, Youth and Modernity*. London, Routledge.
Fox, A. (1988) *Rock and Pop: Phillips Collectors Guides*. London, Boxtree.
Friedlander, P. (1996) *Rock and Roll: A Social History*. Boulder, CO, Westview Press.
Friedman, T. (1993) "Milli Vanilli and the Scapegoating of the Inauthentic". *Bad Subjects*, n. 9.
Frith, S. (1978) *The Sociology of Rock*. London, Constable.
______ (1983) *Sound Effects: Youth, Leisure and the Politics of Rock'n'Roll*. London, Constable.
______ (1987) "Towards an Aesthetic of Popular Music". In: Leppert, R. & McClary, S.

(orgs.). *Music and Society*. Cambridge, Cambridge University Press, pp. 133-49.

______ (org.) (1988a) *Facing the Music*. New York, Pantheon Books.

______ (1988b) *Music for Pleasure: Essays in the Sociology of Pop*. Cambridge, Polity Press.

______ (1988c) "Video Pop: Picking up the Pieces". In: ______ (org.). *Facing the Music*. New York, Pantheon Books, pp. 88-130.

______ (org.) (1989) *World Music, Politics and Social Change*. Manchester, Manchester University Press.

______ (org.) (1993) *Music and Copyright*. Edinburgh, Edinburgh University Press.

______ (1996) *Performing Rites: On the Value of Popular Music*. Cambridge, MA, Harvard University Press.

______ & Goodwin, A. (orgs.) (1990) *On Record: Rock, Pop, and the Written Word*. New York, Pantheon Books; London, Routledge.

______ & Horne, H. (1987) *Art Into Pop*. London, Methuen.

______ & McRobbie, A. (1990) "Rock and Sexuality". In: ______ & Goodwin, A. (orgs.). *On Record: Rock, Pop, and the Written Word*. New York, Pantheon Books, pp. 371-89 (publicado originalmente em 1978.)

______ & Street, J. (1992) "Rock against Racism and Red Wedge". In: Garofalo, R. (org.). *Rockin' the Boat: Mass Music and Mass Movements*. Boston, South End Press.

Gaar, G. (1992) *She's a Rebel: The History of Women in Rock and Roll*. Seattle, Seal Press.

Gaines, D. (1991) *Teenage Wasteland: Suburbia's Dead End Kids*. New York, HarperCollins.

Gaines, J. (1993) "Bette Midler and the Piracy of Identity". In: Frith, S. (org.). *Music and Copyright*. Edinburgh, Edinburgh University Press, cap.5.

Gambaccini, P.; Rice, T.; Rice, J. (1987) *The Guinness Book of British Hit Singles: Every Hit Single Since 1952*. 6ª ed. Enfield, Guinness Superlatives, 10ª ed. 1995.

Gamman, L. & Marshment, M. (1988) *The Female Gaze: Women as Viewers of Popular Culture*. London, The Women's Press.

Gammond, P. (org.) (1991) *The Oxford Companion to Popular Music*. Oxford, Oxford University Press.

Garnham, N. (1987) "Concepts of Culture: Public Policy and the Cultural Industries". *Cultural Studies*, v. 1, n. 1 (Jan.), pp. 23-37.

______ (1990) *Capitalism and Communication: Global Culture and the Economics of Communication*. London, Sage.

Garofalo, R. (1992a) "Understanding Mega-Events". In: ______ (org.). *Rockin' the Boat: Mass Music and Mass Movements*. Boston, South End Press.

______ (org.) (1992b) *Rockin' the Boat: Mass Music and Mass Movements*. Boston, South End Press.

______ (1994) "Culture versus Commerce: The Marketing of Black Popular Music". *Public Culture*, n. 7, pp. 275-87.

______ (1997) *Rockin' Out: Popular Music in the USA*. Needham Heights, MA, Allyn & Bacon.

Garon, P. (1975) *Blues and the Poetic Spirit*. London, Eddison.

Gass, G. (1991) "Why Don't We Do It in the Classroom?". In: DeCurtis, A. (org.). "Rock and Roll Culture". *South Atlantic Quarterly*, v. 90, n. 4.

Gatten, J. (1995) *Rock Music Scholarship: An Interdisciplinary Bibliography*. Westport, CT, Greenwood Press.

Gelatt, R. (1977) *The Fabulous Phonograph, 1877-1977*. New York, Macmillan.
Gelder, K. & Thornton, S. (orgs.) (1997) *The Subcultures Reader*. London/ New York, Routledge.
Gendron, B. (1986) "Theodor Adorno Meets the Cadillacs". In: Modleski, T. (org.). *Studies in Entertainment*. Bloomington, Indiana University Press, pp. 18-36.
George, N. (1985) *Where Did Our Love Go?* New York, St Martin's Press.
______ (1989) *The Death of Rhythm & Blues*. New York, Pantheon Books.
Geyrhalter, T. (1996) "Effeminacy, Camp and Sexual Subversion in Rock: The Cure and Suede". *Popular Music*, v. 15, n. 2, pp. 217-24.
Gill, R. (1996) "Ideology, Gender and Popular Radio: A Discourse Analytic Approach". In: Baehr, H. & Gray, A. (orgs.). *Turning It On: A Reader in Women and Media*. London, Arnold.
Gillet, C. (1983) *The Sound of the City: The Rise of Rock and Roll*. (Ed. rev.) London, Souvenir Press.
Gilmore, M. (1990) "The Season of the Witch Hunt". In: Cresswell, T. (org.). *Rolling Stone: 1990 Yearbook*. Surrey Hills, NSW, Rolling Stone Australia.
Gilroy, P. (1993) *The Black Atlantic: Modernity and Double Consciousness*. Cambridge, MA, Harvard University Press.
______ (1997) "Diaspora, Utopia, and the Critique of Capitalism". In: Gelder, K. & Thornton, S. (orgs.). *The Subcultures Reader*. London/ New York, Routledge.
Goertzel, B. (1991) "Review Essay. The Rock Guitar Solo: From Expression to Simulation". *Popular Music and Society*, v. 15, n. 1, pp. 91-101.
Golding, P. & Murdoch, G. (1991) "Culture, Communications and Political Economy". In: Curran, J. & Gurevitch, M. (orgs.). *Mass Media and Communications*. London, Edward Arnold, pp. 15-32.
Goode, E. & Ben-Yehuda, N. (1994) *Moral Panics: The Social Construction of Deviance*. Oxford & Cambridge, MA, Blackwell.
Goodwin, A. (1987) "Music Video in the (Post) Modern World". *Screen*, v. 28, n. 3, pp. 36-55.
______ (1990) "Sample and Hold: Pop Music in the Digital Age of Reproduction". In: ______ & (orgs.).
On Record: Rock, Pop, and the Written Word. New York, Pantheon Books, pp. 258-74.
______ (1991) "Popular Music and Postmodern Theory". *Cultural Studies*, v. 5, n. 2 May, pp. 174-90.
______ (1993) *Dancing in the Distraction Factory: Music Television and Popular Culture*. Oxford, Minn., University of Minnesota Press.
Gracyk, T. (1996) *Rhythm and Noise: An Aesthetics of Rock*. Durham/London, Duke University Press.
Grant, B. (1986) "The Classic Hollywood Musical and the 'Problem' of Rock 'n' Roll". *Journal of Popular Film and Television*, v. 13, n. 4 (winter), pp. 195-205.
Grenier, L. (1993) "Policing French-Language Music on Canadian Radio". In: Bennett, T. *et alii. Rock and Popular Music*, pp. 119-41.
Gribin, A. J. & Schiff, M. (1992) *Doo-Wop: The Forgotten Third of Rock 'n' Roll*. Iola, WI, Krause Publications. (Inclui uma vasta discografia.)
Groce, S. B. (1991) "On the Outside Looking in: Professional Socialization and the Process of Becoming a Songwriter". *Popular Music and Society*, v. 15, n. 1.
Grossberg, L. (1986) "Teaching the Popular". In: Nelson, C. (org.). *Theory in the Classroom*. Urbana, IL, University of Illinois Press.

______ (1992) *We Gotta Get Out of This Place: Popular Conservatism and Postmodern Culture.* New York, Routledge.
Grossberg, L.; Nelson, C.; Treichler, P. (orgs.) (1992) *Cultural Studies.* London/New York, Routledge.
Guilbault, J. (1993) *Zouk: World Music in the West Indies.* Chicago, University of Chicago Press.
Guralnick, P. (1989) *Feel like Going Home.* London, Omnibus Press.
______ (1991) *Sweet Soul Music: Rhythm and Blues and the Southern Dream of Freedom.* London, Penguin.
______ (1992) "Rockabilly". In: DeCurtis, A. & Henke, J. (orgs.). *The Rolling Stone Illustrated History of Rock and Roll.* 3ª ed. New York, Random House, pp. 67-72.
Gurevitch, M.; Bennett, T.; Curran, J.; Wollacott, J. (orgs.) (1982) *Culture, Society and the Media.* London, Methuen.
Gurley, T. & Pfefferle, W. (1996) *Plug in: The Guide to Music on the Net.* Englewood Cliffs, NJ, Prentice-Hall.
Haggerty, G. (1995) *A Guide to Popular Music Reference Books: An Annotated Bibliography.* Westport, CT, Greenwood Press.
Hakanen, E. & Wells, A. (1993) "Music Preference and Taste Cultures among Adolescents". *Popular Music and Society,* v. 17, n. 1, pp. 55-69.
Halfacree, K. & Kitchin, R. (1996) "'Madchester Rave On': Placing the Fragments of Popular Music". *Area,* v. 28, n. 1, pp. 47-55.
Hall, D. (1994) "New Age Music: A Voice of Liminality in Postmodernism Popular Culture". *Popular Music and Society,* v. 18, n. 2, pp. 13-21.
Hall, S. (1993) "Minimal Selves". In: Gray, A. & McGuigan, J. (orgs.). *Studying Culture.* London, Edward Arnold, pp. 134-8.
Hall, S. & Jefferson, T. (orgs.) (1976) *Resistance through Rituals: Youth Subcultures in Post-War Britain.* London, Hutchinson/BCCCS.
Hall, S. & Whannel, P. (1964) *The Popular Arts.* London, Hutchinson.
Hall, S.; Critcher, C.; Jefferson, T.; Clarke, J.; Roberts, R. (1978) *Policing the Crisis.* London, Macmillan.
Hansen, Barry (1992a) "Doo-Wop". In: DeCurtis, A. & Henke, J. (orgs.). *The Rolling Stone Illustrated History of Rock and Roll.* 3ª ed. New York, Random House, pp. 92-101.
______ (1992b) "Rhythm and Blues". In: DeCurtis, A. & Henke, J. (orgs.). *The Rolling Stone Illustrated History of Rock and Roll.* 3ª ed. New York, Random House, pp. 17-20.
Hardy, P. & Laing, D. (orgs.) (1990) *The Faber Companion to Twentieth Century of Popular Music.* London, Faber & Faber.
Harker, D. (1980) *One for the Money: Politics and Popular Song.* London, Hutchinson.
Harley, R. (1993) "Beat in the System". In: Bennett, T.; Frith, S.; Grossberg, L.; Shepherd, J.; Turner, G. (orgs.) *Rock and Popular Music Politics, Policies, Institutions.* London, Routledge.
Harron, M. (1988) "Pop as a Commodity". In: Frith, S. (org.). *Facing the Music.* New York, Pantheon Books, pp. 173-220.
Hatch, D. & Millward, S. (1987) *From Blues to Rock: An Analytical History of Rock Music.* Manchester, Manchester University Press.
______ (1995) "Enterprise on the New Frontier: Music, Industry and the Internet". *Convergence,* v. 1, n. 2.
Hayward, P.; Mitchell, T.; Shuker, R. (orgs.) (1994) *North Meets South: Popular Music*

in Aotearoa/New Zealand. Sydney, Perfect Beat Publications.

Hayward, P. & Orrock, G. (1995) "Window of Opportunity: CD-ROMs, The International Music Industry and Early Australian Initiatives". *Convergence*, v. 1, n. 1, pp. 61-79.

Hayward, S. (1996) *Key Concepts in Cinema Studies.* London/New York, Routledge.

Hebdige, D. (1979) *Subculture: The Meaning of Style.* London, Methuen.

______ (1988) *Hiding in the Light: On Images and Things.* London, Comedia/Routledge.

______ (1990) *Cut 'n' Mix: Culture, Identity, and Caribbean Music.* London, Comedia/Routledge.

Henderson, L. (1993) "Justify Our Love: Madonna and the Politics of Queer Sex". In: Schwichtenberg, C. (org.). *The Madonna Connection: Representational Politics, Subcultural Identities, and Cultural Theory.* St. Leonards, NSW, Allen & Unwin, pp. 107-28.

Herman, G. & Hoare, I. (1979) "The Struggle for Song: A Reply to Leon Rosselson". In: Gardner, C. (org.). *Media, Politics and Culture.* London, Macmillan.

Herzhaft, G. (1992) *Encyclopedia of the Blues.* Fayetteville, University of Arkansas Press.

Hesmondhalgh, D. (1996a) "Is This What You Call Change? PostFordism, Fleidbility and the Music Industries". *Media, Culture and Society,* n. 18.

______ (1996b) "Rethinking Popular Music After Rock and Soul". In: Curran, J.; Morley, D.; Walkerdine, V. (orgs.). *Cultural Studies and Communications.* London/New York, Arnold.

Heylin, C. (org.) (1992) *The Penguin Book of Rock and Roll Writing.* London, Penguin.

______ (1993) *From the Velvets to the Voidoids: A Pre-Punk History for a PostPunk World.* London, Penguin.

______ (1995) *Bootleg: The Secret History of the Other Recording History.* New York, St. Martin's Press.

.Hill, D. (1986) *Designer Boys and Material Girls: Manufacturing the 80's Pop Dream.* London, Blandford Press.

Hill, T. (1991) "The Enemy Within: Censorship in Rock Music in 1950's". In: DeCurtis, A. (org.). "Rock and Roll Culture". *South Atlantic Quaterly*, v. 90, n. 4.

Hirshey, G. (1985) *Nowhere to Run: The History of Soul Music.* New York, Penguin.

Hoggart, R. (1957) *The Uses of Literacy.* Harmondsworth, Penguin.

Horowitz, D. (1993) "The Perils of Commodity Fetishism: Tin Pan Alley's Portrait of the Romantic Marketplace, 1920-1942". *Popular Music and Society*, v. 17, n.1, pp. 37-53.

Houghton, M. (1980) "British Beat". In: Collins, J. (org.). *The Rock Primer.* Harmondsworth, Penguin, pp. 149-78.

Hudson, R. (1995) "Making Music Work? Alternative Regeneration Strategies in a Deindustrialised Locality: The Case of Derwentside". *Transactions, Institute of British Geographers* (New Series), v. 20, n. 4, pp. 460-73.

IFPI (1990) *World Record Sales 1969-1990: A Statistical History of the Recording Industry.* Org. e comp. M. Hung & E. G. Morencos. London, International Federations of the Phonographic Industry.

Jameson, F. (1984) "Postmodernism, or the Cultural Logic of Late Capitalism". *New Left Review*, n. 146 (July/Aug.), pp. 53-93.

Jenkins, H. (1997) "Television Fans, Poachers, Nomads". In: Gelder, K. & Thornton, S. (orgs.). *The Subculture Reader.* London/New York, Routledge.

Jipson, A. (1994) "Why Athens?". *Popular Music and Society*, v. 18, n. 3, pp. 19-31.

Jones, Simon (1988) *Black Culture, White Youth: The Reggae Tradition from JA to UK.* London, Macmillan.

______ & Schumacher, T. (1992) "Muzak: On Functional Music and Power". *Critical Studies in Mass Communications*, n. 9, pp. 156-69.

Jones, Steve (1992) *Rock Formation: Music, Technology, and Mass Communication.* Newbury Park, CA, Sage.

______ (1993) "Music and Copyright in the USA". In: Frith, S. (org.). *Music and Copyright.* Edinburgh, Edinburgh University Press, cap. 4.

______ (1995a) "'Recasting Popular Music Studies' Conceptions of the Authentic and the Local in Light of Bell's Theorem". In: Straw, W. *et alii* (orgs.). *Popular Music - Style and Identity.* Montreal, Centre for Research on Canadian Cultural Industries and Institutions.

______ (1995b) "Covering Cobain: Narrative Patterns in Journalism and Rock Criticism". *Popular Music and Society*, v. 19, n. 2, pp. 103-18.

Kaplan, E. A. (1987) *Rocking Around the Clock: Music Television, Postmodernism, and Consumer Culture.* New York, Methuen.

Kaufman, G. (1997) "Steering Sub Pop into the Future". *Addicted to Noise*, n. 3.02 Feb.

Kealy, E. (1979) "From Craft to Art: The Case of Sound Mixers and Popular Music". In: Frith, S. & Goodwin, A. (orgs.). *On Record*, pp. 207-20.

Keil, C. (1966) *Urban Blues.* Chicago, University of Chicago Press.

______ & Feld, S. (1994) *Music Grooves.* Chicago/London, University of Chicago Press.

Kennedy, D. (1990) "Frankenchrist versus the State: The New Right, Rock Music and the Case of Jello Biafra". *Journal of Popular Culture*, v. 24, n. 1, pp. 131-48.

Kirschner, T. (1994) "The Lalapalooziation of American Youth". *Popular Music and Society*, v. 18, n. 1, pp. 69-89.

Kocandrle, M. (1988) *The History of Rock and Roll: A Selective Discography.* Boston, G. K. Hall.

Kong, L. (1995) "Popular Music in Singapore: Exploring Local Culture, Global Resources, and Regional Identities". *Environment and Planning D: Society and Space*, v. 14, n. 3 June, pp. 273-92.

Kotarba, J. A. (1994) "The Postmodernization of Rock and Roll Music: The Case of Metallica". In: Epstein, J. S. (org.). *Adolescents and Their Music: If It's Too Loud, You're Too Old.* New York/London, Garland Publishing.

Kruse, H. (1993) "Subcultural Identity in Alternative Music Culture". *Popular Music*, v. 12, n. 1, pp. 33-41.

Laing, D. (1986) "The Music Industry and the 'Cultural Imperialism' Thesis". *Media, Culture and Society*, n. 8, pp. 331-41.

______ (1988) "The Grain of Punk: An Analysis of the Lyrics". In: McRobbie, A. (Org.). *Zoot Suits and Second Hand Dresses: An Anthology of Fashion and Music.* Boston, Unwin & Hyman, pp. 74-101.

______ (1990) "Record sales in the 1980s". *Popular Music*, v. 9, n. 2.

Larkin, C. (org.) (1995) *The Guinness Who's Who of Indie New Wave.* 2ª ed.) London, Guinness.

______ (org.) (1993) *The Guinness Encyclopedia of Popular Music.* (Ed. res.) London, Guinness.

Lealand, G. (1988) *A Foreign Egg in Our Nest? American Popular Culture in New Zealand.* Wellington, Victoria University Press.

Lee, S. (1995) "An Examination of Industrial Practice: The Case of Wax Trax! Records". In: Straw, W. *et alii* (orgs.). *Popular Music — Style and Identity.* Montreal, Centre for Research on Canadian Cultural Industries and Institutions.

Lewis, G. H. (org.) (1993) *All that Glitters: Country Music in America.* Bowling Green,

OH, Bowling Green State University Press.
Lewis, L. A. (1990a) "Consumer Girl Culture: How Music Video Appeals to Girls". In: Brown, M. E. (org.). *Television and Women's Culture*. London, Sage.
______ (1990b) *Gender Politics and MTV— Voicing the Difference*. Philadelphia, Temple University Press.
______ (Org.) (1992) *The Adoring Audience: Fan Culture and the Popular Media*. London, Routledge.
Leyser, B. (1994) *Rock Stars/Pop Stars: A Comprehensive Bibliography 1955-1994*. Westport, CT, Greenwood Press.
Light, A. (1991) "About a Salary or a Reality? Rap's Recurrent Conflict". In: DeCurtis, A. (org.). "Rock and Roll Culture". *South Atlantic Quarterly*, v. 90, n. 4.
Lipsitz, G. (1994) *Dangerous Crossroads: Popular Music, Postmodernism and the Poetics of Place*. London/New York, Verso.
Longhurst, B. (1995) *Popular Music and Society*. Cambridge, Polity Press.
Lopes, Paul (1992) "Aspects of Production and Consumption in the Music Industry, 1967-1990". *American Sociological Review*, v. 57, n. 1, pp. 46-71.
Lull, J. (org.) (1992) *Popular Music and Communication*. 2ª ed. Newbury Park, CA, Sage.
McAleer, Dave (1994) *BEATBOOM! Pop Goes the Sixties*. London, Hamlyn.
McClary, S. (1991) *Feminine Endings: Music, Gender, and Sexuality*. Oxford, Minn., University of Minnesota Press.
______ & Walser, R. (1990) "Start Making Sense! Musicology Wrestles with Rock". In: Frith, S. & Goodwin, A. (orgs.). *On Record: Rock, Pop, and the Written Word*. New York, Pantheon Books, pp. 277-92.
McDonnell, Judith (1992) "Rap Music: Its Role as an Agent of Change". *Popular Music and Society*, v. 16, n. 3 (fall), pp. 89-108.
McEwen, J. (1992) "Funk". In: DeCurfis, A. & Henke, J. (orgs.). *The Rolling Stone Illustrated History of Rock and Roll*. 3ª ed. New York, Random House. (Inclui discografia.)
McLeay, C. (1994) "The 'Dunedin Sound' - New Zealand Rock and Cultural Geography". *Perfect Beat*, v. 2, n. 1 July, 38-50.
McNeil, L. & McCain, G. (1996) *Please Kill Me: The Uncensored Oral History of Punk*. New York, Grave Press.
McRobbie, A. (org.) (1988) *Zoot Suits and Second Hand Dresses: An Anthology of Fashion and Music*. Boston, Unwin & Hyman.
______ (1991) *Feminism and Youth Culture: From 'Jackie' to 'Just Seventeen'*. Basingstoke, Macmillan.
______ & Garber, J. (1976) "Girls and Subcultures: An Exploration". In: Hall, S. & Jefferson, T. (orgs.). *Resistance through Rituals: Youth Subcultures in Post-War Britain*. London, Hutchinson/ BCCCS.
Malone, B. C. (1985) *Country Music USA*. Austin, University of Texas Press.
Manuel, P. (1995) "Music as Symbol, Music as Simulacrum: Postmodern, Premodern, and Modern Aesthetics in Subcultural Popular Musics". *Popular Music*, v. 14, n. 2, p. 227.
Marcus, G. (1989) *Lipstick Traces: A Secret History of the Twentieth Century*. Cambridge, MA, Harvard University Press.
______ (1991a) *Dead Elvis: A Chronicle of a Cultural Obsession*. New York, Penguin.
______ (1991b) *Mystery Train*. 4ª ed. New York, Penguin (publicado originalmente em 1977.)
______ (1992) "Anarchy in the UK". In: DeCurtis, A. & Henke, J. (orgs.). *The Rolling*

Stone Illustrated History of Rock and Roll. 3ª ed. New York, Random House, pp. 594-608.

Marsh, D. (1983) *Before I Get Old: The Story of The Who.* New York, St. Martin's Press.

______ (1987) *Glory Days: A Biography of Bruce Springsteen.* New York, Pantheon Books.

______ (1989) *The Heart of Rock and Soul: The 1001 Greatest Singles Ever Made.* New York, Plume/Penguin.

______ (1992) "The Who". In: DeCurtis, A. & Henke, J. (orgs.). *The Rolling Stone Illustrated History of Rock and Roll.* 3ª ed. New York, Random House, pp. 395-406.

Martin, C. (1993) "Traditional Criticism of Popular Music and the Making of a Lip-synching scandal". *Popular Music and Society,* v. 17, n. 4, pp. 63-81.

Mellers, W. (1974) *Twilight of the Gods: The Beatles in Retrospect.* London, Faber & Faber.

______ (1986) *Angels of the Night: Popular Female Singers of Our Time.* Oxford, Blackwell.

Melley, G. (1970) *Revolt into Style.* London, Penguin.

Mercer, K. (1988) "Monster Metaphors: Notes on Michael Jackson's Thriller". In: McRobbie, A. (org.). *Zoot Suits and Second Hand Dresses: An Anthology of Fashion and Music.* Boston, Unwin & Hyman.

Meyer, D. C. (1995) "The Real Cooking is Done in the Studio: Toward a Context for Rock Criticism". *Popular Music and Society,* v. 19, n. 1 (spring), pp. 1-15.

Middleton, R. (1990) *Studying Popular Music.* Milton Keynes, Open University Press.

Millard, A. J. (1995) *America on Record: A History of Recorded Sound.* Cambridge, Cambridge University Press.

Miller, J. (1992) "The Beach Boys". In: DeCurtis, A. & Henke, J. (orgs.). *The Rolling Stone Illustrated History of Rock and Roll.* 3ª ed. New York, Random House, pp. 192-8.

Milner, A. (1991) *Contemporary Cultural Theory: An Introduction.* Sydney, Allen & Unwin.

Mitchell, T. (1996) *Popular Music and Local Identity.* London/New York, Leicester University Press.

______ (1997) "New Zealand on the Internet: A Study of the NZPOP Mailing List". *Perfect Beat,* v. 3, n. 2, pp. 77-95.

Mitsui, T. (1993) "Copyright in Japan: A Forced Grafting and the Consequences". In: Frith, S. (org.). *Music and Copyright.* Edinburgh, Edinburgh University Press, cap. 7.

Montgomery, M. (1986) "Dj Talk". *Media, Culture and Society,* v. 8, n. 4 (Oct.), pp. 421-41.

Moore, A. F. (1993) *Rock: The Primary Text— Developing a Musicology of Rock.* Buckingham, PA, Open University Press.

Morley, D. (1992) *Television, Audiences, and Cultural Studies.* London, Routledge.

Morthland, J. (1992a) "The Payola Scandal". In: DeCurtis, A. & Henke, J. (orgs.). *The Rolling Stone Illustrated History of Rock and Roll.* 3ª ed. New York, Random House, pp. 121-3.

______ (1992b) "The Rise of Top 40 AM". In: DeCurtis, A. & Henke, J. (orgs.). *The Rolling Stone Illustrated History of Rock and Roll.* 3ª ed. New York, Random House, pp. 102-6.

______ (1992c) "Rock Festivals". In: DeCurtis, A. & Henke, J. (orgs.). *The Rolling Stone Illustrated History of Rock and Roll.* 3ª ed. New York, Random House, pp. 174-9.

Mungham, G. (1976) "Youth in Pursuit of Itself". In: Mungham, G. & Pearson, G. (orgs.). *Working Class Youth Culture*. London, Routledge & Kegan Paul.

Murdoch, G. & Phelps, G. (1973) *Mass Media and the Secondary School*. London, Schools Council/Macmillan.

Murray, C. S. (1989) *Crosstown Traffic: Jimi Hendrix and Post-War Pop*. London, Faber & Faber.

______ (1991) *Shots From the Hip*. London, Penguin.

Music Central 96. CD-ROM, Microsoft.

Myers, H. (org.) (1992) *Ethnomusicology: An Introduction*. London, Macmillan.

Negus, K. (1992) *Producing Pop: Culture and Conflict in the Popular Music Industry*. London, Edward Arnold.

______ (1996) *Popular Music in Theory*. Cambridge, Polity Press.

Nelson, P. (1992) "Folk Rock". In: DeCurtis, A. & Henke, J. (orgs.). *The Rolling Stone Illustrated History of Rock and Roll*. 3ª ed. New York, Random House, pp. 313-18.

Neuenfeldt, K. (org.) (1997) *The Didjeridu: From Arnham Land to Internet*. London & Sydney, John Libby/Perfect Beat Publications.

Nicholson, G. (1991) *Big Noises: Rock Guitar in the 1990s*. London, Quartet.

Norman, P. (1981) *SHOUT!: The Beatles in Their Generation*. New York, Simon & Schuster.

Nuttal, J. (1968) *Bomb Culture*. London, MacGibbon & Kee.

O'Brien, K. (1995) *Hymn to Her: Women Musicians Talk*. London, Virago Press.

O'Brien, L. (1995) *She Bop: The Definitive History of Women in Rock, Pop and Soul*. London, Penguin.

O'Sullivan, T.; Hartley, J.; Saunders, D.; Montgomery, M.; Fiske, J. (1994) *Key Concepts in Communications*. London, Routledge.

Oliver, P. (org.) (1990) *Black Music in Britain*. Buckingham, Open University Press.

Owens, T. (1995) *Bebop: The Music and its Players*. New York/Oxford, Oxford University Press.

Paddison, M. (1993) *Adorno's Aesthetics of Music*. Cambridge, Cambridge University Press.

Padilla, F. (1990) "Salsa: Puerto Rican and Latin American Music". *Journal of Popular Culture*, n. 24, pp. 87-104.

Palmer, Robert (1995) *Rock & Roll: An Unruly History*. New York, Harmony Books. (Acompanha a série em dez capítulos da PBS/BBC sobre a história do rock, *Dancing in the Street*.)

Palmer, T. (1970) *Born Under a Bad Sign*. London, William Kimber.

Parker, M. (1991) "Reading the Charts — Making Sense of the Hit Parade". *Popular Music*, v. 10, n. 2, pp. 205-17.

Pearsall, R. (1975) *Edwardian Popular Music*. Newton Abbot, David & Charles.

______ (1976) *Popular Music of the Twenties*. Newton Abbot, David & Charles.

Pease, E. & Dennis, E. (orgs.) (1995) *Radio— The Forgotten Medium*. New Brunswick & London, Transaction Publishers.

Perry, S. (1988) "The Politics of Crossover". In: Frith, S. (org.) *Facing the Music*. New York, Pantheon Books, pp. 51-87.

______ (1992) "The Sound of San Francisco". In: DeCurtis, A. & Henke, J. (orgs.). *The Rolling Stone Illustrated History of Rock*. 3ª ed. New York, Randon House, pp. 362-9.

Peterson, R. A. (1990) "Why 1955? Explaining the Advent of Rock Music". *Popular Music*, v. 7, n. 1, pp. 97-116.

______ & Berger, D. G. (1975) "Cycles in Symbolic Production: The Case of Popular

Music". *American Sociological Review*, n. 40; reproduzido em: Frith, S. & Goodwin, A. (orgs.). *On Record: Rock, Pop and the Writen Word.* New York, Pantheon Books, pp. 140-59.

Pichaske, D. (1989) *A Generation in Motion: Popular Music and Culture in the Sixties.* Granite Falls, Minn., Ellis Press (Publicado originalmente em 1979).

Pickering, M. (1986) "The Dogma of Authenticity in the Experience of Popular Music". In: McGregor, G. & White, R. S. (orgs.). *The Art of Listening.* London, Croom Helm, pp. 201-20.

______ & Green, T. (orgs.) (1987) *Everyday Culture: Popular Songs and the Vernacular Milieu.* Milton Keynes, Open University Press.

Plasketes, G. (1992) "Romancing the Record: The Vinyl De-Evolution and Subcultural Evolution". *Journal of Popular Culture*, v. 26, n. 1, pp. 109-22.

Potter, J. & Wetherell, M. (1987) *Discourse and Social Psychology: Beyond Attitudes and Behavior.* London, Sage.

Potter, R. (1995) *Spectacular Vernaculars: Hip-Hop and the Politics of Postmodernism.* Albany, NY, SUNY Press.

Pratt, R. (1990) *Rhythm and Resistance: Explorations in the Political Use of Popular Music.* New York, Praeger.

Puterbaugh, P. (1992) "The Grateful Dead". In: DeCurtis, A. & Henke, J. (orgs). *The Rolling Stone Illustrated History of Rock and Roll.* 3ª ed. New York, Random House, pp. 370-7.

Read, O. & Welch, W. L. (1977) *From Tin Foil to Stereo: The Evolution of the Phonography.* Indianapolis, Howard Sams.

Redhead, S. (1990) *The End-Of-The-Century Party: Youth and Pop Towards 2000.* Manchester, Manchester University Press.

Reich, C. (1972) *The Greening of America.* New York, Penguin.

Reid, J. (1993) "The Use of Christian Rock Music by Youth Group Members". *Popular Music and Society*, v. 17, n. 2, pp. 33-45.

Reisman, D. (1950) "Listening to Popular Music". *American Quarterly*, n. 2; reproduzido em: Frith, S. & Goodwin, A. (orgs.). *On Record: Rock, Pop, and the Written Word.* New York, Pantheon Books.

Rex, I. (1992) "Kylie: The Making of a Star". In: Hayward, P. (org.). *From Pop to Punk to Postmodernism: Popular Music and Australian Culture from the 1960s to the 1990s.* Sydney, Allen & Unwin, pp. 149-59.

Reynold, S. & Press, J. (1995) *The Sex Revolts, Gender, Rebellion and Rock 'n' Roll.* London, Serpent's Tail.

Richards, C. (1995) "Popular Music and Media Education". *Discourse: Studies in the Cultural Politics of Education*, v. 16, n. 3, pp. 317-30.

Rimmer, D. (1985) *Like Punk Never Happened: Culture Club and the New Pop.* London, Faber & Faber.

Riordan, J. (1991) *Making in the New Music Business.* Cincinnati, Writer's Digest Books.

Ritz, D. (1985) *Divided Soul: The Life of Marvin Gaye.* London, Collins/Grafton.

Roach, C. (1997) "Cultural Imperialism and Resistance in Media Theory and Literary Theory". *Media, Culture and Society*, n. 19, pp. 47-66.

Robinson, D.; Buck, E.; Cuthbert, M. *et alii* (1991) *Music at the Margins: Popular Music and Global Diversity.* Newbury Park, CA, Sage.

Rockwell, J. (1992) "The Emergence of Art Rock". In: DeCurtis, A. & Henke, J. (orgs.). *The Rolling Stone Illustrated History of Rock and Roll.* 3ª ed. New York, Random House (inclui discografia), pp. 492-9.

Roe, K. (1983) *Mass Media and Adolescent Schooling.* Stockholm, Almqvist and Wiksell.

______ (1990) "Adolescent's Music Age: A Structural-Cultural Approach". In: ______ & Carlsson, U. (orgs.). *Popular Music Research*, pp. 41-52.

______ & Carlsson, U. (orgs.) (1990) *Popular Music Research.* Nordicom, University of Goteborg.

Rogan, J. (1988) *Starmakers and Svengalis.* London/Sydney, MacDonald & Co.

______ (1992) *Morrissey and Marr: The Severed Alliance.* London, Omnibus Press.

Rogers, D. (1982) *Rock'n'Roll.* London, Routledge/Kegan Paul.

The Rolling Stone Interviews: 1967-1980. (1981) New York, St. Martin's Press/Rolling Stone Press.

The Rolling Stone Record Guide. (1984) Org. Marsh, D. & Swenson, J. New York, Random House/Rolling Stone Press.

Romanowski, W. (1993) "Move over Madonna: The Crossover Career of Gospel Artist Amy Grant". *Popular Music and Society*, v. 17, n. 2, pp. 47-68.

Romanowski, W. D. & Denisoff, R. S. (1987) "'Money for Nothin' and the Charts for Free: Rock and the Movies". *Jounal of Popular Culture*, v. 21, n. 3 (winter), pp. 63-78.

Romney, J. & Wootton, A. (1995) *Celluloid Jukebox: Popular Music and the Movies Since the 50s.* London, BFI.

Rose, Tricia (1994) *Black Noise.* Hanover, Wesleyan University Press.

Ross, A. & Rose, T. (orgs.) (1994) *Microphone Fiends.* London/New York, Routledge.

Rosselson, L. (1979) "Pop Music: Mobiliser or Opiate?". In: Gardner, C. (org.). *Media, Politics and Culture.* London, Macmillan.

Rothenbuhler, E. (1985) "Commercial Radio as Communication". *Journal of Communication*, v. 46, n. 1, pp. 125-44.

Rothenbuhler, E. & Dimmick, J. (1982) "Popular Music: Concentration and Diversity in the Industry, 1974-1980". *Journal of Communications*, n. 32 (winter), pp. 143-9.

Rubey, D. (1991) "Voguing at the Carnival: Desire and Pleasure on MTV". In: DeCurtis, A. (org.). "Rock and Roll Culture". *South Atlantic Quarterly*, v. 90, n. 4.

Russel (1993) "The 'Social History' of Popular Music: A Label without a Cause?". *Popular Music*, v. 12, n. 2, pp. 139-46.

Rutten, P. (1991) "Local Popular Music on the National and International Markets". *Cultural Studies*, v. 5, n. 3 (Oct.), pp. 294-305.

Ryan, B. (1992) *Making Capital from Culture: The Corporate Form of Capitalist Production.* Berlin/New York, Walter de Gruyter.

Sadler, D. (1994) "Playing to the Music: Consumer Electronics, the Music Business and the Video Game". (mimeo.)

Samuels, S. (1983) *Midnight Movies.* New York, Collier/Macmillan.

Sanjek, R. (1988) *American Popular Music and Its Business: The First Four Hundred Years. Volume III: From 1900 to 1984.* New York, Oxford University Press.

Santelli, R. (1993) *The Big Book of the Blues: A Biographical Encyclopedia.* New York, Penguin.

Sardiello, R. (1994) "Secular Rituals in Popular Culture: A Case for Grateful Dead Concerts and Dead Head Identity". In: Epstein, J. S. (org.). *Adolescents and Their Music: If It's Too Loud, You're Too Old.* New York/London, Garland Publishing.

Savage, J. (1988) "The Enemy Within: Sex, Rock and Identity". In: Frith, S. (org.). *Facing the Music.* New York, Pantheon Books.

______ (1991) *England's Dreaming: Sex Pistols and Punk Rock.* London, Faber & Faber.

Schaefer, J. (1987) *New Sounds: A Listener's Guide to the New Music.* Cambridge, MA, Harper & Row.

Schulze, L.; White, A.; Brown, J. (1993) "A Sacred Monster in Her Prime: Audience Construction of Madonna as Low-Other". In: Schwichtenberg, C. (org.). *The Madonna Connection: Representational Politics, Subcultural Identities, and Cultural Theory.* St. Leonards, NSW, Allen & Unwin, pp. 15-38.

Schwichtenberg, C. (org.) (1993) *The Madonna Connection: Representational Politics, Subcultural Identities, and Cultural Theory.* St. Leonards, NSW, Allen & Unwin.

Scoppa, B. (1992) "The Byrds". In: DeCurtis, A. & Henke, J. (orgs.). *The Rolling Stone Illustrated History of Rock and Roll.* 3ª ed. New York, Random House, pp. 309-12.

Selvin, J. (1994) *Summer of Love.* New York, Plume/Penguin.

Shapiro, B. (1991) *Rock and Roll Review: A Guide to Good Rock on CD.* Kansas City, Andrews and McMeel.

Shaw, A. (1986) *Black Popular Music in America.* New York, Macmillan.

Shaw, G. (1992) "Brill Building Pop". In: DeCurtis, A. & Henke, J. (orgs.). *The Rolling Stone Illustrated History of Rock and Roll.* 3ª ed. New York, Random House, pp. 143-52.

Shepherd, J. (1986) "Music Consumption and Cultural Self-Identities". *Media, Culture and Society,* v. 8, n. n3, pp.305-30.

______ (1991) *Music as Social Text.* Cambridge, Polity Press.

______ *et alii* (1977) *Whose Music?* London, Latimer.

Shevory, T. (1995) "Bleached Resistance: The Politics of Grunge". *Popular Music and Society,* v. 19, n. 2, pp. 23-48.

Shore, M. (1985) *The Rolling Stone Book of Rock Video.* London, Sidgwick & Jackson.

Shuker, R. (1994) *Understanding Popular Music.* London/New York, Routledge.

Shumway, D. R. (1989) "Reading Rock 'n' Roll in the Classroom: A Critical Pedagogy". In: Giroux, H. & McLaren, P. (orgs.). *Critical Pedagogy, the State, and Cultural Struggle.* New York, State University of New York Press.

Sicoli, M. L. (1994) "The Role of the Woman Songwriter in Country Music". *Popular Music and Society,* v. 18, n. 2, pp. 34-41.

Sinclair, D. (1992) *Rock on CD: The Essential Guide.* London, Kyle Cathie.

Small, C. (1987) "Performance as Ritual". In: White, A. (org.). *Lost in Music: Culture, Style and the Musical Event.* London, Routledge.

______ (1994) *Music of the Common Tongue.* London, Calder. (Publicado originalmente em 1987.)

Smith, Graham (1997) "Reviews of Recent Folk Music Books". *Popular Music,* v. 16, n. 1, pp. 127-30.

Smith, Giles (1995) *Lost in Music.* London, Picador.

Smucker, T. (1992) "Disco". In: DeCurtis, A. & Henke, J. (org.). *The Rolling Stone Illustrated History of Rock and Roll.* 3ª ed. New York, Random House, pp. 561-72.

Spencer, J. (org.) (1991) *The Emergence of Black and the Emergence of Rap.* Ed. esp. de *Black Sacred Music: A Journal of Theomusicology,* v. 5, n. 1 (spring).

Stambler, I. (1989) *The Encyclopedia of Pop, Rock and Soul.* (Ed. rev.) London, Macmillan.

Stanford, C. (1996) *Kurt Cobain.* New York, Random House.

Steward, S. & Garratt, S. (1984) *Signed, Sealed, and Delivered: True Life Stories of Women in Pop.* Boston, South End Press.

Stockbridge, S. (1990) "Rock Video: Pleasure and Resistance". In: Brown, M. E. (org.). *Television and Women's Culture.* London, Sage.

______ (1992) "Rock Music on Australia Television". In: Hayward, P. (org.). *From Pop to Punk to Postmodernism: Popular Music and Australian Culture from the*

1960s to the 1990s. Sydney, Allen & Unwin, pp. 68-88.
Storey, J. (1993) *An Introductory Guide to Cultural Theory and Popular Culture*. New York/London, Harvester Wheatsheaf.
Stratton, J. (1982) "Between Two Worlds: Art and Commercialism in the Record Industry". *Sociological Review*, v. 30, n. 1, pp. 267-85.
______ (1983) "What is Popular Music?". *Sociological Review*, v. 31, n. 2, pp. 293-309.
______ (1997) "On the Importance of Subcultural Origins". In: Gelder, K. & Thornton, S. (orgs.). *The Subcultures Reader*. London/New York, Routledge.
Straw, W. (1990) "Characterizing Rock Music Culture: The Case of Heavy Metal". In: Frith, S. & Goodwin, A. (orgs.). *On Record: Rock, Pop, and the Written Word*. New York, Pantheon Books, pp. 97-110.
______ (1992) "Systems of Articulation, Logics of Change: Communities and Scenes in Popular Music". In: Nelson, C.; Grossberg, L.; Treichler, P. (orgs.). *Cultural Studies*. London/New York, Routledge.
Straw, W. *et alii* (orgs.) (1995) *Popular Music: Style and Identity*. Montreal, Centre for Research on Canadian Cultural Industries and Instituitions.
Street, J. (1986) *Rebel Rock: The Politics of Popular Music*. Oxford, Blackwell.
______ (1993) "Local Differences?: Popular Music and the Local State". *Popular Music*, v. 12, n. 1, pp. 42-56.
______ (1995) "(Dis)located?: Rhetoric, Politics, Meaning and the Locality". In: Straw, W. *et alii* (orgs.). *Popular Music – Style and Identity*. Montreal, Centre for Research on Canadian Cultural Industries and Intituitions.
Stringer, J. (1992) "The Smiths: Repressed (But Remarkably Dressed)". *Popular Music*, v. 11, n. 1, pp. 16-26.
Sturmer, C. (1993) "MTV's Europe: An Imaginary Continent?". In: Dowmunt, T. (org.). *Channels of Resistance: Global Television and Local Empowerment*. London, BFI/Channel Four Television.
Sweeney, P. (1981) *The Virgin Directory of World Music*. London, Virgin Books.
Swingewood, A. (1977) *The Mith of Mass Culture*. London, Macmillan.
Szatmary, D. P. (1991) *Rockin´ in Time: A Social History of Rock and Roll*. 2ª ed. Engelwood Cliffs, NJ, Prentice-Hall.
Tagg, P. (1982) "Analysing Popular Music". *Popular Music*, n. 2, pp. 37-67.
______ (1989) "'Black Music', 'Afro-American Music' and 'European Music'". *Popular Music*, v. 8, n. 3, pp. 285-98.
______ (1990) "Music in Mass Media Studies: Readings Sound for Example". In: Roe, K. & Carlsson, U. (orgs.). *Popular Music Research*. Nordicon, University of Goteborg, pp. 103-14.
______ (1994) "From Refrain to Rave". *Popular Music*, v. 14, n. 3, pp. 209-22.
Tanner, J. (1981) "Pop Music and Peer Groups". *Canadian Review of Sociology and Social Anthropology*, v. 18, n. 1, pp. 1-13.
Taylor, P. (1985) *Popular Music Since 1955: A Critical Guide to the Literature*. London, G. K. Hall.
Théberge, P. (1991) "Musicians Magazines in the 1980s: The Creation of a Community and a Consumer Market". *Cultural Studies*.
______ (1993) "Technology, Economy and Copyright Reform in Canada". In: Frith, S. (org.). *Music and Copyright*. Edinburgh, Edinburgh University Press, cap. 3.
Thomas, B. (1991) *The Big Wheel*. London, Penguin.
Thomas, H. (1995) *Dance, Modernity and Culture*. London/New York, Routledge.
Thompson, D. (1994) *Space Daze: The History and Mistery of Ambient Space Rock*.

Los Angeles, Cleopatra.

Thornton, S. (1994) "Moral Panic, the Media and British Rave Culture". In: Ross, A. & Rose, T. (orgs.). *Microphone Fiends*. London/New York, Routledge.

______ (1995) *Club Cultures: Music, Media and Subcultural Capital*. London, Polity Press.

Tomlinson, J. (1991) *Cultural Imperialism*. London, Pinter.

Tong, R. (1989) *Feminist Thought: A Comprehensive Introduction*. London, Routledge.

Toop, David (1991) *Rap Attack 2*. London, Serpent's Tail.

Tosches, N. (1984) *Unsung Heroes of Rock 'n' Roll*. New York, Scribners.

Trondman, M. (1990) "Rock Taste — On Rock as Symbolic Capital. A Study of Young People's Tastes and Music Making". In: Roe, K. & Carlsson, U. (orgs.). *Popular Music Research*. Nordicon, University of Goteborg, pp. 71-86.

Tucker, K. (1992) "Alternative Scenes: America; Britain". In: DeCurtis, A. & Henke, J. (orgs.). *The Rolling Stone Illustrated History of Rock and Roll*. 3ª ed. New York, Random House. (Inclui discografia.)

Tunstall, J. (1977) *The Media Are American*. London, Constable.

Turner, G. (1992) "Australian Popular Music and its Contexts". In: Hayward, B. (org.). *From Pop to Punk to Postmodernism: Popular Music and Australian Culture from the 1960s to the 1990s*. Sydney, Allen & Unwin.

______ (1993) "Who Killed the Radio Star?: The Death of Teen Radio in Australia". In: Bennett, T.; Frith, S.; Grossberg, L.; Shepherd, J.; Turner, G. (orgs.). *Rock and Popular Music: Politics, Policies, Instituitions*. London, Routledge, pp. 142-55.

______ (1994) *British Cultural Studies: An Introduction*. (Ed. rev.) Boston, Unwin Hyman.

Vassal, J. (1976) *Electric Children: Roots and Branches of Modern Folkrock*. New York, Taplinger.

Valentine, G. (1995) "Creating Transgressive Space: The Music of kd lang". *Transactions: Institute of British Geographers* (new series), v. 20, n. 4, pp. 436-46.

Vermorel, F. & Vermorel, J. (1985) *Starlust: The Secret Fantasies of Fans*. London, W. H. Allen.

Vincent, R. (1996) *Funk: The Music, the People, and the Rhythm of the One*. New York, St Martin's/Griffin.

The Virgin Encyclopedia of Rock. (1993) Heatley, M. (org.) London, Virgin Press.

Vogel, H. L. (1994) *Entertainment Industry Economics: A Guide to Financial Analisys*. 3ª ed. New York, Cambridge University Press.

Vulliamy, G. & Lee, E. (1982) *Popular Music: A Teacher's Guide*. London, RKP.

Walker, J. (1987) *Cross-Over: Art Into Pop/Pop into Art*. London/New York, Comedia.

Wallis, R. & Malm, K. (1984) *Big Sounds From Small Countries*. London, Constable.

______ (Org.) (1992) *Media Policy and Music Activity*. London, Routledge.

Walser, R. (1993) *Running with the Devil: Power, Gender and Madness in Heavy Metal Music*. Middleton, CT, Wesleyan University Press.

Ward, E. (1992a) "The Blues Revival". In: DeCurtis, A. & Henke, J. (orgs.). *The Rolling Stone Illustrated History of Rock and Roll*. 3ª ed. New York, Random House, pp. 343-7.

______ (1992b) "Reggae". In: DeCurtis, A. & Henke, J. (orgs.). *The Rolling Stone Illustrated History of Rock and Roll*. 3ª ed. New York, Random House, pp. 586-93.

Ward, E.; Stokes, G.; Tucker, K. (1986) *Rock of Ages: The Rolling Stone History of Rock and Roll*. New York, Rolling Stone Press/Summit Books.

Waterman, C. A. (1991) *Juju: A Social History and Ethnography of an African Popular Music*. Chicago, Chicago University Press.

Weinstein, D. (1991a) *Heavy Metal: A Cultural Sociology.* New York, Lexington.

______ (1991b) "The Sociology of Rock: An Undisciplined Discipline". *Theory, Culture and Society,* n. 8, pp. 97-109.

Weisband, E. & Marks, C. (orgs.) (1995) *Spin Alternative Record Guide.* New York, Vintage/Random House.

Welsh, R. (1990) "Rock 'n' Roll and Social Change". *History Today,* Feb., pp. 32-9.

Whitburn, J. (1988) *Billboard Top 1000 Singles 1955-1987.* Milwaukee, MI, Hal Leonard Books.

White, A. (org.) (1987) *Lost in Music: Culture Style and Musical Event.* London, Routledge Kegan Paul.

White, T. (1989) *Catch a Fire: The Life of Bob Marley.* Ed. rev. New York, Holt, Rinehart and Winston.

______ (1994) *The Nearest Faraway Place: Brian Wilson, The Beach Boys, and the Southern California Experience.* New York, Henry Holt & Co.

Whiteley, S. (1992) *The Space between the Notes: Rock and the Counter-Culture.* London, Routledge.

Widgery, D. (1986) *Beating Time: Rio 'n 'Race 'n 'Rock 'n' Roll.* London, Chatto/Windus.

Williams, R. (1983) *Keywords.* London, Fontana.

Willis, P. (1978) *Profane Culture.* London, Routledge.

______ *et alii* (1990) *Common Culture: Symbolic Work at Play in the Everyday Cultures of the Young.* Milton Keynes, Open University Press.

Wilson, H. (org.) (1994) *The Radio Book 1994.* Christchurch, Christchurch Polytechnic.

York, N. (org.) (1991) *The Rock File: Making It in the Music Business.* Oxford, Oxford University Press.

Zappa, F. & Occhiogrosso, P. (1990) *The Real Frank Zappa Book.* London, Pan Books.

Índice remissivo

A

A Tribe Called Quest 233
Abba 100, 200
Abbs, P. 19, 20
Abdul, Paula 91, 287
AC/DC 158, 159
aculturação 15, 85, 293
Adam and the Ants 146, 204
adolescentes **15**, 34, 46, 53, 60, 61, 63, 66, 70, 77, 78, 91, 92, 106, 107, 121, 127, 131, 150, 154, 193, 226, 232, 275, 279
Adorno 21, 27, 28, 87, 108, 109, 110, 172, 174, 188, 230, 234, 235
Aerosmith 64, 156, 158
afeto 16
aficionados **16**, 17, 128, 129, 168
afro-americano 14, **17**, 37
álbum 7, **17**, 18, 25, 26, 44, 49, 54, 55, 56, 65, 81, 136, 170, 173, 178, 208, 210, 223, 233, 234, 239, 244, 249, 255, 256, 257, 263, 271, 283, 284
alta cultura **18**, 19, 83, 111, 196, 207
Amazing Rhythm Aces 82
ambient 8, **20**, 21, 27, 80, 108, 122, 123, 144, 152, 191, 201, 202, 203, 213, 223, 228, 231, 263, 264, 268, 273, 276
Amos, Tori 31, 71
amplificação ver **som**, 39, 85, 260, 261
análise das letras de canções 20
análise do discurso **22**, 23
análise textual 11, 20, 141, 277, 278
Anderson, Laurie 284
Ang 221
Anka, Paul 15
Anthrax 159, 279
Apache Indian 36
Aphex Twin 20
apropriação **24**, 25, 31, 47, 121, 140, 170, 248, 292
Archies 44
Armatrading, Joan 73
Armstrong, Louis 182
Arnold, M. 18
art rock **25**, 26, 141, 143, 146, 158, 182, 243, 245, 284
articulação **26**, 29, 92, 93, 212, 260
Ash 43
Aswad 238
audição **27**, 28, 79, 113, 176, 226, 228
autenticidade 12, **28**, 29, 36, 40, 61, 67, 71, 85, 91, 93, 113, 115, 137, 141, 143, 159, 172, 177, 192, 231, 249, 251, 261, 264, 270, 290
autor 8, 9, 11, 12, **29**, 30, 31, 32, 37, 54, 60, 61, 68, 70, 71,76, 95, 96, 97, 98, 99, 112, 115, 117, 119, 120, 126, 131, 133, 140, 161, 164, 174, 176, 180, 181, 187, 193, 194, 195, 197, 198, 200, 201, 216, 219, 233, 247, 251, 267, 269, 277, 283, 290

B

B-52s 51, 203, 242
B.B. King 39, 40
baby boom **33**, 81, 92, 93
Bach 25
Bad Brains 156
Bad Company 155, 282
Bad Manners 237
Badfinger 218
Baez, Joan 71, 85
Ballard, Hank 238
Bananarama 16, 91, 154
Band, The 63
bandas cover **33**, 198, 200
bandas de garagem **33**, 34, 179
bandas de tributo ver **músicos**, 200
Bangs, L. 34, 44, 157, 159, 169, 179
Banks, J. 216, 288, 290
Barnes 100, 101, 190, 226, 227, 249
Barnes, Jimmy 156
Barnett, R. 75, 174
Barra MacNeils 192
Barry 70

Barthes, R. 105, 118
Basie, Count 182
batida **34**, 35, 102, 155, 190, 232, 236, 244, 248, 273
Bauhaus 149
Baxter-Moore, N. 192
Beach Boys 160, 271, 278, 279
beat britânico ver **beat music**, 61, 154, 262, 283
beat music **35**
Beatles 18, 24, 30, 32, 35, 43, 61, 67, 71, 93, 115, 154, 178, 179, 195, 205, 218, 245, 246, 249, 255, 262
beatniks ver **contracultura**, 79
bebop ver **jazz**, 38, 79, 181, 182, 190
Beck, Jeff 183, 200
Becker, Howard 207
Bee Gees 99
behaviorismo **35**, 106
Ben King, E. 70
Bennett, T. 110, 112, 122, 123, 178, 200, 216, 220
Berland, J. 112, 230
Berliner 134
Berry, Chuck 63, 161, 271, 247
Bertsch 51, 52, 264, 265
Bhangra 36
bhangra 24, **35**, 36, 113, 293
Big Star 218
Bikini Kill 140
Björk 71, 291
Björn Again 100
Black Flag 64, 156, 157
black music 17, 24, **36**, 37, 39, 40, 66, 77, 113, 120, 121, 177, 190, 227, 230, 234, 239, 246, 251, 259, 265, 266
Black Sabbath 126, 158
Blades, Ruben 250, 251
Bland, Bobby 265
Blasters 82, 246
Bloom, B. 19, 20
blue note **38**
bluegrass 24, **37**, 81, 246, 286
blues 9, 14, 21, 24, 36, **38**, 41, 48, 66, 77, 78, 84, 121, 131, 138, 142,143, 181, 193, 214, 231, 235, 238, 246, 247, 258, 277, 280, 292
Blues Magoos 34
Blur 43, 44, 66
Bon Jovi 16, 146, 156, 158
boogie-woogie 24, **40**, 41, 193, 247
bootlegs 41
Bourdieu, P. 45, 47, 66, 148, 175
Bowie, David 30, 117, 145, 146
Boy George 203, 254
Boys II Men 102
Boyzone 16
Brackett, D. 37, 177, 178, 210
Brake, M. 81, 121, 146, 190, 222, 249, 267, 268
Breen, M. 98, 112, 142, 159, 257, 279
bricolagem 24, **42**, 43, 231, 270
Brinsley Schwarz 220, 242
britpop 24, **43**, 44, 93, 171, 219, 246, 263
Brooks, Garth 81, 82
Broughton 192, 293
Brown, Arthur 246
Brown, Glen 237
Brown, James 30, 137, 178, 232, 265, 266
Browne, Jackson 71
Brubeck, Dave 182
bubblegum 15, 29, **44**, 144, 193, 218
Burnett, R. 74, 75, 147, 151, 175, 194, 195, 212, 216, 253, 275, 287, 288
Burning Spear 236
Bush 153
Buzzcocks 224
Byrds 47, 48, 82, 86, 172, 179, 218
Byrne, David 292
Byrne, Johnny 132

C

Cale, John 284
Campbell, Mike 281
Campion, Sarah 132
Can 25
cantores-compositores 21, 27, 30, 31, **45**, 66, 69, 70, 71, 85, 131, 138
capas de disco **45**, 118, 187, 263, 278
capital cultural 12, 16, 29, **45**, 46, 77, 148, 164, 221, 267
Captain Beefheart 31
Carey, Mariah 289
Carpenters 18
Carr, Leroy 38
Carroll, Jim 131
Cars 203
Carter Family 81
Cash, Johnny 81
Cash, Rosanna 82
catálogo **47**, 48, 58, 75, 78, 81, 94, 114, 171
Cawelti, J. 30
CD 17, 39, 47, **48**, 49, 50, 79, 129, 134, 136, 186, 202, 210, 211, 256, 275
CD-ROM 7, **48**, 49, 50, 191
cenários 9, 11, 34, **50**, 51, 52, 89, 115, 122, 125, 126, 164, 184, 185, 192, 198, 216, 239, 252, 262, 264, 270, 273, 282, 294
cenários da música alternativa **51**
censura **52**, 53, 54, 55, 106, 112, 126, 158, 210, 212, 228, 231, 233
chamado e resposta **56**, 148, 231, 251
Chambers 88, 89, 120, 141, 169, 266
Chapin, Mary Carpenter 82
Chapman, R. 229, 230
Chapman, Tracy 71
Chapple, William 193

Charles, Ray 148, 265
Charlton, K.
35, 38, 100, 105, 144, 146, 150, 272
Cheap Trick 218
Chemical Brothers 89
Chicago 261
Chieftains 191
Childs, Toni 71
Chills 219, 261, 262
Chimes 285
Chinn e Chapman 70, 193
Chocolate Watch Band 34
Christenson, M. 58, 74, 75
Christgau, R. 28, 169
ciclos mercadológicos 56
cinema 29, 54, **58**, 63-5, 88, 114, 117, 132, 141, 203, 207, 210, 220, 248, 253, 260, 281, 289
Circle Jerks 64, 156, 157
Clail, Gary 237
Clannad 191
Clapton, Eric 40, 48, 289
Clark, Dick 100, 180
Clarke, D. 37, 42, 115, 143, 169, 194, 258
Clarke, Stanley 183
Clash 224, 236
classe 19, 38, 42, 45, 46, 61, 62, **65**, 66, 76, 79, 80, 83, 105, 106, 110, 118, 121, 125, 148, 158, 159, 162, 188, 189, 213, 217, 221, 222, 224, 235, 237, 248, 250, 251, 258, 266, 268, 269, 275, 280
Clean 261, 262
Cliff, Jimmy 236
Cliff Richard 61
Clinton, George 137, 273
Cloonan, M. 52, 53, 56
Clovers 102
clubes 67
Coasters 70, 102
Cobain, Kurt 107, 114, 153, 167
Cochrane, Eddie 246, 249
cock rock 155, 254, 290
Cohen, S. 112, 122, 123, 126, 139, 140, 185, 199, 200, 262
Cohen, Stanley 207
Cohn, Nik 132, 219, 249
Cold Chisel 156
coleções 47, 48, 133, 136, 278, 285
Collins, J. 98
Collis 85
comercialização 68
compact disc 48, 135, 275
compacto duplo 149
compositores 69
comunicação 21, 26, 34, 48, 52, **71**, 72, 83, 103, 107, 146, 149, 151, 160, 176, 211, 217, 220
concentração 27, 51, 57, **73**, 74, 151, 174, 187, 210, 215
concertos 17, 27, 63, **75**, 76, 78, 88, 92, 108, 127, 130, 131, 133, 143, 145, 155, 205, 210, 211, 245, 278, 279, 280, 281, 283, 288
Connolly, Ray 132
Considine, D. 116
consumo 9, 10, 12, 15, 16, 26, 27, 45, 46, 65, 69, **77**,78, 92, 96, 106, 111, 120, 121, 123, 127, 132, 133, 148, 149, 159, 160, 161, 164, 165, 171 173, 176, 184, 187, 198, 201, 208, 212, 215, 216, 217, 219, 220, 221, 228, 230, 233, 249, 252, 254, 257, 260, 271, 274, 277, 289
contracultura 28, 35, 61, **79**, 80, 81, 92, 116, 145, 195, 211, 241, 243, 245, 266, 267
Cooke, S. 148, 265
Cooper 21, 22, 60, 159
Cooper, Alice 64
Corea, Chick 183
Corrs 191
Coryell, Larry 183
Costello, Elvis 31, 71, 204, 242, 282
cotas 110, 112, 228
Count Five 33
country 21, 24, 37, 39, 56, 78, **81**, 82, 84, 88, 131, 138, 142, 144, 177, 193, 242, 246, 247, 277, 292
country blues 38
Country Joe and the Fish 85
cover ver **versões cover**
Cow, Henry 109
Cranberries 50, 192
Cray, Robert 40
Cream 40, 245, 246, 249, 286
Creedence Clearwater Revival 249
Crowe, Cameron 62
Crudup, Arthur 285
Cruz, Celia 250, 251
Crystals 153, 154
Cult 156
cultura 8, 9, 15, 16, 18, 19, 21, 26, 27, 29, 42, 47, 67, **83**, 84, 88, 92, 97, 100, 101, 108, 110, 111, 113, 114, 116, 117, 122, 123, 128, 129, 132, 133, 141, 142, 160, 161, 164, 165, 166, 167, 168, 170, 179, 191, 216, 217, 220, 232, 234, 248, 261, 266, 268, 270, 290
cultura club 101
cultura folk 84
cultura popular 19, 29, 53, 68, 83, 111, 112, 116, 151, 165, 168, 207, 231, 268, 278
Cure 150, 254
currículo 103, 105
Curry, Tim 195
Curtis 161
Cutler 274

D

d. k. lang 254

Dale, Dick 270, 272
Daltrey, Roger 155
Damned 224
dança 15, 19, 20, 25, 35, 39, 59, 60, 62, 67, 72, 78, **87**, 88, 89, 91, 99, 105, 120, 129, 162, 223, 232, 233, 238, 292
dance music 9, 15, 34, 36, 44, 51, 68, 70, **89**, 90, 91, 100, 152, 178, 211, 218, 219, 234, 246, 266, 270
dance pop **91**, 113, 138, 143, 187, 193, 241
Dave Clark Five 35, 178
Davies, Ray 18
Davis, Miles 182, 183
De La Soul 98, 233, 252
Dead Kennedies 156, 157, 172
deadheads **91**
DeCurtis 26, 137, 144, 162, 185, 249
Deep Purple 155, 156, 158
Def Leppard 158
Del Lords 172
Demme, Jonathan 63
demografia 15, 33, 77, **92**, 94, 145, 173, 176
departamento artístico 11, **94**, 95, 139, 175, 203, 239
Depeche Mode 172
desempenho escolar 103, 105
Devo 203, 242
Dinosaur Jr 51
Dion and the Belmonts 102
Dire Straits 152, 282
direito autoral **95**, 97, 98, 133, 170, 173
disco (gênero) 28, 67, 87, 88, 89, 90, **99**, 100, 130, 137, 142, 149, 186, 203, 254, 266
Disposable Heroes of Hiphoprisy 242
Dixon, Willie 39, 286
DJ 23, 30, 67, 68, 79, 90, **100**, 101, 175, 180, 203, 226, 229, 230, 232, 233, 236, 247, 278
documentários de rock 58, **101**
Donnegan, Lonnie 258
Donovan 86
doo-wop 14, **101**, 102, 109, 144, 157, 233
Doors 249
Dorsey, Thomas 148
Downing, D. 244
Dr. Feelgood 220
Drifters 70, 102
drum'n'bass 13, 89, 91
Du Gay, P. 187
dub 219, 237
Ducks Deluxe 220
Dylan, Bob 21, 30, 31, 41, 66, 71, 82, 85, 86, 116, 243, 261

E

Eagles 18, 82, 93
Earth, Wind and Fire 137
Echobelly 43, 140
Eddie and the Hot Rods 220
Edisonn, Thomas 133
educação 21, 49, 77, 80, 83, **103**, 148, 188, 197, 202, 268
efeitos 35, 49, 50, 87, **106**, 127, 141, 143, 146, 149, 150, 165, 166, 167, 172, 198, 245
Eisenberg, E. 134, 135, 205
Electric Prunes 33, 34
Eliot, M. 69, 77, 226, 282, 283
Eliot, T. S. 19
Ellington, Duke 182
Emerson, Lake & Palmer 25, 26
empresários **108**, 175, 177, 234
Engels, Friedrich 187
Eno, Brian 20, 25, 31, 285
Entwistle, John 205
Enya 191, 192
Erasure 100
Erlewine, M. 20, 34, 42, 47, 48, 70, 90, 133, 145, 156,157, 179, 204, 218, 219, 231, 236, 244, 262, 266, 272, 277, 279, 284, 285
Escola de Frankfurt 19, 68, 83, **108**, 113, 212, 216
Estado 19, **110**, 111, 112, 140, 212, 228, 281
estética 10, 11, 19, 30, 47, 53, 81, 109, **112**, 113, 117, 123, 152, 170, 179, 186, 194, 216, 217, 247, 257, 262, 274, 285
estilo 8, 24, 27, 31, 33, 34, 37, 40, 41, 42, 44, 46, 50, 62, 64, 70, 76, 79,80, 88, 90,94, 102, 109, 115, 123, 128, 131, 137, 141,142, 145, 146, 148, 149, 150, 155, 157, 158, 162, 169, 172, 177, 181, 182, 185, 186, 189, 190, 193, 202, 217, 219, 220, 222, 226, 231, 232, 233, 235, 236, 237, 238, 240, 241, 246, 247, 248, 249, 256, 258, 259, 264, 265, 267,268, 269, 270, 271, 273, 281, 289, 291
estilos de vida 79, 80, 114, 131, 148, 257, 267, 268
estrelas 12, 16, 30, 31, 46, 58, 59, 60, 64, 75, 93, 99, 100, 108, **114**, 115, 117, 129, 168, 186, 187, 195, 198, 200, 217, 253, 254
estruturalismo **117**, 118, 212
estudos culturais 11, 28, 42, 83, 91, 103, 104, 105, **119**, 123, 129, 166, 169, 188, 212, 259, 267, 277
etnia 46, 66, 67, 79, 84, 119, **120**, 121, 160, 188, 266, 275
etnografia 11, **122**, 123, 124, 206
etnomusicologia 11, 113, **123**, 124, 161
Everett, Kenny 229
Everly Brothers 246

Exciters 266
experimental 124, 195, 284

F

Fabian, Jenny 132
Fairport Convention 86
família de canções ver **versões cover**
fanzines 17, 34, 51, 52, 104, **125**, 126, 127, 140, 163, 167, 266
Farrell, Perry 264
fãs 127
Fats Domino 291
feminismo 11, **129**, 140, 212
Fenster, M. 52, 185
festivais 39, 63, 76, 84, 85, **130**, 131, 210, 211, 240, 293
ficção 129, **131**, 141, 196
filmes para juventude 132
Finnegan, R. 122, 123, 199
Fishbone 242
Fiske, J. 127, 260
fita cassete 17, **132**, 133, 135, 136, 151, 202, 256, 292
Flying Burrito Brothers 82, 86
folk music 14, 261
fonógrafo 133, 134, 150
fordismo 134, 201
Foreigner 156
formatos 11, 12, 17, 47, 48, 92, 132, **135**, 136, 160, 174, 186, 225, 226, 227, 256, 257, 260, 274, 278
Four Freshmen 271
Four Seasons 102
4 Skins 259
Four Tops 177
Francis, Connie 15, 16
Frankie Goes to Hollywood 255
Franklin, Aretha 30, 148, 265, 266
Freed, Alan 100, 180, 226, 247
Friedlander, P. 15, 34, 105, 161, 179, 181, 193
Frith, S. 19, 20, 21, 22, 26, 30, 31, 32, 46, 69, 93, 94, 97, 99, 109, 113, 125, 139, 141, 155, 169, 195, 197, 198, 213, 214, 216, 217, 235, 240, 254, 257, 275, 277, 290, 291, 293
Fugees 234
Fulsom, Lowell 233
Funk 237
funk 89, 91, **137**, 158, 181, 183, 232, 233, 239, 241, 242, 250, 251, 265, 273
Funkadelic 137
fusion 91, **181**, 182, 183

G

Gabriel, Peter 7, 292, 293
Gammond, P. 36, 37, 85, 87, 89, 143, 148, 169, 183, 192, 193, 202, 247
Gans, H. 148
Garnham, N. 110, 112, 134, 172, 174
Garofalo, R. 34, 44, 56, 76, 77, 81, 82, 86, 105, 111, 121, 146, 147, 161, 162, 164, 169, 178, 179, 180, 187, 188, 193, 194, 213, 214, 219, 234, 247, 265, 266, 272, 280, 283
Gass, G. 104, 105
Gaye, Marvin 178, 190, 191
Gendron, B. 109, 110
gênero; metagênero 141
gênero feminino/masculino 138
Genesis 25
geografia 11, 93, **144**, 184, 185, 261, 262, 263
George, N. 36, 121
geração X 79, 92, 94, ver **demografia**, 264
Germs 157
Gerry and the Pacemakers 35, 61, 67, 178
Gill, R. 23
Gillepsie, Dizzy 182
Gilmore, M. 53
Gilroy, P. 37, 257
glam rock 43, 141, 143, **145**, 146, 158, 267
Glitter, Gary 145, 146
glitter rock 70, **145**, 220, 248
globalização 9, 97, 114, **146**, 147, 151, 167, 188, 281
Goertzel, B. 25, 26
Goffim, Gerry 154
Goldie 90, 91
Goldstein, Richard 22
Goodman, Benny 182
Goodwin, A. 23, 46, 93, 169, 197, 218, 252, 290
Gordy, Berry 121, 177, 190
Gore, Leslie 15
gospel 9, 14, 24, 37, 90, 102, 109, 138, **147**, 148, 154, 231, 265
gosto cultural 66, 127, **148**, 149
goth 149, 150, 208
gothic rock 107, 108, **149**, 241
Graham, Davy 85
Graham Parker and the Rumour 203, 242
gramofone 134, ver **fonógrafo**
Gramsci, Antonio 159
grandes gravadoras 9, 11, 28, 47, 48, 52, 57, 73, 74, 75, 98, 134, 146, 147, **150**, 151, 156, 165, 166, 171, 172, 173, 174, 175, 176, 181, 184, 199, 218, 232, 241, 256, 264, 278, 288
Grant, Amy 62, 243
Grateful Dead 41, 85, 91, 92, 245, 246, 283
gravação doméstica 132, 133, ver **fita-cassete**
gravação sonora 133, **151**, 260, 275
gravadoras 34, 41, 46, 47, 49, 51, 52, 54, 57, 58, 67, 74, 84, 92, 97, 101, 120, 121, 142, 147, 171, ver **indústria fonográfica** 174, 176, 191, 192, 200, 203, 209, 219, 226, 237, 239, 245,

255, 260, 261, 287, 294
gravadoras independentes 9, 11, 75, 137, 150, 171, 181, 199, 265, 288
Green Day 153
Greer, J. 241
Grenier, L. 229
Gribin, A. 102
Grossberg, L. 16, 27, 42, 53, 62, 92, 93, 105, 119, 120, 127, 213, 269
grunge 11, 43, 64, 88, 89, 94, **152**, 153, 156, 189, 191, 222, 224, 241, 264, 269
grupos vocais femininos 70, **153**, 154, 179, 193
Guns N'Roses 156
Guralnick, P. 39, 231, 246, 265, 266
Guthrie, Woody 85, 258
Guy, Buddy 40

H

Haines, Nathan 91
Haley, Bill 247, 291
Hall, D. 202
Hall, S. 20, 42, 120, 162, 248, 267, 268
Hamm, Charles 280
Happy Mondays 67, 263
hard rock 27, 89, 138, 139, **153,** 155, 156, 158, 241, 254, 290
hardcore 64, 140, **156**, 157, 159, 222, 224, 232, 233, 273, 274, 279
Hardy, P. 37, 85, 144, 182, 202, 251
Harker, D. 21, 22, 188
harmonia 14, 28, 34, 72, 101, 102, 118, 148, **157**, 182, 193, 197, 198, 271
Harris, Emmylou 82
Harrison, George 48, 130
Harum, Procul 26, 66
Hatch, D. 25, 37, 56, 70, 198, 200, 285, 286
Hawkwind 244
Hayward, S. 29, 59, 60, 114, 176, 193, 253
Heart 50
heavy metal 11, 15, 27, 45, 49, 66, 76, 88, 106, 107, 108, 126, 128, 138, 142, 144, 146, 155, **157**, 158, 159, 203, 208, 227, 245, 248, 249, 252, 254, 269, 279
Hebdige, D. 42, 43, 120, 162, 163, 190, 222, 232, 248, 249, 267, 268, 269
hegemonia 21, 31, 103, 111, 119, **159**, 160
Hell, Richard 224
Hendrix, Jimi 30, 31, 114, 245, 284
Henzel, Perry 61
Hill, D. 217
hip-hop 7, 90, 91, 102, 137, ver **rap**, 181, 183, 231, 232, 233, 234, 242, 273
hippie 79, 146, ver **contracultura**, 162, 222, 245, 258
história 7, 29, 34, 42, 46, 48, 58, 64, 69, 78, 85, 87, 93, 98, 100, 105, 127, 130, 131, 132, 138, 141, 143, 145, 151, 154, **160**, 161, 167, 168, 180, 187, 193, 196, 207, 211, 218, 225, 231, 259, 261, 264, 270, 276, 277
Hole 140, 242
Holiday, Billie 138
Holland, Dozier, Holland 70
Hollies 35
Holly, Buddy 31, 62, 161, 195
homologia **162**, 222, 249, 268, 269
Hootie and the Blowfish 136
Hornby, Nick 206
Horowitz 280
Horslips 191
Hot Chocolate 99
house 36, 89, 90, 91, ver **dance music** 234, 273
Hüsker Dü 51

I

Ice-T 54, 55
identidade 8, 9, 11, 12, 22, 36, 46, 61, 63, 65, 70, 80, 87, 93, 98, 111, 112, 127, 128, 130, 141, 145, 148, 162, **164**, 165, 166, 184, 185, 212, 214, 216, 221, 223, 228, 238, 250, 253, 259, 267, 268, 270, 293
Iggy and the Stooges 222
imperialismo cultural 111, 145, 146, **164**, 165, 166, 167, 184, 188, 277
imprensa musical 43, 67, 78, 89, 90, 91, 104, 120, 125, 127, **167**, 169, 171, 174, 184, 187, 189, 263
independentes 28, 44, 51, 52, 57, 73, 74, 75, 77, 147, 154, 156, **171**, 172, 226, 232, 238, 240, 264, 266, 292
indústria cultural 8, 9, 31, 68, 73, 75, 92, 108, 109, 134, **172**, 173, 174, 214, 253
indústria fonográfica 7, 8, 9, 10, 11, 12, 27, 28, 44, 45, 48, 49, 54, 55, 57, 60, 68, 69, 73, 74, 75, 83, 89, 95, 96, 97, 98, 101, 105, 108, 112, 114, 121, 129, 133, 134, 139, 141, 145, 150, 160, 166, 170, 171, 173, **174**, 175, 176, 180, 181, 185, 187, 188, 189, 200, 209, 210, 211, 212, 215, 216, 219, 225, 230, 238, 240, 241, 252, 255, 256, 264, 275, 282, 283, 287, 289, 292
infração ver **política cultural**, 207
intermediários culturais 11, 31, 108, **175**, 219
Internet 7, 12, 34, 52, 126, 151, **176**, 294
intersecção 121, **177**, 178

invasão britânica 33, 35, 61, 71, 102, **178**, 179

J

jabaculê 101, **180**, 210
Jackson, Janet 282
Jackson, Mahalia 148
Jackson, Michael 30, 137, 173, 176, 177, 178, 217, 282, 288
Jagger, Mick 291
Jam 43
James 67
James, Richard 20
James, Tommy 44, 218, 285
Jameson, F. 216
JAMS 98
Jan and Dean 271
Jane's Addiction 264
Jansch, Bert 85
Jarvin, Linda 132
Jason and the Scorchers 82, 246
jazz 8, 9, 25, 35, 39, 59, 66,67, 78, 79, 81, 87, 91, 96, 109, 122, 131, 137, 142, 144, **181**, 182, 183, 190, 193, 202, 208, 225, 231, 236, 238, 247, 250, 251, 258, 265, 280
Jefferson Airplane 85, 245, 246
Jefferson, T. 42, 120, 162, 248, 267, 268
Jenkins, H. 279
Jesus and Mary Chain 150
Jett, Joan (and the blackhearts) 285
Joe, Big Turner 238
John, Mississippi Hurt 38
John, sir Herschel 19
Johnson, Robert 38, 39, 40, 48, 152
Jonathan Richman 203
Jones, Simon (& Schumacher) 201
Jones, Steve 98, 99, 121, 133, 134, 152, 167
Joplin, Janis 31
Joplin, Scott 230
Jordan, Louis 39, 238
jornalismo musical 167
Journey 156
Joy Division 149, 150, 263
Judas Priest 108
jungle 60, 89, 90, 91 ver **dance music**

K

Kansas 25, 181, 244
Kaplan, A. 217
Kaufman, G. 51
Kaye, Lenny 33
KC and the Sunshine Band 99
Kealy, E. 152
Keil, C. 25, 123, 235
Kerouac, Jack 79, 131
King, Carole 70, 71
King Crimson 244
Kingsmen 33
Kinks 43, 218, 254
Kirschner, T. 241, 242, 264, 265
Kiss 64, 145, 146, 158, 282
Knack 218, 219
Kong, L. 144, 145
Kool and the Gang 137
Korner, Alexis 40
Kraftwerk 25, 90, 273
Kris Kross 233
Kronos Quartet 284
Kula Shaker 43, 44

L

L7 140
Labelle 99
Laing, D. 37, 85, 136, 142, 144, 164, 167, 182, 202, 223, 251
Landau, J. 28, 30
Larkin, C. 37, 171, 172, 204, 242, 259
Leadbelly 258
Leaves 33
Leavis, R. F. 19
Led Zeppelin 40, 136, 156, 249, 255
Lee, Jerry Lewis 41
Lee, John Hooker 39, 40, 185
Lee, S. 172
Leftfield 274
leituras preferenciais 107, ver **análise do discurso**, 254, 277, 278
Lemon, Blind Jefferson 38, 39
Lemon Pipers 44
Lemonheads 51
Lennon, John 205, 258
Lester, Richard 61
Lévi-Strauss 42
Lewis, L. 17, 82, 127, 128, 129, 139, 290
Lieber and Stoller 70, 219
Lindisfarne 86
Lipsitz, G. 234, 277
Little Richard 41, 161, 247, 255, 291
Living Colour 137
localidade 184
Longhurst, B. 16, 105, 118, 119, 195, 218, 235, 258
Lopes, P. 58, 74, 75
Los Lobos 277
Lou Reed 255
Love, Darlene 153
Loverboy 156
Loving Spoonful 86
Lowe, Nick 218
Lull, J. 72, 73

M

M/A/R/R/S 98
Ma Rainey 39
MacIsaac, Ashley 191, 192
Madness 237
Madona 114, 115, 116, 117, 129, 217, 254, 287
Malone, Bill 81

Manhattan Transfer 102
Mann and Weil 70
Marcus 80, 108, 115, 169, 223, 224, 284
Margaret, Mary O'Hara 284
Margot Timmins 291
marketing 9, 45, 49, 50, 52, 65, 67, 69, 89, 94, 95, 114, 121, 128, 134, 135, 136, 141, 142, 152, 159, 169, 170, 171, 175, 176, 180, **186**, 187, 202, 203, 217, 218, 226, 243, 249, 250, 252, 255, 264, 270, 274, 277, 282, 285, 286, 289, 292, 293
Marley, Bob 114, 121, 235, 236, 237
Marsalis, Wynton 182
Marsh 28, 32, 129, 156, 169
Martin, George 219
Marx, Karl 65, 187
marxismo 11, 108, **187**, 188
Massive Attack 90
Mayall, John 40
MC Hammer 233
MC5 172
McClary, S. (e Walser, R) 139, 197, 198
McEwen, J. 137, 190, 191
McInnes, Colin 131
McIntyre, Reba 82
McKennitt, Coreena 191
McLachlan, Sarah 192
McLaughlin, John 183
McRobbie, A. 16, 42, 62, 88, 89, 139, 155, 168, 169, 189, 254, 290
mediação 14, 75, 176, **188**, 210, 251, 260
megaeventos 76, ver **concertos**
melodia 27, 28, 44, 70, 72, 90, 98, 118, 144, 148, 153, 155, 157, **189**, 191, 197, 198, 218, 230, 243, 261
Mercury, Freddie 254
Merseybeat 35, 67, 178, 262
metagênero 12, 20, 89, 100, 137, 141, 142, 143, ver **gênero**, 191, 194, 243, 273, 292
Metallica 64, 159, 279
Meyer, D. 113, 198
Michael, George 7
Middleton, R. 27, 28, 72, 73, 118, 119, 120, 163, 194, 195, 196, 197, 235, 269, 290, 291
Midnight Oil 213
Millard, S. 27, 133, 134, 135, 152, 171, 219, 257, 261, 275
Milli Vanilli 29, 91
Ministry 159
Minogue, Kylie 16, 91, 115
Mitchell, T. 25, 36, 37, 71, 91, 161, 176, 233, 234, 262, 292, 293
Mitchell, Joni 71
Mitsui, T. 98
Moby Grape 245
moda musical 186, **189**
mods 146, **189**, 190, 207, 208, 249, 267
Monk, Thelonious 182
Monkees 44
Monroe, Bill 37
Moore, A. 25, 26, 113, 141, 146, 192, 197, 198, 243, 244, 286, 291
Moore, Scotty 246
Morissette, Alanis 48, 71
Morley, D. 188, 221
Moroder, Giorgio 99
Morrisey 254
Most, Mickie 70
Mothers of Invention 18, 284
Motors 220
Motown 66, 70, 89, 121, 150, 154, 177, 178, **190**, 191, 265, 266
Move 218
MTV 8, 62, 65, 69, 78, 91, 118, 129, 153, 158, 186, ver **videoclipe** 203, 216, 217, 225, 252, 275, 276, 278
Mud 70
multimídia 7, 48, 49, 50, 73, 115, 116, ver **CD-ROM**
Murdoch, G. 66, 214, 215
Murray, C. 32, 169
música alternativa 51, 152, 172, ver **rock alternativo**, 213, 222, 224, 240, 241, 243, 245, 261, 263, 264, 270
música celta 191
música pop 7, 8, 9, 10, 11, 12, 13, 15, 16, 22, 39, 42, 44, 66, 99, 111, 116, 127, 128, 131, 153, 169, 176, 177,178, 182, 184, 185, 186, 187, 189, **192**, 193, 195, 198, 209, 211, 212, 216, 218, 222, 223, 225, 229, 231, 235, 240, 253, 257, 275, 278, 279
música popular 15, 16, 19, 20, 21, 22, 23,24, 26, 27, 28, 29, 30, 31, 34, 36, 38, 42, 43, 44, 45, 46, 48, 49, 50, 52, 53, 56, 57, 58, 59, 60, 61, 62, 64,65, 66, 68, 69,72, 74, 75, 76, 77, 78, 79, 83, 84, 85, 88, 89, 91, 92, 93, 94, 99, 100, 103, 104,105, 106, 107, 108, 109, 110, 111, 113, 114, 115, 116, 117, 118, 119, 120, 121, 122, 126, 127, 129, 130, 131, 132, 133, 135, 138, 139, 141, 142, 143, 144, 145, 146, 147, 149, 150, 157, 158, 160, 161, 162, 164, 165, 167, 168, 169, 170, 174, 176, 178, 179, 181, 182, 184, 185, 186, 187, 188, 189, 191, 192, **193**, 194, 195, 196, 197, 267, 270
musicais 195
musicologia 10, 11, 19, 104, 105, 113, 118, 123, 124, 130, 138, 161, **196**, 197, 198, 278
músicos 198
muzak 7, 72, **201**, 202

My Bloody Valentine 284, 285
Myers, H. 123, 124

N

Negus, K 22, 26, 27, 28, 29, 69, 72, 79, 37, 95, 99, 105, 108, 110, 111, 119, 134, 147, 151, 160, 161, 162,164, 167, 174, 175, 185, 187, 189, 193, 195, 201, 210, 216, 219, 250, 251, 253, 254, 256, 257, 262, 275, 277
Nelson, Willie 81
new age 20, 191, **202**, 203
New Kids on the Block 16
New Order 263
New Right 52, 53, ver **censura**
new romantics 43, 146, 189, 193, **203**
new wave 64, **203**, 218, 224, 242, 248
New York Dolls 145, 146, 222, 224
Newman, Randy 21
Nice 25
Nirvana 51, 114, 153, 241, 263, 264
NWA 54, 55, 56, 205

O

Oasis 24, 25, 43, 44, 66, 147, 220
objetos memoráveis 205
O'Brien, L. 36, 130
O'Brien, Richard 195, 196
Ocean Colour Scene 93
Ochs, Phil 71, 85
O'Connor, Sinéad 118
Ohio Express 44
Ohio Players 137
Oi! ver **skinheads**
Oldfield, Mike 203
Orb 20
Orbison, Roy 246
Orieles 102
Osbourne, Ozzy 64, 107, 108
O'Sullivan 32, 45, 72, 73, 75, 84, 107, 110,112, 114, 117, 118, 119, 120, 146, 149, 160, 162, 165, 188, 207, 208, 216, 253
Oswald, John 98
Otis Redding 233, 265, 266
Ozark Mountain Daredevils 82

P

P. M. Dawn 233
Paddison, M. 109, 110
Page, Jimmy 200
pânico moral 107, 150, 190, **207**, 208, 234, 249, 273, 277
parada de sucessos 9, 26, 35, 37, 44, 56, 57, 66, 74, 75, 77, 82, 89, 106, 09, 145, 168, 173, 177, 178, 193, **208**, 209, 210, 220, 227, 234, 238, 239, 245, 255, 256, 257, 263, 271, 277, 278, 285, 287, 289
Parker, Alan 59, 62, 117
Parker, Charlie 182
Parker, M. 209, 210
Parliament 137, 273
Parnes, Larry 108
Parsons, Gram 18, 82
Parton, Dolly 81
Patterson, Alex 20
Pearl Jam 136, 153, 242, 263, 272
Pearsall, R. 12
pedagogia 103, 104
Peel, John 229
Penguin 239
Pennywise 272
Pentangle 86
Pere Ubu 242
performance 210
Perkins, Carl 246
Perry 177, 178, 246
Perry, Lee 237
Pestilence 159
Peterson, R. 56, 57, 58, 74, 75, 96, 161
Philips, Sam 171
Pickering, M. 12, 13, 29
Pink Floyd 25, 26, 62, 66, 93, 152, 244
pirataria 41, 42, 96, 97, 133, 136, 211, **212**
Pixies 51
PJ Harvey 71
Plasketes, G. 136
Platão 19
Poco 82
Pogues 191, 192
Poison 158
Police 203, 236
política cultural 10, 54, 80, 110, 175, ver **Estado**, 229, 267, 270
política cultural estatal 110
política econômica 214
Pomus and Sherman 70
Poneman, Jonathan 51
Portishead 90
pós-modernismo 216, 217, 218, 233, 289
Potter, R. 24, 233, 234
power pop 15, 70, 179, 193, **218**
Pratt, R. 54, 56, 116, 214
Presley, Elvis 37, 60, 61, 63, 65, 71, 114, 115, 148, 152, 161, 195, 205, 246, 247, 249, 254, 275, 285, 286, 291
Pretty Things 17, 40, 239
Prince 30, 41, 50, 51, 63, 65, 71, 137, 142, 177
Prodigy 89, 152
produtor 17, 28, 30, 63, 64, 70, 74, 75, 91, 92, 99, 139, 153, 160, 171, 174, 175, 190, 193, 195, 199, 200, 214, **219**, 237, 278
produtos sonoros locais 184
pub rock 122, **219**, 220, 223, 242

Public Enemy 232, 233, 234
público 220
publicações dedicadas à música 167
Puff Daddy 233
Pulp 43, 44
punk 12, 33, 42, 43, 57, 64, 66, 67, 69, 88, 125, 126, 128, 131, 133,140, 145, 149, 153, 156, 157, 162, 163, 169, 172, 191, 203, 208, 213, 214, 218, 220, **221**, 222, 223, 224, 239, 241, 242, 244, 246, 248, 259, 263, 264, 267, 269, 270, 279, 284, 291
punk rock 222
Pylon 51

Q

Queen 146
Queensryche 49
Quicksilver Messenger Service 245, 246

R

raça 120, ver **etnia**
Race, Steve 247
rádio 8, 12, 23, 27, 46, 51, 52, 53, 54, 55, 73, 77, 78, 79, 82, 83, 89, 92, 94, 96, 100, 101, 109, 112, 120, 126, 132,133, 134, 135, 158, 170, 171, 173, 175, 176, 180, 186, 187, 188, 198, 202, 208, 209, 210, 211, 216, 220, **225**, 226, 227, 228, 229, 230, 232, 238, 241, 247, 249, 252, 255, 256, 263, 264, 277, 278, 280, 281, 283, 286, 287, 288, 289, 292
Radiohead 26
Rage Against the Machine 242
ragtime 36, 87, 96, 181, **230**, 231, 280
raízes 231
Ramones 224, 272
Rankin Family 192
rap 9, 11, 15, 24, 36, 54, 55, 77, 88, 113, 121, 133, 137, 208, **231**, 232, 233, 234, 239, 241, 274
Raspberries 218, 219
rastafari ver **reggae**
Ravens 102
raves 68, 87, 208, **234**
Rawlins Cross 191, 192
Ray, Billy Cyrus 82
Ray, Stevie Vaughan 40
Read, O. 134, 260, 261
realismo 235
Red Hot Chilli Peppers 158, 159
Redhead, S. 269, 270
reedições 39, 41, 47, ver **catálogo**, 285
refrão 236
reggae 9, 11, 66, 69, 77, 84, 121, 144, 200, 203, 213, 232, 235, **236**, 237, 238, 242, 257, 259, 269
Reisman, D. 46, 47
REM 86, 241, 242
Renbourne, John 85
Replacements 51, 156, 218
Revere, Paul 218
Rex, I. 115
rhythm'n'blues 24, 36, 37, 38, 39, 40, 62, 70, 77, 92, 101, 121,147, 148,155, 177, 178, 179, 183, 190, 209, 220, 231, 234, 236, **238**, 239, 247, 265, 266, 277, 285
riff 34, 41, 159, 197, 238, ver **batida**, 244
Rimmer, D. 69, 128, 169, 203
ritmo 20, 24, 28, 34, 35, 36, 44, 72, 87, 88, 90, 98, 99, 118, 137, 153, 155, 182, 183, 190, 197, 198, 223, 232, 236, 238, ver **batida**, 243, 246, 263, 265, 273, 274, 279, 291
Robert Plant 155
Robinson, D. 147, 166, 167
Robinson, Tom 254
Rock Against Racism 239
rock cristão 243
rock progressivo 25, 66, 80, 143, 145, 158, 182, 223, **243**, 244, 245, 246, 248
rock psicodélico 80, 85, 240, **244**, 245, 263, 273
rockabilly 37, 38, 41, 81, 84, 148, 231, **246**, 248, 286
rock'n'roll 11, 15, 18, 24, 35, 38, 39, 40, 41, 43, 47, 53, 56, 57, 58, 59, 60, 61, 63, 69, 86,87, 88, 92, 100, 101, 109, 115, 131, 132, 137, 144, 146, 155, 161, 162, 164, 177, 178, 180, 181, 193, 203, 208, 220, 225, 228, 238, 239, 246, **247**, 248, 249, 270, 271, 275, 280, 286
Rockwell, J. 25, 26
Roe, K. 67, 79, 106
Rogers, Jimmie 142
Rolling Stones 30, 31, 38, 40, 50, 93, 130, 178, 205, 239, 245, 282
Ronnettes 153, 154
Rose, Axl 155
Rose, T. 231, 234
Rose Tattoo 259
Ross, A. 234
Rosselson, L. 188, 215
Rothenbuhler, E. 58, 74, 75, 252
Rotten, Johnny 291
Roxette 256
Roxy Music 25, 146
Rubey, D. 288
Run DMC 234
Russell, D. 161
Ryan, B. 45

S

salsa 164, **250**, 251
Salt'N'Pepa 233
sampling 9, 29, 36, 98, 151, 159, 176, 232, **251**
Sands, Tommy 15

Sarah Vaughan 182
Savage 125, 126, 169, 224, 254
Schulze 117
Scruton, Roger 19
Searchers 35
Seeger, Pete 85
Selassie, Haile 237
selecionadores 252
Selector 237
semiótica 11, 43, 117, ver **estruturalismo**, 260, 278
Sex Pistols 169, 172, 223, 224, 291
sexualidade 253
Sha-Na-Na 102
Shadows 258
Sham 60 259
Shamen 234, 273, 274
Shapiro 116
Sheila Chandra 36
Shepherd, J. 67, 290, 291
Shinehead 232
Shuker, R. 17, 32, 65, 66, 76, 105, 107, 112,119, 131, 150, 162, 171, 259, 277
Shumway, D. 105
Silhouettes 102
Silverchair 153, 264, 272
Simon, Paul 25, 292
Sinatra, Frank 59, 181
Sinclair, D. 115, 203
sincretismo ver **apropriação**
singles 48, 57, 74, 135, 136, 145, 183, 209, 210, 232, 245, 255, **256**, 257, 276
Siouxie and the Banshees 149, 150
sistemas sonoros 257
Size, Roni 91
ska ver **reggae**
Skatalites 236
skiffle 35, 178, 181, **258**
skinheads 24, 190, 206, **258**, 259, 267, 268, 269
Skunk Anansie 140
Slade 146, 218
Sledge, Percy 265
Sly e Robbie (Dunbar) 200
Small, C. 76
Small Faces 17, 155, 190
Small, Millie 236
Smashing Pumpkins 48
Smith, Bessie 39
Smith, Robert 150
Smiths, The 43, 254, 255, 263
Smucker, T. 99, 100
Snoop Doggy Dog 232
Snow 15, 232
soberania do consumidor 259
som 260
som de Dunedin 51, 219, **261**, 262
som de Liverpool 67, 185, **262**
som de Manchester 67, **263**
som de San Francisco 57, 145, 185, ver **rock psicodélico**
som de Seattle 52, 145, 185, **263**, 264
som esteriofônico ver **som**
Sonic Youth 140, 284, 285
soul 21, 36, 62, 65, 70, 77, 88, 89, 90, 102, 121, 137, 138, 144, 147, 148, 154, 191, 214, 227, 233, 236, 238, 251, **265**
Soundgarden 263
Southern Death Cult 149
Specials 237
Spector, Phil 70, 153, 193, 219
Spencer Davis Group 236
Spice Girls 7, 16, 91, 154
Springsteen, Bruce 30, 41, 71, 115, 141, 185
stadium rock 155
Standells 33
Steele, Tommy 61
Steeleye Span 86
Steely Dan 211
Sting 31
Stock, Aitken e Waterman 91
Stranglers 224
Stratton, J. 167
Street, J. 104, 112, 184, 185, 213, 214, 240, 283
Streisand, Barbra 59
Strong, Andrew 65
Styx 25
subculturas jovens 46, 57, 62, 111, 118, 120, 128, 139, 160, 189, 208, 221, 247, **266,** 267, 269
Subdudes 50
subjetividade ver **identidade**
Suede 43, 44, 242, 254, 255
Suicidal Tendencies 158
Summer, Donna 99, 100
Supergrass 43
Supremes 154, 177
surf music 270, 271, 272
Surfaris 271
Sweeney, P. 292
Sweet 70, 146, 218
Sweet Honey on the Rock 14

T

T. Hill 181
T. Rex 24, 43
Tagg, P. 37, 105, 194, 195, 198, 234
Take That 16
Talking Heads 63, 64, 203, 204, 224, 287
Tangerine Dream 244
Tanita Tikaram 85
Tanner 66, 106
Taylor, James 71
Taylor, P. 131, 132, 167, 168, 259
técnicos de som 75, 139, 151, 152, 175, 199

tecno 20, 67, 89, 90, 91, 137, 142, 152, **273**
tecnologia 274
teddy boys 247, 248, 249, 267
teenyboppers 15, 78, 91, 127, 139
televisão 8, 49, 79, 83, 96, 100, 106, 112, 114, 186, 196, 207, 217, 226, 255, **275**, 276, 277, 278, 283, 286, 287, 289
Television 224
Temptations 190
teoria do rótulo ver **pânico moral**
Tex-Mex 277
texto 23, 26, 28, 29, 31, 45, 49, 50, 53, 84, 93, 112, 117, 118, 119, 127, 128, 129, 132, 133, 141, 151, 166, 168, 176, 196, 198, 202, 210, 215, 217, 253, 254, **277**, 288, 289
Théberge 98, 99, 170
Them 33, 239
Thomas, Bruce 132, 282
Thomas, Carla 233
Thompson Twins 287
Thornton, S. 15, 28, 29, 43
thrash metal 159, **279**
Throwing Muses 51
Tin Pan Alley 21, 70, 108, 109, 180, **280**
Tito Puente 250
TLC 154
toca-fitas 132
Tom Petty 203, 281
Tom Robinson Band 240
Tomlinson, J. 149 166, 167
Tommy Roe 44
Toots and the Maytals 236
Tosches, N. 247, 249
Tosh, Peter 237
Toy Love 261
Tractor, Love 51
transculturação ver **globalização**
Tricky 90
trilhas sonoras 8, 58, 100, 173, ver **cinema**, 285
trip-hop 89, 90, **281**
Troggs 33, 34, 222
Trondman, M. 46, 47
Tubby, King 237
Tucker, K. 153, 157, 220, 242
turnês 8, 63, 93, 108, 132, 142, 199, 205, 210, 213, 228, 278, **281**, 282, 283
2 Live Crew 54

U

U2 64, 213, 243, 285
UB40 236, 237, 238
Underworld 152, 274

V

Van Halen 156, 158, 159
Van Morrison 18, 191, 243
vanguarda 109, 124, 149, 203, 224, **284**
Vanilla Ice 233
varejo ver **marketing**
Vee, Bobby 15, 16, 193
Vega, Suzanne 71
Velvet Undeground 149, 172, 222, 224, 284
Verlaines, The 261
versões cover 125, 200, **285**
Veruca Salt 140
videoclipe 8, 23, 30, 50, 65, 67, 73, 77, 78, 91, 95, 100, 139, 173, 175, 191, 210, 211, 217, 253, 256, 275, 276, 277, 278, 279, **286**, 287, 288, 289, 290
Village People 254
Vincent, Gene 246, 249
Vinton, Bobby 15
Vogel, H. 173, 174
voz 14, 38, 48, 95, 116, 189, 223, **290**
Vulliamy, G. (& Lee, E.) 103, 104, 105, 198

W

Wailers 235, 236
Wainman, Phil 70
Wakeman, Rick 26
Walser, R. 77, 107, 158, 159, 197, 198, 254
Ward, Billy 239
Warhol, Andy 284
Warner, Alan 132
Warren G. 233
Waters, Muddy 39
Weber 65
Weinstein, D. 75, 76, 77, 79, 88, 106, 107, 126, 143, 158, 159, 227, 279
Weisband, E. 91, 140, 159, 233, 242
Weller, Paul 93
Welsh, Irving 131
Welsh, R. 92
Wexler, Jerry 239
White, Bukka 38
Whiteley, S. 245, 246
Who, The 35, 65, 220
Wicke, Peter 104
Widgery, D. 239, 240
Williams, Raymond 19
Willis, P. 47, 67, 78, 79, 80, 120, 122, 133, 162, 163, 249, 267
Wilson, Jackie 265
Wire 156, 157
Wolfman Jack 100, 226

Wonder, Stevie 190
World Music 12
world music 9, 12, 15, 24, 25, 120, 142, 194, 231, 273, **292**, 293
World Wide Web 176

X

XTC 203

Y

Yardbirds 40
Yes 25, 26
Yoakum, Dwight 82
Young, Neil 18, 71

Z

Zappa 18, 31, 54, 109, 284
ZZ Top 40

ESTA OBRA FOI COMPOSTA EM BELL GOTHIC LIGHT E L AKZIDENZ GROTESK LIGHT, LASER FILM, IMPRESSA PELA PROL GRÁFICA EDITORA LTDA. EM PAPEL OFF-SET 90 G/M² EM AGOSTO DE 1999.